影视艺术与传媒应用型教材
影视艺术实训系列教材

广播电视概论教程

GUANGBO DIANSHI GAILUN JIAOCHENG

曹毅梅 /主 编
乔新玉 /副主编

北京师范大学出版集团
BEIJING NORMAL UNIVERSITY PUBLISHING GROUP
北京师范大学出版社

图书在版编目(CIP)数据

广播电视概论教程 / 曹毅梅主编. —北京：北京师范大学出版社，
2019.8(2025.8 重印)

（影视艺术与传媒应用型教材）

ISBN 978-7-303-24646-5

Ⅰ. ①广… Ⅱ. ①曹… Ⅲ. ①广播电视—概论—高等学校—
教材 Ⅳ. ①G220

中国版本图书馆 CIP 数据核字(2019)第 070354 号

GUANGBO DIANSHI GAILUN JIAOCHENG

出版发行：北京师范大学出版社 https://www.bnupg.com

北京市西城区新街口外大街 12-3 号

邮政编码：100088

印　　刷：	北京天泽润科贸有限公司
经　　销：	全国新华书店
开　　本：	787 mm×1092 mm　1/16
印　　张：	21.5
字　　数：	430 千字
版　　次：	2019 年 8 月第 1 版
印　　次：	2025 年 8 月第 4 次印刷
定　　价：	49.80 元

策划编辑：	周　粟　王婧凝	责任编辑：	李云虎　郝获麟
美术编辑：	李向昕	装帧设计：	李向昕
责任校对：	赵媛媛	责任印制：	马　洁

《广播电视概论教程》编撰人员

主　编　曹毅梅
副主编　乔新玉
编　委　（按姓氏笔画排列）
马腾飞　乔新玉　刘思瑶　张　屾
陈　果　孟　洁　孟丽娜　胡　娟
袁　静　曹毅梅

前　言

2019 年 3 月 16 日，习近平总书记在《求是》发表重要文章《加快推动媒体融合发展　构建全媒体传播格局》，强调要推动媒体融合向纵深发展，加快构建融为一体、合而为一的全媒体传播格局。进入 21 世纪以来，新的传播技术成为推动媒体融合发展的重要力量，顺势而生的网络新媒体发展迅速，包括广播电视在内的传统媒体则面临严峻的转型问题。

从人类发展的历史来看，大众传媒不断革新，沿着视听刺激更强的方向演进。第二次世界大战前，电视便已诞生，虽然富有强视听刺激的特征，但因为成本高，便作为奢侈的"玩具"被束之高阁。广播作为成本低廉、传播便捷的媒体，在第二次世界大战期间发挥了巨大的效力。第二次世界大战结束后，受益于经济的快速恢复及和平的发展环境，电视不仅在发达国家迅速普及，并且在包括中国、巴基斯坦在内的第三世界国家生根发芽。当时，电视是蓬勃发展、前途远大的新兴媒体，被视为国家科技进步、人民生活水平提高的象征。然而，电视网覆盖和购买电视机的成本居高不下。改革开放以后，电视成为象征时髦生活的紧俏商品，受到大众的追捧。时人对彩色电视的狂热，丝毫不亚于今人对网红产品的痴迷。其间，大量脍炙人口的优秀电视节目问世。新闻类节目如《新闻联播》《焦点访谈》《东方时空》，电视剧如《今夜有暴风雪》《新星》《西游记》《红楼梦》《水浒传》《三国演义》《渴望》，综艺节目如《春节联欢晚会》《正大综艺》《综艺大观》，它们作为国人的集体记忆，是中国人民美好生活的一部分。

20 世纪八九十年代，电视作为新媒体攻城略地，报纸、杂志、戏剧、电影等行业受到巨大冲击，面临严峻的生存挑战。施拉姆提出的媒介选择或然率认为，人们选择媒介的概率与报偿的保证成正比，与费力的程度成反比。与电视相比，电影同为视听兼备的媒介，但显然需要观众付出更高的时间和经济成本。1983 年，香港亚洲电视的武打题材电视剧《大侠霍元甲》在广东播出。一时间，万人空巷，人们守在电视机前热盼电视剧播出，以致部分地影响了正常生活。1984 年，《大侠霍元甲》在中央电视台播出，全国人民为之沉醉，上海等地的电影院为之一空，不少影院干脆关门歇业，全员回家看电视。这是 20 世纪末席卷全国的电视热潮的缩影。此后，电影艰难求生，及至 21 世纪前夕，数量众多的电影院纷纷倒闭。电影业为了生存，必须积极应对。贺岁片、院线体制改革，皆是电影业转型过程中的有益尝试。进入 21 世纪,中国电影在庞大商业契机中焕发新生。然而,电视却逐渐陷入转型危机,广播则因为城市车载广播的快速发展获得了重大契机。

长江后浪推前浪,一代新人换旧人。新传播技术带来大批生机勃勃的新兴媒体,广播电视终成传统媒体。然而,在人类大众传播的历史中,新兴媒体和传统媒体的竞争并非零和博弈,终将在激烈竞争后形成一定的格局。电影业转型的成功历历在目,广播电视必须从内容生产、传播机制、体制改革方面入手,将竞争转化为革新的动力,主动适应新的传播需要,而不能一味地被动防御,坐失良机。党和政府高度关注大众传媒的融合发展,广播电视必须顺应时代的要求,响应党和政府的号召,向着融合、全媒体的方向前进。1997年,由于中央电视台接连推出数档大型直播活动,所以该年在行业内被称为直播年。目前,网络视听行业快速发展,视频直播受到追捧,网络直播平台如雨后春笋般一夜崛起,形成进一步分流电视观众的力量。网络有声小说、网络音频分享平台的快速发展,对传统广播业也形成挑战。大众传播技术革新的速度和由此带来的受众市场转变,令人感慨,也令人赞叹时代进步之巨大。

2018 年 4 月 20 日,习近平在全国网络安全和信息化工作会议上要求:"要发展数字经济,加快推动数字产业化,依靠信息技术创新驱动,不断催生新产业新业态新模式,用新动能推动新发展。"党的十九届四中全会审议通过的《中共中央关于坚持和完善中国特色社会主义制度、推进国家治理体系和治理能力现代化若干重大问题的决定》提出,要"建立以内容建设为根本、先进技术为支撑、创新管理为保障的全媒体传播体系"。

习近平总书记指出,发展是第一要务,人才是第一资源,创新是第一动力。广播电视创新迫在眉睫。仅从新媒体的发展优势出发,研究电视创新路径,无异于无源之水、无本之木。充分了解我国广播电视业的历史、发展状况、市场格局、功能与属性、采编播流程、类型节目演变,才能真正地知己知彼,为广播电视创新的培育提供更为肥沃的土壤。近年来,电视业已经出现了喜人的内容革新。在广电管理机构的领导下,电视业涌现出了一批兼具社会效益和经济效益的文化类节目,这些节目在受到观众认可的同时,弘扬了民族精神,响应了社会主义精神文明建设的号召。2021 年 12 月 3 日,习近平总书记在中国人民对外广播事业创建 80 周年之际,致信中央广播电视总台,要求"加强国际传播能力建设,打造具有强大引领力、传播力、影响力的国际一流新型主流媒体,为实现中华民族伟大复兴的中国梦、推动构建人类命运共同体作出新的更大的贡献"。党的二十大报告指出:"加强国际传播能力建设,全面提升国际传播效能,形成同我国综合国力和国际地位相匹配的国际话语权。深化文明交流互鉴,推动中华文化更好走向世界。"只有坚持开拓进取、守正创新的精神,电视人才能在人类命运共同体的构建中做出更好的成绩。随着我国社会经济的快速发展,电视业必将迎来更为广阔的市场机遇。充分利用新兴传播技术,通过创新满足受众需求,获得市场认可,是广播电视发展的必由之路。

目　录

上编　理论部分

下编　业务部分

上编　理论部分

第一章　人类社会的传播活动

　　传播一词的英文"communication"，来源于拉丁文"communis"，是分享的意思。传播（communication）与社区（community）拥有共同的词根"communi"。从词源上就可以看出传播是人类特有的共享活动，这种活动是一个由各种要素构成的有机整体。了解这个整体相互联系、相互作用的各个部分，对增强人类传播活动的效果大有裨益。在信息瞬息万变的今天，传播越来越成为人类日常生活中不可缺少的部分。从原始传播时代到今天的多屏互动时代，人类社会的传播活动同其他重要的社会历史现象一样，经历了一个漫长的演变过程。拉尔夫·沃尔多·爱默生说过："历史的用处就是要对当前有所帮助。"[①]了解传播活动的发展史，清晰地认识广播电视媒体在人类信息传播历史长河中所扮演的角色，可以更深刻地了解拥有庞大受众群体的大众传播媒介。广播电视在人类认识世界、形成价值和判断、选择行为方式等方面有着重大的影响。

第一节　传播活动的演进历程

　　威尔伯·施拉姆在《传播学概论》一书中写道："我们既不完全像神，也不完全像动物。我们的传播行为证明我们完全是人。"[②]在语言产生之前，人类经历了漫长的原始传播时代。在这个时代，人类只能借助动作、声音等非语言方式进行信息传递。之后，语言作为人类特有的一种交流工具出现。语言的产生具有重大意义，是人类传播史上的里程碑。它是人类完成从动物传播向人类传播演化的根本标志。人类社会的传播活动根据媒介产生和发展的情况可以分为以下几个发展阶段。

---

① ［美］斯塔夫里阿诺斯：《全球通史——1500年以后的世界》，序言1页，上海，上海社会科学院出版社，1999。

② ［美］威尔伯·施拉姆、［美］威廉·波特：《传播学概论》，39页，北京，新华出版社，1984。

一、口语传播时代

口语传播，"以口语述说来传达思想、消息与态度"①。

人类进入原始社会，由于劳动和社会协作活动的需求（图 1-1），达到了彼此间不得不说话的地步，于是出现了语言。语言不仅使人类拥有了动物所没有的丰富的"语义世界"，还大大促进了人类思维能力的发展。它的出现标志着人类传播活动进入了第一个发展阶段——口语传播阶段。语言产生之后，口语传播成了人类传达思想、交流信息的主要传播方式。例如，日本史书上记载的"井户端会议"，讲述的就是在日本原始社会的末期，同一部落的主妇们到村边的老井旁，趁着打水洗衣服的间隙唠家常，互通消息。古希腊著名史诗、西方文学中的伟大作品《荷马史诗》，就是古希腊游吟诗人几个世纪口头流传的结晶。

图 1-1　原始社会人类的协作劳动

口语传播有效地促进了人类的信息交流，推动了人类社会的发展，这种传播具有以下特点。

第一，口语传播利用人类自身的口述语言进行信息传递，是人类最基本、最灵活和最常用的传播手段。因此，无论人类的传播技术如何发展，口语都是人类最基本的传播媒介。

第二，受人类自身的限制，口语传播只能在有限的距离内进行。人们津津乐道的"马

---

① 邓新民：《热带雨林：信息能力研究》，240 页，成都，四川人民出版社，2002。

拉松"传说就反映了口语传播在空间上的局限性。公元前490年，波斯欲吞并希腊，希腊士兵奋勇抗敌，最后在马拉松平原以少胜多，击败了波斯侵略者。为了让民众尽快知道胜利的喜讯，统帅米勒狄派士兵菲迪皮茨回去报信。菲迪皮茨是个有名的"飞毛腿"，他从马拉松战场跑回了40多千米外的雅典，向聚集在中央广场上、焦急等待的民众高呼："欢乐吧，雅典人，我们胜利啦!"之后他便力竭身亡，他的雕像如图1-2所示。为了纪念马拉松战役及菲迪皮茨的英雄事迹，1896年第一届奥林匹克运动会便举行了从马拉松到雅典的长跑比赛，并定名为"马拉松赛跑"。

第三，口语传播的介质是声音。声音是一种转瞬即逝的符号，其保存多依赖大脑的记忆，因此保存性、记录性差。

图1-2　"马拉松第一人"菲迪皮茨的雕像

虽然口语传播在早期人类信息传播活动中起到了重要作用，但由于在时间和空间上的局限性，口语并不是唯一的传播手段，人类还采用了其他传播手段作为辅助来弥补口语传播存在的缺陷。一是标记传播，利用物品或符号作为标记来传播信息。例如，秘鲁的印第安人采用的结绳记事，绳子的颜色、长短、粗细都代表着不同的意义。二是声光传播，借助敲击响器或放烟火等声光信号，接力传送，完成远距离的信息传递。中国历史上的周幽王为了博得妃子褒姒一笑，不惜"烽火戏诸侯"，便是典型的案例。法国一个叫阿斯的村庄，人们在相距3千米的情况下，可以用口哨进行对话。三是图示传播，用简单的书写符号或者图形来传达信息。相传，德国科学家斯巴恩在巴西一条河岸上看到当地人画的一条鱼，就让随从的印第安人在河里撒网，果然抓到了几条同河岸上画的形状一样的鱼。

口语传播的局限性显而易见，但在原始社会这些限制并不会构成什么障碍。随着人类文明的发展，生活的空间越来越大，社会信息系统日趋复杂，口语媒介已经不能满足人类交往的现实需求，一种新的传播媒介顺应历史的需求应运而生，这就是文字。

二、文字传播时代

文字在有声语言的基础上出现，它弥补了有声语言在信息传播和处理上的缺陷，形成了一个相对独立的信息载体。因此，文字的产生，不仅是人类彻底脱离野蛮和蒙昧，跨入文明社会的标志，还是人类传播史上第二个重要的里程碑。

据考古学家研究，大约2.2万年前的旧石器时代晚期，在今法国南部的拉斯科洞穴壁上，人类绘制了现今所知的第一批图画(图1-3)。其中最引人注目的是三只原始野牛、一只奇异的独角兽以及几只赤鹿、公牛、野马和几个鹿头。尽管这些带有符号性质的图画有着难以解释的意义，但恰恰说明生活在史前文明时代的人类，已经开始了对世界以及自我意识的描述、表达。这种刻在岩石上与实物相似的图画被视为后来出现的文字的雏形，因为岩画的内容除了有具象、抽象的动植物和人类形象之外，还有脱离了具象图像的符号。到了新石器和铜石并用时代，这些早期的人类绘画已经发展成了一种图画文字。象征性图形的使用标志着图画文字由具象到抽象的飞跃，它们距离真正的文字越来越近了。

图1-3 拉斯科洞穴壁画

文字起源于绘画，所谓"书画同源"说的就是这个道理。在世界几大文明发祥地，最初的文字都是从图画演变过来的，如象形文字。世界各国的文字都是由最初的象形文字发展演变而来的，其中历史最悠久的是中国的甲骨文(图 1-4)、古埃及的象形文字(图 1-5)、两河(幼发拉底河和底格里斯河)流域的楔形文字(图 1-6)。甲骨文主要集中在黄河流域，指商朝后期王室用于占卜吉凶记事而在龟甲或兽骨上刻的文字，内容一般是占卜所问之事或者所得结果。甲骨文的构造特点是"刻成其物"。古埃及的象形文字出现在公元前 3000 多年，一般用芦管削尖为笔写在"纸草"上面，特点是"画成其物"。楔形文字是苏美尔人在公元前 3200 年左右创造发明的，用尖头的芦秆、骨棒等工具刻在用黏土制成的半干的泥板上。这种文字的构造特点是笔画像楔子。

图 1-4　中国的甲骨文

图 1-5　埃及卡纳克神庙中的象形文字

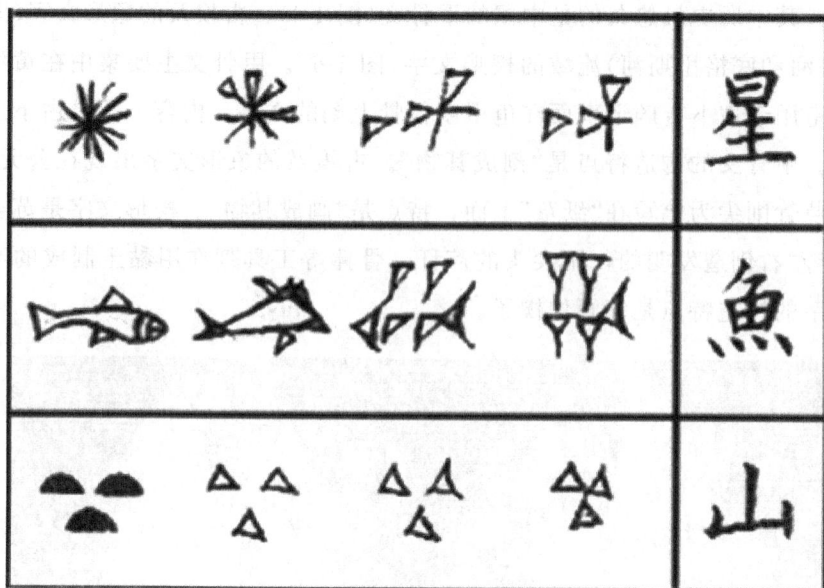

图 1-6 两河流域的楔形文字

威尔伯·施拉姆说过，文字的发明是"历史上震撼地球的大事之一"①。文字的出现具有划时代的意义，它标志着人类原始时代的终结，文明时代的开始。没有文字的传播和记载，就没有历史的考证，从而不会有文明的延伸。英国历史学家杰弗里·巴勒克拉夫在《泰晤士世界历史地图集》中写道："公元前 3000 年左右的文字发明，是文明发展中的根本性的重大事件。它使人们能够把行政文献保存下来，把消息传递到遥远的地方，也就使中央政府能够把大量的人口组织起来。它还提供了记载知识并使之世代相传的手段。"②这段话很好地总结了文字传播的特点。

第一，文字符号是一套体外化的信息系统，它克服了人类记忆的短时性，也克服了标记、声光和图示表达的不清晰性，可以把信息长久地保存下来，使人类的知识、经验得以积累，人类从此有了文明。

第二，文字打破了有声语言的距离限制，能够把信息传递到遥远的地方，扩展了人类进行社会活动的空间。

第三，文字改变了语言的表现形式，使之从听觉符号转变为视觉符号。文字不仅有一定的读音，还具有比较固定的意思。它的出现使人类文化的传承不再依赖容易变形的神话或传说，有了确切可靠的资料和文献数据。一句话，文字的产生弥补了口语传播的两大缺

---

① ［美］威尔伯·施拉姆、［美］威廉·波特：《传播学概论》，14 页，北京，新华出版社，1984。
② ［英］杰弗里·巴勒克拉夫：《泰晤士世界历史地图集》，53 页，北京，生活·读书·新知三联书店，1985。

陷，使人类传播在时间和空间两个方面都发生了重大变革。德国思想家奥斯瓦尔德·斯宾格勒在《西方的没落》中曾经写到："书写是有关远方的重大象征，所谓远方不仅指扩张距离，而首先地是指持续、未来和追求永恒的意志。说话和听话只发生在近处和现在，但通过文字则一个人可以向他从来没有见过的人，甚至于还没有生出来的人说话；一个人的声音在他死后数世纪还可以被人听到。"①

三、印刷传播时代

文字出现以后，人类经历了一个很长的手抄传播阶段。人工手抄效率低，无法形成规模传播，而且成本高。苏联学者 B. A. 伊斯特林曾经描述："手抄本抄写复杂，耗时很多，所以中世纪的书十分昂贵。书价昂贵，使得许多图书馆用锁链把书锁在书架上；书的主人往往在遗嘱中除了房屋、土地或者手工艺品之外还要指定唯一的一本书的占有人。"②之后伴随着印刷媒介的出现和发展，人类开始进入传播活动的第三个发展阶段——印刷传播时代。

印刷传播时代使大规模的信息复制与传播成为可能，但从技术上讲，必须具备两大条件：一是纸张的发明和运用，二是印刷术的发明和运用。造纸术和印刷术均是中华民族对人类文明的贡献。科学史权威 W. C. 丹皮尔曾经说过："大约在公元 1 世纪末，中国已经发明了纸，据说这是蔡伦的功绩，而木版印刷则出现于 8 世纪。"造纸的技术随后输入欧洲，"约 100 年后活字版的发明就使旧式模板印刷变成了实际而有用的技术，因而代替了在羊皮纸上抄写的笨拙方法，使书籍得以广泛流传"③。

公元 105 年，东汉时期的蔡伦在前人研究的基础上，用树皮、麻头、破布、旧渔网等原料，经过搓、捣、抄、烘等工艺制成了植物纤维纸（图 1-7）。在纸张发明之前，人类书写用的材料有泥板、兽骨、龟甲、纸草、木板、帛和羊皮纸等。显而易见，这些材料都不适宜印刷。所以如果没有中国人发明的纸张，即使有了印刷术，也无济于事。

近代印刷术是在我国古代印刷术的基础上产生的。唐代就已经出现了雕版印刷。宋代的毕昇发明了胶泥活字印刷术。但因为封建社会的政治、经济和文化条件的制约，我国的印刷术长期停滞在手工作业阶段，且没有推广开来。15 世纪中叶，德国的工匠古登堡在我国活字印刷和油墨技术的基础上创造了金属活字排版印刷，而且印制得精美，成本也比较低（图 1-8）。印刷术发明的直接意义，在于使人类掌握了文字信息的机械化生产和批量复制的技术。

---

① ［德］奥斯瓦尔德·斯宾格勒：《西方的没落　世界历史的透视》，280 页，北京，商务印书馆，1963。
② ［苏联］B. A. 伊斯特林：《文字的产生和发展》，396 页，北京，北京大学出版社，1987。
③ ［英］W. C. 丹皮尔：《科学史　及其与哲学和宗教的关系》，158 页，北京，商务印书馆，1975。

①切麻　②洗涤　③浸灰水

④蒸煮　⑤春捣　⑥打浆

⑦抄纸　⑧晒纸　⑨揭纸

图 1-7　汉代造纸工艺流程图

图 1-8　古登堡和他印制的 42 行版《圣经》

　　印刷技术推动了现代文明的进程。印刷媒介使知识、思想和文化有了更好的传播载体，为更多的人提供了受教育的条件，使各种经典书籍得以广为传播并流传至今，对世界的科学文化以及文明的进步起到了巨大的推动作用。据考证，古登堡的近代印刷术发明后，仅仅半个世纪，欧洲的书籍总量从 1 万册增加到了 900 万册。于是，之前只能为少数人拥有的书籍开始日渐普及，能够阅读的大众日益增多，促进了思想的广泛传播，思想的广泛传播又进一步推动了社会的变革。施拉姆指出："书籍和报纸同 18 世纪欧洲启蒙运动是联系在一起的。报纸和政治小册子参与了 17 世纪和 18 世纪所有的政治运动和人民革命。正当人们越来越渴求知识的时候，教科书使得举办大规模公共教育成为可能。正当人们对权利的分配普遍感到不满的时候，先是新闻报纸，后来是电子媒介使普通平民有可能了解政治和参与政府。"[①]施拉姆的这段话高度概括了印刷媒体的出现和发展对政治、经济、文化和宗教制度的诞生所产生的重大影响。

　　现代文明为印刷媒介提供了广阔的用武之地。随着大工业机器时代的来临，社会需要知识和信息的大量传播，这就促进了出版业的诞生与繁荣。而人类文化素质的提高，又促进了教育文化事业的发展。出版业和教育文化事业的发展又反过来扩大了社会对印刷媒介的广泛需求。在印刷传播时代，人类的新闻传播事业开始兴起。15—16 世纪，新闻事业开始萌芽，一些印刷商开始印刷具有新闻性的小册子或单页的新闻传单。17—18 世纪，新闻事业蓬勃发展，报刊从一般印刷物中分离出来，形成了以报道新闻、评论时事为主要业务的行业。19 世纪后期以盈利为目的、以普通读者为对象、以各种新闻为核心内容的现代大众报业出现。到了 19 世纪末 20 世纪初，人类的新闻事业已然进入繁荣发展时期。就在印刷媒介成为人们每天获取信息和知识的重要渠道，在社会生活各个领域发挥重大影响的时候，一种新的媒介正在悄然兴起。

四、电子传播时代

　　进入 20 世纪，人类迎来了传播活动的第四个发展阶段——电子传播阶段。以广播电视为代表的电子媒介为信息传播开辟了一条便捷、高效的空中通道，使信息的传播瞬息万里。郭庆光在《传播学教程》中指出："如果说印刷传播实现了文字信息的大量生产和大量复制，那么电子传播最重要的贡献之一就是实现了信息的远距离快速传输。"[②]电子传播媒介使千百年来，人类一直梦想的"千里眼、顺风耳"不再是神话，"天涯若比邻"也正成为现实。

　　电子媒介的出现是社会发展与科技进步的综合产物。19 世纪 30 年代，物理学家关于

---

① ［美］威尔伯·施拉姆、［美］威廉·波特：《传播学概论》，18 页，北京，新华出版社，1984。
② 郭庆光：《传播学教程》，32 页，北京，中国人民大学出版社，1999。

把电力用于通信的谈话启发了美国人莫尔斯，这位画家凭借着丰富的想象力和超凡的奋斗精神研制出了震惊世界的有线电报。1844年，在启用仪式上，他发出了世界上第一封电报，电报的内容是《圣经》中的一句话："上帝啊，你创造了何等的奇迹？"电报的发明标志着电子传播时代的开始，它使人类第一次借助科技的翅膀实现了信息的远距离传播。接下来，在电子媒介的发展历程中，一系列重大事件的发生都具有里程碑式的意义：1876年，美国人贝尔发明了电话；1877年爱迪生发明了留声机；法国人马瑞根据中国灯影原理于1882年发明了摄影机；随之而来的是电影、广播、电视的相继出现。电子传播媒介取代了印刷传播媒介在社会上的主流地位，成了这个世界一道亮丽的风景线，以势不可当的威力成了社会的主要媒介。电子媒介的传播特点如下。

第一，电子传播媒介摆脱了印刷传播中必不可少的物质载体和交通运输工具的束缚，实现了信息在空间距离上的快速传递。1957年10月，苏联成功发射了世界上第一颗人造地球卫星。1962年7月，美国成功发射了"电星一号"通信卫星，开始了同西欧的越洋电视转播，从而开创了通信卫星传播电视的新纪元。地球同步卫星与地球的自转周期相同，只要在地球同步轨道上设三颗通信卫星，就可以实现全球通信（图1-9）。卫星通信技术在广播和电视领域的广泛应用，使全球传播成了可能，地球上重大事件的发生实现了同步传播，整个地球变成了一个"地球村"。

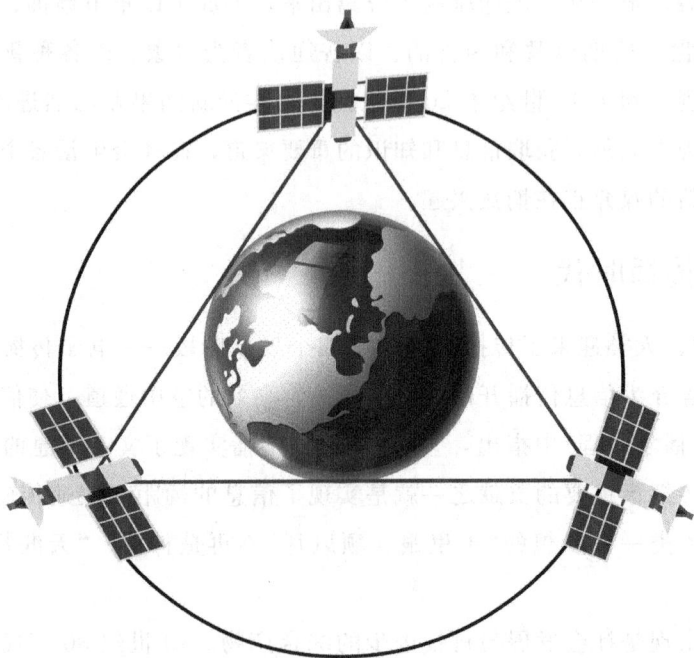

图 1-9　三颗通信卫星基本实现全球通信

第二，电子传播媒介形成了人类体外化的声音信息系统和体外化的影像信息系统。在古代社会，信息的保存主要依靠文字记录。随着电子媒介的出现以及录音和录像技术的进步，人类实现了声音和影像信息的记录和保存。这两种体外化信息系统的形成，使人类文化传承的内容更加丰富多彩、更加直观可靠。人类在知识经验积累、文化传承等方面的效率、质量实现了新的飞跃。

第三，与文字传播媒介和印刷传播媒介相比，电子传播媒介所传递的信息更容易被人们理解与接受。罗杰斯曾经这样描述过，电子传媒是在没有识字需要的情况下，为人类提供了超越识字障碍，跳入大众传播的一种方法。电子传播媒介主要作用于人的听觉器官和视觉器官，在人类整体受教育水平还比较低的情况下，就将文学、电影、音乐、舞蹈、绘画等艺术伴随着信息送到了普通大众的家庭。从这个意义上讲，电子传播媒介降低了艺术殿堂的门槛，打破了传统社会中特殊阶层对艺术消费市场的垄断局面。加拿大著名学者麦克卢汉曾经说过："电力媒介（电子媒介）的出现立即把艺术从囚衣的束缚下解放出来。"①

五、互联网传播时代

1998 年 5 月，时任联合国秘书长的科菲·安南在联合国新闻委员会年会上正式提出：互联网已成为继报刊、广播、电视之后的"第四媒体"。随着计算机和互联网技术的飞速发展，人类传播史上出现了一种前所未有的集高度融合、互动、开放于一体的传播方式，人类的传播活动由此进入第五个发展阶段——互联网传播时代。

互联网最早出现在 1969 年，美国国防部设计出军事网络阿帕计算机网（ARPANET），开始只是 4 台计算机互联进行实验的网络。互联网早期主要供计算机研究人员、军事人员和政府职员等使用。1986 年，美国国家科学基金会建立了覆盖全国的国家科学基金网（NSFNET），互联网开始向全社会开放，标志着互联网民用化的开始。1995 年以后，互联网逐渐渗透到社会的各个领域，诸多网络信息服务商和网络内容服务商出现，并形成新兴行业，竞争激烈。互联网完成民用化和商业化之后，便开始在信息提供方面向传统的大众传播媒介发起了挑战。2000 年，互联网服务提供商美国在线（American Online）宣布收购全球知名传媒公司时代华纳，传统媒体与新兴网络媒体合作，形成新的信息垄断集团。与传统媒体相比，互联网虽然起步比较晚，但发展势头迅猛。传播学者做过研究，得出了一种电子传媒从投入使用到拥有 5000 万用户所需要的时间：广播用了 38 年，电视用了 13 年，有线电视用了 10 年，而互联网仅用了 5 年。互联网已经广泛深入社会的各个层面，越来越深刻地改变着人们的学习、工作以及生活方式。

---

① ［加拿大］马歇尔·麦克卢汉：《理解媒介——论人的延伸》，89 页，北京，商务印书馆，2000。

"国际互联网不仅具有报纸、广播、电视等传统新闻媒介能够及时、广泛传递新闻信息的一般功能，而且具有数字化、多媒体、及时性和交互式传递新闻信息的独特优势。它实际上是一种完全区别于传统大众传媒的新型传媒。"①从这段话中我们可以看出，与传统媒体相比，互联网具有得天独厚的优势，其特点如下。

第一，多种媒体的融合性。互联网集报纸、广播、电视等传统媒体于一体，将文字、图片、声音和影像高度融合，同时又将大众传播、人际传播和群体传播的传播形态集于一身。

第二，传播的交互性。传统媒体在传播过程中，存在着区别明显的传播者和受传者。报纸、广播、电视作为传播者把信息"推"出去，受传者只能被动地在有限的传播内容中进行选择。但在互联网的传播中，传播者和受传者的角色可以随时互换。互联网的用户不仅可以自由选择时间、地点，采取多样的形式进行信息接触，还可以自由参与信息的传播。正如尼葛洛庞帝所说，在网络上，每个人都可以是一个没有执照的电视台。

第三，超文本链接。互联网的魅力之一就是超文本链接。超文本链接模拟人类的思维方式。在文本中，每一个关键词汇、短语都可以链接到相关的另一个文本。人们可以通过这种链接从一个站点获得多个站点拥有的相关信息。

第四，信息容量大。现在的互联网已经实现了国际性的资源共享和信息交流，信息容量巨大，业务范围广。互联网每天有 60 多万个网络、600 多个大型联网图书馆、400 多个联网学术文献库、50 多万个网页站点、2000 多种网上杂志，100 多万个信息源 24 小时不间断地为人们提供信息资源的交流和共享。

第五，传播的广泛性。互联网是一张连通全球的网络，这就意味着网络用户的无国界性和广泛性。在 1999 年举行的"新闻业与互联网"专题研讨会上，美国在线的执行官斯蒂夫·凯茨说："每天从'美国在线'获得他们感兴趣新闻的人，比全美国 11 家顶尖报纸的读者加起来的总数还多；在黄金时间，我们的读者和 CNN 和 MTV 的观众一样多。"②

互联网的崛起给传统媒体带来了极大的挑战和机遇。它严重影响了传统媒体的发行量、收听率和收视率。与此同时，传统媒体也在不断地向网络媒体靠近，纷纷建立网站，进一步拓展自己的生存空间。"第四媒体"正逐渐发展成为主流媒体。除了信息传播外，互联网还在经济、文化等社会其他领域展现着旺盛的生命力。管理大师彼得·德鲁克（Peter Drucker）曾经这样说过："网络对文化的影响力比对经济大得多。"

纵观人类五次传播革命的历程，我们不难看出，传播革命的步伐、传播技术和手段的

---

① 明安香：《大众传媒面临深刻变革和反思——1997 年国际新闻界回眸》，载《中华新闻报》，1998-02-12。
② 郭乐天：《网络发展与网络管理——传统传媒与传媒管理如何面对因特网的挑战》，载《新闻记者》，1999(11)。

革新一直呈加速发展状态。从口语传播到文字传播用了 9.5 万年，从文字传播到印刷传播用了 4000 年，从印刷传播到电子传播只用了一千多年，从电子传播到网络传播所用时间更短，只有 102 年。五个传播阶段相继出现，这个过程并不是一个相互取代的过程，而是一个相互叠加的复线发展过程。比如，网络传播时代并不是互联网独霸天下的时代，而是口语媒介、文字媒介、印刷媒介、电子媒介与互联网共存的时代。总体来说，每一次传播领域的革命都开拓了新的空间，都为人类的生存和发展带来了新的机遇，都对社会的进步起到巨大的推动作用。

第二节　传播的类型

人类传播是一个综合系统，这个系统由不同类型的传播活动组成。这些类型相互区别，具有独自的形态、结构和功能特点，同时又作为人类传播总系统的有机组成部分相互衔接和交织，构成了社会传播系统的大形态。按照传播范围的大小和传播对象的多少，我们把传播活动主要分为四个类型：人内传播、人际传播、组织传播和大众传播。

一、人内传播

人内传播也称内向传播、内在传播或自我传播，是个人接收信息并在人体内部进行信息处理的活动。

（一）人内传播的生理过程

人内传播是发生在人体大脑内的一种信息交流活动，表现为头脑中积累的信息与新接收的信息之间进行交流。人的大脑是信息中枢处理器。思考，即人内传播的过程。

对外部信息的感觉通过人体的五大感觉，即视觉、听觉、触觉、嗅觉和味觉实现。感觉是人对客观世界最初的、最简单的、最原始的、最直接的感性反映。例如，在鸟语花香的春天，看到一朵花，眼睛看到花是红色的，鼻子嗅是香的，手摸是软的……这些对客观世界个别属性的反映，就是感觉。然后，大脑将感觉到的信息联系起来从而形成一个整体。这种对某一事物整体的反映，就是知觉。所以，我们先有感觉，再有知觉。人是高级动物，除了生理感知外，人感受外部信息时的情绪、情感以及伴随而来的复杂的心理活动也是影响人内传播的重要因素。

（二）人内传播的社会性和互动机制

当我们对人内传播的过程进行考察时，就会发现人内传播具有明显的社会性和明确的互动机制。

美国社会心理学家米德在象征性互动理论中提出这样的观点：个体通过与他人的互动

而认识自己。人的自我，是在作为意愿和行为主体的"主我"与作为他人的社会评价和社会期待的"客我"的互动中形成的，同时又是这种互动关系的体现。例如，孟女士是一位高校教师，同时也是一个母亲和妻子，在社会中还扮演着朋友等角色。一次，内衣模特的星探找上门来，给出了丰厚的报酬，希望她可以代言最新的一款内衣。在对这件事情做出决定时，她要考虑到，做一名内衣模特，自己的丈夫、朋友、孩子会怎么评价？是否符合自己作为一个教师、妻子和母亲的形象？孟女士最终的决定是作为行为主体的自己做出的，但这个"主我"并不是一意孤行的，而是综合考虑了社会关系后做出的。人内传播的社会性和互动性就显而易见了。所以，人内传播"在本质上来说是一种与他人互动的内在化，也就是与他人的社会联系或社会关系在个人头脑中的反映"[①]。通过人内传播，人能够在与社会他人的联系中认识自己，改造自己，不断实现自我的发展和完善，从而使得自己能够更好地适应社会的需要，处理好各个方面的关系。

(三)人内传播是一切传播活动的基础

人际传播、群体传播、大众传播等任何一种其他类型的传播，都必然伴随着人内传播的环节。而人内传播的性质和结果，也必然会对其他类型的传播产生重要的影响。

二、人际传播

"人际传播是个人与个人之间的信息传播活动，也是由两个个体系统相互连接组成的新的信息传播系统。"[②]人际传播是社会生活中最直观、最常见、最丰富的传播现象，如两人的谈话、书信和电话沟通、电子邮件往来、微信和 QQ 聊天等都是人际传播。人际传播是最为典型的社会传播活动，社会生活的丰富多彩决定了人际传播内容的丰富性和形式的多样化。然而，人际传播虽然内容丰富，形式多样，但大致可以分为两种：一种是借助电话、信件等有形的物质媒介的传播；另一种是面对面的传播。总体来看，人际传播尤其是面对面的人际传播具有以下几个重要特点。

(一)传递和接收信息的渠道多，方法灵活

在人际传播中，传播者可以使用语言符号进行传播，而且能够运用面部表情、眼神、动作等多种手段来传递信息。例如，人的眼睛可以不同程度地表达几乎所有的情感。交流中不看着谈话对象会给人一种不感兴趣或者缺乏自信之类的感觉。彼此目光的注视可以强化人的某种判断，或增强对方的信心。谈话对象也可以从眼神的坚定或回避中，得出肯定或否定的信息。

如果人际传播是在面对面的情况下进行的，那么鉴于传播的多渠道和多种手段的配

---

① 薛可、余明阳：《人际传播学》，77 页，上海，同济大学出版社，2007。
② 郭庆光：《传播学教程》，81 页，北京，中国人民大学出版社，1999。

合，特殊的传播情境就会形成，从而使传播的意义更为丰富和复杂。例如，"你真讨厌"这句话，如果用书信、电子邮件传播，意义是很单一的，但如果换成面对面的谈话，配合撒娇的语气和娇笑的表情，它的意义就丰富多了。

(二)互动性强，反馈及时

人际传播是两个行为主体间的信息传播活动，信息的交流是一来一往地进行的。传授双方可以随时接收到对方的反应，并根据对方的回应随时改变自己的传播内容或传播方式。倾听和回应是人际传播的两个非常重要的环节。要推进传播关系，就要倾听；要维系传播关系，就要回应。没有"倾听"，"说"也就没有意义了。受传者的"倾听"和"回应"，是传播者"说"的动力和源泉。研究表明，"听"在人类传播中所占的时间为 42%，比说（32%）、读（15%）、写（11%）都高。日常生活中，"听"占的时间为 60%～75%。因此，人际传播是一种高质量的传播活动。

(三)受社会关系的影响

哲学家马丁·布伯就这个问题说过，人生存的基本事实是彼此关联着的。人无法逃避与他人发生关系。我与你相遇，我和你彼此关联，即使我们的交往是一场相互斗争。即使在彼此的关联中，我已不完全是我，你也不完全是你。但只有在生动的关联中，才能直接认识人所特有的本性。人际传播的双方是拥有独立意志的个体，但他们都有一定的社会关系。因此，人际传播都发生在有关系存在的环境中，如朋友关系、同事关系、夫妻关系等。在人际传播过程中，双方使用的语气、措辞、态度等都与这些关系密切相关。例如，《论语·乡党》记载，孔子在不同的场合、面对不同的人，说话的态度和语气会明显不同。当国君不在场时，他与下大夫说话，态度温和快乐；国君到来后，他变得恭敬而谨慎。人们总是生活在一定的文化氛围和社会关系中，人际传播中存在一种潜在的"文化契约"，它使交流的双方因为关系的不同，而采用不同的交流方式。

三、组织传播

组织指的是"人们为实现共同目标而各自承担不同的角色分工，在统一的意志之下从事协作行为的持续性体系"[①]，如学校、企业、政府机构、各种社团等。一般来说，辨认一个群体是否属于组织，主要看这个群体中是否存在一个统一的指挥或者管理系统。组织都是为了一定的组织目标而设置或成立的。与一般社会群体的目标相比，组织目标更明确、更系统，它的实现需要严格的制度化的措施保证。这一点决定了组织具有以下结构特点。

---

① ［日］见田宗介、栗原彬、田中义久：《社会学事典》，556 页，东京，弘文堂，1988。

第一，专业化的部门分工。组织目标大多是复杂的系统工程，需要执行不同功能的专业化部门的协同作业。组织的部门，一般可分为决策部门、管理部门和职能部门等。

第二，职务分工和岗位责任制。职务是按照组织目标的需要而设定并由成员个人承担的角色位置。职务或岗位伴随着一定的权限和责任，其内容并不因担任职务的人的变动而改变，具有固定性和形式性。

第三，组织系统的阶层制或等级制。阶层制是为保障组织的统一目标、统一意志得到贯彻和实施而设立的指挥管理制度。例如，部门有上级部门、同级部门和下级部门，职务有上司和下属之分。

从组织的上述三个特点中我们可以看出：与一般的群体不同，大多数组织都是在一定的组织目标下，按照结构功能的合理性原则和效率性原则建立起来的。组织是有统一意志的严密整体，比个人和松散的群体更有力量。

组织传播指的是组织所从事的信息传播活动，是组织生存和发展必不可少的保障。它包含两个方面：一个是组织内传播，另一个是组织外传播。概括来说，组织传播的总体功能，就是通过信息传递将组织的各部分联结成一个有机整体，以保障组织目标的实现和组织的生存与发展。具体来说，组织传播的功能有以下几个方面。

(一)内部协调

组织中的各部门、各岗位都由一定的信息渠道相连接，每个部门和岗位都执行着一定的信息处理职能，是组织传播的环节。这些环节通过信息的传递反馈相互衔接，使各部门和各岗位成为既能各司其职，又能在统一目标下协同作业的整体。

(二)指挥管理

组织目标的实现和组织任务的完成需要进行指挥管理。在一个组织中，从具体任务指令的下达、实施、监督、检查、总结，到组织活动规章制度的贯彻和日常管理，都体现为一定的信息活动，都是在一定的信息互动机制下进行的。

(三)决策应变

组织是一个永远处于运动和变化中的有机体，它不断面临组织内部和组织外部出现的新情况和新问题。适应新情况、解决新问题的过程就是决策应变的过程，这个过程本身就建立在信息的收集、整理、分析、判断的基础之上。

(四)形成共识

一个组织要保持高度的凝聚力和战斗力，就必须围绕一系列重要问题如组织目标和宗旨、组织规则、组织方针和政策等，在组织成员中形成普遍的共识。共识的形成本身就是组织内的传播互动过程，必然伴随着围绕特定问题的信息传递、说明、解释、讨论等各种形式的传播活动。

四、大众传播

(一)大众传播的定义

"所谓大众传播,就是专业化的媒介组织运用先进的传播技术和产业化手段,以社会上一般大众为对象而进行的大规模的信息生产和传播活动。"[1]我们生活在一个大众传播时代。书籍、报刊、广播、电视等大众传媒的信息传播活动遍及社会的各个角落,影响到生活的方方面面。在现代社会,大众传播是人们获得外界信息的主要渠道,是社会文化和娱乐的提供者。大众传播的影响广泛、深远,作用强大,使得它成为现代社会中最重要的信息系统。

(二)大众传播的特点

大众传播是一个特殊的社会信息系统,它具有其他类型的传播所不具有的性质和特点。我们可以从下面几个方面来把握大众传播的重要特点。

大众传播中的传播者是从事信息生产和传播的专业化媒介组织。这些媒介组织包括出版社、报社、广播电台、电视台以及以发行为目的的音乐、影像制作公司。大众传播的传播者是一种媒介组织。这个特点说明了,大众传播是在特定的组织目标和方针的指导下进行的。

大众传播是运用先进的传播技术和产业化手段大量生产、复制和传播信息的活动。大众传播的出现和发展,离不开印刷术、造纸术以及电子通信技术的发明和应用。印刷术的进步使得书籍、报刊等印刷物的大量出版成为现实,电子通信技术使广播、电视成为信息远距离传输的媒介。当前,卫星通信技术和多媒体技术的进步,使大众传播在速度、规模等方面有所发展,并使之成为现代信息产业的重要组成部分。

大众传播的对象是社会上的一般大众。在大众传播领域,受众是一个模糊的概念集合,泛指一切接触大众传播信息的人,包括报刊、书籍的读者,广播的听众以及电视的观众等。大众传播的受众数量巨大,分布广泛,各个年龄层次、各种职业、各种知识层面的人员都在其中。受众的广泛性决定了大众传播以满足社会上大多数人的需求为目的,也意味着大众传播具有广泛的社会影响力。

大众传播的信息具有商品和文化双重属性。大众传播是文化产业的核心组成部分。文化产业与其他产业最大的区别就在于文化产业具有文化和经济双重功能。大众传播作为生产信息产品的产业,其信息产品的商品性,主要通过信息产品的交易实现。例如,人们花费一定的金钱购买报刊、书籍,广播电视媒介售卖时间段给广告商,观众每年支付的有线

---

[1]　郭庆光:《传播学教程》,111 页,北京,中国人民大学出版社,1999。

电视费等。价值是通过市场得到实现的，无论从印刷媒介还是从电子媒介获得信息，人们一般都要支付一定的费用，这说明大众传播的信息产品本身就是一种商品。但是信息产品又与满足人的生理需求的一般物质产品不同，人们对它的消费主要是精神内容即意义的消费。意义是一定的社会文化的产物，具有鲜明的文化属性。这就要求大众传播必须注意价值观念和舆论导向的问题，为受众提供内容丰富、价值观正确的精神食粮，这样才能获得良好的社会效益。

从传播过程的性质来看，大众传播属于单向性很强的传播活动。在传播学史上，美国学者哈罗德·拉斯韦尔第一个总结出了传播过程模式。他提出传播过程中存在五种基本要素，即传播者——谁（Who），传播内容——说了什么（Says What），传播媒介——通过什么渠道（in Which Channel），传播的目标受众——对谁（to Whom），传播效果——取得了什么效果（with What Effect）。这就是著名的"5W模式"。该模式是一个单向直线模式，信息从传播者直线传递给受传者，忽略了传播过程中的反馈环节。大众传播中虽然也存在着传受双方的互动，但是这种互动机制比较弱而且滞后。一方面，受众在大众传播中有一定的被动性，只能在传媒提供的传播内容中进行信息选择和接触；另一方面，受众对媒介组织的传播活动缺乏及时、灵活、有效的反馈渠道。大众传播过程的单向性为它赋予了强大的社会影响力。这种影响，既有积极的，也有消极的。

大众传播是一种制度化的社会传播。这个特点是由以上五个基本要素决定的。换句话说，大众传播是一种具有强大社会影响力的信息产业，它传播的内容直接影响了人们人生观、世界观、价值观和行为规范的形成。因此，任何社会和国家无一例外地都会把它纳入社会制度的轨道。澳大利亚学者苏利文认为，大众传播是在国家调控的范围内进行的；英国学者科纳等指出，大众传播的工具"是通过大型组织的工业生产活动产生出来的，这种生产组织的政策和职业规范常规就存在于社会的政治、经济和法律的结构之中"[1]。这些观点都强调了大众传播是在特定的社会制度下进行的。

第三节　传播行为的构成要素

"所谓传播，即社会信息的传递或社会信息系统的运行。"[2]传播活动是一种信息共享的活动，即信息是传播的内容，传播的根本目的是人们通过有意义的符号进行信息传递、接收或反馈活动。

---

① 刘建明：《宣传舆论学大辞典》，290页，北京，经济日报出版社，1992。
② 郭庆光：《传播学教程》，5页，北京，中国人民大学出版社，1999。

先来看下面一个简单的例子。2015年9月，海南省海口市的媒体接到群众举报，披露了当地的一家水果批发市场涉嫌非法用糖精钠加工冬枣。之后，海南食品药品监管部门和公安部门联手采取行动，成功破获这起案件。央视《焦点访谈》于当年10月5日晚以"大枣太甜需警惕"为题对此进行了报道。

这是日常生活中常见的一类新闻节目。施拉姆在《传播是怎样运行的》一文中提出，传播至少要有三个要素：信源、信息和信宿。在这个传播活动中，我们可以明确地观察到这三个要素：信源，即"大枣太甜需警惕"的传播者；信息，即一起非法用糖精钠加工冬枣的案件；信宿，即坐在电视机前面收看该节目的观众。然而，这个传播活动的实现除了要具备上面的三个要素外，还要有一个关键性的条件，即把传播者、信息和受传者联系起来的纽带或者渠道——电视媒介。有了上述四个要素，传播活动就基本具备了实现的条件，但从传播学的社会互动层面来看，这个过程仍然是不完整的。电视机前的观众看到这个新闻后有什么样的反应乃至反馈呢？这个新闻的传播者是否实现了自己的传播目的？心理学家认为，行为是由动机决定的，任何行为都为了实现一定的目的。所以说，一个完整的传播活动还需要把信息接收者的反应乃至反馈包含在内。

综上所述，完整的传播活动要具备五个基本要素：传播者、传播内容、受传者、媒介和反馈。

一、传播者

传播者，又称信源，指的是传播活动的发起者，即借助某种手段或工具，通过发出信息主动作用于他人的人以及群体或组织。作为传播内容的发出者，传播者是传播活动中向传播对象发出信息的行为主体。在社会传播活动中，传播者可以以个人形式存在，如编辑、记者、主持人、通信员等，也可以是群体或者组织，如报社、出版社、电台、电视台或影视制作公司等。

传播者处于传播过程的首段，作为该过程的控制者发挥着主动作用，占据有利地位。传播者不但掌握着传播工具和手段，还决定着传播活动的存在和发展，对信息内容的取舍、流量和流向以及受传者的反应起着重要的控制作用。例如，对相同内容的传播，传播者由于素质和目的不同，对信息的加工选择自然也会不一样。综合考察传播者在传播活动中的角色以及人们对传播的期待，传播者所扮演的角色有这样几个方面。

首先，传播者是信息流通的推动者。传播者是信息永不干涸、永不停息的推动者，是传播活动中最活跃、最具主体性和能动性的"守门人"。有了传播者，信息才能传播出去，传播活动才能得以运转。普通大众所获知的大部分信息，都是传播者给定的。因此，传播者又控制着信息的流量和流向。

其次，传播者是社会环境的监视者。约瑟夫·普利策曾说，倘若一个国家是一条航行在大海上的船，新闻记者就是船头的瞭望者。他要在一望无际的海面上观察一切，审视海上的不测风云和浅滩暗礁，及时发出警告。人类生存的环境是不断变化的，只有及时了解、把握自然和社会环境的变化，人类才能保证自己更好地生存和发展。例如，我们根据天气预报提前决定加减衣服。2014 年 9 月，国务院公布了《关于深化考试招生制度改革的实施意见》（以下简称《意见》），将上海市列为高考综合改革试点市，《新闻联播》进行了相关报道。《意见》指出，保持统一高考的语文、数学、外语科目不变、分值不变，不分文理科，外语科目提供两次考试机会。上海市教育委员会获悉这一消息后，立刻按照《意见》，结合实际，制定了《上海市深化高等学校考试招生综合改革实施方案》。

再次，传播者是沟通交流的桥梁。社会是一个分工合作的有机体，只有实现社会各个部分的协调和统一，整个国家才能和谐地运转。传播者正是联络、沟通和协调社会关系的纽带。传播者将政府和组织的政策、意见发布出去，从而使"上情下达"。此外，传播者还使"下情上达"，成为基层、民众反映意见和呼声的"喉舌"。

最后，传播者是人类精神文明的传播者。人类文明的发展，建立在传承和创新的基础之上。只有将前人的经验、智慧和知识加以记录、保存并传给后代，人类文明才能得以传续。

二、传播内容

没有传播内容，就没有传播活动的发生，传播就成了无源之水、无本之木。在这样一个信息大爆炸的时代，不是所有的信息都可以进入传播渠道的。传播者常常会传播哪些内容？为什么会选择这些内容而不是其他的内容？这些传播内容又具有怎样的特点？

(一)传播内容是经过严格选择的

第二次世界大战期间，为节约开支，美国开展了一场大规模的宣传活动，号召人们食用牛内脏。传播学奠基人之一的库尔特·卢因对这场宣传活动进行了研究，他发现除非家庭主妇接受宣传，把牛内脏买回家，否则其家人几乎不会接触到这种不经常食用的食品。在这个过程中，家庭主妇实际上起着一种"把关人"的作用。由此"把关人理论"被提出。"把关人理论"告诉我们，传播是一个选择的过程，只有通过层层"把关"，信息最终才能传达给受众。

无论个人还是组织，传播者都是有选择地进行信息传播的。传播内容是传播者在大量信息中经过严格选择之后的结果，并不具有纯粹的"客观中立性"，而是依据传播者的立场、方针和价值标准进行的有目的的选择和加工后的产品。那些与传播者的利益和目的一致或者相符的内容会更容易优先进入传播渠道。

（二）传播内容具有意识形态性

传播具有目的性。传播的内容是传播者根据一定的观点和意识形态进行加工整理后产生的符号系统，目标则是要对他人和周围社会产生作用。传播不仅是个人、群体、组织和国家实现自身目标必不可少的手段，而且在确保人类文化的历史传承、实现社会系统各部分的协调与沟通、维持社会的进步与发展方面发挥着重要的作用。

个人群体或者组织的传播内容常常带着传播者的主观意图，传播者通过宣传使受传者接受某种观点或者实践某种行为。例如，父母劝说孩子不要早恋，会列举早恋一系列不好的影响，劝说孩子应该把主要精力放在学习上。这是一种人际传播。"早恋有害无益"的传播内容，带着父母希望孩子"不要早恋，好好学习"的主观意图，目的是希望在作为受传者的孩子的身上引起心理、态度或者行为的变化。

报刊、广播、电视等大众传播媒介的传播内容，常常会受到两个因素的制约：一是媒介的宗旨、报道方针、传播人员的价值观和倾向；二是社会文化规范。因此，这样的传播内容常常包含着一定的价值观。只不过，这些传播内容所具有的特定的价值观和意识形态倾向，通常不是以说教而是以报道事实、提供娱乐的形式传达给受众的，它们使人们的现实观、社会观形成于潜移默化之中。例如，美国的喜剧性动画片《米老鼠和唐老鸭》，不仅风靡全球，还塑造了不朽的动画形象米老鼠和唐老鸭。动画片以米老鼠、唐老鸭、大狗布鲁托的活动为线索，通过它们一系列不连贯的、片段式的滑稽遭遇，运用拟人的手法向观众展现了一个个令人捧腹的小品段落。我们仔细分析就会发现其文本结构中包含着许多关于社会态度与价值观的重要信息。大卫·莫尔利曾经指出，它们包含了许多意识形态上的假设，它们对个性、自由（如何致富）以及良性关系与家庭的"本质"等，都有一套看法。

三、受传者

受传者，又称受者、受众，是传播内容的接收者。会场的听众、报纸的读者、广播的听众以及电视的观众都包括在内。受传者是传播活动的构成要素之一，位于传播的终端，可以是个人、群体或者组织、机构等。

受传者在信息传播活动中占有非常重要的地位，是信息传播的目的地。信息传播的效果直接受到受传者自身知识结构、文化水平、传播技能的影响。受传者在接收信息的过程中，不是完全被动地存在的，而是在利用现有条件、充分发挥积极性的基础上，能动地对信息进行选择，使之成为对自己有用的信息。在传播效果研究中产生过重要影响的"使用与满足"理论，认为受众基于自己的需求对媒介内容进行选择，这种选择具有某种"能动性"。该理论纠正了"受众绝对被动"的观点。

受传者在传播过程中不仅具有能动性，还可以通过反馈活动来影响传播者。反馈，指的是受传者将接收到的传播内容及其作用结果再反传给传播者，以达到与传播者进行信息交流的目的。传播者要根据受传者反馈的信息，调整传播策略和传播模式，使受传者最大范围地接收信息，达到信息传播的目的。

受传者和传播者并不是固定不变的角色，在一般的传播过程中，这两者能够发生角色的转换或者交替。一个人在发出信息时是传播者，而在接收信息时则又在扮演受传者的角色。例如，某高校数学专业的小王同学，在微积分的课程结束后，找到老师说："老师，您讲的微积分我基本上掌握了，但还有个知识点我不太明白，您能再给我指点一下吗？"在这个案例中，小王在课堂上学习了微积分，作为知识的接收者，他扮演的是受传者的角色。但当他说，老师讲授的内容他基本上掌握了，但还有个知识点还不太明白时，他又成了反馈信息的发布者，这一刻他的角色转变成了传播者。与此同时，老师是讲微积分的信息传播者，但在接收小王反馈的信息时，转变成为受传者，而把小王不大明白的知识点再讲一遍则又成了传播者。在人类的传播活动中，这种角色的转换极为常见，我们每个人都既是信息内容的受传者，又是反馈信息的发布者。如果我们把所接收到的信息进行加工整理后再次传播出去，则成了下一级传播的发起者。例如，某高校教授影视课程的老师，从媒体上获知《滚蛋吧！肿瘤君》将冲击第 88 届奥斯卡最佳外语片的信息。在一次课堂上，该老师先简单介绍了这则新闻，然后请学生们讨论。老师获取该信息时是传播内容的接收者，而在课堂教学中，他将该消息传播给了学生，就成了新的传播活动的起始者。

四、媒介

媒介又称传播渠道、信道、手段或工具。媒介是将传播过程中的各种因素相互连接起来的纽带。现实生活中的媒介是多种多样的：声音、文字是传播媒介；电话、报刊、书籍、广播、电视是传播媒介；同样，报社、出版社、广播电台和电视台也是传播媒介。总体来说，传播媒介有两种含义：一是指信息传递的载体、渠道、中介物、工具或技术手段；二是指传媒机构，即从事信息采集、加工制作和传播的社会组织。

（一）作为工具或技术手段的传播媒介

作为信息传递、交流的工具或手段的媒介，在人类传播活动中起着至关重要的作用。人类传播活动的发展历程中，人类在生产劳动和社会实践的推动下不断发现或创造了新的传播媒介。没有语言和文字的出现，人类就不能摆脱原始的动物状态；没有印刷和电子传播媒介的发明创造，人类就不可能有近现代的大众传播，也不可能有今天的信息社会。媒介的发展与社会的演化变革密切结合在一起，在社会发展中起着极为重要的作用。加拿大学者马歇尔·麦克卢汉认为："媒介是社会发展的基本动力，每一种新的媒介的产生，都开创了人类感知和认识世界的方式，传播中的变革改变了人类的感觉，也改变了人与人之间的关系，并创造出新的社会行为类型。"[1]例如，在以口语为传播媒介的原始社会，因为口语传播的时空限制，人们必须保持近距离的生活。文字和印刷媒介出现之后，传播克服了时间和空间的限制，部落社会群体解散，人类分散到广阔的地域。电子传播媒介尤其是电视的普及，使得事件的同步传播和全球直播成为现实，人与人之间的距离大大缩小，整个地球又重新部落化，世界变成了一个新的"地球村"。这个观点如图1-10 所示。

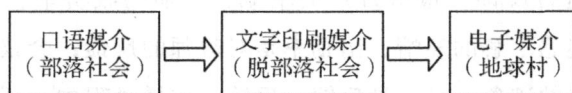

```
┌──────────┐      ┌──────────┐      ┌──────────┐
│ 口语媒介  │ ⟹  │文字印刷媒介│ ⟹  │ 电子媒介  │
│ (部落社会)│      │(脱部落社会)│      │ (地球村)  │
└──────────┘      └──────────┘      └──────────┘
```

图 1-10　麦克卢汉关于媒介与社会形态的观点示意图

(二)作为社会组织的传播媒介

报社、出版社、广播电台和电视台等媒介机构，主要从事信息内容的生产和传播。鉴于这种媒介机构生产规模的巨大性和受传者的广泛性，我们又把它们称为大众传媒。大众传媒是现代社会主要的信息提供者，是形成社会信息环境的主要力量。大众传媒是一种什么性质的社会组织呢？

1. 大众传媒的经营目标

大众传媒具有经营目标，说明传媒必须从事经营活动，必须面对市场，把自己的信息产品或者服务作为商品在市场上销售出去。大众传媒的经济收入主要来自两个方面：一是广告收入；二是信息产品的销售收益。这是维持媒介组织生存和发展的前提。

2. 大众传媒的宣传目标

大众传媒的宣传目标，指的是大众传媒在从事经营活动的同时，还具有宣传某种思想、提倡某种信念、行使某种权利或者社会影响力等目标。大众传媒之所以具有这样的宣传目标，与它的信息产品的特殊性相关。每一种社会信息产品都不可避免地包含着特定的价值观和意识形态，对社会意识和社会行为具有重要的引导和控制作用。

3. 大众传媒的公共性与公益性

与单纯营利的社会组织不同，大众传媒除了拥有自己的经营目标和宣传目标外，还具有公共性和公益性。这种公共性与公益性的依据主要包含三个方面：一是大众传媒在满足社会的信息生产和提供方面起着公共服务的作用；二是大众传媒的信息生产和传播活动对社会的政治、经济和文化具有广泛而强大的影响，这种影响涉及普遍的社会秩序和社会公

---

① 郭庆光：《传播学教程》，148 页，北京，中国人民大学出版社，1999。

共生活；三是大众传媒是某些"稀有"公共传播资源的受托使用者。作为公共财产的使用者，大众传媒必须对社会和公众承担相应的义务和责任。

五、反馈

反馈指受传者对接收到的传播内容的反应或回应，也是受传者对传播者的反作用。反馈从受传者传回信源，能帮助传播者调节此后的传播活动。受传者可以通过通信、热线电话等形式对媒介信息进行反馈；报纸订户的增减、广播的收听率、电视的收视率也是反馈。在教室中，学生迷惑不解的表情、出勤率是对教师的反馈；会议主持滔滔不绝时，与会人员哈欠连天等厌倦的迹象也是一种反馈。反馈是传播过程中不可缺少的要素，对信息传播者和传播效果具有以下作用。

(一)有效检验传播效果

传播者不惜花费人力、物力和财力，对传播信息千挑万选，选定传播渠道，都是为了传播有效的信息，达到一定的效果。因此，传播效果是传播活动的出发点和最终目标，是整个传播活动的中心。传播活动在多大程度上实现了传播者的意图和目的？判断的根据是什么？毋庸置疑，答案就是受传者的反馈。

(二)优化传播活动

反馈表明了受传者对当下的传播活动的评判和态度，为传播活动提供了意见和建议，对进一步优化传播行为提供了有效的借鉴。例如，2004 年，在哥伦比亚广播公司(CBS)向全美转播橄榄球超级碗大赛时，某歌手在中场演出时公然作出不雅举动，激起了轩然大波，引发了受传者强烈的不满和抗议。受传者对该事件的反馈使美国联邦通信委员会对哥伦比亚广播公司做出了高额的罚款，美国传媒界通过该反馈重新审视了自身的传播内容和方式，对此后的信息传播做出了更具针对性和有效性的改变。

(三)激发或降低传播者的传播热情

信息传播出去之后，传播者收到的反馈具有肯定、鼓励的性质时，就会进一步增强信心，激发传播热情。相反，如果反馈的信息具有否定性，就会给传播者带来较大的打击和挫折感，从而降低传播者的传播热情。

然而，从传播过程的性质来看，大众传播属于单向性很强的传播活动。它的互动机制较弱，而且受传者对媒介信息的反馈大多是事后的，缺乏即时性和直接性。

第四节　多屏互动时代的来临

在数字信息技术发展之前，电视、手机和电脑在人们的生活和工作中分别扮演不同的角色，分工非常明确。电视的收视环境随意，主要用于家庭娱乐，优势在于屏幕较大；手机体积小、轻便，具有便于携带、移动方便的优点，主要作为社交工具；电脑的功能最为强大，多用于办公。

2001年3月，《国民经济和社会发展第十个五年计划纲要》第一次明确提出促进电信、电视、互联网三网融合。2006年3月，《国民经济和社会发展第十一个五年规划纲要》再次强调，加强宽带通信网、数字电视网、下一代互联网等信息基础设施建设，推进三网融合，健全信息安全保障体系。进入信息时代之后，随着三网融合与智能手机、平板电脑的普及和推广，信息的获取和传播以空前的速度进行着。马歇尔·麦克卢汉早在1964年就概括出了传播媒介在人类社会发展中的地位和作用，即"媒介即信息"理论，并指出人类有了某种媒介后才有可能从事与之相适应的传播或其他社会活动。在高速运转的信息时代，电视、手机和电脑的功能呈现出多元化的特点，人们的生活方式随之发生了很大改变。人们开始利用各种智能终端的优势，实现智能终端间的互通和资源共享，多屏互动技术在这样的需求中出现和发展。人类传播由此进入多屏互动时代。

一、多屏互动的定义

多屏互动指的是基于DLNA、WiDi或闪联等协议，通过WiFi网络连接，将智能平台、智能应用、智能操控等全面整合，在不同媒体终端如手机、电视、电脑等上进行多媒体（音频、视频、图片、数据等）内容的展示、控制、解析、传输、共享等。简单地说，就是几种设备的屏幕通过专门的设备就可以互相连接转换，实现多屏控制、多屏同看、多屏切换和多屏融合等，从而为用户提供更加良好的多媒体娱乐操作和交互体验。例如，我们正在家里用电脑看《人民的名义》，突然接到电话有事要马上出门，很遗憾电视剧还没看完。在多屏互动的今天，这个问题就可以迎刃而解。我们只需要拿出手机，将剧集缓存下载到手机中，在去办事的路上就可以接着看。还有把电脑换成平板电脑、把手机换成平板电脑等其他的组合方式。或者我们在周末的午后，可以一边用平板电脑看最新的综艺节目，一边在微信上和好友讨论或吐槽。2016年的春晚，支付宝成为合作互动平台。多数人一边看电视，一边在手机上"咻红包"。正如《连线》杂志创始主编凯文·凯利所说，在多屏互动时代，屏幕构成了一个完整的"生态系统"。屏幕无处不在，相互依靠。社交媒体与主流媒体相互依赖，没有独立存在的媒体。媒体正朝着混合式方向发展（图1-11）。

数字技术的普及是多屏互动的基础。随着数字技术的发展和新媒体的普及，娱乐、消费、影像奇观正在迅速改变着人们的生活。多屏互动时代的来临离不开技术的支撑，国际上的多屏互动技术主要有AirPlay、DLNA、Miracast和WiDi四个独立的技术体系。

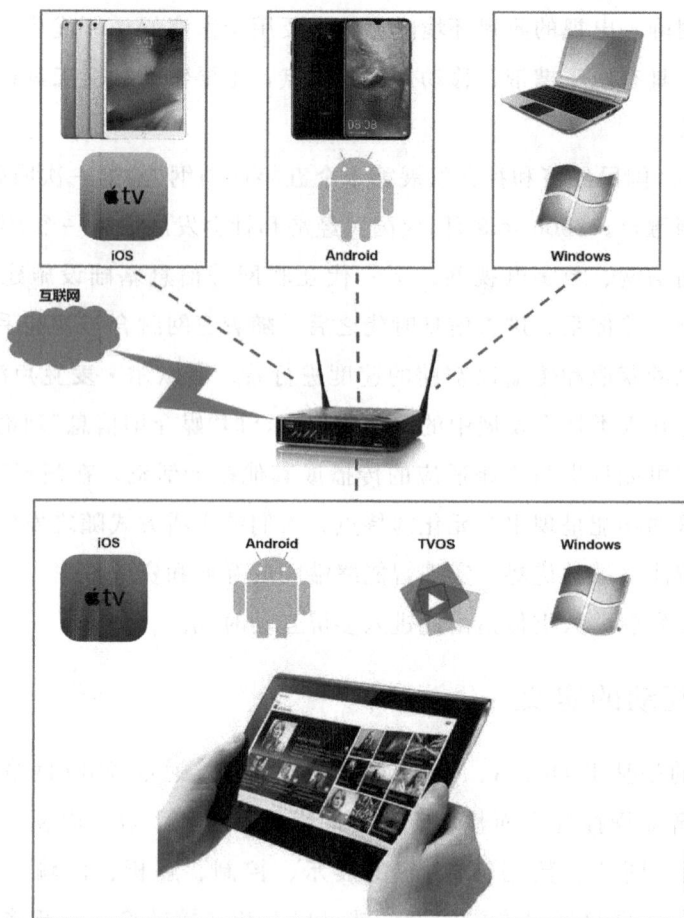

图 1-11　多屏互动系统

（一）AirPlay

AirPlay 是苹果公司开发的一种无线技术，可以实现苹果公司产品之间音乐、图片及视频文件的相互传输。此外，AirPlay 还有一种镜像（AirPlay Mirroring）功能，可以将 iPad 或者 iPhone 的整个屏幕，都投放到电视机或者投影仪等更大的屏幕上。

（二）DLNA

DLNA 即数字生活网络联盟（Digital Living Network Alliance），是由索尼、英特尔、微软等多家公司达成的一项协议，旨在解决个人电脑、移动设备与消费电器之间的无线网络和有线网络的互联互通，实现网络中的图片、音频、视频在电脑、电视以及智能移动设备之间的快捷共享。

（三）Miracast

Miracast 是由 WiFi 联盟于 2012 年制定的，是以 WiFi 直连为基础的无线显示标准，视频或照片能够通过无线在支持此标准的设备间共享。

（四）WiDi

WiDi 即无线高清技术（Intel Wireless Display），是由英特尔公司制定的，通过 WiFi 信号实现电脑和显示设备间的无线连接，允许电脑和显示设备同时完成不同的任务，如电脑在查收邮件的同时可以往电视客户端传输影片等多媒体文件。

二、多屏互动的特点

（一）观看习惯的改变

在多屏互动时代，受众观看视频的时间、地点以及内容等习惯发生了巨大的改变。这种改变首先表现在观看时间上。在电子媒体时代，人们观看视频的高峰时段主要集中在晚间。在多屏互动时代，由于媒体间的高度融合，信息的传播实现了互动共享，受众充分利用碎片化的时间，观看视频的时间扩充到了全天。在观看地点上，用户习惯在不同空间使用不同屏幕观看视频，观看的位置也从家、办公室等室内场所扩充到交通工具、餐厅等室外地点。晚间人们更多地呈现出多屏同时观看的联动行为。不同屏幕满足了受众不同的观看需求和习惯，屏幕分工更加细化。总体来看，多屏互动时代使受众充分利用了碎片时间，观看时长不断增长，同时原创内容的上传和分享也变得更加快捷和普及。

（二）观看行为多样化

受众可以观看的屏幕的种类越来越多，由最初的电视、电脑屏幕扩展到电视、电脑、平板电脑的三屏，后来又增加到电视、电脑、平板电脑和手机的四屏，再到后来户外大屏也被纳入多屏世界。在双屏时代，视频媒体上的很多内容都来自电视，而现在更多的视频媒体将内容反向输出给电视，改变了传统的以家庭电视为固定终端的模式。受众根据需求的不同，选择电视、电脑、平板电脑、手机等不同的观看模式，观看的行为呈现出多样化。现阶段多屏互动的问题主要在于标准的不统一，产品之间的兼容存在技术障碍，给不同移动终端间的互动带来不便；同时由于宽带或者移动终端属性的限制，多媒体文件在多个终端之间的传播和呈现仍然不够流畅，客观上影响了用户的使用体验。

（三）互动性更强

在多屏互动时代，媒体的互动性得到了空前的发展。互联网和手机等新媒体的交互性是其与生俱来的优势，电视媒体为了弥补自身单向性传播的不足，从而赢取更大的生存空间，开始融合交流。受众可以通过个人账户，建立好友圈，随时随地与观看同一视频的人互动，同时也可以在朋友圈里分享和互动来实现朋友间的交流。例如，2013 年 12 月，为了实现多屏合一的收视体验，社交化移动视频平台100tv发布了全新安卓 3.3 版本客户端，增加了魔法盒子、电视看等一系列实用功能。在有网络的情况下，"魔法盒子"会根据用户平时的观看喜好，自动离线下载三部短视频，让用户在没有 WiFi 的情况下有内容观看。而且用户观看完后，"魔法盒子"还会自动删除下载的内容，节省手机的储存空间。通过"电视看",用户可以随时随地把手机中的影片同步至电视上观看,没来得及看完的视频,只要添加至"电视看",并使用同一账号登录 100tv 电视版,即可在电视上继续观看,实现在不同设备上同步播放视频。此外,100tv 还新增了众多的社交元素,开启了移动视频社交的全新模式。用户可以将自己喜欢的视频上传至全新开放的"我的空间",打造极富个性的专属影音库。凡是用户赞过以及上传过的视频都将以时间轴的方式集中展现,从兴趣维度展现不一样的自己。此外,用户还可以通过"附近的人"查看周围用户喜欢的内容,并在"评论大厅"浏览时下热议的影片,获取最新鲜、最真实的一手影评。在多屏互动时代,受众更具分享精神,互动性更强。通过多种传播渠道,信息传播的覆盖面更广,传播的速度更快。

人类传播进入多屏互动时代,媒介产品的生产模式和受众的消费方式都发生了巨大的改变。电视、电脑、手机等不同媒介的边界逐渐模糊,这不但改变了受众的观看时间、地点和习惯,而且重新建构了媒介的传播形态,更加注重受众的互动性。信息获取、传播速度空前快捷的时代刚刚来临,多屏整合技术还有很多需要提升的空间,把握好这个时代的传播特点,与受众高度切合,传媒才能在竞争激烈的环境中健康发展。

第二章　广播电视的诞生和发展

第一节　广播电视的诞生

广播既依赖硬件的发明与创造，又得益于软件的开发和应用，这个过程充分展示了电子科学的物质基础给大众传播发展带来的革命性变化。正确认识和把握这一进程，将使我们对电子媒介的应用给大众传播发展带来的深远影响有更为全面的认识与了解。

一、近代传播事业的发展

自古以来，人类就通过各种形式进行信息传播。我国在古代便建立了驿站系统，由驿马接力传送信息。公元前776年，希腊人派鸽子携带获胜者的名字从奥林匹克运动会赛场飞往各地。公元前490年，希腊士兵从马拉松跑到雅典，传送希腊战胜波斯的消息。古人用于传递信息的工具还有镜子、旗帜、钟、鼓角等。

1844年，伴随着有线电信息的传送，电报诞生了。电报是点对点的传播，点对点传播是广播的先驱。最初，"空间和时间的消灭者"是用来形容电报的，后来，这句话又被用来形容电话、广播以及电视。

（一）文字的有线传播——电报

电报是用文字传递消息的媒介。在电报发明之前，信息的延误造成过许多误解，如在战争中由于信息延误，前一天的友军也许已经成了敌人。1862年，美国内战期间，新奥尔良之战发生时，停战的消息尚未传送到南方。

1837年，美国肖像画家莫尔斯（图2-1）尝试用一条电线传送各种文字信息，实际上是一种用电流传送字母的编码方法，即"莫尔斯电码"，这成为近代电报的基础。此时，电报试验基本成功。

图 2-1　莫尔斯

1844 年 5 月 24 日，莫尔斯成功传送了一份电报："上帝啊，你创造了何等的奇迹？"这个日子被认为是电报的诞生日。图 2-2 为电报机的宣传画。

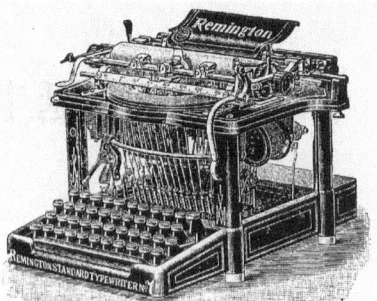

图 2-2　电报机

电报不受风雪、迷雾等恶劣天气的影响，可以长距离便捷地传送信息，有效地促进了商业消息的传递和外交信息的沟通，促进了经济的发展。

（二）声音的有线传播——电话

"电报虽然解决了远距离传送文字信息的问题，但它也有缺陷。一个是早期的电报速度很慢，线路常出故障；其次，电报必须由经过训练的报务员来操作，对个人而言并不方便；此外，电报是通过抽象的简练文字来传送的，很难表达感情和语气；而且，电报还是单向的，缺乏即时的反馈与交流。人类力求完美和永不知足的天性促使电话的诞生。"[1]

原本从事聋人教育的语言教师，精于发声现象的亚历山大·格拉汉姆·贝尔（图 2-3），在电机工程师华生的帮助下，经过了无数次试验，终于完成了电传声音系统。1876 年，在庆祝美国建国百年的费城世界博览会上，贝尔展示了他的电话系统（图 2-4），这个日子后来被认为是电话的发明日。从此，人类开始了电传声音的时代。

图 2-3　贝尔　　　图 2-4　贝尔展示电话系统

---

[1]　郭镇之：《中外广播电视史》（第三版），14 页，上海，复旦大学出版社，2016。

不过，最初的电报和电话并未成为大众传播的媒介，只能单纯地进行点对点的传播。故人们常说的作为传媒的广播电视最初主要指无线广播电视。

(三)电磁波传送文字信息——无线传播

电报和电话是通过电线和电缆传送文字信息的，出了故障，维修起来不方便。电磁波的发现为传播的进步提供了新的可能。无线电传播的时代也因此到来了。

在无线电技术应用方面最重要的发明家和推广者是马可尼(图2-5)。1897年，马可尼在英国建立公司，向全球推广无线电工业，赚取大笔利润。到1910年，无线电报便已建立起广泛的通信网络。

无线电最早被用于岸对船、船对岸、船对船的通信联络。最为出名的用途是海上救险。1912年4月，豪华巨轮"泰坦尼克"号在从英国驶往美国的航行中，遭遇冰山，发生了灾难性

图2-5 马可尼

的沉船事故。在58海里①之外有一艘轮船接到了求救信号，赶来救援，3小时后，约700人获救。而停泊在仅仅10海里之外的"加利福尼亚人"号轮船却因船上唯一的无线电报务员下班睡觉，没有接收到无线电信号。这次惨剧最终导致超过1500人遇难。如果没有无线电，这次灾难无人可以幸免。

二、广播事业的诞生

正如有线电报引出了电话一样，无线电报同样引发了人们对无线电话的向往。于是，在用无线电进行远距离文字信号传送试验的同时，人们又发明了声音信息的无线传播方式。

(一)试验性广播电台的出现

"广播"一词在第一次世界大战中开始使用，主要特点是这种传播的接收者不止一个。

加拿大人费辛顿在美国马萨诸塞州布兰特洛克镇广播圣诞歌曲和圣经被认为是广播时代的开端。但是，费辛顿广播的用意主要是试验技术，并没有建立一个定期播出节目的真正意义上的广播电台。

与此同时，美国出现了一些定期播出的私人电台(图2-6)。1909年，在加利福尼亚州的圣何塞市，赫罗德开始播出预订节目，每周一次，内容有音乐和新闻。随后，欧美许多城市也出现了类似的业余电台。早期电台的共同点是：它们都是试验性的，缺乏持续有力的财政支持，电台功率很小，业余电台的主人相互认识，他们互相收听并通过无线电交谈。

---

① 1海里＝1852米。

图 2-6　私人电台

第一次世界大战后，美国广播媒介再次蓬勃发展，并获得了新的便利条件。首先，数千名业余爱好者在战争期间经过军队无线电通信的训练，同时采用矿石晶体制作自用的收音机，成了基本的听众群体；其次，在战争中，通信技术获得了长足进步，接收效果更好，传播范围更广；最后，无线电工业界开始认识到，广播是可以赚钱的事业。

(二)第一批广播电台的诞生

美国西屋电气公司的工程师康拉德是一位无线电爱好者，他早在第一次世界大战前便在自家的汽车房里安装了一套小型的广播设备。1920 年 4 月，他用原有的业余电台呼号8XK 试验播放自制的节目，又因为对连续不停地讲话感到厌倦，就用唱片取而代之。没想到，他开始收到其他无线电爱好者的来信，他们评论播音的质量，并请他播出某一唱片，或在某一特定时间播出节目。于是，为了满足这些听众的点播要求，康拉德开始定期播出节目。

由于需要许多新的唱片，康拉德便向当地的唱片商店借用，并答应在广播中提一下该商店的名字，作为报答。商店主人发现，播出过的唱片的销售量超过了其他唱片。但这种广告经验却被唱片行业忽略多年，从业者未能有意识地加以利用。百货商店注意到了康拉德的广播，于是在当地报纸上刊登广告，宣传康拉德的广播，并出售能接收康拉德节目的大众化收音机。后来康拉德所在的西屋电气公司为维持收音机的销售决定将广播电台永久化。1920 年 10 月，美国负责颁发电台执照的商业部分配给西屋电气公司一个商业性电台的呼号——KDKA。

1920 年 11 月，在美国宾夕法尼亚州的匹兹堡市，西屋电气公司创办的 KDKA 电台利用美国总统竞选的大好时机，围绕选情通报这一公众关注的焦点，大张旗鼓地开办了广播电台，这一天也被认为是世界广播事业的诞生日。

竞争迫使美国无线电公司(RCA)开始生产"无线电音乐盒"，并在离纽约不远的新泽西州建立了广播电台；通用电气公司在纽约的厂区开办了广播电台；美国电话电报公司也在纽约市开办了后来著名的 WEAF 电台。1922 年年初，美国已有 28 家电台活跃在广播领域；半年后，是 378 家；年底，是 570 家。

在加拿大，马可尼公司的蒙特利尔 XWAF 电台与美国 KDKA 电台差不多同时创办。英国于 1922 年 12 月开办了正式的商营广播电台——英国广播公司。法国和苏联于 1922 年，德国和澳大利亚于 1923 年分别开办了广播电台。在中国的上海，1923 年年初，美国人奥斯邦利用一位张姓华侨的资本开办了中国无线电公司广播电台。日本于 1925 年在东京、大阪、名古屋等地开办了广播电台。一个新兴的事业诞生了。

(三)商营广播网的建立

世界上首先创办商营广播网的国家是美国。商营广播网出现的原因主要有三方面："一个是广播者的愿望，因为从经济角度考虑，联播节目更为便宜；第二是听众的愿望，因为边远地区缺乏上佳的演员，他们希望由中心城市的明星来改进节目；第三是广告者的愿望，因为联播有利于远距离、大范围的商品推销。"[1]

1922 年，美国电话电报公司用电话线将纽约的 WEAF 电台和波士顿的 WNAC 电台连接起来，联播了一次萨克斯管演奏会。1923 年，美国电话电报公司在华盛顿建立了它的第二家广播电台 WCAP，铺设了一条连接两地的优质电缆，以便进行"联网广播"。到 1923 年年底，6 个较大城市的广播电台连接了起来；1924 年，横贯美国大陆的 26 家电台连成了一个网。

根据合同规定，美国无线电公司等联盟单位不得擅自联网。美国无线电公司只得租用美国电话电报公司较差的电话线路播出临时节目。后来，巨头们以美国电话电报公司出售广播电台的同时取得联播网独家所有权的做法解决了争端。于是，美国无线电公司成立了专做广播的子公司——美国全国广播公司(NBC)，并成立了两个广播网：红网和蓝网。红网由过去美国电话电报公司在各地的骨干电台组成，商业上最成功，节目也非常大众化；蓝网由过去美国无线电公司、西屋公司和通用电气公司各自建成的电台组成，主要播出高雅的节目。一年后，哥伦比亚广播公司开办的另一家广播网(后改名 CBS)加入了竞争。

---

① 郭镇之：《中外广播电视史》(第三版)，20 页，上海，复旦大学出版社，2016。

(四)国际广播的初现

随着传播技术的发展，声音传播的距离越来越远。英国、法国、德国、荷兰是较早利用广播对其他国家和地区进行广播的国家。1932 年，英国广播公司(BBC)开始用英语对全世界进行广播，同年 12 月 25 日，英国国王乔治五世成为第一个向全球发表讲话的君主。法国开办了主要针对非洲的广播电台。

苏联是最早利用外语进行国际广播的国家。1927 年，苏联电台播出了十月革命 10 周年莫斯科庆祝活动的外语节目。1929 年苏联电台开始对东北亚地区播出汉语、朝鲜语和英语节目。不久，莫斯科国际广播电台成立，开始连续播出德语、法语和英语节目。

20 世纪 30 年代中期，人们逐渐认识到广播的宣传作用。1933 年，希特勒在德国掌权后，开始以外语进行国际广播宣传。1934 年，意大利开始用阿拉伯语对阿拉伯世界进行广播。美国在 1942 年开始广播《美国之音》。

三、电视事业的诞生

电视是 20 世纪人类伟大的发明。和广播一样，它凝聚着众多科学家和从业者的心血与智慧。

(一)第二次世界大战前电视的开发

1817 年，瑞典人布尔兹斯首先发现了具有质光体的物质——硒。

1873 年，英国人约瑟夫·梅发现硒的光电转换能力，在理论上证实电信号可以传播图像，这是人类首次提出电视传播原理。

1884 年，德国科学家保罗·尼普科发明扫描板。这一发明，形成了现代化电视的雏形。

1913 年，德国科学家温顿完成电视图像生成原理的研究报告，阐释电子扫描及其偏转控制原理，这一成果成为电视技术的基础理论。

1914 年，法国人肃尔兹发明了可以将动态图像传送出去的电视装置，电视的研制进入实践阶段。

1923 年，密尔·兹瓦尔金在美国发明光电摄像管和显像管。同年，德国科学家芬米夏勒发明振荡信号器并做了影像扫描试验。与此同时，美国的强肯斯将美国总统哈定的图像，从华盛顿传送到费城，世人为之轰动。此后，许多有声有色的历史事件开始登上电视银屏。

1929 年，英国广播公司试播电视，最初采用贝尔德(图 2-7)的机械电视系统播出的是无声图像。1930 年，英国广播公司播出了声像俱全的多幕电视剧——《花言巧语的人》，但是图像质量不好。1935 年，英国广播公司建立了专门的电视节目制作机构。

图 2-7　贝尔德

1931 年 4 月，由几家唱片公司与电气公司合并组成的百代公司（EMI）在英国诞生。百代公司的电视设备采用了佐里金的部分系统，每秒 25 帧画面，扫描线是 405 行，用于英国广播公司的电视试验广播，画面质量远远高于贝尔德 204 行扫描线的机械电视系统。

1936 年 11 月 2 日，英国广播公司在伦敦郊外的亚历山大宫以一场规模盛大的歌舞表演开始了电视的正式播出。这一天被认为是世界电视事业的开端。

BBC 以相当正规的形式开始播出节目，节目有游戏、音乐、戏剧、拳击以及各种各样的户外活动转播，还有加冕典礼和板球比赛。由于价格昂贵，在当时的整个英国，电视机不足 3000 台。

1938 年 9 月 30 日，英国广播公司伦敦电视台播出了英国首相张伯伦从慕尼黑谈判归来的事件，节目的名称叫作《我们时代的和平》。这档节目由三架摄像机拍摄，并用电缆传回亚历山大宫，实时播出。这是世界上第一次实况转播的新闻报道。

美国的机械电视试验活动开展得最早，1927 年，通用电气公司就已建立了试验电视台，并于 1928 年 1 月 13 日开始采用机械电视系统试播节目。然而，经济萧条使电视研制陷于停顿。

与此同时，世界上其他国家的电视试验也在进行之中。1931 年 4 月 29 日，苏联试播电视；1939 年 3 月 10 日，莫斯科电视台开始定期播出节目。1932 年，法国在巴黎建立了试验性电视台，1935 年开始不定期播放节目。1935 年，德国成立了电视节目机构，开始在柏林正式播出定期节目。意大利于 1939 年开始了电视试验播出。这是第二次世界大战爆发前仅有的几个开播电视节目的国家。

(二)第二次世界大战中电视事业的挫折

第二次世界大战对新生的电视事业是一次极大的挫折。英国、法国和苏联的电视台在战争中先后停播。美国和德国的电视虽然在战争期间维持播出，但美国的电视处于停滞状态，德国的柏林电视台也在纳粹覆灭前的最后时刻被盟军炸毁。

德国对波兰的突然袭击打断了英国的电视事业。1939年9月，英国广播公司中断正在播放的米老鼠动画片，开始了延续7年的停播。由于事发突然，电视台甚至来不及向观众说明，便径自关机，将机器都封存起来。

战争期间，美国广播业界对电视的技术标准还在争论不休，美国全国广播公司的电视播出时断时续，质量甚差。1940年，负责电讯和广播管理的美国联邦通信委员会(FCC)成立了一个各方均可接受的国家电视标准委员会(NTSC)，以建立统一的电视标准。1941年1月，委员会提出了新的制式标准，并于1941年7月1日起实施。当时美国全电子电视采用的制式是黑白颜色，525行扫描线，每秒30帧画面，图像采用调幅制，伴音采用调频制，在高频段播出。接着，美国全国广播公司、哥伦比亚广播公司获准开始商营播出，即播出带有广告的常规电视节目。不到半年，1941年12月7日，珍珠港事件发生。战争打断了电视事业的进程。

第二节　第二次世界大战后广播电视的发展

一、第二次世界大战后广播事业的发展

第二次世界大战之后，广播事业迅速发展。

早在第二次世界大战前夕，英国就已有将近40座广播电台，能覆盖80％以上的人口。

1935年，安蒂·H.阿姆斯唐发明调频广播。20世纪50年代中后期，许多国家采用了调频广播。这种广播的优点是音质好，不易受干扰，可以优化广播的收听效果。

截至第二次世界大战前，有27个国家开办了对外广播。1945年战争结束时，有55个国家开办了对外广播。广播进入了空前繁荣的新时期，调幅广播、调频广播、立体声广播并存。种类也趋于多样化，除了综合性电台以外，还出现了各种专业电台，如新闻电台、交通电台、经济电台、教育电台、音乐电台等。广播节目的内容更加丰富多彩，其影响日益深入到社会生活的各个领域。

20世纪70年代，由于电视的普及，广播受到了前所未有的挑战，在许多国家和地区，广播的收听率明显下降，电视的普及严重威胁着广播电台的发展。

"面对电视的冲击，广播开始努力发展自身优势，注意力集中于下列几个方面：注重

实效性、广泛性、服务型、参与性、多样性等；重视对"黄金时间"的合理利用；办多套节目；办多版语言节目；办专业台广播；加强对外广播。"[1]

许多国家在加强对外广播方面，存在明显的趋势，那就是大力发展多语种广播，其中以美国、苏联、中国、日本、法国等国最突出。他们竞相开办昼夜不停的环球广播，如美国之音、英国广播公司、澳大利亚电台、莫斯科电台等都已开办英语环球广播。另外，不少国家大力发展广播设备现代化，有些国家还在国外建立了转播台。

随着汽车业的崛起，广播迎来了复兴的机遇。美、日等发达国家的广播在 20 世纪五六十年代便由于汽车的普及而迅速兴起。近十年来，随着我国汽车市场的持续升温，轿车已大量进入家庭。截至 2014 年年末，北京市拥有机动车 559 万辆，其中，私家车占了 60% 以上。如此巨大的收听群体显然为广播媒体的复兴提供了机遇。北京交通台开播于 1993 年 12 月 18 日。作为一家专业广播媒体，北京交通台始终把目光盯在广播技术发展和信息传播技术的最前沿，它以维护首都交通秩序，增强全民交通安全意识，方便广大人民群众出行，促进首都交通事业建设、管理和发展，提高交通经济效益为己任，坚持"宣传、疏导、服务、娱乐"的办台方针，创办了一批符合时代特点和听众需要的名牌节目，在北京数百万听众当中拥有极高的收听率，并连续多年取得全国电台单频道广告经营额第一的骄人成绩。

借助电子技术的发展，使用数字技术广泛传播，从根本上改善广播的传播质量，以适应当代听众对音质的要求，是广播进一步发展的重要因素。20 世纪 90 年代，经国际电信联盟认可的卫星数字音频广播系统问世。这套系统由三颗地球同步轨道卫星、广播上行站、数字接收机及地面控制运营网组成，可覆盖 120 多个国家。我国也不落人后，于 1996 年 12 月 16 日在广东佛山进行了首次试播。随着数字多媒体传播技术的迅速发展，卫星数字多媒体广播服务也呼之欲出。DMB 技术融合了通信技术和广播技术，持有 DMB 接收终端的用户通过移动终端可以随时随地享受新概念多媒体信息服务。该系统不仅可以提供 CD 音质的立体声声音信号，而且可以提供包括文字信息、视频图像和互联网连接在内的各种数据服务。接收机已不是只能放在家里的庞然大物，也不再需要架设价格昂贵、安装不便的碟形卫星天线，用户仅凭一个手机就能接收到所有的多媒体信息。偏远地区的人们与城市里的人们一样，也可以使用与外界及时沟通的工具。截至目前，许多国家和地区都已使用了 DMB 广播。

经过几十年的不断实践，我国广电媒体在数字音频技术系统构建、业务开发、市场化运营等方面进行了坚持不懈的有益探索，积累了许多可贵经验。

---

[1]　李岩、黄匡宇、张联：《广播电视新闻学》，24 页，北京，高等教育出版社，2002。

二、第二次世界大战后电视事业的发展

第二次世界大战期间，许多国家的电视台遭到空袭，被迫停播。故世界电视事业的真正发展是在第二次世界大战之后。第二次世界大战后富有生机的电视便再度活跃起来，原来有电视台但在战争期间停播的国家纷纷重新推动和发展电视事业。

(一)复播时期的电视事业

1945年5月，苏联在"无线电节"恢复电视播出；1949年6月，改建后的莫斯科电视中心正式播出电视节目。1945年11月，法国政府颁布法令，成立法国广播电视公司，该公司从埃菲尔铁塔播出电视节目。

1946年6月，英国广播公司从7年前停播的米老鼠节目的中断处开始，恢复了电视播出。原本行业领先的英国，由于战争的破坏，实力大不如前。其后，西欧、北欧、南欧国家纷纷开办电视台。

德国在战后分成了东西两个部分。西部的联邦德国在美国、英国和法国的监督下于1952年开播电视节目，东部的民主德国于1955年开播电视节目。东欧国家中，波兰、捷克斯洛伐克、南斯拉夫、罗马尼亚、匈牙利、保加利亚纷纷播出电视节目，并推动了中国电视的发展。

战后美国的电视台迅速发展，从战争期间的6家电视台迅猛递增到了1946年的108家。为了控制规模，美国于1948年实行了暂停批准电视台政策。1952年政策解除后，美国的电视事业率先在全球走向繁荣昌盛。在北美，加拿大人是从收看美国电视节目开始接触这个新媒介的。1952年9月，公营的加拿大广播公司开始独家经营电视广播。

在第三世界国家中，由于受美国的影响，拉丁美洲的国家最先发展电视。1950年，墨西哥、巴西和古巴正式引进电视。大洋洲的澳大利亚于1956年开办了电视台。1954年，摩洛哥最早在非洲开办了电视台。1953年，菲律宾最早在亚洲开办了电视台。20世纪五六十年代，亚洲、非洲的国家和地区纷纷建立电视台。

(二)竞争中改革发展的电视事业

20世纪50年代，彩色电视兴起。科学家对彩色电视的研究几乎与对黑白电视的研究同时。1920年，澳大利亚的物理学家芬伯兰克提出彩色图像传送原理。1928年，英国的贝尔德利用尼普科扫描盘做电视画面传送试验时，也试验了彩色电视。1929年，美国电话电报公司的工程师艾维斯成功实现了彩色电视画面的重现。与此同时，德国、法国、苏联等国也都在研究彩色电视。

1940年，美国无线电公司首先发明了彩色电视，在第二次世界大战后经过研究改进，于1946年发布了"点描法彩色电视技术标准"。在摄影机中装三根摄影管，分别摄取透过滤光镜所分析出来的红、蓝、绿三种原色，将它们转变为三种电子信号，然后再调变在一起加以传送。接收机在接收信号后，又分别经由红、蓝、绿三色图像管各自向荧光屏扫

描，恢复原来的彩色图像。这种方法最大的优点是在黑白电视接收机上也能显像，只是显示黑白画面，因此又被称为"兼容制"。从此，电视由机械扫描时代进入电子扫描时代。

哥伦比亚广播公司在第二次世界大战时也发明出了彩色电视系统，这种系统被称为"场描法彩色电视技术标准"。在摄像管及显像管中，分别加上一个红、蓝、绿三色相间的调色盘，摄影管中的电子束透过调色盘，依次检测出图像中的红、蓝、绿三色，并将它们转变为电子信号，依次连续播出；显像管中的电子枪所发出的电子束也同步依次通过调色盘，在荧屏上重现原来的彩色图像。这种系统在色彩的传真上比"点描法"好，但最大的缺点是在一般的黑白电视接收机上无法显像。

1945 年，美国恢复电视台执照的颁发，但由于物资的缺乏，设台的申请并不多，加上哥伦比亚广播公司所发明的彩色电视技术因无法在黑白电视机上显现画面而不被美国政府接受，更使得电视发展缓慢。随着电视技术和经济的发展，至 1948 年年底，美国的电视台由 1947 年的 17 家增至 41 家，有电视的城市已有 23 个，电视接收量也达到 100 万台。为此，1953 年，美国政府接受国家电视标准委员会的建议，确定以"点描法"为美国的彩色电视技术标准，通称为 NTSC 制。1954 年，美国全国广播公司率先正式播送彩色电视节目。

1954—1964 年，彩色电视的发展并不如美国全国广播公司所预料的那样迅速。主要原因有以下三个方面：首先，技术标准仍不理想，色彩失真；其次，彩色电视机售价昂贵，且机件复杂，调整不易；最后，彩色节目制作费比黑白节目制作费贵 20％～35％，广告客户不愿只为少数的彩色电视机用户收看而增加自己的负担，因此，电视台并没有在彩色电视设备上加以投资。

1964 年，美国的彩色电视机突然畅销，当年销售了 124 万台，这一数字几乎是过去十年的总和，彩色电视机的总数一下子高达 286 万台之多。三大电视网为配合这种趋势，先后增加了彩色电视节目的播出数量。到 1966 年，美国彩色电视机的总数超过了 1000 万台，彩色电视机才在美国逐步普及。

在美国的影响下，工业先进的欧洲国家纷纷发展彩色电视。这一时期，研究彩色电视已颇有成就的为联邦德国和法国。联邦德国的电视先驱怀特·勃奇根据美国的 NTSC 制改进、发明了新的彩色电视系统，简称为 PAL 制。与 NTSC 制相比，PAL 制播出范围更广，受山岭、高楼的阻碍较少，而且不会有色调失真的现象。法国发明的彩色电视系统简称为 SECAM 制。从技术和经济上看，SECAM 制并不完美，但由于政治因素的渗入，美国、联邦德国和法国开始在世界市场上竞争。

1960 年，日本开始正式播放彩色电视节目。法国、联邦德国、苏联、英国均在 1967 年正式播放彩色电视节目。中国于 1973 年播放彩色电视节目。

(三)飞跃发展的电视事业

20 世纪 60 年代，电视技术日趋成熟，电视媒介蓬勃发展，电视节目日益繁荣。电视行业逐步进入快速发展的黄金时期。

1960年8月，美国第一颗通信卫星"回声1号"上天。

1962年7月10日，美国太空总署发射卫星"电星"一号，卫星进入环绕地球运行轨道运行，揭开了电视进入太空时代的新纪元。

1973年5月1日，我国彩色电视试验播放开始。

1977年，英国独立电视台公开播映电视报纸，这是世界上第一家可免费收看的商业电视报纸。电视报纸改变了电视节目画面的构成因素，电视观众"看"的概念开始发生变化。

1978年，美国洛杉矶市KSCI多种语言电视台开始用英语、法语、日语等15种语言播出节目。

1981年，日本首次推出由1125行扫描线组成、每秒钟60幅画面的高清晰度电视，清晰度和逼真度与电影相差无几。

1982年9月，美苏两国首次利用卫星传送"电视桥"节目，两国音乐工作者通过电视屏幕对话，开创了世界电视史上电视节目及时双向传播的历史。

进入20世纪90年代，电视在全球进一步普及。发展中国家的电视传播水平从技术应用到节目制作都已接近发达国家，全球联手推动电视传播质量进一步提高的趋势已日趋明显。

1992年，美国的技术专家找到了通过计算机数字编码来传送高清晰度电视画面的方法。从此，电视传输高清晰度研制开始走向数字化。

1998年10月28日，美国将数字化高清晰度电视成果进行了一次重要的展示，约24家电视台让观众在选定的地点观看了数字化高清晰度和高保真环绕声的电视现场转播《约翰·格伦历史性的重返太空之旅》(图2-8)。

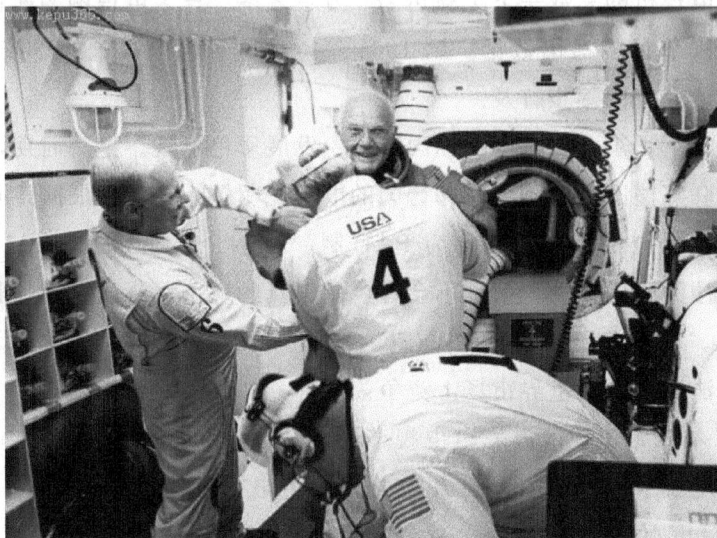

图2-8 《约翰·格伦历史性的重返太空之旅》画面

1998 年 11 月 1 日，美国 38 家开路电视台同时开播数字电视节目，到当月月底增加到了 44 家电视台，其覆盖范围占美国家庭总数的 37.4%，约 3700 万户。

据统计，中国数字电视用户正在以平均每年 1000 万户的数量递增。截至 2011 年年底，全国有线广播电视用户有 20246 万户，其中数字电视用户有 11489 万户，付费数字电视用户有 1761 万户。双向覆盖用户超过 6000 万户，实际用户超过 1600 万户，交互式网络电视（IPTV）用户规模超过 1300 万。全国数字直播卫星覆盖用户超过 3700 万。截至 2015 年，全国停止播出模拟信号，中国有线数字电视户达到 2 亿户。我国已基本全面关闭模拟电视，完成有线电视从模拟向数字的整体转换。

交互式网络电视 IPTV 的界面如图 2-9 所示。

图 2-9　IPTV 界面

综上所述，电视发展到今日，是许多国家的科学家和电视从业者共同努力的结果。今天，电视事业蒸蒸日上，在新技术革命浪潮的推动下，新技术、新产品在很短的周期内更新，数字电视、卫星直播、光纤传送等传播技术的日臻完善，为电视节目的制作、播出注入了无穷活力。除了人们熟知的数字电视机外，数字技术所产生的其他广义的数字电视如 IPTV、网络电视、移动电视、手机电视也日渐成熟。事实上，数字技术给电视带来的不仅是产业的调整、资源的整合，而且更为深刻的是一种全新的生活方式。通过电视发展历程，我们可以看出电视传播出现的新趋势：传播范围国际化、传播方式电缆化、传播对象个体化以及传播内容多样化。

第三节　世界广播电视市场的格局

广播电视事业经历了一个多世纪的发展，至今仍在变革之中。这一变革过程是国际竞争的产物，主要表现在技术的全球共享与内容的相互交流方面。

自广播电视诞生以来，世界各国都先后发展了广播电视事业。从 20 世纪 80 年代后期到 90 年代，不断进步与更新的技术更是使得全球网络交叉覆盖、多向流通和互相影响，促进了广播电视事业的兴旺发达。世界进入全球传播的时代。

一、传播手段的高科技化

随着社会的发展，科技的进步，高清晰度电视技术的发明，通信卫星与有线电视相结合的发展，直播卫星频道的大量出现，广播电视逐渐融入了更广泛的传播环境，成为媒介竞争环境中的领军者。

(一)高清晰度电视

日本在引进美国彩色电视制式时便开始了高清晰度电视的研制。经过多年努力，日本广播协会(NHK)于 1981 年首次向世界展示了更符合人眼看物体要求的，扫描线多出 NTSC 制式的 525 行扫描线两倍多的，每秒钟 60 幅画面的，宽高比例为 16∶9 的高清晰度彩色电视，立刻让世界为之震惊。高清晰度彩色电视与 NTSC 制式电视相比，清晰度与逼真度更高，色彩也更加艳丽，高保真度立体声的音频与宽屏幕的画面更是浑然天成。高清晰度电视的出现反映了电视质量朝完美的方向发展。

日本原以为高清晰度彩色电视会广受世界欢迎，没想到却招惹来了更多的警惕、疏远和竞争。

最初美国的科学家是赞赏日本的发明的，但是，美国各电视台一致反对采用这种被称为"缪斯"(MUSE)的日本制式，主要原因是，这种新的高清晰度电视制式与美国原来的 NTSC 制式不能兼容。这意味着，为了播出用"缪斯"制式发射机播放的节目，普通电视机需要安装一个昂贵的接收器，而图像的清晰度却并未显著提高。于是，美国决定自己开始研制高清晰度电视。

1988 年 9 月，美国无线电公司及其子公司美国全国广播公司和大卫·萨诺夫研究中心采取了联合行动，他们向联邦通信委员会递交了一份报告，提出美国在发展高清晰度电视之前，应退而求其次，先开发可兼容式 NTSC 制式的次高清晰度电视作为过渡的设想。由于涉及国家经济利益，美国联邦通信委员会对此项建议立即表示赞同。

1990 年，美国的高清晰度电视研制工作初见成效。不同于日本制式的模拟方法，美国采用了最先进的数字技术,从而变被动为主动,占领高清晰度电视工业市场。事实证明,由于采用了先进的数字技术,美国在高清晰度电视的发展方面后来居上。1996 年,美国联邦通信委员会决定,美国企业界集体合作研制的数字式高清晰度电视标准为美国高清晰度电视标准。

对日本制式,欧洲诸国从一开始便坚定排斥日本独霸世界市场的野心。在 1986 年 5 月召开的国际无线电咨询委员会会议上,由于日本拉拢美国成功,日本制式差一点就被接受,成为世界通用的高清晰度电视制式。但日本制式遭到欧洲各国的否决,功亏一篑。

1991 年,欧洲高清晰度电视联营集团“电视-1250”成立。“1250”是新制式的扫描线行数。参加这一联合试制行动的成员有欧洲较有实力和影响力的公司,包括荷兰飞利浦公司、德国西门子公司、英国广播公司、英国卫星广播公司、意大利广播公司和法国电信公司等。在海牙举行的欧洲科技“尤里卡”计划会议确定,欧洲高清晰度电视将以高清晰度复用模拟分量(HD-MAC)为唯一的标准制式。MAC 制式具备对欧洲普遍采用的 PAL 和 SECAM 两种彩色电视制式的兼容能力,是用于卫星直播传送的一种彩色电视制式。

面对欧美各国的排斥与反对,日本仍然积极推进高清晰度电视的发展。1988 年汉城奥运会上,日本用卫星转播高清晰度电视节目。1989 年 6 月,日本成为世界上第一个每天播出高清晰度电视节目的国家。当时日本广播协会在其卫星直播的第二套节目中,每天于 14:00—15:00 试验播出 1 小时的高清晰度电视节目。1991 年 11 月,日本开始正式播出模拟式高清晰度电视节目,每天播出 8 小时。同年,日本市场开始出售高清晰度电视设备。但是随着数字技术在广播电视中的广泛运用,1997 年日本不得不决定停止模拟式高清晰度电视的发展。日本主要的电器制造商停止开发和制造供模拟式高清晰度电视系统用的集成电路块。日本还推迟了原计划为模拟式高清晰度电视所用的卫星的发射。

与此同时,美国也已生产出宽荧屏高清晰度电视系统。1995 年 12 月,美国开始在卫星发射计次收费的电影频道播出“宽荧屏剧场”。1996 年,美国将企业界集体合作制定的数字式高清晰度电视标准在广大的城市电视市场逐步推开。美国联邦通信委员会规定了数字电视节目的时间表,到 1999 年 5 月 1 日,美国十大城市主要电视网的直属台都要播出一套数字信号电视节目;到 1999 年 11 月 1 日,20～30 个大城市的附属台也要播出一套数字信号电视节目。美国联邦通信委员会还规定,2006 年商业电视广播结束标准清晰度电视业务,并归还模拟频道。

(二)有线电视

有线电视是通过由电缆或光缆组成的传输分配路线,将电视节目直接传送到用户接收机的一种区域性电视广播方式。由于线缆形成闭路传输系统,所以有线电视又被称为闭路电视。初期的输出路线都采用电缆,所以也被称为电缆电视。

20世纪40年代末50年代初的美国出现了共用天线系统，这是有线电视最初的形式。当时在电视覆盖区的边缘地带，存在着高山、高层建筑等障碍物阻碍电波传播的阴影区。在电波经过多次反射造成重影和外界干扰严重的地区，技术人员会选择有利地形和干扰小的场所，架设性能优良的电视接收天线，把收到的优质信号经过放大及处理后，用电缆分配给各个用户。这样就形成了一套天线可供多个电视用户使用的接收形式。虽然共用天线的用户需支付一定费用，但有线电视因受空中电波干扰小，图像清晰度高，很受人们欢迎。

20世纪70年代后期，卫星电视技术出现后，有线电视进入真正大发展时期。1975年12月，美国无线电公司发射了同步卫星"通信卫星一号"，这标志着现代化有线电视业的开始。天上的卫星电视广播和地面的有线电视网相结合，使有线电视得以迅猛发展。有线电视兴起于偏远地区，却在中心城市赢得了最大的市场。

"现代有线电视的特点：①节目容量大。最初的有线系统能传送十几套节目，后发展到几十套、上百套，数字压缩技术可使有线频道达到500套节目的规模。……有线电视的多频道为频道专业化提供了现实可能。②不易受干扰，信号稳定、质量高。③有线加密可实现收视付费。④可进行双向传输。⑤可与计算机网络相连接，提供多功能服务。"[1]有关专家指出：建设信息高速公路的关键是"最后一千米"，即用户网络。架设用户网络最现实和最节约资金的办法就是采用光缆干线与同轴电缆分配系统相结合的有线电视网。有专家预测，有线电视将成为21世纪广播电视的主要播出方式，而无线电广播电视的重要性可能降到第二位。

(三)数字音频广播

20世纪90年代，堪称广播技术史上第三座里程碑的数字音频广播出现了。它可以将所有的音频信号和视频信号转化为数字广播，与之前的连续波形传送的模拟广播相比，它具有激光唱盘一样的音质；抗干扰能力强，甚至在使用便携式收音机和汽车收音机时，也没有杂音或干扰；每个电台所占的频带非常窄，可利用的频率数量大大增加；地面广播和卫星广播均能采用同一技术；能够提供数据传送等多种新业务，使广播功能大大扩展，使广播不仅可以"听"，还可以"看"。

1995年9月，英国广播公司首先进行了数字音频广播。瑞典、丹麦、法国、德国、荷兰等国紧随其后。数字音频广播取代模拟广播是广播的发展方向，但彻底取代尚需时日，因为广播电台配置数字化制作播出设备需要付出高昂的费用。但我们相信随着技术的进步，成本的降低，数字音频广播将会逐步普及。

---

① 陈莉：《广播电视概论》，21页，南京，南京师范大学出版社，2004。

(四)数字电视机

面对广播事业的数字化进程,数字电视技术的创新也成为主流,它不仅改变了电视节目的播出方式,还给多个行业带来商业机会。1998 年,世界地面数字电视在英国和美国相继开播,随后瑞典、西班牙、澳大利亚、芬兰、韩国等国也先后开播。2002 年到 2003 年,德国和法国也开播数字电视。数字电视的发展和普及是传媒领域的一场深刻革命。总体来说,欧美各国数字电视的发展在世界上处于领先地位。英国广播电视监管机构发布的 2010 年第二季度数字电视发展报告显示:92.7% 的英国家庭已经使用数字电视。而且英国于 2012 年完成从模拟信号到数字信号电视的过渡。英国成为世界上数字电视家庭普及率最高的国家。

据统计,截至 2003 年第一季度,美国已实现数字转换的电视台由 2002 年的 215 家增加到 800 多家,猛增 3 倍多。全美国 210 个电视市场中的近 185 个市场的地方电视台已经开始传送数字高清晰度电视节目。2006 年美国完成了数字电视的转变,结束了原有的 NTSC 制式。2016 年,国外知名机构 Digital TV Research 在一份世界家庭数字电视报告中指出:全球数字电视的普及率在 2021 年将会达到 98.3%。也就是说,全球收看模拟信号电视的观众仅剩 1.7%。

我国广播影视"十五"计划明确提出,2003 年全面开展有线数字电视的发展。国家广播电影电视总局确定 2004 年为广播影视数字发展年,全面推进从模拟向数字的整体转换。智研咨询 2018 年发布的中国高清数字电视研究数据显示:截至 2018 年,我国有线高清数字电视用户数量已经达到 9736 万户。

(五)直播卫星

直播卫星是主要播放电视节目的广播卫星。它与一般通信卫星的根本区别是,节目可以不必经过卫星地面站的中转而直接到达用户家庭。作为电视传播手段,直播卫星既具有一般电视台的直接性,又具有卫星传送的超长距离和高质量,因而是电视发展的方向。

20 世纪六七十年代,卫星电视节目需经过卫星地面站接收、转发后,个人用户才能收看。始于 20 世纪 80 年代的卫星直播将电视信号直接送入用户家庭,用户可以利用小型接收天线直接接收卫星电视节目。日本是直播卫星发展的先行者,1984 年 1 月,日本成功发射了世界上第一颗实用电视直播卫星"百合花"2 号。1987 年 7 月,日本广播协会第一频道开播了一套独立的、24 小时连续播出的卫星电视节目。经过近两年的试验,1989 年 6 月,日本广播协会的卫星直播电视节目转入正式播出。两个卫星频道均全天候 24 小时地连续播出。第一频道自己编排节目,第二频道自办 40% 的节目。第二频道还在每天下午固定时间进行高清晰度电视的试播。因此,在日本消费者中掀起了使用碟式卫星天线的热潮。20 世纪 90 年代初,日本又相继发射了三颗直播卫星,并利用这些直播卫星试播高清晰度电视。

日本对在亚洲开办直播卫星电视节目一直持谨慎态度。日本在电视领域技术领先，资金雄厚，此外，亚洲人相似的文化价值观和艺术欣赏标准，也对日本进行电视传播相当有利，但由于日本在涉及意识形态和国家关系问题上对其他亚洲国家顾虑重重，所以日本并没有积极参与亚洲空中市场的竞争。

1994 年隶属于美国休斯通信公司的 Direc TV 公司开始将数字压缩技术应用于卫星传送，在全美播出 175 个频道，开启了全球"数字卫星电视革命"，推动了广播电视事业的跨越式发展。卫星上的一个转发器过去只能转播一个模拟频道，现在却能转播 6～8 个数字频道，一颗直播卫星可容纳 100 套以上的数字广播电视节目。数字频道的传送成本仅为模拟频道传送成本的几分之一。

目前，我国用于广播电视节目传输的卫星有"中星 6A""中星 6B""中星 9 号""中星 9A""亚太 5 号""亚太 6 号""亚洲 6 号""亚洲 7 号"等。其中，我国第一颗广播电视直播卫星"中星 9 号"和我国自行设计制造的"中星 9A"一起，构建起了中国第一代广播电视卫星直播系统。

（六）新传播媒介

20 世纪 90 年代，人类进入电视传播的新时期。随着高新科技的发展，新的电子媒介进入传统的广播电视领域。随着计算机技术的发展、计算机网络的建立，电视媒体垄断音频、视频信号传输的局面已经被打破，被称为第四媒体的互联网已成为音频、视频信号的新载体。在线音频、视频广播已经成为现实。

1989 年，瑞士的欧洲核子研究中心为了帮助各国物理学家在各自的实验室里通过计算机网络共享研究资源，提出了万维网（World Wide Web）的构想，这一构想的核心是以超文本的方式向用户提供信息。超文本的信息可以是文字、图片、音频、视频等形式，用户可以通过浏览器方便地访问这些信息。万维网概念的提出和相应的浏览器软件的开发加快了互联网的普及速度。当包括报社、电台、电视台在内的各种机构在互联网上逐步建立网站、发布信息的时候，计算机网络已经成为一种国际性传播媒介。继 1987 年世界上第一家电子报纸美国《圣何塞信使报》问世之后，通过网络传送音频信号的问题在 1996 年年初得到了解决，并实现了即时直播和随时电波两种形式。现在，上网用户只要有 RealPlayer 之类的软件，就可以听到广播网站的音频广播。目前，大到世界著名的国际广播机构，如美国之音、英国广播公司、法国国际广播电台，小到许多社区性广播电台都建有网站，并提供直播和点播两种音频广播，这使原有的国际广播有了新的传播渠道，国内地方性广播也有了走向世界的可能。

在线音频、视频广播既有传统广播电视传播迅速、传真生动、受众面广的优点，又克服了传统广播电视顺序广播、转瞬即逝的缺点，其直播服务让网上观众有了同步体验的兴趣，而点播服务更让网上观众获得了随时收看的惬意。卫星直播需要接收天线才能落地入户，但并不是所有的国家都向公众开放天线的购买权，同时卫星天线价格较为昂贵，这些因素在客观上影响了卫星直播的入户率。计算机的多功能性有利于计算机的普及，为包括音频、视频广播在内的网络传播提供了广阔的市场前景。目前，广播电视机构在保留和改进原有传播方式的同时积极上网，是保持原有市场、开拓以青年人为主的网民市场的有效举措。从长远看，传统广播电视与在线音频、视频广播会在竞争中相互补充、相互促进，而不是相互取代。

二、传播媒介的全球化

技术的进步与更新导致了众多网络交叉覆盖、多向流通和相互影响的新的传播景观，世界从此进入国际传播的新时代。

（一）广播的国际传播

当代国际广播已遍及世界五大洲，它创造了一个全球的"即时世界"。长期以来，世界各地都处在众多的国际广播电波的多重覆盖下，特别是在"热点"地区的上空，每天至少有几十座国际电台的电波为争夺更多的听众进行着激烈的交锋。比如，英国的对外广播由英国广播公司世界广播电台承担。英国广播公司世界广播电台使用中波、短波以及卫星、互联网、再传送等手段，向全世界播出 39 种语言的节目。2000 年该台在全世界的周平均收听人数达到 1.53 亿。据该台 2001 年 3 月发布的调查结果，在 1997—2000 年的 3 年里，中国的听众人数增长了 30 万。该台的运营经费大部分由英国外交部拨给。2011 年 3 月 25 日，BBC 中文广播停止播音。目前，BBC 共停掉了包括中文广播在内的 16 个外国语种的广播节目。

随着各国经济发展状况及国际时局的变化，许多国家国际广播的实效也在调整。同时，不少国际广播电台采用把自己的节目插入对象地区的中波或调频广播网中播出的办法来补充和代替短波。慢慢地，美国、英国、德国、荷兰、法国等越来越多地向外国电台寄传节目。比如，英国广播公司把节目通过卫星传送到对象地区的调频电台或中波电台，再通过租用的频率或插入当地电台的广播中播出。

截至 2011 年，英国广播公司世界广播电台对华广播的规模和实力仅次于"美国之音"，每天用汉语、英语、乌兹别克语对我国广播 9 小时以上。它在我国周边地区共设置了 7 座转播台（泰国、新加坡、日本、韩国各 1 座，俄罗斯 3 座），从不同的地点向我国各地发射电波，对我国形成多频率、多层次的覆盖。

美国的对外广播主要由"美国之音"、马蒂电台及自由欧洲电台/自由电台等负责实施。为了赢得受众，美国加快建立由"美国之音"和替代性广播系统构成的国际广播体系，逐步形成了针对特定国家、特定受众群的类型化广播模式。

与此同时，"美国之音"在节目传送方面也做了一定的革新：一方面，是发展分支电台；另一方面，是"借台代播"，将节目从华盛顿通过卫星传送到对象地区的广播电台或设在当地的美国新闻处，由当地电台定时直接转播或电视台播出"美国之音"节目。"美国之音"还把节目编制成电子版在国际互联网络上传播。然而，由于全球经济持续低迷，"美国之音"也于2014年停掉了中文普通话和粤语节目，仅保留了中文网站。

另外，许多国家为加强国际传播，还利用在世界上通行范围较广的英语开办了环球昼夜广播。这突破了地域和时间的限制，能及时播发新闻，有利于争取听众，扩大影响。联合国大会所使用的6种正式语言都已被有关国家用来开办环球昼夜广播。

（二）电视的国际传播

20世纪80年代，卫星直播电视诞生了。从此，电视进入跨国传播的新时代。电视跨国传播的迅猛发展，既增进了不同民族的信息交流，也加剧了不同文化的碰撞，从长远看，它会给人类文化带来广泛而深刻的影响。

国际电视的发展是延伸扩散的，先欧美后全球，先发达国家后发展中国家。北美是国际电视的发源地。1980年6月，美国亚特兰大特纳广播公司创立了美国有线电视新闻网（CNN），开始通过卫星向邻近国家的电缆电视系统播送新闻，这标志着国际电视业的正式诞生。它不仅改变了世界新闻传播的格局，也改变了国际政治、经济和外交活动的方式。它使得世界重大的政治外交活动、国际突发事件，甚至战争场面，都及时地展现在世界民众面前。

1980年6月1日，全球第一家全天24小时播出新闻的美国有线电视新闻网诞生于一片嘲笑与怀疑声中。没有人相信观众需要全天24小时不间断地收看新闻。10年后，乔治亚州亚特兰大市中心美国有线电视新闻网的大楼依旧屹立。此时，它的电视覆盖面已达美国全境的98%，在美国有5550万个家庭（占总数的65%）收看美国有线电视新闻网的节目。世界上许多饭店、旅馆、大使馆、商业机构、证券交易所都订购美国有线电视新闻网的新闻，观众数以千万计。

美国有线电视新闻网成功的途径其实非常简单：24小时播放新闻，播放新闻事件的现场实况，随时播放最新的消息。它的特色是国际新闻。1983年，美国有线电视新闻网由于报道韩国大韩航空公司007号班机被苏联空军击落、美国在贝鲁特的海军陆战队司令部被炸和美军入侵格林纳达的消息而荣获皮博迪奖。1984年，美国有线电视新闻网在美国民主党和共和党全国代表大会的会场设置了实况转播室。1985年，美国有线电视新闻网连续17天报道了美国环球航空公司被劫机一案。1986年，美国航天飞机"挑战者"号升空后失事爆炸，美国有线电视新闻网是唯一在现场进行报道的电视网，这使美国三大电视广播网相形见绌。美国有线电视新闻网实况报道了"伊朗门"事件听证会的全过程，随着审判的槌声一次次敲响，美国有线电视新闻网的声望也一点点提高。1989年，美国有线电视新闻网更是不遗余力地转播欧洲柏林墙的倒塌和罗马尼亚的政治动乱。

美国有线电视新闻网的新闻传播还改变了国际政治、经济和外交活动的方式，创造了一条新的直接交流的途径。1987年，美国股市大崩溃。事后世界上许多银行和保险公司都安装了接收美国有线电视新闻网的碟形天线。时任美国总统布什和苏联领导人戈尔巴乔夫在马耳他举行美苏最高级首脑会晤，由于美国有线电视新闻网进行实况转播，两位总统的言谈举止都发生了微妙的变化。1989年年底，苏联谴责美国入侵巴拿马。有关人员先给美国有线电视新闻网驻莫斯科的办事处打电话，向记者宣读了谴责书，然后才通知美国大使馆，通过外交途径递交文件。

美国有线电视新闻网的知名还得益于1989年至1991年的国际政治变动和军事形势。1991年海湾战争爆发时，世界各国首脑和外交部部长都在通过美国有线电视新闻网关注伊拉克发射的飞毛腿导弹在哪里着陆。

美国有线电视新闻网影响了事件的发展，并使150多个国家的观众成为历史现场的见证人，它在同一时刻向全球提供同一信息和供讨论的同一话题。

尽管美国有线电视新闻网占尽先机，逐步在全球站稳了脚跟，但它还是遇到了来自英国广播公司、日本广播协会等世界级强大选手的有力竞争，也遇到了来自美国本土各大媒介机构的强力挑战。20世纪80年代末期，美国的各大电视网争相开办24小时新闻频道，也纷纷在欧亚设立分支机构，一场激烈的角逐在全球范围内拉开序幕。

最早适应这种变化，并积极应对的是欧洲。20世纪80年代，西欧多数国家率先打破了公共电视一统天下的局面，先后开放了民营商业电视，完成了广播电视体制的转变。商业电视台很快形成规模，越过国界，走向世界。而且，西欧电缆电视比其他各洲创办得早，发展得快，为转播国际电视创造了良好的条件。特别是从1992年3月起，西欧出现了一大批私营和公营的国际电视台，他们分别使用阿特拉斯卫星、国际卫星、欧洲卫星等进行节目传播。

亚太地区的国际电视传播在20世纪90年代后异军突起。亚太地区国际电视使用的卫星主要为两大系统：一是中国香港的"亚洲卫星"，覆盖亚洲的广大地区；二是印度尼西亚的"帕拉帕卫星"。租给外国使用的第二代帕拉帕卫星主要覆盖东南亚地区。此外，泰国、菲律宾、马来西亚、新加坡、文莱等都有面向东南亚的国际电视节目。

在阿拉伯世界，20世纪90年代末至21世纪初最令人瞩目的国际电视台是卡塔尔半岛电视台。它是一家私营新闻电视台，用阿拉伯语24小时不间断地播送全球消息。创办初期，它以高薪和享有完全自由的双重许诺，从英国广播公司阿拉伯语部挖了一大批来自许多国家的记者，并集中了阿拉伯世界的众多电视新闻精英。半岛电视台在固定时段播放大型新闻节目，播出的新闻不仅面向阿拉伯世界，还通过卫星覆盖全球大部分国家和地区。半岛电视台以消息快和现场直播著称，在阿富汗战争期间，有时甚至连美国有线电视新闻网也不惜花重金来购买它的独家新闻节目。今天，半岛电视台已成为阿拉伯世界的第一大电视台，从全球影响力来看，它不及美国有线电视新闻网和英国广播公司，但是，它的立场比较鲜明，打破了长期以来西方国家对阿拉伯世界的新闻封锁。

"同国际广播相比，国际电视的发展有两大特点：一是民办先行，官办后上。几十年来国际广播几乎都是各国政府直接掌管的宣传机构。国际电视中也都是民办的商业台首先兴起，至今民办的商业台仍是这一领域的主力。二是新闻节目和娱乐节目并重。国际广播通常以新闻时事为主，音乐文娱节目只是串联陪衬。国际电视虽然新闻节目比重较大，但娱乐节目同样丰富多彩，还有不少专门的娱乐、体育、电影频道，文化传播的比重较国际广播大得多。"①

国际电视的兴起使传播媒介竞争加剧，主要从两个方面展开："一是国际电视机构之间的竞争和争夺；二是国际电视和对象国之间的摩擦和冲突。国际电视机构的竞争，目前主要是发达国家电视台之间的商业战、经济战以及少数发展中国家的电视台维护本国利益的保卫战。"②发达国家的电视台一直在扩展势力，争夺世界电视市场，以谋取巨额的商业利益，同时扩大自己的政治影响。这种竞争在世界范围展开。

国际电视和对象地区之间的摩擦，是一场全面的外来意识形态和文化同本地意识形态和文化之间激烈而微妙的较量。各个国际电视台都在按照自己的政治观念、价值观念、文化传统与伦理标准来取舍信息，编制节目，吸引和影响异国的受众。这些影响有些是即时性的，特别是新闻时事节目，会迅速影响对象地区受众对现实问题的知晓度和倾向性；有些是迟效性的，特别是专题节目、文化节目与综艺节目，通过具体展现异国异地的经济状况、政治制度、社会习俗、生活方式与文化风情，供接收者将之与本国本地的一切相比较。它会对对象地区社会的稳定、社会制度的发展演变、民族文化的保持或变异产生全面的、广泛的、深刻的影响。许多国家对本国电视台播放外国节目的比重做了限制。当时欧洲共同体的有关规定要求电视节目必须有50%以上为欧洲制作的，才能在成员国间自由传递。国际卫星电视的发展深刻地影响了第三世界人民的日常生活。为了对付这种破门而入的传播，一些发展中国家采取了行政措施，限制对国际电视的接收。新加坡、马来西亚、印度尼西亚、伊朗、沙特阿拉伯、卡塔尔等纷纷禁止进口、销售和使用卫星接收天线；同时开办自己国内的卫星电缆电视，努力改进、丰富、增加本土电视台的节目，以吸引本国观众。发达国家总是强调"信息自由流动"的原则，认为各国都不应设置障碍以限制信息的自由流动，而社会主义国家和发展中国家则强调主权原则，认为跨越国界的电视广播应该征得对象国的同意并且要有一定的规范和约束。双方立场相对立，无法协调。现实中发达国家凭借雄厚的财力、物力，不顾发展中国家的意愿继续在世界各地广泛地进行电视传播。

---

①② 陈莉：《广播电视概论》，31页，南京，南京师范大学出版社，2004。

三、传播服务市场化

随着卫星电视频道、有线电视系统雨后春笋般地涌现，节目的需求突然膨胀，影视产品市场火爆起来。以多频道为契机，以音像制品为媒介，国际合作拍片成为潮流，全球企业到处建立。而与全球市场火爆相伴的，是国际媒体的兼并趋势，以及公共广播电视在商业环境中的生存危机。

早在 20 世纪 20 年代，美国好莱坞的电影便已经占据了世界上大多数的电影院，意大利、法国、英国和德国的电影在世界市场上也占有重要地位。欧美五国垄断了世界电影市场。在欧美国家中，美国的电影输出也具有垄断性的优势。自 20 世纪六七十年代开始，电视成为国际传播的重要媒介。随着影视事业的发展，这种西方垄断，特别是美国垄断的形势有增无减。

联合国教科文组织 1973 年曾对电视传播不均衡的现象进行过一次研究，发现国际传播存在两个特点：一是大部分电视节目是单向流通的，由几个大的节目输出国流向其他国家；二是这些流通的节目以娱乐类的节目为主。20 世纪 80 年代中后期，发达国家与发展中国家之间单向流通的传播格局没有发生大的变化，一些先进的资本主义国家也感受到美国电视节目单向流通的威胁。加拿大和澳大利亚一贯是美国影视片的稳定市场，德国、英国、意大利和法国也都是美国节目热销的地方。

电视生产所具有的规模化经营的特点，使得商业电影的传统生产基地——美国好莱坞，具有得天独厚的优势。美国雄厚的财力使得电视的娱乐功能在好莱坞的节目中发挥得淋漓尽致，同时，也为高投入大产出的影视制作提供了保证。在国际市场上，美国的影视产品可谓如鱼得水，以垄断者的姿态向全球进行娱乐文化输出。20 世纪 90 年代中期，美国电视节目在海外年销售额已达 30 亿美元。

除了借娱乐节目谋利之外，美国和西欧国家也大量制作和发行纪实节目。20 世纪 80 年代中期，美国有线电视台创办了专播纪录片的探索频道，在世界各地赢得大批观众。拍摄纪录片需要高昂的费用，只有财力雄厚的大公司和规模巨大的全球市场才供应得起。世界电视新闻社拥有世界上最大的新闻影片资料库，这些资料主要储存在伦敦、纽约和华盛顿。设在伦敦的环球国际公司是世界上较大的体育节目专利机构之一，也是一个独立制片公司。美国档案影片公司除了出售资料片和相片之外，也从事电视片（主要是传记片）的制作。这些节目公司拥有的资源丰富，赚取的利润也惊人。

第三章　中国广播电视事业的新格局

广播、电视自诞生之日起，便不断地发展。1920 年，世界上最早的电台诞生。然而，这家呼号为 KDKA 的电台的诞生只是美国西屋电气公司的商业谋略，目的是销售一种话匣子——收音机。1936 年，电视作为新生儿，并没有立即在世界范围内引起轰动。第二次世界大战结束后，欧美经济得到恢复和发展，电视才从少数人的昂贵玩具，逐渐演变为大众传播的利器。如今，无论数字技术的攻城略地，还是移动终端的飞速发展，都在深刻地影响着我国广播电视事业的格局。以历史发展的眼光来看待广播电视事业，我们才能更加冷静、客观地认识我国广播电视事业在发展中的新情况、新问题，以及由此造成的新格局。

第一节　广播电视收听/视市场的现状

广播、电视的"事业化管理，企业化经营"理念，使得我国广电事业面临着与计划经济时期较为不同的规制环境。广播、电视既是事业，也是产业。一个能够自负盈亏、产生经济效益的电台或电视台，才能够在舆论宣传方面更好地发挥效力。这是因为，无论电台，还是电视台，其经济效益都与收听/视率密切相关。一个没有收听/视率的频道，一个没有人听/看的节目，既难以产生经济效益，更无力展开舆论宣传。因此，无论从事业的角度出发，还是从产业的角度出发，收听/视率都是考核广播、电视的重要指标。当下，收听/视率在我国广电事业中如此地受重视，以至于有媒体人感叹收听/视率已经成为悬在业界头上的达摩克利斯之剑。媒体为了争夺收听/视率，不惜使出浑身解数。

一、广电收听/视率竞争的白热化

在广播、电视行业，收听/视率与从业人员的薪酬制度密切相关。电台、电视台对一档节目，既有年度考核，亦有季度、月度考核。收听/视率是考核的重要指标，而考核的结果又与制作团队的报酬、分红、奖金、评优挂钩。可以说，广播电视收听、收视率竞争程度的不断加剧，既是行业发展的自然结果，也是员工奖惩体系的产物。

（一）广播收听市场的激烈竞争

广播在我国的传播，已经有将近百年的历史。20 世纪 20 年代，报纸、杂志、广播随着西学东渐的潮流，在我国得到了快速发展。作为电子传播媒体，广播的传播速度远胜报纸和杂志，这使得它在宣传革命思想、推动社会进步和促进商业发展方面，具有独特的优势。

在广播诞生之前，另外一种电子传播媒体——电报，已经为当时的部分人所认识。晚清小说家吴趼人在其所著的《二十年目睹之怪现状》中，多次提到了"电报"。从他的小说中，我们可以反观传播媒介对社会的深刻影响。在晚清，电报作为快捷的信息沟通渠道，虽然已经被部分商人和官员使用，然而却没有在清朝官方正式的沟通体系中充分发挥效力。这形成了清朝统治的又一个漏洞：京城派出的巡视人员尚在路上，而被巡视、检举、查处的官员便已从电报中得到了消息。可以说，贪官和奸商在信息沟通方面比官方的日常管理系统更具速度优势的事实，加速了清朝的灭亡。到了民国，电报的"升级版"——广播，受到了各级政府的高度重视。"通电全国"，成为一个热门词汇，它是向外界宣示自身正义性的重要步骤，而缺少报纸、杂志、广播、电报的帮助是难以实现"通电全国"的。

共产党在革命的过程中，充分发挥了先进传播技术在舆论宣传方面的效力。新中国成立后，广播在舆论宣传方面，亦发挥了重要作用。在电视机普及之前，对于我国广大的劳动人民而言，广播是最具亲和力的大众传媒。它不需要受众识文断字，有着极高的普及度。随着我国经济的发展和社会的进步，识字率和电视机的普及率在 20 世纪 80 年代迅速提高，广播的部分传播优势逐渐被电视替代。

中共中央在 1983 年 10 月的通知中指出："广播电视是教育、鼓舞全党、全军和全国各族人民建设社会主义物质文明和精神文明的最强大的的现代化工具，也是党和政府联系群众的最有效的工具之一。"[①]改革开放之初，广播和电视被认为在宣传社会主义物质文明、精神文明方面具有强大的作用，因而受到了党和国家的高度重视。无论广播，还是电视，在传播特征方面，都具有天然的优势：不识字的人也能听得懂、看得懂。由于收音机相对于电视机而言，价格低廉，更易普及，因而在我国相当长的时间内，广播在宣传阵线中的作用大于电视。

1982—2014 年，我国广播和电视的综合人口覆盖率如图 3-1 所示。1985 年，我国广播的覆盖率首次低于电视，并且此种差距有持续拉大之势；1996 年之后，广播和电视覆盖率的差距越来越小，都逐年接近 100%。

---

① 《中国广播电视年鉴》编辑委员会：《中国广播电视年鉴 1986》，30 页，北京，中国广播电视出版社，1987。

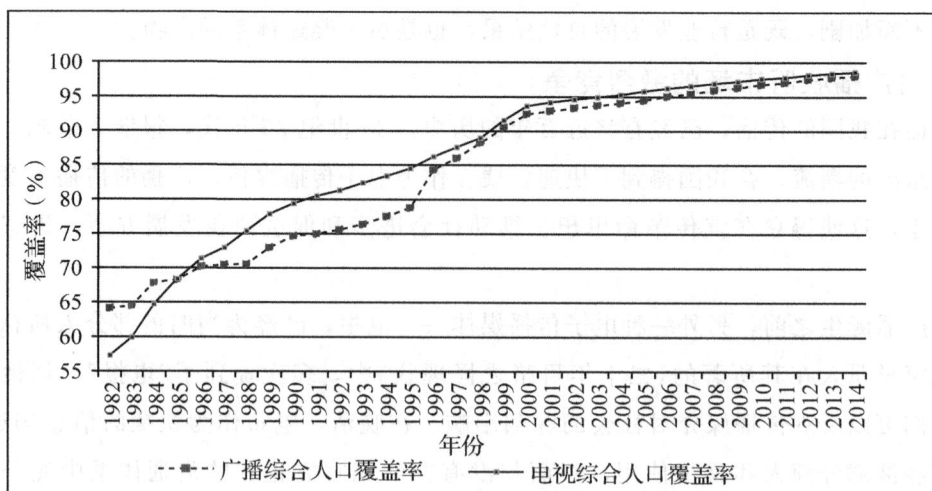

图 3-1　我国广播和电视的综合人口覆盖率

当电视的普及率达到一定程度之后，电视声画兼备的特征，使得它在诸多场合中较之广播更有传播优势。曾经在革命年代和新中国成立后相当长的时间内，发挥了重要作用的广播，出现了相对的劣势。然而，2008年我国南方的雪灾，使人们又一次认识到了广播难以替代的作用。在漫天飞雪的严寒之中，广播不仅起到了陪伴的作用，更在指挥救灾、传递重要信息方面具有独特的优势。从1940年12月30日延安新华广播电台播音至今，广播经过长时间的发展，已经成为一个完善而丰富的体系。在这个体系中，电台数量众多，管理方式成熟，想要再次实现历史性的突破已经极为困难。

进入21世纪之后，私家车的保有数量迅速提高，车载广播成为电台发展的新契机。与之相关的交通电台、音乐电台等，产生了极大的社会效益和经济效益。即便如此，广播在整体上的经营仍然面临着持续增大的压力。电视对广播听众的分流只是广播经营中面临的问题之一，新媒体、数字广播对电台听众的争夺成为一个越来越难以被忽视的现象。

随着移动智能终端的普及，智能手机和平板电脑的应用软件——App，正在成为听众的新选择，如"喜马拉雅FM"。这些软件，不仅可以帮助人们接收海量的稳定清晰的信号，而且可以帮助人们调用庞大的数据库资源。与传统电台"你播我听"的模式不同，数字电台往往可以在经营的过程中，培养一批上传自制有声读物的人才，从而可以与市场结合，成为对受众需求反应更加敏锐、更具竞争力的电台。当然，从目前的市场情况来看，传统的广播电台仍然具有较强竞争力。互联网对传统媒介所带来的挑战与日俱增。随着互联网发展进程的加快，无线网络在人们的生活环境中越来越普及。当互联网逐渐进入人们的生活时，广播电台经营中最具商业价值的车载广播，也会面临网络新媒体的竞争。届时，传统的广播电台恐怕会面临更为剧烈的市场竞争和更为沉重的经济压力。

— 56 —

包括广播、电视在内的大众传媒，从来都不是而且也不应该是经济利益的奴隶。发挥社会效益，体现公益性，是广播始终都应该具有的功能。

(二)电视收视市场的激烈竞争

在电视的实际运营过程中，节目制作人员和管理人员的薪酬、奖励体系往往都是与收视率挂钩的。所以，无论从节目获奖、频道荣誉考虑，还是从个人利益考虑，电视从业人员都有强烈的愿望去追逐收视率。无论电视的娱乐化、低俗化、庸俗化现象，还是真人秀的泛滥，都与从业人员取悦受众，追逐收视率有着紧密的联系。但是，收视率就像钱币一样，是为了方便人们的生活、经济活动而出现的，它既没有喜好，也没有善恶，只是客观存在的一种工具。可以想象，如果不提供收视率数据，那么电视所涉及的庞大的广告投资，将会成为权力寻租的对象，这与市场经济是相悖的。

在我国电视频道的数量仍然处于持续增长的过程中，彩色电视机的普及率几乎达到了100%。单从竞争对手的数量来看，电视收视率的竞争越来越激烈了。实际的统计数据也验证了这一观点。2002—2013年索福瑞收视网平均每户接收到的频道个数如图3-2所示。2003年，索福瑞全国样本市县中，年度排名前30位的各类节目的平均收视率为10.4%，平均占有率为21.3%。其中，央视一套占29个，央视综艺频道占1个。2013年，索福瑞全国样本市县中，年度排名前30位的各类节目的平均收视率为3.6%，平均占有率为10.4%。其中，央视一套占13个，央视体育频道占4个，湖南卫视占10个，江苏卫视占2个，浙江卫视占1个。

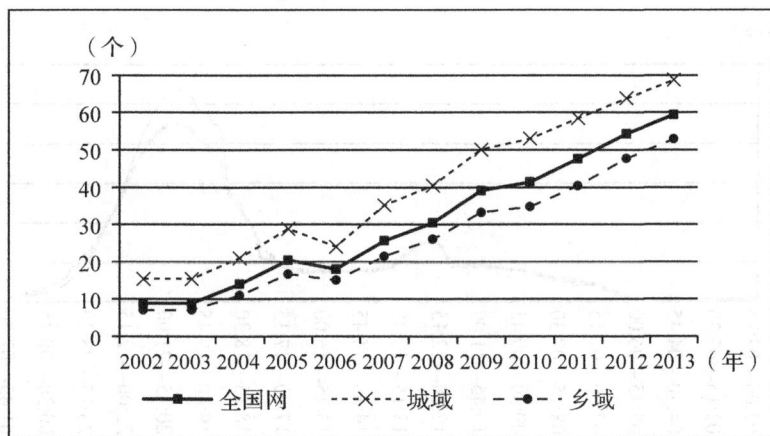

图3-2　索福瑞收视网的平均每户接收到的频道个数①

————————

① 数据来自索福瑞。

可以说，随着电视频道数量和各家频道播出时长的增加，收视率处于快速分散的过程中。在一线卫视的梯队中，各家卫视的收视率差距正在缩小，这是各家卫视尽力争取收视率的结果。

为了能够争取到宝贵的受众注意力，电视频道八仙过海，各显神通，其中不乏恶意炒作招致观众和广电总局批评者。然而，随着受众注意力稀缺问题的进一步加剧，那些苦于争夺收视率的电视从业人员，常常将一些具有争议性、话题性的人物搬上荧屏，造成电视人物"奇葩化"的现象。为了平衡节目、频道的公益性和商业性，多家电视台尝试着更为多样化的节目评价体系，以期摆脱收视率体系对节目所形成的娱乐化诱导。电视艺术具有文化娱乐功能，可以满足观众的多种娱乐休闲需求，进而提高人们的审美水平。2011 年，央视推出《中央电视台栏目综合评价体系优化方案暨年度品牌栏目评选方案（试行）》，以收视率、引导力、影响力、传播力和专业性五项指标为节目评价标准。2012 年，广电总局出台《关于建立广播电视节目综合评价体系的指导意见（试行）》，要求广播电视台建立综合性的节目评价体系，以改变过去唯收视率是从的做法。山东台、江苏台等，都在积极地探讨更加合理的节目评价体系。

二、我国电视收视市场的现状

(一)全天收视率走势

我国 2002 年和 2013 年的全天收视率走势如图 3-3 所示。

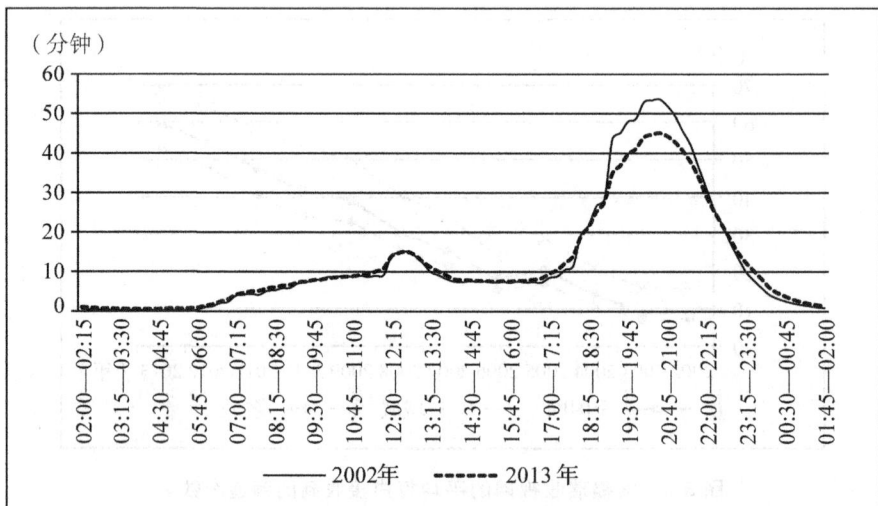

图 3-3　2002 年和 2013 年的全天收视率走势图①

————————

① 数据来自索福瑞。

我国电视观众的年度人均收视时间如图 3-4 所示。

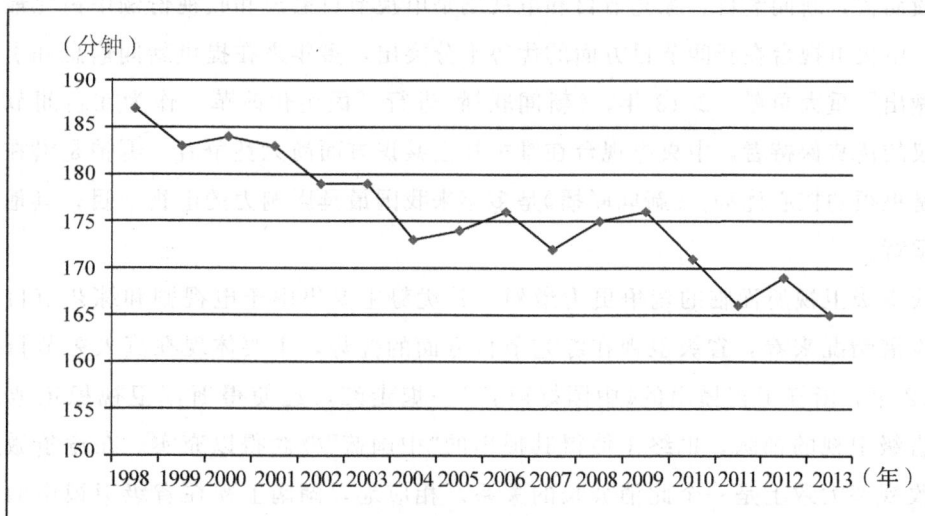

图 3-4　我国电视观众的年度人均收视时间①

美国的电视行业按照收视率情况可以分为演季和非演季。每年的 9 月到次年的 4 月，天气比较寒冷，人们倾向于待在室内，所以看电视的人比较多。晚间黄金档的众多高质量、大制作的电视剧和综艺节目都会在这一时段推出，这一时段被称为演季。每年的 5 月到 8 月，天气晴朗，人们倾向于到室外活动，所以这一时段主要以泡沫剧和重播节目为主，被称为非演季。我国观众的收视行为，随着季节和气温的变化，并没有显著的差异。这在一定程度上反映了国人在休闲方式上仍然是比较单一的，当然这却是电视行业的好消息。从图 3-3 来看，收视率在一天之中的高峰时段出现后显著下降。然而，电视信号的覆盖率却是持续增长的，这说明在黄金时段，人们收看电视的热情是同比下降的。

与进入成熟期的电视在多个时段的收视率下降或持平相比，22：00 之后的收视时段是一个正在快速成长的"富矿"，为多家电视台所重视。我国人民生活水平提高的伴生物之一，就是丰富的夜生活。电视频道的夜间收视就像公交车一样，经济越发达，就会持续到越晚的时段。在经济发达的地域，人们的生活丰富，工作压力较大，在 22：00 之后结束会友、加班的人们，往往会选择在睡前收看一会儿电视。当然，我国休假时长的增加和办公自动化、数字化的进步，也使得人们有更多的精力在 22：00 之后收看电视。相对而言，电视台在 22：00 之后比较容易吸引优质受众群，这也是多家电视台积极争夺这一时段收视率的原因。

---

① 数据来自索福瑞。

(二)分类节目的收视份额

一般而言，新闻节目、综艺节目和电视剧是电视节目播出和收视份额中占比最多的三类节目。中央电视台在新闻节目方面的优势十分突出，多年来在提供新闻信息和引导舆论方面，做出了重大贡献。2013 年，《新闻联播》进行了民生化改革。作为在新闻节目方面毫无争议的优势保持者，中央电视台在维护社会共识方面尚无竞争者，哪怕是潜在的竞争者。这是央视的核心优势。《新闻联播》是多年来我国最具影响力的电视节目，其他节目难以望其项背。

一线省级卫视所面临的竞争更为激烈，其优势主要集中于电视剧和综艺节目。从近年来的发展情况来看，省级卫视在综艺节目方面的优势，主要体现在真人秀节目的发展上。2012 年，浙江卫视播出的《中国好声音》一炮走红，这使得浙江卫视稳定地进入我国一线省级卫视的梯队，也终于使得其提出的"中国蓝"概念得以充实。在竞争激烈的环境中，收视率大致上是一个此消彼长的关系。相应地，湖南卫视在省级卫视中的领先地位受到挑战。从此以后，无论一线省级卫视间还是一线省级卫视的梯队内部，竞争都愈加激烈。周五晚间档的真人秀节目，进入了豪华制作的时代，高投入、高回报、高风险成为常态。

2013 年省级卫视各类节目的收视份额如图 3-5 所示。

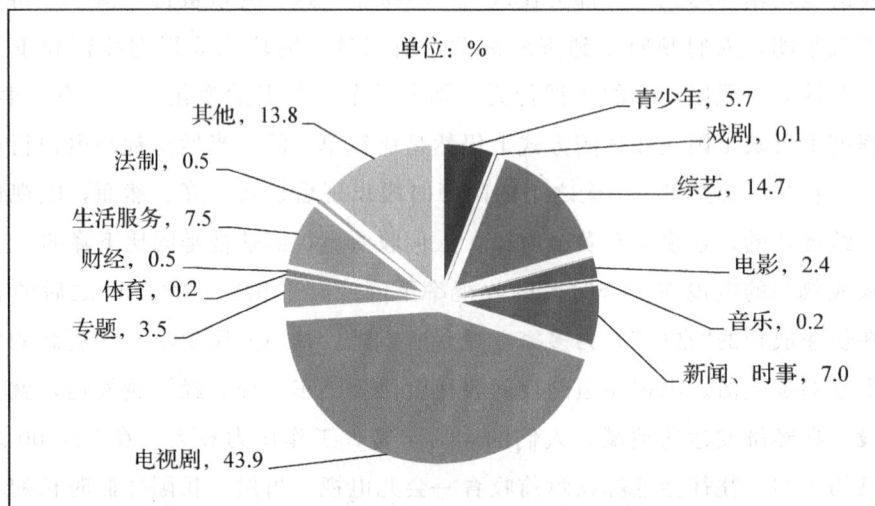

图 3-5   2013 年省级卫视各类节目的收视份额①

---

① 数据来自索福瑞。

三、电视收视市场的影响因素和"马太效应"

（一）与收视率相关的因素

1.节目自身

节目自身的质量与收视率是密切相关的。从内容到形式，再从主持人的设置到目标受众的定位，都关系到收视率的高低。因此，节目策划对于电视从业人员而言，是一项十分重要的工作。如何平衡好看度和教育功能二者的关系是电视从业人员应该认真思考的问题。

2.播出平台

随着制播分离和竞争激烈程度的提高，节目制作团队跨频道、跨电视台的运作并不罕见。然而，电视行业作为一个成熟的体系，已经具有了相对稳定的格局。频道的品牌形象在受众心目中，也在相当程度上是固化的。2009年年底，湖南卫视与青海卫视开始合作。湖南卫视制作团队推出的节目，在青海卫视的平台上并没有获得收视率层面的认可。3年后，这场合作惨淡收场。两家卫视当时合作的《花儿朵朵》《嘎嘣爆米花》等，从节目本身的质量来看，并不应该以尴尬的低收视率结尾。然而，播出平台经过多年的运营后，在受众心目中的形象，是难以被轻易撼动的。

3.营销策略

就像电影的票房与发行公司实力和营销策略的关系越来越密切一样，电视台想要为一档新节目开拓市场，就需要以复杂高效的营销策略，去吸引受众的注意力。"营销"这个原本与商品相关的词汇，渐渐被用于电视节目中。如今，电视节目越来越像普通商品那样，会在地铁、火车站、公交车身上做广告。在湖南卫视的开拓下，周末晚间的综艺节目，越来越多地以季播的形式推出。这就意味着，同样的时间段，在一年的时间里会接连推出四个节目。每当新旧节目交替之时，为新节目制定合理的营销策略，提前"炒热"观众市场，变得越来越重要。

4.区域的经济、社会发展水平

区域的经济、社会发展水平对地面频道的重要性不言而喻。经济发达、社会发展程度高的地区，受众的消费能力强，广告商便愿意投入更多的资金给电视节目，因此，好的电视节目就会进入良性循环：好节目—高收视率—高广告费收入—大制作—更好的节目……反之，区域经济不发达、社会发展程度低的话，广告商的投资意愿不足，电视节目就会由于缺乏资金和人员培训容易处于困顿之中。对卫视频道的发展而言，区域的经济、社会发展水平有着极为深刻的影响。

（二）收视市场的"马太效应"

1.地面频道与卫视频道的差距拉大

托马斯·弗里德曼的大作《世界是平的》，使人们对经济全球化有了更为深刻的认识。

随着我国市场经济的发展，卫视频道和地面频道在"吸金"能力方面的差距越来越大。此种现象，在中西部地区尤为突出。可以这样讲，对所有的省级卫视而言，其最大的收视保障，就在于本省的电视人口。本省卫视不仅覆盖人群最广，而且往往聚集了最强大的制作团队，拥有最先进的管理理念，因而更容易获得相对优势。所以，在我国几乎所有的省份，卫视频道产生的社会效益、经济效益相对于地面频道而言，都更胜一筹。在经济欠发达地区，卫视对收视率和广告费的聚集效应，使得众多的地面频道只能争夺极其有限的剩余资源。近年来，出于降低制作经费和成本的考虑，一些地面频道几乎成为粗制滥造的情感类谈话节目的"专业"频道，调解情感纠纷和家庭纷争成为一些频道的主要节目。

2. 央视和一线省级卫视聚集优质资源

在市场经济的前提下，收视率就是财富，并进而成为吸引人才、培训、广告资金的旋涡。那些在收视率方面并无突出表现的频道，在经营中也愈加捉襟见肘。在网络视频媒体加入广告资金的争夺赛之后，广告商对电视的投入呈现出冰火两重天的局面。央视和一线省级卫视的重要时段和品牌节目，越来越多地吸引着广告商的投入，而其余频道的广告吸引能力快速下降，面临着网络视频媒体的挤出效应。央视、湖南卫视、浙江卫视、江苏卫视、安徽卫视、东方卫视等频道，受益于高收视率带来的高回报，在与网络视频媒体合作时，亦有更高的议价资本，成为网络视频格局中的重要力量。

3. 一线省级卫视的梯队逐渐固化

从1997年到1998年，湖南卫视相继开播《快乐大本营》《玫瑰之约》等节目之后，外界对其娱乐化、低俗化的争议不断。2003年，在索福瑞的全国收视网数据中，湖南卫视首次进入年度前十。从此以后，湖南卫视牢固占据收视前十的位置，并曾多年位居第二。在20世纪末，央视各个频道所形成的团队，在电视收视率市场上拥有毫无争议的绝对优势。然而进入21世纪后，部分省级卫视的娱乐化手段，使央视与部分省级卫视在收视率和受众忠诚度方面的距离完全拉开。湖南卫视、江苏卫视、浙江卫视、东方卫视、山东卫视、安徽卫视、北京卫视、广东电视台珠江频道、江西卫视等频道，组成了一线省级卫视的梯队。一线省级卫视的梯队出现了固化的趋势，其他省级卫视想要晋升为一线卫视，变得越来越困难。对优势保有者而言，这是品牌的力量；对暂处劣势者而言，这是品牌的阻碍。

4. 收视率处于弱势的频道在经营方面的困难加剧

作为企业化管理的事业单位，我国的电视台需要从日常的经营中获取大部分的运营费用。在营利能力方面，卫视频道由于覆盖率高，更容易获得竞争优势，但也由于需要更高的运营费用而更容易产生经营困难。某些地面频道，之所以敢于用大部分的时间来播出"劝架"型的情感类节目，一是因为广电总局对地面频道的管理相对于卫视频道而言是宽松的，二是因为这种节目的运营成本极低，它所带来的广告收入，已经提供了很多经营费用。卫视频道每年都要支出昂贵的卫星租用费和在全国各地的落地费。如果电视节目质量不高，获得的投资费用不足，那么很可能会导致频道的收入连卫星的租用费都不够，从而给地方财政造成巨大的负担。

5. 综艺节目和电视剧的收视市场存在显著的两极分化特征

央视综合频道、新闻频道、体育频道在新闻类节目方面的巨大优势，使其他频道在该类节目上难以实现重大突破。因此，在收视份额中亦十分重要的综艺节目和电视剧便成了其他各家频道争夺的主要阵地。一线省级卫视在激烈的竞争中，通过优胜劣汰，积极引进版权节目和制作团队的手法，逐渐形成了在综艺节目和电视剧方面的稳定优势。然而，网络技术和自媒体的发展，使电视在新闻节目方面的某些优势受到了极大的削弱，如传播速度。很多重大新闻，往往不是电视台或者新华社首先报道的，而是自媒体。为了能够保持自己在收视方面的优势，也为了吸引年轻观众，央视自 2013 年以来在综艺节目方面有了较大的创新，不仅与湖南卫视合作，更引进了优秀的制作团队，成立了两家全资子公司——央视创造传媒有限公司和央视纪录国际传媒有限公司。2015 年年底，央视一套播出由央视创造、韩国 MBC 电视台、灿星制作联合生产的新节目《了不起的挑战》。在当下的荧屏上，除了一线卫视的王牌综艺节目和电视剧之外，其他电视台的综艺节目和电视剧大部分在惨淡经营。当然，经济发达地区的地面频道的一些节目，往往也极具影响力。

第二节　广播电视广告市场的发展

我国的广播电视台作为企业化管理的事业单位，在市场经济的环境下，不仅要履行舆论引导的职责，也面临着广告市场的"洗礼"。大众传媒的广告价值，不仅反映了其收视率的高低，在我国的传播环境下，还意味着其舆论引导能力的大小。

一、广告市场经营情况

(一)我国广告市场的发展情况

广告是经济运行的重要媒介，是买卖双方进行信息沟通的重要渠道。在"文化大革命"时期，商业广告备受挫折。1979 年 1 月 28 日，上海的《解放日报》为了弥补春节期间没有缩版带来的损失，在一版和三版的下端刊登了两条通栏广告；同一天，上海电视台也播出了"上海电视台即日受理广告业务"的中国首条电视广告，继而播放了第一条电视商品广告——"参桂补酒"。曾经，在市场经济尚不发达时，"拉广告"是人际关系的延伸，广告商的投资行为往往缺乏理性的考虑。

改革开放之后的数年，我国仍然处于计划经济时期，商品稀缺仍然是人们生活中常见的烦恼。此时，广告的重要性便凸显出来了，无论平面广告还是电子传媒的广告，往往都有着极佳的传播效果。在当时，人们对大众传媒的信任，往往也会延伸到其中的广告上。企业不可能把所有的收入都投入广告中去。虽然广告重要，但是任何企业都需要考虑人力、原料、经营、财务等费用的问题，而只能将一部分的收入投向广告。我国的税收政策对企业广告费的支出有一定的税前扣除标准。

2000年，国家税务总局发布了《企业所得税税前扣除办法》（已废止），符合条件的税前扣除项目将免予征税。《企业所得税税前扣除办法》的第四十条规定，纳税人每一纳税年度的广告费支出不超过销售（营业）收入2%的，可据实扣除；超过部分可无限期向以后纳税年度结转。粮食类白酒广告费不得在税前扣除。纳税人因行业特点等特殊原因确实需要提高广告费扣除比例的，须报国家税务总局批准。

2001年，根据《国家税务总局关于调整部分行业广告费用所得税前扣除标准的通知》，自2001年1月1日起，制药、食品（包括保健品、饮料）、日化、家电、通信、软件开发、集成电路、房地产开发、体育文化和家具建材商城等行业的企业，每一纳税年度可在销售（营业）收入8%的比例内据实扣除广告支出，超过比例部分的广告支出可无限期向以后纳税年度结转。

2007年《中华人民共和国企业所得税法实施条例》颁布，其中第四十四条规定，企业发生的符合条件的广告费和业务宣传费支出，除国务院财政、税务主管部门另有规定外，不超过当年销售（营业）收入15%的部分，准予扣除；超过部分，准予在以后纳税年度结转扣除。

2012年，财政部和国家税务总局颁发的《关于广告费和业务宣传费支出税前扣除政策的通知》规定，对化妆品制造或销售、医药制造和饮料制造（不含酒类制造）企业发生的广告费和业务宣传费支出，不超过当年销售（营业）收入30%的部分，准予扣除；超过部分，准予在以后纳税年度结转扣除。

不同的行业对广告的依赖程度是不一样的。化妆品、药品、食品、服装服饰、饮料等行业竞争激烈，品牌之间的可替代程度高，对广告是高度依赖的，因此税务部门会相应地调高这些行业广告宣传费的税前扣除比例。2001年之后，一些特殊行业的扣除比例是8%，而其他大部分企业的扣除比例则是2%。2007年，广告宣传费的税前扣除比例从2%提升到15%，而一些特殊行业的扣除比例在2012年则调整为30%。在2000年《企业所得税税前扣除办法》颁布之前，企业的广告宣传费在缴税时是完全扣除的，以至于成为一些企业逃税、漏税的途径。之后，国家税务部门对广告宣传费的税前扣除比例进行了统一管理。从2000年到现在，我们可以从国家税务部门的政策中看到，我国企业的销售收入对广告的依赖程度在增加，故而税务部门才会大幅度地提高免税的比例。化妆品、医药和饮料等"广告大户"，更是重度依赖广告，其税前扣除比例，最高可达到30%。

中广协数据显示，2013年中国广告经营额首次突破5000亿元大关，达到5019.75亿元。如果将全国的广告费用占企业收入的比例，估算为税前扣除比例，即15％的话，那么根据2011年全国广告投放的总额3125.60亿元和2013年全国广告投放的总额5019.75亿元，便可推算出2011年和2013年全国广告投放额背后涉及的企业收入为2.08万亿元和3.35万亿元。这一推算必定大大低估了广告对我国企业收入的影响，因为投放广告的企业一般是最终产品和服务的生产者或销售方，而产业链上的设计、生产、仓储、运输等多个环节上的企业、经营者往往并不会大量地投资广告。各行业的产业链上，并不是所有的企业、经营者都有投放广告的需要，但是整体产业链上所有企业、业务的健康运行，都直接或间接地对广告有一定的依赖。

(二)分类媒体的广告经营情况

1. 传统四大媒体的广告经营情况

传统四大媒体的广告经营额占全国广告经营额的比例如图3-6所示。

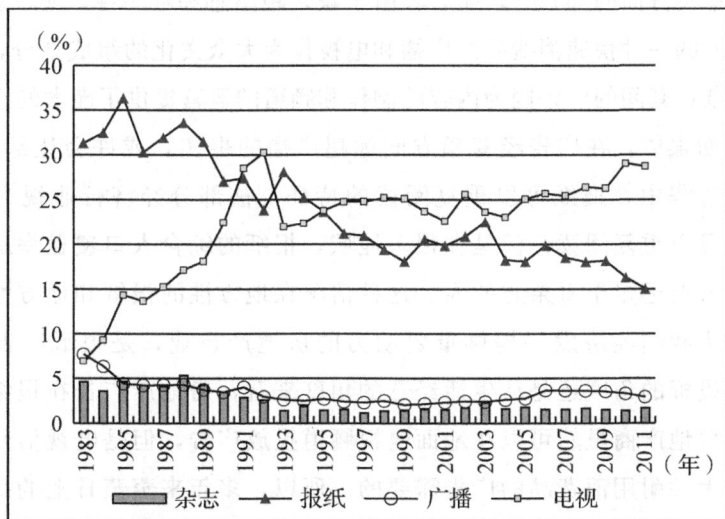

图3-6 传统四大媒体的广告经营额占全国广告经营额的比例

1983年后，电视的广告经营额超过了广播，从此一路向上，最终超越报纸，成为传统四大媒体中最具广告投资价值的媒体。1983年，中央人民广播电台和中央电视台开始对收听/视情况进行小规模的抽样调查。从此之后，我国的广告投资方式逐渐从情绪化的状态，进入了科学、理性的时代。收听/视率是广告商投资行为的重要参考。对于电视而言，正是得益于收视率调查，它才能很快在传统四大媒体中脱颖而出。然而，电视行业在广告投放方面的价值如此突出，以至于广告在一定程度上成为深刻影响电视节目制作的重要因素。一档新节目的策划、播出，往往都要考虑到广告资金的引入方式，否则就会面临资金运转的困难。单一的广告商难以形成对电视节目，乃至频道、电视台和整个行业的影响力。然而，作为电视收入的重要渠道，广告在整体上以收视率为重要参考的投资趋势，使得电视节目越来越为收视率所控制。通过海量广告资金的投入或者撤出，收视率深刻地影响着当今的电视行业。

虽然广播和电视同为电子传播媒体，并同时经历了数字化改革，但广播的广告经营额自从被电视超越后，便处于相对较低的位置。此前，广播在普及率、影响力方面是超越电视的，这是因为当时我国的计划经济体制在较大范围内仍然是存在的。目前，广播和电视在综合人口普及率方面已经接近100%，这是报纸和杂志难以比拟的。虽然电视和广播的信号都具备稍纵即逝的特征，但是电视比广播多了视觉信号的刺激。与文学艺术相比，电视是视听艺术的结合体，其中视觉成分占了相当大的比例。从20世纪80年代起，一些广告在社会上产生了较大的影响，这些广告往往是以电视为播出平台的，如秦池酒、依波表在央视的晚七点报时，相声演员为张弓酒做的"东西南北中，好酒在张弓"广告等。德国思想家、哲学家本雅明在《机械复制时代的艺术作品》中比较了古典艺术和现代电子传媒艺术之间的差异，他认为前者具有一种审美方面的"韵味"，而后者由于缺乏距离感和唯一性，所以就丢失了这种韵味，成为美学方面的一种快速消费品。广播和电视作为大众文化的组成部分，每日播出的内容是海量的，夹杂在其间的广告则为内容的制作和频道的运营提供了庞大的经费。

报纸作为平面媒体，在广告经营额方面远超广播的事实，或许会让部分人略感吃惊。然而，在经营的过程中，报纸可以重复阅读的特征，被部分经济行业视为重要的投资因素。杂志虽然也可以重复阅读，但是在很多地域，报纸的综合人口覆盖率远超过杂志，也就是说看报纸的人要远多于看杂志的人。这种情况在地方性的报纸和地方性的杂志那里更为显著。近年来为我国经济发展提供重要动力的房地产行业，是报纸广告资源的重要来源。无论从理性投资的角度还是从生活经营的角度来看，房地产广告在报纸上都占据着十分重要的版面。房地产商虽然可以在地面电视频道投放广告，但是电视信号稍纵即逝的特征，是难以契合大件耐用消费品的广告需要的。所以，多年来蒸蒸日上的房地产行业为报纸的经营提供了大量的资金。

我国人口众多，大众传媒在党和国家的支持下十分繁荣。这些数量庞大的大众媒体，通过企业化的经营方式，经过市场经济的优胜劣汰，已经被证明是可以站稳脚跟，并不断进步的。依据收听率、收视率、发行量而进行的广告投资行为，实际上就是通过市场经济的力量来进行调节的手段，是我国大众传媒行业向市场规律回归的一种方式。但是，大众传媒不仅是一种行业，更是一项捍卫我国舆论阵线和优秀文化传统的事业，所以如何平衡大众传媒的经济利益和社会职责是从业者仍然在探讨的课题。总之，在大众传媒中引入市场竞争的机制，较之完全以行政手段来调配资源，是一种重大的进步。所以，海量广告资源的引入或许在一定程度上造成了大众传媒的娱乐化、低俗化、庸俗化，但是总体上是有益的，是进步的。

2. 网络广告的崛起

我国第一个商业性网络广告于 1997 年 3 月出现在比特网网站上，广告的表现形式为动画旗帜广告。可以说这标志着中国网络广告的诞生，意义非同寻常。同美国 1994 年 10 月 14 日发布的第一批网络广告相比，我国的网络广告仅仅相差了 3 年时间。"1998 年 6 月'国中网'报道世界杯足球赛获 200 万元广告收入一事，标志着网络广告在中国大陆登陆成功。"①广告庞大的资金注入，对新媒体和电视而言是极具吸引力的。1997—2014 年我国互联网的年度发展情况如图 3-7 所示。

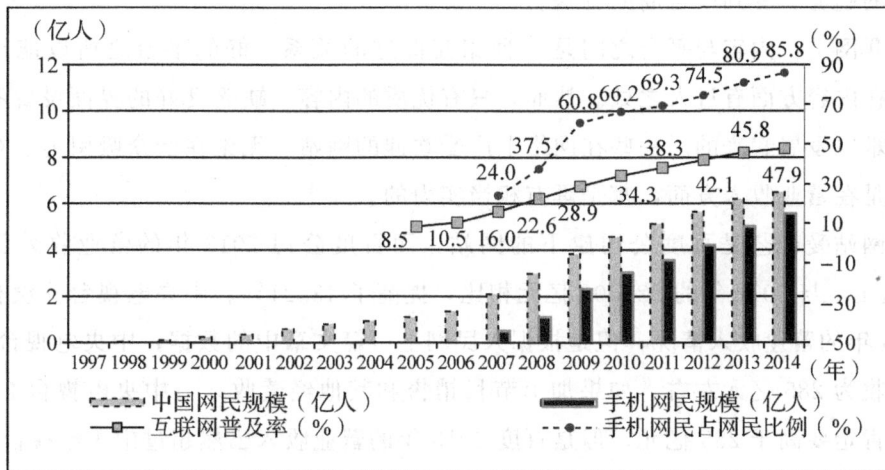

图 3-7　我国互联网的年度发展情况

如同 20 世纪 80 年代电视在我国的大众传媒中异军突起一样，如今网络媒体正在快速崛起。从我国网民规模和手机网民规模的年度变化来看，互联网是大众传媒界方兴未艾的强大变量，正在迅速改写由传统大众媒体构成的传播生态。

"可以诉诸视觉的行为与实物，和可以诉诸听觉的声音，始终是人类传递信息最重要的载体，人类活动几乎总是视觉因素和听觉因素复合而成的。"②电视作为视听兼备的媒体，处于快速成长的时期，对报纸、杂志和广播的经营都形成了一定挑战。经过长期的调整之后，报纸、杂志和广播并没有消失，而是与电视共存，并重新构建了自己的核心优势。纵观人类的传播历史，新兴大众传媒的每一次发展，都会对既有传媒形成挑战，并最终实现共同发展。这种情况，在网络新媒体出现之后，是否还同样适用呢？网络技术兴起之后，有一种传播现象十分显著，引发了众多人的关注和探讨，那就是媒介融合。媒介融

---

① 屈建民：《极具潜力的中国广告业——在国家工商行政管理局组团赴美考察时的讲话》，见中国广告年鉴编辑部：《中国广告年鉴 2001》，17 页，北京，新华出版社，2001。

② 陈刚：《这样创作纪录片：人类学视野中的纪录片研究》，44 页，北京，中国国际广播出版社，2008。

合既包括传媒组织层面的融合，又包括个人行为层面的融合。在传媒组织层面的融合方面，原本壁垒森严的各种类型的大众传媒，借助数字技术的革新，打破了技术障碍，逐渐消除了相互之间的差别，如报纸、杂志、广播和电视的采编播都越来越依靠同样的技术——数字技术，这就意味着报纸、杂志、广播的网络版其实也可以像电视那样，提供视频点播服务。在个人行为层面的融合方面，采编播行为正在融合化。数字技术极大地便利了传媒的职业行为，使得一个人就可以完成采编播。随着媒介融合现象的演进，传统媒体的数字化革新不断进步，广告商拥有了更多选择。相对于传统媒体的使用者，网络用户更为年轻化的趋势，受到广告商的青睐。

在互联网上，内容与平台之间是一种相互促进的关系，好的平台之所以能够发展起来，必定在内容方面有过人之处。然而，只有优质的内容，缺乏良好的界面设置和合理的分类，是难以发展起来的。一些在网络上广受欢迎的网站，无论在受众吸引力、视频资源方面，还是在营业收入方面，都是具有相当实力的。

视频网站爱奇艺是百度公司旗下的网站，而百度公司 2013 年的营业收入已经高达 319.44 亿元，与 2012 年的 223.06 亿元相比，提高了 43.21％。中央电视台并没有对外公布其 2013 年的营业收入情况，但是根据人民网上一篇文章中的数据，中央电视台 2013 年的广告营收为 285 亿元左右。如果加上节目销售和其他经营收入，中央电视台 2013 年的营业收入肯定要高于 285 亿元，但是百度 2013 年的营业收入已然超过中央电视台。

用"异军突起"四个字形容网络广告十分贴切，毫无夸张成分。在 20 世纪和 21 世纪之交，网络媒体经历了一次泡沫的大破裂，众多新兴的网络公司在短短数天之内便以破产而告终。仅仅 10 年时间，经过技术革新的网络卷土而来，这一次，它具有了更大的冲击力。网络媒体和网络广告的发展如此迅速，以至于在网络广告统计方面，尚未形成权威。

二、卫视广告"招标季"

1994 年 11 月，央视在梅地亚中心举行了首届广告招标会。此后，每年的 8—11 月成为我国卫视广告的"招标季"。其中 8—10 月主要是招标前的广告资源推介时间；11 月则主要是包括央视在内的一线卫视广告招投标的最终达成时间。

卫视广告的集中招投标行为，是推动我国电视节目经营市场化的重要手段。在 1994 年之前，各家卫视的广告销售往往各自为政。在我国，电视台众多，为了争夺广告资源，大家不仅相互压价，往往还要依赖私人关系来进行。这种情况对卫视而言尤其严重。无论中央电视台的多家卫视频道，还是各个省份的卫视，在全国范围内的信号覆盖率虽然存在一定差异，但是总体而言，其节目的播出范围是全国。到了 20 世纪 90 年代，市场经济不断发展，诸多商品、服务在全国范围内销售。从理论上而言，每家卫视频道其实都可以满足这些广告商的需求：在全国范围内播出广告。因此，卫视频道所要争取的广告商资源，越来越同质。广告"招标季"的形成，极大地方便了广告商的科学决策。在短时间内，一线卫视会集中展示下一年度的广告资源，以供广告商比较、权衡，从而使之做出更为合理的广告投资。对参与其中的多家卫视而言，这是一个公开竞技的舞台，也是一个相互交流的机会。一线卫视通过"招标季"，可以依据广告的销售，合理安排来年各个节目的经费情况和人员配备情况。这是促进我国电视节目市场良性循环的重要创新。

广告"招标季"开始实行以来，越来越多的媒体开始关注这一年一度的电视盛宴。央视的"标王"多年来受到媒体的密切关注，各个卫视的王牌节目、剧场的高额冠名费也时常见诸新闻。1994年央视在梅地亚中心公开进行广告的招投标之后，人们就注意到这样一个现象，央视"标王"的结局似乎总是有点坎坷。1994年，央视的首届"标王"产生——孔府宴酒。后续的标王还有秦池酒、爱多VCD、步步高VCD、娃哈哈、熊猫手机、蒙牛、宝洁、伊利、纳爱斯、茅台、剑南春等。在央视"标王"产生的最初几年，中标企业往往命运多舛，难以承受市场变迁和巨额广告费所产生的压力，最终落败。发生这种现象的最根本的原因，是我国企业在当时还未能掌握成熟、科学、理性的广告投放方式，使得原本用于壮大其自身力量的广告投入，反过来成为削弱其发展势头的"绊脚石"。那些获得巨大成功的"标王"往往是老少皆宜的大众快速消费品的生产商，如日化企业宝洁、纳爱斯，乳业巨头蒙牛、伊利等。在"标王"时有陨落之后，广告投放的研究成为大企业严谨规划的项目，这种做法不仅保障了企业广告投入行为的利益最大化，而且在整体上形成了对电视经营、管理的巨大压力。

电视在我国是普及率、接触率极高的大众传媒。电视几乎没有不触及的人群，14亿人都是其观众，而同样也是这14亿人，被众多企业视为消费者。有些企业，以全体14亿人为消费者，如日化行业、大众食品行业的龙头企业；有些企业，以人群中的小部分人为消费者，如奢侈品企业；有些企业则以人群中的相当一部分人为消费者，如农业生产资料企业。单独的一家广告商不见得就能够对节目产生多大的影响力，毋论在频道、电视行业层面进行干预，但是每年巨额的广告投资和争夺激烈的年度广告招投标却能够形成显著的压力，对电视产生深刻影响。如今，不仅电视节目本身是盛宴、是景观，就连当红电视节目的广告赞助都堪用"饕餮"二字来形容。动则数亿元的冠名费，已经成为当红节目与竞争对手一较高低的资本。

为了展示下一年度的广告资源，各家卫视必须公布下一年度主要的电视节目安排。经过交流，无论广告商还是电视从业人员，都会对来年电视的流行趋势、编排方式有大致的了解，从而可以更好地安排相关工作。所以，一线卫视的广告招投标情况，不仅可以反映广告商对不同卫视和节目的收视信心，更预示着下一年度一线卫视的主流节目类型和创新趋势。2013年后，网络广告的发展引人注目，成为电视广告的劲敌。从这一年开始，有两种现象并行不悖，一是各大卫视王牌节目的广告招标额屡创新高，二是广告招投标的总额不再向外界透露。2014年年底，央视在销售2015年的广告资源时，进行了创新，使得多年来备受关注的"标王"不再产生。这反映了电视行业在广告资源管理方面更加理性，也引起了外界的争论，有人认为网络视频的广告已经成为一种不可被传统媒体忽视的重要存在。

第三节　改革中的广播电视事业

无论广播还是电视，皆是人类传播技术和信息传播需求共同发展的结果。不断发展的传播技术和信息传播需求，既孕育了广播、电视，也孕育了网络新媒体。广播、电视只有不断改革，才能够更好地适应始终处于动态中的传播环境。

一、广电事业的数字化改革

(一)数字化改革的开端：媒体资产库

在20世纪90年代，甚至21世纪初，电台的点歌节目，往往接受这两种方式的点歌：一是提前写信、打电话到电台预定；二是节目播出期间打电话到电台，从限定曲目中选择一首。如今，即使是县级电台，其点歌节目都会支持听众在节目播出期间的任意点歌。从限定曲目到任意点歌的变化，数字媒体资产库的发展是根本原因。

从1895年电影诞生、1920年广播诞生、1936年电视诞生之后，直到20世纪90年代，大量的音视频内容被保存在胶卷、磁带等介质之上。对内容生产的"大户"来说，仓库里越堆越高的胶卷、磁带不仅会带来管理上的困难，更会消耗公司、单位的宝贵财富：胶卷、磁带难以保存，导致珍贵资料的灭失和受损。20世纪90年代，迪士尼公司、环球影片公司、20世纪福克斯、华纳兄弟、探索频道等，都在探索电影、电视节目内容保存的新方法，而此时，渐渐成熟的商用计算机技术进入了这些影视大鳄的视野。到了20世纪90年代中后期，数字媒体资产库已经成为欧美部分国家广播、电视、电影公司的技术新宠儿。数字媒体资产库用二进制的计算机语言，将媒体生产出来的内容保存在超级硬盘系统中，支持多台电脑客户端对这些内容的管理、调用等工作。2000年，美国IBM公司(国际商用机器公司)为了销售其数字媒体管理系统，将媒体内容保存、管理的数字化理念引入中国，此举很快开启了我国广播电视界的数字化改造。2003年9月，中央电视台音像资料馆一期工程系统进入试运行阶段，开启了我国广电技术从模拟系统向数字系统过渡的新气象。

在数字媒体资产系统引入我国的初期，它的作用曾经被一些人误认为仅仅是大规模保存、保护已有节目，无非是磁带内容的数字化而已。随着这一系统的运行，数字技术对广电行业的改造从最后阶段的保存、保护，开始向上游过渡。电台点播节目的变化正是以此为背景的，没有数字媒体资产库的技术支撑，听众只能从有限的几首歌里点播，否则就需要工作人员去仓库里翻检、寻找。有了数字媒体资产库，节目组就获得了海量歌曲的支持，导播只需要敲几下键盘就能轻易地调出歌曲，所以主持人才可以接受观众无限制、无范围的任意点歌。技术，或者说数字技术，对广播电视内容、形式的影响可见一斑。音频所占用的虚拟存储空间，较之视频可谓是沧海一粟。受困于此以及由此带来的高额投入，使得时至今日，电视节目的点播在我国还没有普及。但是，数字技术对电视内容、电视节目生产链的影响却是显著的。

"为了贯彻落实党中央关于大力发展文化事业和文化产业的精神，促进广播影视事业和产业发展，广电总局确定 2004 年为"广播影视数字发展年"，全面推进从模拟技术向数字技术的整体转换。"[1]以数字媒体资产库为开端，数字化技术对电视的影响越来越深刻。从采编播到多屏互动，电视节目生产的各个环节都在经历着数字化的过程。然而，数字技术并不是一蹴而就的，它孕育着各种各样的新发明、新选择。今天，数字技术已经极大地改变了电视传播的生态系统；未来，数字技术对电视的影响，只会越来越深远和广泛。在利用数字技术方面，电视如果不能够比新媒体更擅长的话，恐怕未来的发展会更加被动。

(二)数字化改革的机遇：媒介融合

进入 21 世纪后，"三网融合"是我国数字信息产业的热门词汇。早在 2001 年年初，由全国人民代表大会通过的"十五"计划纲要明确提出了"促进电信、电视、计算机三网融合"。三网融合，可谓是媒介融合理念在我国的大手笔。从今天的发展情况来看，电信通信网、广播电视网和互联网的融合，正是多屏互动背后的技术支撑。这些原本壁垒森严的行业，在数字技术的改造下正在相互融合，体现出未来传播生态的一些端倪。客观而言，虽然早在 21 世纪初，我国对数字技术的未来前景便已有充分的预估，但是三网融合进程的推行并不十分顺利。其间的困难，来自多个方面，无论部门利益之间的协调，还是数字技术本身的更新换代，都是重要的原因。

传统媒体的大鳄——时代华纳公司和美国曾经最大的网络服务提供商——美国在线公司，于 2000 年合并，一时成为媒介融合在全球范围内的佳话。2009 年 12 月 9 日，美国在线时代华纳公司正式解体，两大巨头重新获得自由身，分别以原有的美国在线和时代华纳

---

[1] 哈艳秋、张宁：《中国数字电视发展道路探析——2004 中国广播影视数字发展年研究》，载《现代传播》，2005(4)。

的名头"行走江湖"。美国在线时代华纳公司解体的原因复杂，既有两大超级集团合二为一后管理不顺畅的因素，又有数字技术更新换代带来的后遗症。2000年，美国在线是美国最大的网络服务提供商，其提供的网络接入方式主要是拨号上网。随着数字技术的发展，宽带逐渐替代了拨号上网，成为更加人性化的网络接入方式，从而使得对美国在线当初的估值过高。再加上2000年正是第一轮网络泡沫破灭的时候，美国在线公司被合并时的估值，在后来被认为严重高估了，从而成为美国在线时代华纳公司最终解体的原因之一。

在我国，网络接入方式也经历了从以拨号上网为主，向以宽带上网为主的发展。1999年，中国互联网信息中心发布的第3次《中国互联网络发展状况统计报告》，公布了1998年我国上网用户的一些详细情况。在这份报告中，丝毫未提宽带上网一事，只是按照调制解调器的速率统计了拨号上网用户的情况。按照《中国互联网络发展状况统计报告》的数据，2000年，我国使用宽带上网的网民占上网总人数的15.2%；2010年，这一数据为98.3%。2013年工信部启动了"宽带中国2013专项行动"，宽带上网取代了拨号上网，成为我国网民、企业接入互联网的主要方式。还有一组数据可以反映数字技术在我国传播生态中引起的重大变化。2000年，使用移动终端、信息家电等方式上网的用户人数为92万人；2014年，我国手机网民用户规模达5.57亿。从2000年到2014年，我国手机上网人数增加了600多倍！

时下流行的媒介融合之风，首先是以数字技术的推动为基础的，其次是以移动终端大出风头为标志的。前者导致了大众文化产品生产在纵向和横向上的融合，后者带来了有目共睹的传播新时尚——多屏互动。

对电视节目的生产而言，纵向的采编播环节基本上实现了深度数字化融合。采编播环节共用的数字技术，打通了电视节目生产链条上的技术壁垒。受益于数字智能技术的发展，音视频节目的生产进入了自媒体狂欢的阶段。在电影《2012》中，肩扛广播器材的查理，一个人便可以完成黄石公园火山爆发的报道，这在广播数字化完成之前是不可想象的。那么，一个人是否能够完成电视节目的采编播呢？在战争、突发事件、重大事件的报道中，不乏那些一个人便可以完成一个新闻小组工作的案例。借助数字设备，策划、写稿、采访、拍摄、剪辑、翻译、内容传回不再是必须依赖不同专业人士才能够开展的工作。对电视节目的生产而言，虽然数字技术打破了采编播环节的技术障碍，但是无论专业人员还是自媒体，在具体操作中，往往并不能够像查理那样可以独自完成采编播，而是需要别人的帮助才能够完成最终的播出。这主要与电视频道资源有限从而导致的电视管理需要相关。在网络新媒体上，个体独自完成视频的采编播却并非难事，如QQ视频。

无论在现实生活中，还是在理论研究中，媒介融合都指向广泛的媒介现象。"美国西北大学教授戈登在2003年归纳了美国当时存在的五种'媒介融合'的类型：所有权融合、策略性融合、结构性融合、信息采集融合、新闻表达融合。"①中国人民大学的蔡雯认为，这种五分法的前三种指向了媒介组织行为的层面，而后两种指向了从业者行为的层面。对大部分自媒体而言，我们很难称其为"从业者"，但是普通大众对媒介融合的参与和推动却是有目共睹的。实际上，至今为止，媒介融合仍然缺乏明确的、广为接受的定义。但是，媒介融合现象包含着媒介组织行为层面的变化和个人行为层面的变化，却是无疑的。

如果说采编播环节的数字化是电视在纵向上的媒介融合的话，那么多屏互动、跨媒体传播则可以被视为电视在横向上的媒介融合。跨媒体的融合现象早已有之，如中央电视台在 1993 年推出的《东方时空》，便是一档杂志型电视新闻节目。所谓杂志型电视新闻节目，就是借鉴杂志的综合性编排的电视新闻节目，它通过内含的一系列小栏目，形成了内容丰富、风格多样的特征。这不就是媒体融合吗？再如，在 20 世纪，电台和电视台就同一新闻事件的报道而展开合作，也并不罕见。然而，数字化技术在大众传媒界产生深刻影响之后，媒介融合才真正成为大众传播中的显著现象，而多屏互动、跨媒体传播正是这一现象的组成部分。

二、广电事业的全媒体化改革

（一）全媒体化改革的前站：办网站

1. 广电集团的纷纷成立

在社会主义国家，广播和电视肩负重任，是党和国家舆论阵线的重要组成部分。广播和电视作为舆论宣传的工具，多年来以并列的关系接受党和国家的管理。电视台和广播台在经营的过程中虽然多有合作，但是相互独立。然而，随着市场经济的发展和数字技术的进步，我国的影视知识产权也面临着到国际市场上公开竞争的任务。为了形成规模效应，在新的传播环境中有较大的突破和发展，我国的电视台和广播台伴随着 21 世纪的到来纷纷合并，通过联手多种形态的传媒业务，建立了如今已经普遍的广电集团。

数字技术的发展和进步，是当今大众传播生态中最活跃的变量。从共时性来看，当今的大众传媒无不与数字技术密切相关。可以说，自从 20 世纪 90 年代数字资产媒体库兴起之后，数字技术很快便成为各类大众传媒的通用技术。这使得以数字技术为契机，建立跨媒体的大型传媒集团，在我国具有了较大的可行性。1999 年 6 月，无锡广播电台和电视台合并为无锡广播电视集团，成为我国广电集团纷纷成立的开始。

2000 年 11 月，广电总局下发的《关于广播电影电视集团化发展试行工作的原则意见》，从政策方面正式支持广电集团的成立。同年，中共中央办公厅发文，明确表示，广电集团

---

① 傅玉辉：《大媒体产业：从媒介融合到产业融合——中美电信业和传媒业关系研究》，35 页，北京，中国广播电视出版社，2008。

的经营范围并不局限于广播和电视，还可以包括报纸、杂志、图书、电影、网络等多种传媒类型。

"组建传媒集团是传媒产业化深度发展的必然趋势，我国亦是如此。"[1]2000年12月，湖南广电集团成立。作为首家省级广电集团，湖南广电集团不仅包含了大量电台和电视频道资源，旗下还拥有电影集团、报纸、杂志、网站等，是真正的传媒综合体。2001年，中国广播电影电视集团成立，是我国规模最大、实力最强的国家级传媒综合体，旗下拥有广播、电视、电影、网络、报纸、杂志等业务，以中央电视台、中央人民广播电台、中国国际广播电台、中国电影集团公司、中国广播影视传输网络有限责任公司等为主体。此后，我国各地纷纷成立广电集团，并在后续的经营中确实体现了广电集团化运作的优势，如上海广播电视台、广东南方广播影视传媒集团等。当然，在经营的过程中，新建立起来的广电集团，面临着一些管理、协调方面的问题，也存在着一些运营数年后被迫撤销的案例。但是，总体而言，广电集团的纷纷成立，是广电行业在21世纪的一次机遇。

大众传媒经营方式的集团化，是在我国促进各种资源在新的传播环境和传播技术的影响下，媒体行业快速地进行优化组合的重要手段。通过成立跨媒体的广电集团，原本分散在不同传媒单位的人才、资金、资产可以实现良性互动，以便能够在更大的范围内合理、有效地分配资源，从而在市场经济的竞争中，具有更大的优势。与我国公益性的国营媒体占绝大多数的情况不同，欧美国家的传媒公司往往以私营居多。这些私营的欧美传媒公司，在发展过程中，逐渐从单一的经营模式，扩展成了多样化、多形态的传媒集团，如美国的三大广播公司——美国全国广播公司（NBC）、美国广播公司（ABC）、哥伦比亚广播公司（CBS）。我国传媒行业的集团化，也是一种与世界接轨的举措，以方便在国际市场上竞争。

2. 广播电视的办网站风潮

广电集团跨媒体的多种运营模式，不仅是与国际接轨的产物，更是一种与新媒体有效竞争的策略。当上网逐渐成为年轻人的生活时尚之时，作为传统媒体的广播和电视也在经历着数字化的洗礼。进入21世纪的几年里，我国广电行业的采编播技术和设备，在节目资源的调用和存储手段方面，已经完成了数字化改造。在此基础上，将节目资源搬上网络，已经成为传统媒体的本能追求。毕竟，搭建网站，对个人而言早已并非难事；对广电行业而言，则是不被新传播生态淘汰的必要革新。21世纪伊始，广电集团的纷纷成立，催生了广电行业办网站的潮流。然而，在当时，那些与广电集团相配套的网站，要么迟迟未推出，要么极为简陋。这既与我国网络在21世纪初尚不发达有关，又与世纪之交欧美国家经历的网络泡沫破灭有关。

---

① 黎风：《广播影视与文化传播》，252页，重庆，西南师范大学出版社，2008。

2000 年，纳斯达克上市的网络相关企业的市值达到最高点之后，在短短的数天之内，经历了直线式下降，从而导致网络行业在世纪之交的崩盘。由于网络在我国的综合人口覆盖规模还比较小，所以在 21 世纪伊始，广电行业办网站的热情并不高涨，更多的是一种锦上添花的行为。然而，网络作为新兴的传播技术，在 2000 年经历了市场的崩溃之后不久，便以更加勇猛之势卷土重来。2000 年，我国网民规模只有 0.23 亿人；2005 年，这一数据首次突破 1 亿；2014 年，我国网民规模达到了 6.49 亿人。如今风靡中国的淘宝、京东等网站，正是网络技术卷土重来后的成功者。然而，想要在网络上获取成功的不只是数字商城，还有处于转型当中的传统媒体。

1998 年 8 月，中央人民广播电台创办了中国广播网，又称为"央广网"，是我国最早开办的中央级媒体网站。2004 年，以湖南卫视的节目资源为核心的金鹰网成立，2014 年 4 月起，金鹰网的网址被"芒果 TV"使用，金鹰网迁往新的网址。2009 年 12 月 28 日，中央电视台旗下的中国网络电视台正式开播，如今已经成为拥有网络电视、手机电视、IP 电视等业务的综合性集成平台。同日，浙江广电集团旗下的视频网站——新蓝网，测试上线，开始在网上寻求浙江省广电节目的网络传播。进入 21 世纪之后的 10 年里，我国的广电单位纷纷组建自有网站，特别是卫视频道资源的网站。近几年来，随着广电行业对网站的搭建完成，传统媒体办网站的风潮几近过去。然而，一些极具特色的网站仍在出现，如杭州文广集团于 2010 年成立的城市社区网络平台——葫芦网，和上海报业集团于 2014 年成立的新媒体平台——澎湃新闻。

我国广电行业的自有网站数量众多，但是运营状况却难以令人乐观。爱奇艺、搜狐视频、腾讯视频等网站，无论在人气方面还是在口碑方面，相对更为成功。经过短短数年的发展，视频网站市场已经形成了较为稳定的格局，而广电行业的自有网站，想要超越这些视频门户网站，已经越来越困难。广电行业的自有网站，只提供本集团的节目资源，而视频门户网站则往往聚集着庞杂的内容；广电行业的自有网站，需要用户下载其指定的插件，才可以观看节目，而视频门户网站的用户则可以直接浏览资源。这两个因素是广电行业的自有网站在早期竞争中逐渐落后于爱奇艺、搜狐视频等网站的原因。

(二)全媒体化改革的探索

移动智能终端改变了网络的存在方式。如今，只要拥有智能手机和平板电脑，再借助无线信号，人们就可以随时随地地接入网络。2012 年，杭州成为我国首个在全城范围内免费提供室外无线信号的城市。在可预见的未来，无线信号在全球范围内的覆盖，必将成为现实。这对广电行业而言，意味着重大的机遇和挑战。在移动智能终端成为时尚之前，网络的终端主要是笨重的电脑，人们必须要坐到电脑前，才可以接入网络，并相应地减少对电视、收音机的使用。然而，移动终端的智能化使得网络对受众注意力的争夺，变成了无时不有的情况。对广电行业而言，仅仅搭建网站显得越来越力不从心，如何通过网络接入人们的移动智能终端成为越来越紧迫的问题。

在移动智能终端的应用市场上，群雄纷争。一些偶然成功的公司，一夜之间就可以成为庞然大物；而那些传统媒体市场上的巨无霸，则难以将成功直接复制到移动智能终端上。如今，电视行业刚刚刮起了全媒体化改革的风潮，通过网络，深度接入移动智能终端的应用市场，成为新兴的多屏互动的重要存在者，是电视在这一轮全媒体化改革中的任务。2016年春晚的一个创新在全国范围内引起了高度关注，那便是通过支付宝"咻一咻"向电视观众发送红包和福卡。众多的春晚观众，已经提前从各种渠道获得了这一消息，节目一开始，便加入了"咻一咻"的队伍，春晚也因此不仅是一个视听盛宴，更是一次大众参与的电视游戏。

在春节联欢晚会之外，众多的明星在微博、微信上向大众派发数字红包。2016年春节期间，微信红包、支付宝红包成了移动智能终端设备持有者纷纷参与的大众游戏。发放数字红包是春晚的全媒体式宣传方法，也是央视全媒体化改革的探索。然而，央视在全媒体化方面的改革，不限于发数字红包。

2014年巴西世界杯期间，中央电视台与阿里巴巴集团旗下的阿里云公司进行了合作，推出了支持移动终端的应用软件——"CCTV5"。凡是用智能手机、平板电脑下载了这一款应用软件的用户，都可以观看中央电视台提供的巴西世界杯赛事的直播、点播。不仅如此，"央视新闻""央视悦动""央视纪录""央视微博""央视微博HD"等也应运而生，以移动终端应用软件的形式，成为大众接入中央电视台资源的移动窗口。移动终端的应用软件——"央视悦动"，不仅是用户接入央视节目资源的端口，还是广大用户与央视节目组和主持人进行互动的社交平台。不仅如此，如果用户将其移动终端对准电视屏幕，"央视悦动"便会自动识别电视机当前播放的节目，在提供该节目相关信息的同时，方便用户及时地参与互动。这种创新，对普通观众而言，真是大胆、前卫，获得了"魔法"式的多屏互动新体验。

在"央视悦动"之外，中央电视台的另外一款应用软件也出现在了智能终端上，那就是"CCTV微视"。作为中央电视台的官方客户端，它立意深远，其目的不只是将电视节目资源推向移动终端，更是搭建"社交电视"的权威平台。这是一个以电视节目为依托，以熟人和陌生人的关系网为基础的多屏幕互动式社交平台。更为重要的是，其应用理念和友好型的软件设计，较之爱奇艺、搜狐视频、优酷、土豆等视频网站，可以提供更为时尚、立体、多样的节目交流方式。借助"CCTV微视"，用户不仅可以通过视频发布感想、点评，而且可以利用类似于微信、易信的模式进行交流。"CCTV微视"的核心创意，是"CCTV微视，我们的电视伴侣"。2014年，"CCTV微视"等大量应用软件的开发、推介，正是中央电视台对传统电视行业"客厅模式"的超越。中央电视台不仅要继续成为人们的"电视伴侣"，更要成为"我们"进行社交互动的平台。这里的"我们"，既包含了熟人圈，又包含了陌生人，是电视行业引领移动传播时尚的尝试。

2014 年 10 月，河南广电行业整合资源，成立了河南大象融媒体集团有限公司，致力于全媒体传媒平台的运营。总的来说，全媒体改革的重点在于对新兴的移动智能终端市场的挺进，而非大而不当的各类媒体形式的"大锅烩"。所以，仅仅聚集了多种类型的传媒经营业务，而缺乏在移动智能终端应用市场上的成功，绝非真正意义上的全媒体化改革。

三、制播分离的深入

在电视行业中，"制播分离"一词是一个历史性的概念。"电视传播的即时传真、声像并重的特征，使得电视迅速成为人们获取知识、娱乐、消息的主要方式。"[①]20 世纪 80 年代初，英国最先提出了制播分离的观念，并做出了积极的尝试。制播分离是电视产业发展到一定阶段的产物，是适应电视观众品位不断提高的结果。在市场经济中，电视频道、电视节目之间的竞争关系，成为不断地推高节目质量的动力，从而促进受众"胃口"的提高。制播分离是市场经济环境中生成的良方，既能够促进电视竞争的良性发展，又能够满足观众不断提高的需求。

1999 年，国务院办公厅针对广播电视提出了"无线有线合并，网台分营"，指明了我国广播电视发展的新方向，制播分离渐渐成为行业内的热门话题。2003 年，广电总局公布了《关于促进广播影视产业发展的意见》，提出："广播电视要把允许经营的资产、资源和业务从目前的事业体制中分离出来，面向市场进行企业转制和重组，与事业部分分别管理、分别运营。具体来说，可以把电台、电视台、广电集团（总台）的除新闻宣传以外的社会服务类、大众娱乐类节目，特别是影视剧的制作经营从现有体制中逐步分离出来，按照产业发展的方向和现代产权制度、现代企业制度的要求组建公司，实行所有权与经营权分离、自主经营、自负盈亏、依法纳税"。此后，民营电视节目制作企业、电影制作企业开始快速发展，光线传媒正是我国广电行业在尝试制播分离方面的受益者。2014 年 9 月，光线传媒策划制作的电视剧《蝎子网络》在美国哥伦比亚公司旗下的电视台首播，成为同时段全美收视冠军。2016 年光线传媒作为电影《美人鱼》的参与方，获得了极高收益。

随着数字技术的发展，三网分离、媒介融合、多屏互动等新词不断涌现，制播分离受到的关注有所下降。从竞争的角度来看，数字技术足以引发人们对电视"祸兮福所倚，福兮祸所伏"的思考。20 世纪 90 年代末，我国广播电视行业的数字化尝试初见端倪。2001年，广电总局制定的《广播影视科技"十五"计划和 2010 年远景规划》，对 21 世纪的信息革命有深刻的洞察，对数字技术的普及、网络新媒体的迅猛发展、无线上网技术、人工智能设备等问题展开了科学的规划。《广播影视科技"十五"计划和 2010 年远景规划》指出，数字技术的普及堪称现代信息领域最大的一次技术革命，这场革命的浪潮在 20 世纪末的最

---

① 廖亮：《当代世界电视》，31 页，上海，上海交通大学出版社，2007。

后几年迅速席卷全球。这场革命，不仅改变了人类的生产方式、生活方式、思维方式，更改变了人类的信息传播方式。2010年，全面实现数字广播电视，2015年，停止模拟广播电视的播出。数字技术在广播电视行业的普及，极大地提高了广电节目的生产效率和音视频质量。然而，数字技术在促进广播电视行业巨大进步的同时，也为广播电视行业带来了新的问题，那就是网络、手机等新媒体对受众的争夺、分流。在以数字技术攻城略地为背景的新的传播生态下，制播分离有了更多的含义。

2014年，在与外部制作力量加强合作的同时，中央电视台的制播分离迈出了更大的步伐，成立了两家全资子公司，即央视创造传媒有限公司和央视纪录国际有限公司。这两家主营业务为广播电视节目制作与发行的公司，注册资本均为5000万元。这两家公司的成立，可谓中央电视台在制播分离方面的重要步骤，是探索综艺、纪录片等节目市场化运作的重大举措。央视纪录由央视纪录频道的节目管理部主任石世仑担任CEO。央视创造的核心创作成员来自《正大综艺》等央视综合频道的7个节目团队，其推出的首个节目《喜乐街》每周五在央视综合频道播出。作为央视节目市场化运作的一个组成部分，《喜乐街》的网络播放渠道不局限于CNTV，还包括爱奇艺、搜狐、PPS等。根据央视—索福瑞和微博联合推出的"微博电视指数"，这档明星即兴表演的喜剧类真人秀节目，在周五晚间"高手如云"的背景下，创下了佳绩。央视综合频道在2015年和2016年推出的新节目，往往与央视创造相关，如《挑战不可能》。

经过多年的发展，广播电视已经形成了较为稳定的格局。然而互联网技术的高速发展，大刀阔斧地改造着原有的传播生态。年轻受众的流失和广告投资增长速度的下降，困扰着广播电视。互联网技术带来的不只有挑战，还有机遇。网络广播、网络电视、网络机顶盒的出现，不仅拓展了广播电视节目的传播途径，而且丰富了广播电视广告资源的投放渠道。在我国，广播电视不仅具有行业的性质，也兼具事业的属性。我国的广播电视事业，正积极投身于"互联网＋"的尝试中。新的传播格局方兴未艾，广播电视只有努力践行为人民服务的职责，并充分参与市场竞争，才能立于不败之地。

第四章 广播电视在中国的诞生和发展

第一节 广播在中国的诞生和发展

一、1949 年以前的广播事业

中国无线电报的使用开始于清朝末年。当时中国的无线电报主要应用于军事领域的通信。这些电报设备最先安装在北洋海军军舰上，以及京畿地区。"由于清政府对无线电事业采取了限制发展的态度，因此，中国近代无线电广播电台发展停滞。"①

辛亥革命后，民主思想深入人心。政府推行一系列有利于民生的政策，更是让西方文明尤其是西方物质文明越来越多地被引进中国。正是这股新风，才使广播电台刚刚在欧美出现就被引进中国。

中国的第一座广播电台诞生于 1923 年，是由美国外商奥斯邦在上海开办的"大陆报—中国无线电公司广播电台"。电台于 1923 年 1 月 23 日晚上首次广播，每晚播音一个小时零五分，电台呼号 XRO，发射功率为 50 瓦。播放的节目主要包括音乐、娱乐及各地新闻报道，星期日还设有《布道》《祈祷》等宗教性节目(图 4-1)。1 月 26 日，该电台还广播了孙中山的《和平统一宣言》。由于该电台的设立未经当时北洋政府有关部门的批准，属"违法私立电台"，所以，电台运营三个月后停播。

1924 年 5 月，美国开洛电话材料公司和《申报》合作开办了开洛广播电台，于 5 月 15 日正式开始播音，每天播音 4 小时，呼号 KRC，发射功率为 100 瓦。节目包括市价行情、汇兑价格、新闻、音乐、戏曲、名人演讲等内容。此后，开洛广播电台《大晚报》馆分站和《申报》馆分站相继开始播音。1929 年 10 月底该电台停止播音，历时 5 年。开洛广播电台是早期在上海开办的广播电台中，规模最大、时间最长、影响最大的一座电台。

---

① 刘金旭、曾忱：《中国广播发展概述与媒介融合背景下的生存空间》，载《大众文艺》，2015(10)。

图 4-1   播音员在录音间录制节目

中国自办的第一批广播电台是官办电台。1924 年 8 月，北洋政府交通部颁布《装用广播无线电接收机暂行规则》，它成为中国历史上第一个无线电广播法规。其中规定老百姓可以使用广播收音机（图 4-2），同时交通部正在筹建中国的无线电广播电台。

图 4-2   民国时期收音机

1926 年 10 月 1 日，哈尔滨无线电台台长刘瀚主持建立的哈尔滨广播无线电台开始正式播音，这是国人自办的第一座官方广播电台，呼号 XOH，功率为 100 瓦，每天广播 2 小时，广播内容为钱粮行情、新闻、音乐、文艺等。1928 年，电台经过整改，将呼号改为 COHB，用汉语、俄语、日语 3 种语言进行广播，播音时间增加到每天 6 小时，广播节目增加了气象预报，该电台成为我国当时发射功率最大的无线广播电台。

1927 年 3 月，上海新新公司开办了第一座商营广播电台——新新电台。上海沦陷后，新新电台为抵制日本广播监督处登记曾一度停播。在新新电台开办之后，全国各地纷纷建立商营广播电台，我国广播事业开启了新局面。

(一)国民党统治下的广播事业

1928 年 8 月，国民党在南京开办了"中国国民党中央执行委员会广播无线电台"，简称"中央广播电台"。这是国民党继中央通讯社、《中央日报》之后，创办的第三个全国性的中央宣传机构。8 月 1 日，电台正式播音，呼号 XKM，发射机功率为 500 瓦，台址在国民党中央部后院，隶属于国民党中央宣传部。电台每天下午、晚间各播音一次，共 3 小时。主要内容为演讲和新闻，所有新闻稿均由中央通讯社提供。1932 年，电台扩充发射电力后，改呼号为 XGOA，由国民党中央广播事业管理处直接管辖，是当时亚洲发射功率最大的广播电台。国民党中央广播电台旧址和中央发射机室如图 4-3 和图 4-4 所示。

图 4-3　国民党中央广播电台旧址

图 4-4　南京中央发射机室

此后，国民党相继在全国的一些主要城市建立了地方性广播电台，分别隶属于中央广播事业管理处、交通部以及各省市地方政府和国民党地方党部。其中，国民党当局开办最早的一座地方电台是浙江省广播电台，该电台于1928年开始播音。

到20世纪30年代初期，国民党创办的国营电台达到76座。同时，我国出现了一大批民营广播电台，主要有教育性电台、宗教性电台和商业性电台。1936年，国民党规定全国各地的广播电台必须转播中央广播电台晚间1小时的新闻节目，这是中国广播史上新闻联播类节目的开端。

随着各类电台的不断创建，国民党颁布了一系列条例对广播事业进行管理和控制，一来控制国内的宣传，二来了解政治局势。虽然受控于国民党，但很多爱国人士仍利用广播来鼓舞大众。例如，1936年12月"西安事变"中，张学良、杨虎城接管西安电台后，第一时间通过广播提出抗日救国的政治主张，鼓励更多人参与革命事业。

据1937年6月统计，国民党统治区（不包括已被日本人占领的东北地区）共有国营和民营广播电台78座，发射总功率将近123千瓦，其中上海是广播事业发展最快的地区。1931年以前，上海只有十几座广播电台，到1932年年底，上海的广播电台猛增至40座，到1934年年底达54座，其中绝大多数为中国人自己经营的民营电台。早期上海市民的收音机拥有量为3000台，1936年年初增至7万台。当时包括东北地区在内，全国约有收音机20万台。

1937年"七七事变"后，抗日战争全面爆发，包括国民党官方电台在内的全国的广播电台共同扛起了抗日广播的大旗。在共产党人、爱国人士以及国民党抗日积极分子的参与下，各电台通过广播播放了各类抗战新闻，开展抗战宣传活动，呼吁全国人民团结起来共同抵抗日本帝国主义。周恩来也曾利用广播电台鼓舞前线的战士，发表了《争取更大的新的胜利》的演讲。

抗战期间，我国的广播事业遭受重创，许多电台落入日本人之手。1937年11月，南京的国民党中央广播电台停播，国民党国营广播事业的重心西移，广播电台的数量大为减少。但由于得到英、美等国的援助，发射电力有所增加。1938年3月，中央广播电台在重庆恢复播音。同时，国民党的广播事业也有了新的发展。

国民党利用英国提供的设备，于1939年2月设立国际广播电台，呼号XGOY，英文名称为Voice of China，简称VOC，中文译为"中国之声"，这是国民政府正式开办的对国外广播。电台每天播音12小时，主要负责对外进行新闻报道和时政宣传。

抗战进入僵持阶段后，国民党消极抗战，通过广播进行宣传，并禁止开设民营广播电台以垄断消息。

抗战结束后，国民党接收了一批日伪广播电台，民营广播电台也有所恢复和发展。据1947年9月统计，国民党统治地区共有广播电台131座，发射电力总计约460千瓦。收音机拥有量在100万台左右。这是1949年以前中国广播事业的最高数字。

1949 年 4 月，人民解放军攻占南京，国民党中央广播电台停止播音，迁往台湾，国民党在大陆的其他电台相继被人民解放军接管。国民党统治时期的广播事业就此终结。

(二)人民广播事业

人民广播事业也是由无线电通信逐渐发展起来的。抗战初期，无线电台仅用于通信联络。1940 年 12 月 30 日，在延安的一个窑洞中，中国共产党第一座广播电台——延安新华广播电台正式播音(图 4-5)，电台呼号 XNCR。在艰苦的环境中，红色电波第一次飞向天空，把延安的声音传向四面八方，翻开了中国人民广播事业的新篇章。人民广播事业创立初期，虽然设备简陋，但播送内容多样，主要播放国内外新闻、抗战消息以及中共中央的重要文件和通知，同时涉及音乐、名人演讲、科学知识等内容，每天上午、下午各播出一次，每次 1 小时左右。

图 4-5　延安新华广播电台旧址

1941 年年初延安新华广播电台开始定期播出日语节目，标志着中国人民对外广播事业的开始。1941 年 1 月下旬，延安新华广播电台播出了毛泽东为皖南事变发表的命令和谈话，揭露了国民党顽固派消极抗日、积极反共的行径。1943 年春，在国民党的封锁下，延安新华广播电台由于机器发生故障、广播器材补充困难，暂时停止了播音。图 4-6 和图 4-7 为延安新华广播电台的两位播音员。

在抗日战争的胜利声中，延安新华广播电台于 1945 年 8 月恢复播音，并在解放战争的炮声中发出时代的声音，为对抗国民党反动派，瓦解蒋介石政权创造了有利条件，在人民广播史上书写了传奇的一笔。

随着人民军队的日益强大，在共产党的领导下，人民广播事业也得到了快速发展，1947 年 3 月，延安新华广播电台改名为陕北新华广播电台，开始了新阶段的广播工作。

图 4-6　延安新华广播电台第一位英语播音员魏琳

图 4-7　延安新华广播电台第一位日语播音员原清志(中)

1949 年 3 月，中共中央由西柏坡迁到北平，陕北新华广播电台随之改名为北平新华广播电台，后又更名为北京新华广播电台。6 月 5 日，为适应新的发展，中央广播事业管理处成立。

1949 年 10 月 1 日下午 3 时，北京新华广播电台向全世界转播中华人民共和国开国大典盛况(图 4-8)。

1949 年 12 月 5 日，北京新华广播电台被正式命名为中央人民广播电台，成为中华人民共和国的国家广播电台。此时，全国负责对内广播的电台共有 49 座，发射总功率为 138 千瓦。

图 4-8　开国大典

二、中华人民共和国成立后的广播事业

(一)初步发展期(1949—1966 年)

中国人民广播事业对国内的广播系统是由中央人民广播电台和各级地方广播电台共同组成的,由国家经营。

1949—1956 年是广播大发展的时期,也是广播事业结构调整阶段。广播事业的建设也成为这一阶段国家文教事业中基本建设投资比重最高、发展速度最快的一个。中华人民共和国建立初期,接收了国民党官办的各级广播电台,恢复、充实和改建了一批人民广播电台,并完成了对遗留下来的 34 座民营广播电台的社会主义改造。通过大力整顿,广播事业逐步得到恢复和发展,从中央到地方,建立健全了广播事业管理机构。到 1960 年年底,全国无线广播发射总功率达 17462 千瓦,广播电台恢复到 78 座。

1950 年 4 月,中央人民政府新闻总署规定广播宣传的任务是:发布新闻和传达政令、社会教育和文化娱乐。我国是一个统一的多民族国家,各地政治、经济、文化发展不平衡。基于这一基本国情和广播宣传的任务,作为国家级电台的中央人民广播电台首先打开局面,在 20 世纪 50 年代初期创办了一系列丰富多彩的节目,包括联播型新闻节目、讲座型社会科学节目、儿童娱乐节目、少数民族语言广播节目等,中央人民广播电台的这一举措在全国广播网的建设中起到了主导性作用。

在对内广播事业蒸蒸日上的同时,国家也意识到必须拓宽发声渠道,让世界听见中国人民的声音。因此,自 1950 年 4 月起,中央人民广播电台先后开办对越南、缅甸、泰国、印度尼西亚等多个国家的外语广播,并正式组建国际广播编辑部,负责对外广播工作,为我国对外广播事业的发展奠定了基础。

各级地方人民广播电台是在原各解放区广播事业的基础上逐步发展起来的。各级地方人民广播电台除转播中央人民广播电台的重要节目外，都根据当地的特点和情况，开办了各种类型的节目。一些民族自治区除开办汉语普通话广播外，还开办了适合本地听众的民族语言广播。到1965年，全国已有地方广播电台84座，发射总功率为4821千瓦。这个规模稳定了相当长的一段时间。

中国的有线广播，是随着国民经济的恢复和农村互助合作运动的发展逐步兴盛起来的，是在中华人民共和国成立初期发展广播收音网的基础上提出和创建的。它以农村有线广播网为主，同时，一些没有无线电台的地区也陆续建成有线广播站。1952年4月1日，全国第一座以县为区域范围的广播站——吉林省九台县（今长春市九台区）广播站正式播音，为在全国建立农村有线广播网提供了范例。到1965年年底，全国有线广播站共2365座，广播喇叭873万个。

（二）畸态发展期（1966—1978年）

"文化大革命"期间，我国的广播事业遭受挫折，进入曲折发展的阶段。"文化大革命"的干扰，导致了广播事业对内发展的不平衡，中央广播有一定的发展，地方无线广播完全陷入停滞状态，但有线广播则以技术简单、成本低廉、便于铺设等特点很快适应了这一时期的需要，得到了空前发展，线路迅速遍及全国，在农村也随处可见大大小小的喇叭。到1976年，全国已建成县级有线广播站2503座，安装有线广播喇叭1亿多个。有学者称此现象为"'文化大革命'十年中唯一值得称道的奇迹"。[①]

（三）复苏振兴期（1978年—20世纪80年代）

1976年10月以后，我国广播事业进入突飞猛进的发展阶段。1978年5月1日，中央人民广播电台对外广播部被正式命名为"中华人民共和国国际广播电台"。

国际广播电台的成立标志着我国独立的对外广播网的形成。到1979年，全国有广播电台99座，对内使用26种语言，播出135套节目；有线广播站达2560座，广播喇叭1亿多个。一个遍布全国、从中央到地方、无线与有线相结合的广播网基本形成。

改革开放后，我国广播事业走向了繁荣发展的新阶段。为了适应不断发展的新观念，广播节目的内容更加丰富有趣。1986年12月15日，广东广播电台创办了我国内地改革开放以来第一家经济广播电台——珠江经济广播电台，诞生了以大板块、热线电话、主持人直播为主要特征的新的播出模式——珠江模式。珠江模式不仅壮大了广东广播电台的实力，而且推动了我国广播的全面改革，在国内外产生了极其广泛深刻的影响。上海首先实

---

① 朵生春：《中国改革开放史》（上卷），14页，北京，红旗出版社，1998。

践了珠江模式，在 1987 年 6 月推出新体制，广播电视按新闻、文艺、教育、经济分类，率先实现了系列台的构想。中央人民广播电台也分别在 1987 年、1988 年、1992 年对节目进行了三次大调整，开办了一批综合专题板块节目和文艺板块节目。在广东台、中央台、上海台之后，系列台和板块节目在全国纷纷出现。板块热、主持人热、直播热与听众参与热汇集成了第一次"广播热"。

(四)繁荣发展期(20 世纪 90 年代以来)

20 世纪 90 年代以来，我国广播事业进入了高速发展时期，在节目管理和运营机制上都有了可喜的变化。全国基本形成了从中央到地方、无线和有线相结合的广播和电视、城市和农村、对内和对外并重的现代化广播宣传网。

我国广播的受众发生了很大变化，广播的核心受众群由乡村转向城市；随着私家车的迅猛增加，受众由固定收听转向移动收听；由收听调幅广播转向收听调频广播甚至数字音频广播。北京、上海、广州、深圳等一些大城市，先后建立了专业化频率，如文艺频率、新闻频率、音乐频率、交通频率，我国广播开始进入"窄播"和频道专业化的探索实践。

到 1996 年年底，全国拥有收音机、收录机 5 亿多台，有线广播喇叭 8100 多万个，广播电台 1204 座，中、短波广播发射台和转播台 746 座。全国实现多套广播节目上卫星，广播人口覆盖率达到 84.2%。

随着广播发射功率的增大，广播专用微波电路的延伸，广播转播台站和地方台站遍布全国，我国广播事业又有了进一步的发展，特别是一些沿海经济发达省份广播事业的建设走在全国其他地区之前，如广东省已经形成以省台为中心，多种传输手段相结合，与全省地方台站相联结的广播网络。

进入 21 世纪以来，我国广播事业的发展已经步入专业化和数字化的发展阶段。更多播出方式和类型的选择、更加人性化的内容设置以及商业运作的推动，使广播已经成为人们日常生活中不可或缺的一部分。虽然随着时代的发展、科学技术的进步，更加智能化的新媒体传播模式对广播这一传统媒体造成了很大的冲击，但广播仍因其媒介特性和社会传播功能不易代替性，未来发展仍不可小觑。

第二节　电视在中国的诞生和发展

一、初创期(1958—1960 年)

1958 年 5 月 1 日 19 时整，北京电视台(中央电视台前身)试验播出黑白电视节目，我国自己的电视播出信号第一次出现在首都北京的空中，我国电视事业发展的历史由此开始。沈力（图 4-9）成为我国第一位电视播报员，被称作"中国荧屏第一人"。北京市内仅有的 30 多台电视机的屏幕上出现了以广播大厦作为背景的图案。试播期间，电视台每周播出两次节目，每次 2～3 小时，内容包括新闻节目、社会教育节目和文艺节目等。播报员会向观众介绍当天的节目（图 4-10）。1958 年 9 月 2 日，北京电视台正式播出，它的原址在北京西城区复兴门外大街南侧北京广播大厦（图 4-11）。

图 4-9　北京电视台开播时的沈力

图 4-10　播报员向观众介绍当天节目

图 4-11　北京广播大厦原址

　　1958 年 6 月 1 日，北京电视台播出了自己拍摄的第一条电视新闻片《中共中央机关刊物〈红旗〉杂志创刊》；6 月 15 日，北京电视台播出了我国第一部电视剧《一口菜饼子》①（图 4-12、图 4-13）；6 月 19 日，北京电视台用天津改装的电视转播车转播了八一男女篮球队和北京男女篮球队的友谊比赛；10 月 1 日，又转播了天安门广场的阅兵式和游行情况。1960 年 5 月 1 日，我国第一次播出了彩色电视图像。与此同时，国内其他省市电视试验台也陆续开播，从 1958 年至 1960 年，上海、黑龙江、吉林、广东、辽宁、江苏、山东等省市的电视试验台相继开播。1960 年年底，全国有电视台、试验台和转播台 29 座。

图 4-12　拍摄电视剧《一口菜饼子》

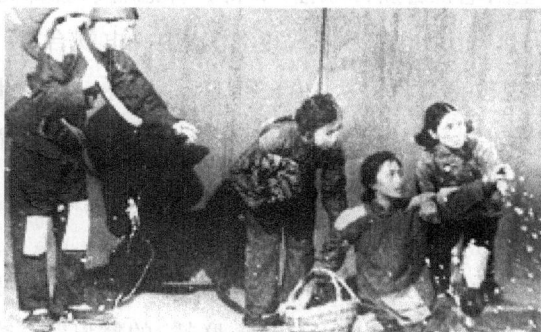

图 4-13　电视剧《一口菜饼子》剧照

---

①　电视剧《一口菜饼子》只有一集，非电视连续剧。

二、停滞期(20 世纪 60 年代—70 年代中期)

我国广播电视事业的停滞期跨越了"大跃进"和"文化大革命"时期,这是历史上的两个非常时期。

1958—1960 年,是我国经济严重困难的"大跃进"时期。在此期间,我国电视事业的发展也受到干扰。"大跃进"后期,我国已开办的 20 座电视台和 16 座试验台除保留北京台、上海台、广州台、沈阳台、天津台 5 座以外,其他一律停办,已经开始的彩色电视试验也不得不终止。同时,停止买卖进口电视机,国产电视机也被列入高级消费品,禁止社会组织或单位购买。

到 1960 年末,"大跃进"时期的结束并没有使我国的电视事业重回正轨,相反,1966 年"文化大革命"开始后,我国的电视事业基本陷入停滞状态,广播电视的宣传工作遭受了非常严重的打击。

在"文化大革命"期间,电视事业的发展虽然受到了严重的阻碍,但是电视传播技术取得了一定的发展。1966 年,我国首次采用了电视录像设备;1970 年重新进行中断了 10 年的彩色电视研究,确定我国的彩色电视采用 PAL 制式;1971 年开始通过微波线路传输电视节目;1973 年 5 月 1 日,北京电视台开始用国产设备向观众试验播出彩色电视,10 月,正式开播彩色电视节目;1973 年 5 月 26 日,北京至上海微波传送彩色电视节目试验成功;8 月 1 日,上海电视台试播彩色电视节目;10 月 1 日,北京、天津、上海三市进行彩色电视节目试传。

三、恢复发展期(20 世纪 70 年代末至 20 世纪 80 年代)

我国电视事业的恢复发展开始于 20 世纪 70 年代末期。1978 年 1 月 1 日,北京电视台开办《全国电视台新闻联播》节目,标志着以首都为中心的全国电视广播网初步形成。同年 5 月 1 日,北京电视台正式更名为"中央电视台",确立了国家电视中心的地位;同年 12 月开办电视教育节目。从 1976 年 12 月开始,一大批在"文化大革命"中被禁止播出的优秀文化艺术节目、剧目和影片被解除禁锢,重新在广播电视中播出,使广播电视文艺在 10 年"文化大革命"沉寂后开始复苏。到 1979 年年底,全国所有的省、市、自治区都建立了自己的电视台。

改革开放提供的有利契机,使得 20 世纪 80 年代成为电视业发展和繁荣的黄金时代。1980 年 5 月,中央电视台《新闻联播》的播出时长由 15 分钟增加到 30 分钟,内容由单纯报道国内新闻扩展为报道国内新闻和国际新闻。同年 7 月,中央电视台实现了节目播出录像化,创办了第一个新闻评论性栏目《观察与思考》。1981 年,我国第一部国产电视连续剧《敌营十八年》(图 4-14)播出,拉开了我国电视连续剧的大幕,标志着电视剧的创作逐步有意识地摆脱戏剧和电影的桎梏,开始探索电视剧本身的特点和表现形式。《敌营十八年》达到了 99％的超高收视率，创造了我国电视连续剧发展的新风潮。

图 4-14 电视连续剧《敌营十八年》海报

1978 年 12 月，十一届三中全会的胜利召开不仅是我国社会的伟大转折，也是我国广播电视事业发展的转折。短短几年之内，全国各地电视台的数量快速上升，播出内容更加丰富，电视队伍也逐步壮大，我国在很短时间就成了世界电视大国，电视观众多达 8 亿人，一时间，我国电视事业的蓬勃发展举世瞩目。

随着改革开放及市场经济的进一步发展，广播电视也由原来的纯事业向产业化发展。一方面，社会对影视节目的需求带动了我国电视节目制作行业的快速发展；另一方面，广播电视是媒体，广告是其主要的收入来源，经济发达地区、运营较好的电视台逐渐由需要事业经费支撑向营利阶段过渡。1979 年年初，上海电视台在国内率先播出商业广告。1979 年 2 月，中央电视台开办《商业信息》节目，开始集中播送国内外商业广告。1980 年 1 月 1 日，中央人民广播电台播出该台有史以来的第一条广告。到 1983 年，全国广播电视广告营业额达到 3400 万元。

1983 年，中央电视台正式开办春节联欢晚会(图 4-15)。同年 3 月召开的全国广播电视工作会议提出了实行中央、省、地市、县"四级办广播、四级办电视、四级混合覆盖"的"四级办台"方针，并于同年 10 月得到了党中央的批准。这项方针由于符合当时全国人民对电视的巨大需求，极大地刺激了电视事业的发展，推动了我国广播电视事业的全面发展。短短几年时间，国内电视领域发生了翻天覆地的变化，很快实现了有线、无线、卫星等多形式和多层次的混合覆盖。"四级办台"方针顺应改革开放的热潮,迅速将我国电视事业的发展推向了新的高度,提升了广播电视在全国的覆盖率,"开启了广播电视产业的先河"①。

图 4-15　1983 年春晚京剧《坐寨盗马》

与此同时,我国的卫星电视事业也在攻坚克难。1982 年,我国正式确定了广播电视卫星覆盖全国的方针。1984 年,我国第一颗试验通信卫星成功向乌鲁木齐、拉萨、昆明等城市进行了多路广播电视节目传输试验,揭开了我国应用卫星传送广播电视节目的序幕。1986 年,我国第二颗地球同步卫星成功发射,标志着我国的卫星通信技术已经成熟,进入实际应用阶段。与此同时,我国的卫星地面站也得到了迅速发展。从 20 世纪 80 年代末起,我国卫星地面站的数量以超过 30％的速度逐年递增,到 2002 年年底,全国已拥有卫星地面站 34 万多座。

四、繁荣发展期(20 世纪 90 年代以来)

20 世纪 90 年代以来,随着社会主义市场经济体制的逐步确立,广播电视界改革创新的进取精神和热情空前高涨。

(一)节目的内容和形式丰富多样

进入 20 世纪 90 年代后,我国电视行业在新一轮改革开放热潮中加快了追赶世界先进水平的步伐,电视传播向新闻领域不断拓展。

1993 年 5 月 1 日,中央电视台《东方时空》的开播(图 4-16),标志着电视新闻改革向纵深方向发展,开启了我国新闻独立、专业的新局面。1994 年,中央电视台创办的《焦点访谈》节目主张用事实说话,率先采用记者主持人形式,让主持人参与节目制作的全过程。

---

① 黄勇:《中国广播电视事业发展和体制改革》,载《中国广播》,2006(5)。

随后，央视还创办了很多高品质的新闻节目，如1995年开播的《新闻30分》，1996年开播的《晚间新闻报道》《新闻调查》，1997年开播的《新闻现场直播》，2001年开播的《体育新闻》等。

图 4-16　刚开播时的《东方时空》栏目

与此同时，电视服务类节目与娱乐节目应运而生，如央视在1990年3月开播的《综艺大观》、4月开播的《正大综艺》等，都是集娱乐、益智、教育、艺术为一体的综合型节目。这些节目自开播之后受到了社会各界的广泛关注，逐步成为人们日常生活中不可或缺的精神娱乐享受。除了综合型服务节目，近年来，随着人民生活水平的不断提高，不同类型的服务节目也发展得如火如荼。如家装类的《交换空间》《梦想改造家》《暖暖的新家》等，都颇受观众好评。更不用说婚恋交友类电视服务节目在观众中引发的讨论热潮使其持续不断地出现在收视榜前端。

另外，20世纪90年代初，中央电视台还推出了纪录片类电视节目，如大型纪录片《话说长江》（图4-17）、《再说长江》及《望长城》等，这些纪录片通过朴实的记录和优美的画面展现了我国的人文景观和地域特色。在影片拍摄中，创作者大量使用长镜头和同期声，并运用不事雕琢的拍摄手法，在整体上令人耳目一新，使得纪录片迅速掀起一股文化热潮。在经过十几年的沉淀后，《大国崛起》《再说长江》等优质纪录片为国产纪录片打通了一条新征途——中国纪录片在国际传播上的话语权争夺。于是，2012年《舌尖上的中国》横空出世，一举成为当年的现象级纪录片，版权远销多个国家和地区。

图 4-17　纪录片《话说长江》

(二)电视技术的发展

1. 电视制作技术的进步

1990 年,以电视剧《渴望》为标志,北京电视艺术中心率先在国内采用建立基地、室内搭景、多机拍摄、同期寻音的办法,发挥了便捷、经济的电视制作优势。电视机构逐渐淘汰了传统模拟摄像机和录像带,取而代之的是数字摄像机和各种新兴的记录载体,进一步改善了图像质量,同时增强了与观众的互动性。发展至今,观众能够随意在电视屏幕上看到的特效满满的悬疑、古装、玄幻等电视剧类型都得益于拍摄技术的不断进步。高清、4K、绿幕等现代技术为电视剧的繁荣打下了坚实基础。

2. 传输技术多元化

除了传统的无线微波传输外,还有有线电视、卫星电视等传输方式。1992 年 10 月,中央电视台第四套节目成为我国第一个国际卫星电视频道,覆盖 80 多个国家和地区。1996 年,中央电视台的全部节目已能通过卫星传播覆盖全国。1998 年,全国已有约 20 个省级电视台采用卫星传送节目,中央电视台节目已覆盖了北美、欧洲等世界大部分地区。至 1997 年年底,全国有电视发射台、转播台 41205 座,卫星地面接收站 149962 座。至 2015 年,全国县级广播电视播出机构共 1998 家,地级以上广播电视播出机构共 517 家。截至 2017 年年底,全国广播综合人口覆盖率为 98.71%,全国有线广播电视覆盖用户数达 3.36 亿户。截至 2018 年年底,电视节目综合人口覆盖率已达 99.25%。

得益于互联网的普及,广播影视新媒体发展迅速。据国家统计局统计,2018 年全国网络视听注册用户已达 65.7 亿个,节目播放次数接近 2.7 万亿次。

3. 电视管理机制的改革

20 世纪 90 年代，面对新的传播形势，我国加强了对媒介传播和接收活动的管理，颁布了《有线电视管理暂行办法》等一系列政策法规。1992 年 6 月中共中央、国务院发布《关于加快发展第三产业的决定》，广播电视被纳入第三产业，一个经济全面搞活的局面开始形成。

到 20 世纪 90 年代末，我国电视已经基本形成了中央和地方，卫星、无线和有线相结合的现代化电视传播网络。无线电视台达到 4943 座，有线电视台达到 1285 座，共播出 1005 套电视节目，其中卫星频道 30 多套，国际频道信号已送往全球。我国的电视机拥有量已经超过了 3 亿台，电视观众也超过了 10 亿人。在这个阶段，我国的电视事业取得了长足的发展。

近些年，电视行业技术更迭迅速，随着上游制造商对电视机技术革新以及产能建设加快，并与智能化、互联网、人工智能等新技术的融合，智能电视开始迅速占领市场份额。

2014 年，市场上有 20 多个智能电视品牌，智能电视市场总量达到 3128 万台，渗透率高达 69%。

在电信网、广播电视网和互联网三网融合的大背景下，传统的事业三维管理办法已经无法完全应付新问题，电视节目制作与机构管理也面临新的挑战，电视管理机制新的改革也势在必行。

第五章　广播电视的属性

广播、电视作为大众传媒，既是社会的组成部分，受到整体环境的影响；也是环境变化的推手，影响社会的方方面面。从与社会的互动关系中去看待广播电视，才能全面地了解广播电视发展的现实和趋势。

第一节　广播电视的社会属性

随着经济全球化时代的来临，"话语权"成为越来越重要的词汇。掌握大众传媒的力量，就是掌握话语权的力量。广播和电视是社会公器，是人们了解世界、了解自身的重要渠道。在收视率之外，从社会效益的角度出发，充分发挥广电事业的公益性，才能确保广播和电视的运营真正地为大众服务。

一、大众传媒的四功能说

1948 年，拉斯韦尔（美国政治学家、社会学家）在《社会传播的结构与功能》一书中，将大众传播的功能总结为三类，即环境监测、社会协调、社会遗产传承。按照这种划分方法，当今电视上的真人秀节目应该归为哪一类呢？它们有没有这三个功能之外的作用呢？1959 年，赖特（美国社会学家）在拉斯韦尔"三功能说"的基础上，提出了大众传播所具有的第四个功能"娱乐"。

(一)环境监测

"我们对周围世界的认知和评价，很大程度上来源于电视的信息传播和构建。"[1]2015年，郑州的一位中学老师因为其任性的辞职信而走红网络。该辞职信的主体内容仅包含了10 个字，那就是"世界那么大，我想去看看"。欧洲在 15 世纪开启的地理大发现，使得地球的宽广和宏伟被人类进一步认识。从那时起，行走各国、目睹世界成为人类的普遍追

---

[1]　欧阳宏生：《电视文化学》，83 页，成都，四川大学出版社，2006。

求。然而，对大部分人来说，这份追求永远停留在烦琐生活之余的想象中。

世界非常大，大到超出我们在有生之年所能亲身了解的极限，但是大众传媒可以起到展示世界的作用。通过大众传媒，世界以声、电、光、影的形式在人们面前次第展开。然而，即使是大众传媒也无法全面地展示世界，所以大众传媒不得不"抽样调查"。记者、编辑的日常工作就是确定哪部分内容可以上电视，哪部分不可以。大众传媒展示的世界。经过众多从业者、管理人员按照一定的规则筛选后的内容。这些内容形成了一个虚拟的世界。有无数的观众、听众、读者根据这些内容来了解世界，并判断世界的变化。2012 年，末世传言甚嚣尘上。部分媒体对此类消息的集中报道，人为地制造了恐慌。媒体可以监测环境，那么也就可以掩盖环境中存在的某些问题，这在相当程度上决定受众的知或不知。所以，职业道德和职业操守的自律体系和他律体系非常重要。

（二）社会协调

情感类的谈话节目，在广播和电视中是常见的，如江西卫视的《金牌调解》。除此之外，其他类型的节目有没有社会协调的作用呢？人们看电视、读报纸，哪怕仅仅是为了排解无聊，也难免会为内容所影响。《读者》和《知音》在杂志行业都极为成功，虽然此二者的风格和诉求大相径庭，但是它们的共同点就是影响了很多人。心理学家认为，一个群体对他人美丑的判断，来自对这个群体"平均脸"的参照。这个群体所见过的一切人脸，有个平均值，越接近这个"平均脸"，越被认为是美，越远离这个"平均脸"，越被认为是丑。大众传媒每天源源不断地提供着各种各样的内容，而这些内容背后所隐藏的逻辑思维、价值观，实际上就为群体提供了多种行为规范、审美判断的"平均脸"。如果传媒在一段时间内集中批评传统思想的封建性，那么传统社会中形成的人与人之间的关系就会面临挑战。例如，原来无条件服从父母的年轻人可能就会觉醒，并试图摆脱封建家庭伦理的束缚，选择新兴的生活、生存方式。五四运动的深入人心，正是在传媒的影响下产生的。无论《新青年》杂志，还是巴金的小说《家》都在重新协调社会关系方面，具有重要作用。在广播和电视兴起之后，协调社会关系的重要文艺形式便是视听类节目。

（三）社会遗产传承

在早期的人类社会中，传承社会遗产的责任主要由部落首领、巫师、年长者来承担。在文字没有产生时，口头传唱和讲述是社会传承文化、习俗的重要方法。在文字产生后，书简、羊皮卷、书籍发挥着越来越重要的作用。纵观人类的历史，信息传播的手段不断丰富，而人类社会所具有的知识总量也在急速膨胀。电报、电话、广播、电视发明后，人类神话故事中的"千里眼""顺风耳"终于成为现实。我们坐在电视机前，既可以看远隔重洋的世界杯直播，又可以听几十年前的风雨声，这对人类的传播历史而言，绝对是重大的进步。大众传媒在传承社会遗产的同时，自身也积累了大量的文字和影像资料。有些资料相当宝贵，应该被人类保存下去，却因为纸张、磁带、胶卷难以维护而受损。为此，数字技术被引入大众传媒行业。数字化的传媒资料可以永世保存而无信号的衰减。用数字技术保存信息的方式，不仅为大众传媒行业所采用，也为普通百姓所使用。此前，有人爆料说某版高中历史课本里的人物长相高度相似，秦始皇和诸葛亮长得一模一样，就是换了下衣服和发饰。造成此种现象的原因之一是古人的信息传承手段匮乏，没有给后人留下准确的肖像。未来的人类在讲述我们所生活的这个年代时，这种问题就不会发生了，不仅我们的自拍照还保留在网络上，就连我们失恋的感受也好好地保存着。随着技术的发展，大众传媒在社会遗产传承方面的功能将越来越突出，信息冗余而非信息匮乏将会成为未来社会的难题。

（四）娱乐

"大众传媒要将信息传播给尽可能多的受众，就必须使编码尽可能地明白易懂，让人能轻松快捷地译码。"[①]用娱乐吸引人的做法，在世界范围内往往是通行的。娱乐是人的本能，绝不是电视把人教坏了，才使得人一天到晚惦记着娱乐。在1973年青海省出土的新石器时代的彩陶盆上，就画着几个手拉手跳舞的人（图5-1）。在没有大众传媒的时代，人们就热爱娱乐。在大众传媒出现之后，人类只是拥有了更多的娱乐手段而已。

图 5-1　新石器时代舞蹈纹彩陶盆

大众传媒的娱乐功能和其他功能之间是什么关系呢？是此消彼长，还是共融呢？我们很难找到纯娱乐而没有任何其他功能的一档电视节目，或者纯信息而没有娱乐功能的。此外，一千个读者就有一千个哈姆雷特，在A读者那里严肃认真的文章，在B读者那里或许就是荒谬可笑的。所以，大众传媒的娱乐功能与其他功能之间并没有森严壁垒的区别，它们往往是共存的。只是，某些节目的形式、内容在一些功能上更为突出而已。从媒体的形态来看，电视是传统大众媒体中相对最擅长娱乐的。电视声画兼备，内容稍纵即逝，所以不擅长通过逻辑分析来推动内容，而更擅长以视听刺激的强度来表达传播的重点。

二、广电事业的社会功能

广播电视既属于行业，也属于事业，前者反映了广播电视的企业属性，后者反映了广播电视的喉舌属性。总的来说，我们可以从政治、经济和教育三个方面来看待我国广播电视行业的社会功能。

---

① 邵培仁：《传播学》（修订版），181 页，北京，高等教育出版社，2007。

(一)政治方面

"执政者需要对公众的呼声做出适当地解释和调整，广播电视以它特有的传播功效承担了这种'桥梁'和'喉舌'的作用。"①共产党在革命时期就十分重视通过舆论宣传来领导人民，新中国成立之后亦是如此。党和国家的历任领袖都对大众传媒有指导精神，对广播电视单位更是多次视察。从我国的发展历史来看，社会共识是变化的，并非一成不变的。例如，宋朝时民众普遍认可的观念，与今天的情况大有不同。那么，推动社会共识变化的是什么呢？社会是一个复杂的体系，由众多的部门和元素组合而成，因此能够影响社会共识的因素有很多。然而，掌握着话语权的人或组织对社会共识的形成、变化总有着巨大的影响力。上课的时候，为什么老师往往可以滔滔不绝，而学生交头接耳则被认为是不对的呢？因为，整体社会都默认老师在课堂上是话语权的拥有者。老师不仅可以自己讲，而且可以要求某个学生讲话或者不讲话。当我们面对的不是课堂，而是全体民众的时候，话语权是由谁来掌握的呢？美国总统罗斯福的"炉边谈话"、英国首相丘吉尔的第二次世界大战演讲，虽然都影响极大，但无一不是经过大众传媒的放大的。这就是为什么国家要将广播、电视作为事业，而不仅仅是行业。广播、电视是形成社会共识的重要渠道，是向全体人民喊话的必要手段。

(二)经济方面

广播电视蕴含着巨大的经济利益，相比而言，电视在此方面更为突出。电视明星十分常见，但是广播明星都有谁呢？在市场经济环境中，明星是经纪制度的结果，是众多工作人员运营的一个现代商业品牌。明星的形象需要专业人士辛苦打造和经营，而绝非明星个人魅力所能决定的。之所以有众多的专业人士和资金投入明星的生产中，就是因为在影视行业中，明星的品牌效应可以直接转化为庞大的经济收入。这些收入不仅能够使明星本人跻身富豪行列，还可以为众多的工作人员提供稳定的薪水和福利保障。市场经济中的资源配置建立在趋利避害的基础之上，明星的品牌效应之所以具备吸金能力，就是因为明星是受众注意力的凝结点之一。在受众注意力稀缺的今天，受众注意力是市场中的重要资源，而广播电视则是对受众注意力进行再分配的平台。广播电视不仅可以造"星"，而且可以让众多商品、服务、观念成为"明星"，所以会吸引庞大的资金源源不断地涌入。然而，无论把普通人变成名人，还是把商品变成名牌，都需要煽动受众的情感，鼓励受众带着情绪去看待这个人或商品。相比较而言，视听兼备的电视比广播更具优势，因此电视比广播更擅长造"星"。每一年，广播电视都能吸引规模庞大的广告资金，影响着众多行业的运行。

(三)教育方面

广播电视在教化大众方面有显著作用。"任何信息传播过程中的变化必然要引起一切

---

① 李岩、黄匡宇、张联：《广播电视新闻学》，18 页，北京，高等教育出版社，2002。

社会模式的调整，教育模式、政治权力的环境都要随之调整。"①多年来，"寓教于乐"的理念在广电行业十分盛行，指导着广播、电视在经济效益和社会效益之间寻求平衡点。在我国，广播电视曾经起到了类似学校的作用，通过空中信号提高受众的知识文化水平。即便在今天，广播电视节目也与学校教育紧密相关，如《中国汉字听写大会》《汉字英雄》。当然，随着我国教育资源的不断丰富，依赖广播电视进行知识学习的情况减少了许多。在我国电视频道专业化的浪潮中，众多频道按照分众传播的理念，深耕细作，研究目标受众的需求，从而提供了更具针对性的内容。其中，不少频道在提供专业知识方面，有不错的表现。央视军事与农业频道的节目《科技苑》，以介绍、推广先进的农业技术为主要内容。农民、养殖户不仅可以从节目中及时获取农业资讯，而且可以通过节目与相关技术人员联系、沟通。河南卫视的《梨园春》不仅是一档地方剧的综艺节目，而且在多年的制作过程中培养了大批的豫剧人才，提高了观众的豫剧审美水平。此外，我国荧屏上大量存在的科普、益智类节目，在推动教育水平提高方面也是功不可没的，如《自然传奇》《最强大脑》（图 5-2）。

图 5-2 《最强大脑》演播厅

第二节 广播电视的政治属性

一、作为喉舌的职责

作为党和国家的喉舌，广播电视在推动社会主义物质文明、精神文明、生态文明的建设方面有重要作用，是构建和谐社会、弘扬中国梦的舆论工具。在现代社会，广播电视拥

---

① ［加拿大］马歇尔·麦克卢汉：《麦克卢汉如是说：理解我》，27 页，北京，中国人民大学出版社，2006。

有强大的话语权。作为喉舌的职责，广播电视必须立场坚定地站在党和国家一边，为宣传主流价值观而奋斗。因此，当经济效益和喉舌职责产生矛盾之时，当企业化运营和事业单位的性质发生矛盾之时，广播电视就需要放弃经济效益，选择喉舌职责；放弃企业化运营的欲望，发挥事业单位的功效。之所以强调寓教于乐，强调广播电视要控制娱乐化的程度，发挥频道公益性、新闻性、教育性的作用，就是因为我国广播电视最根本的属性是政治属性。在这个前提下，广播电视的喉舌职责就是要确保自己作为党和国家的传话筒，不断地提高业务水平，以便更好地宣传贯彻党的精神、主流价值观，把政府的方针、政策传递至千家万户。

在新的传播环境中，缺乏创新和亲和力的节目是难以履行广播电视的喉舌职责的。在网络技术广为应用之前，广播电视是大众传媒中的佼佼者，由于它们在传播形式上最具亲和力，所以深受老百姓的欢迎。看电视、听广播是工人、农民、学生等群体在生活中必不可少的环节，而电台、电视台是与行政区划相匹配的。"四级办广播、四级办电视、四级混合覆盖"的政策，使得我国中央、省、市、县都配备了电台和电视台。同级政府和上级管理部门对广播电视台拥有管辖权，明确清晰的管理体系，确保了广播电视必须按照要求开展工作。"网络具有交互性的特点，视听受众因此享有了前所未有的参与权。"①网络兴起之后，新媒体成为广播电视在受众市场上的强大竞争对手。更为重要的是，以网络技术为基础的新兴媒体，往往是私营企业甚至是自媒体，政府对其的管理程度相对有限。在这样的情况下，广播电视的生存环境发生了剧烈的变化，既要在公开的市场上与更为灵活的网络媒体竞争，又要服从管理部门的统一部署。广电机构不能要求观众必须收看哪家电视台、哪档节目。因此，在新的传播环境中，广播电视充分履行喉舌职责，就必须首先通过创新保持节目的活力，否则如果自身都已经被受众抛弃了，那么何谈职责的履行呢？"不可否认，电视媒介传播中都具有意识形态的导向、宣传功能。"②2013年以来，《新闻联播》作为我国最成功的电视节目，也进行了大胆创新，提出了民生化改革的思路。总的来说，《新闻联播》的改革是成功的，在年轻群体中产生了话题效应，吸引了众多观众的注意力。

二、党群关系的桥梁

宣传党的路线、方针、政策，反映人民群众的愿望、要求和呼声，是广播电视的重要任务。为了实践为人民服务的宗旨，广播电视必须确立人民群众在电视传播中的主体地位，从群众中来，到群众中去，通过各种方式加强与人民群众的互动。在网络技术尚未走入寻常百姓家之时，广播电视通过来信、来电、座谈会、调研等形式与人民群众保持着紧

---

① 黎风：《广播影视与文化传播》，274页，重庆，西南师范大学出版社，2008。
② 陈默：《媒介文化：互动传播新环境》，51页，北京，北京师范大学出版社，2010。

密的联系。听众部、观众部在电台、电视台中普遍存在，主要负责了解群众的需求、意见。当新的传播手段出现之后，广播电视纷纷建立起微博、微信、手机 App 平台，以便更好地了解人民群众的呼声。广播电视在节目运营的实践过程中，应当准确把握国情，通过多种类型的节目，贴近生活、贴近实际、贴近群众，把党和政府的方针、政策通过群众喜闻乐见的节目，传递至千家万户，把人民的呼声、愿望、要求通过视听符号反映出来。

近年来，娱乐化现象在广电行业愈演愈烈。在一定程度上，这种现象可以被视作我国广播电视向市场规律回归的一种结果。然而，作为社会主义国家的重要部门，广播电视必须克服金钱带来的诱惑，不能只看重收视率、收听率，必须坚持以人民为中心的创作导向。为此，广播电视应当坚持深度报道和人文精神，把维护社会正义和人民群众的利益放在首位。2014 年 10 月 15 日，习近平主席在文艺工作座谈会上强调，人民是文艺创作的源头活水，一旦离开人民，文艺就会变成无根的浮萍、无病的呻吟、无魂的躯壳。能不能搞出优秀作品，最根本的决定于是否能为人民抒写、为人民抒情、为人民抒怀。

上情下达，下情上达，加强党与人民群众的联系，成为党群关系的桥梁，广播电视才能真正实践以人民为中心的创作导向。改革开放后，人民的生活水平显著提升，对文艺作品也提出了更高的要求。广播电视事业只有不断地革新，才能够在我国社会发展的过程中做好舆论宣传工作。数字化技术为广播电视事业带来了新的机遇。借助数字技术，广播电视事业可以更为快捷、高效地传播党的声音，更为及时、准确地了解人民群众。广播电视只有在日常的节目中，将传播党的声音和传播人民的声音统一起来，才能真正体现党性原则。

三、鼓舞和教育人民

近年来，新媒体迅速崛起，广播电视面临着更为激烈的市场竞争。然而，无论从我国社会主义初级阶段的现实来看，还是从大众传播生态的情况来看，在未来相当长的时间内，广播电视仍然会是普及率最高的媒体。从传播符号的形态来看，广播电视在大众传媒中最具亲和力，群众接受度最高。新兴的移动智能终端和互联网技术的局限性，将相当一部分人群排挤出了用户市场。移动智能终端不仅价格昂贵，而且更新极快，使用者要跟上脚步，就要不断地买进新设备、淘汰旧终端。我国幅员辽阔，经济发展不均衡，大量群众无法承担不断买进移动智能终端的费用。此外，移动智能终端以便携为核心优势之一，这就意味着它必然是小屏幕，属于个体使用的媒体。与广播电视可以供全家共同使用的情况来比，移动智能终端就显得更为昂贵了。总之，在实践党性原则方面，广播电视较之当前的新媒体具有更大的优势，而如何充分发挥这种优势则是广播电视事业不断探讨的问题。

在建设社会主义的过程中，不断地鼓舞和教育人民群众是广播电视政治属性中的重要组成部分。毛泽东思想、邓小平理论、"三个代表"重要思想、科学发展观、习近平新时代中国特色社会主义思想鼓舞着我国人民万众一心、不断向前,为实现中华民族伟大复兴而奋斗。用视听符号来传达党的精神,鼓舞人民,教育人民,是我国广播电视事业的重要任务。广播电视是广大人民群众了解中国、了解世界的重要渠道。集中报道负面消息不仅会造成群众的恐慌,还会有失偏颇,与职业道德相悖。按照西方某些哗众取宠的末日理论,2012年12月21日会发生重大灾难。以此为题材的文艺作品在我国也有传播,如电影《2012》。2012年年底,众多相关的新闻、评论出现在门户网站上,广播电视节目也频频报道此类信息。通过大众传媒,人们密集地接触到世界末日的相关信息。当人们在电视上、在网络上频频看到这类新闻时,未免会产生恐惧心理。此后的事实又一次证明了谣言的荒谬和大众传媒坚守社会责任的重要性。传播正能量,弘扬主旋律,不断鼓舞和教育人民是我国大众传媒的职责。

2014年,中央电视台综合频道播出了大型电视政论片《百年潮·中国梦》。这部电视政论片由中央宣传部学习出版社和中央电视台联合拍摄,共有五集,分别为《百年追梦》《中国道路》《中国精神》《中国力量》《筑梦天下》。这部作品通过制作精良的视听符号,全方位展示了中华民族伟大复兴的中国梦。其解说和航拍为广大观众所津津乐道,在鼓舞和教育人民群众方面做出了新的探索。为了弘扬中国梦精神,中直机构和多家电视台纷纷参与到相关节目的制作中来,向社会推荐了大量的"中国梦"电视剧,如《我在北京·挺好的》《大河儿女》《十送红军》等。湖南卫视也推出了多档节目传递荧屏正能量,如《我的中国梦——中国杰出人物梦想追访》等。

四、繁荣发展社会主义文艺

习近平强调,社会主义文艺,从本质上讲就是人民的文艺。2015年9月11日,中共中央政治局召开会议,审议通过了《中共中央关于繁荣发展社会主义文艺的意见》。作为中国特色社会主义的组成部分,我国广播电视事业,必须坚持社会主义先进文化的前进方向,坚持为人民服务、为社会主义服务的"二为"方向,贯彻百花齐放、百家争鸣的"双百"方针。广播电视在传播中华文化,提升国家文化软实力方面肩负重任。

毛泽东在《在延安文艺座谈会上的讲话》中明确指出大众就是最广大的人民。广播电视事业繁荣发展社会主义文艺,首先需要满足人民的精神文化需求。随着社会经济的发展,人民的审美水平不断提升,广播电视事业应当把创新精神贯穿于采、编、播的全过程,否则就会被受众市场淘汰。用精品节目为人民抒写、为人民抒情才能经得起历史的评论,经得起市场的考验。在市场经济中,人力是广播电视行业的重要资源。只有通过思想的武装和科学的管理,培养出具有高素质的文艺人才,广播电视才能够源源不断地生产出精品节目,而不是唯收视率是瞻的过度庸俗化的节目。

广播电视事业繁荣发展社会主义文艺,既需要满足人民的精神文化需求,又需要走出国门，弘扬我国的优秀文化。近年来，电视综艺节目竞争激烈，占据观众视觉中心的不少节目是从国外引进的。通过国际市场，引进高质量的节目模板、知识产权，在丰富人们文化生活方面有重要贡献。然而，我国在构建国家文化软实力方面仍然有相当的进步空间。其中，广播电视事业责无旁贷。近年来，我国的电视节目不断进步，在国际市场上屡创佳绩。文艺要反映人民的心声，就要坚持为人民服务、为社会主义服务这个根本方向。这是党对文艺战线提出的一项基本要求，也是决定我国文艺事业前途命运的关键。

第三节 广播电视的经济属性

在我国，广播电视既是"事业"，也是"行业"。作为上层建筑的一部分，广播电视兼具信息产业的身份。改革开放之后，市场经济迅速发展。广播电视在宣传市场经济政策的同时，也成了参与市场竞争的"行业"。"西班牙哲学家加塞特曾明确指出，大众是工业化、城市化的现代社会的产物，是市场经济时代的特定的社会现象。"[①]大众传媒从来都是与经济活动密切相关的。竞争既促进了广播电视事业的发展，也丰富了广大人民群众的生活。

一、广电事业是促进经济发展的重要力量

市场经济的发展已经进入了全球化的阶段，信息作为核心资源，所扮演的角色越来越重要。广播和电视作为大众传媒的重要组成部分，是促进市场经济良性发展的重要因素。与其他资源不同，信息具有共享性。在市场经济环境中，资金、人力等资源转手给他人之后，原来的持有者就不再拥有了。然而，信息却不同，经过多次传播后，传播者和受传者都是该信息的拥有者。在信息时代，有益的信息传播得越广泛，所产生的效益往往就会越大。广播和电视在我国的覆盖率极高，具有其他大众传媒所难以拥有的亲和力，所以在传播信息方面能够更广泛地接触民众，从而为市场经济助力。

（一）广告促进经济发展

1. 广告可以促进销售

在当下的经济环境中，产品和服务非常丰富，拉动内需是保障经济正常运行的重要任务。在这样的环境下，产品、服务处于激烈的竞争中，那些在广告营销方面有独到之处的企业，往往能够借助大众传媒的力量，在众多的竞争者中脱颖而出。众多的企业通过广播广告、电视广告被大众认识、认可，从而获得更好的发展。广播电视的广告不仅为电台、电视台带来了规模庞大的收益，更在社会发展的宏观层面上，对经济进步起到了重要的推

---

① 叶志良：《大众文化》，14页，上海，上海文艺出版社，2003。

动作用。

2. 广告可以树立品牌形象

从登上央视的广告平台，到募捐晚会的大手笔捐款，再到当红节目独家冠名权的争夺，加多宝集团非常善于利用电视将人们的感性、感情与其品牌相绑定，这是它的经营对象在从王老吉凉茶到加多宝凉茶的过程中，一贯能够脱颖而出、取得胜利的重要原因。稍加观察，我们便不难发现，无论在生活中还是在网络上，都不乏一些对加多宝凉茶持支持态度，对王老吉凉茶采取敌对态度的消费者。那些支持加多宝的消费者的自述理由往往并不是这种凉茶的口感多么的好、预防上火多么的有效，而是加多宝够仗义、够苦情。这些同情、支持加多宝的情感是从哪里来的呢？电视是重要的渠道。只能说，加多宝较之王老吉在营销方面更有手段，特别是在使用电视平台方面更擅长。品牌是一种神奇的力量，它影响的是人们心中对目标产品的印象，从而促使人们愿意或者不愿意为这种形象花费重金。普通手表和世界名表在价格上的巨大差别，正是由品牌价值所决定的，而品牌价值与广告策略密切相关。

1979 年 9 月 30 日，中央电视台播出第一条有偿广告，当天的电视广告是美国西屋电气公司的广告；随后，日本西铁城公司在《新闻联播》开始前推出了报时广告。《新闻联播》开始前的晚七点报时广告，直到今日，仍然引人注目。20 世纪 90 年代，"飞亚达手表为您报时"的广告深入人心。无论西铁城手表、飞亚达手表，还是瑞士名表，其价格中都包含着品牌价值。实际上，单从准确表示时间的功能来看，那种几元钱一块的电子表，往往要比机械表更准确，然而机械表所包含的品牌象征，使得它可以卖出昂贵的价格。是什么导致了人们的厚此薄彼呢？广告是重要的因素。广告中刻意营造的氛围和极具暗示性的词语，使得部分人在注意到该商品的同时，也接受了与它同时出现的象征意义。

(二)广播电视影响人们的消费观念

消费观念是动态发展的。当下，人们所持有的消费观念，与 20 世纪 80 年代相比已经有了极大的变化。手表、自行车、缝纫机、电视机……已经不再是人们梦寐以求的商品，取而代之的是豪车、别墅、最新款的 iPhone……那么，是什么力量影响着人们消费观念的变化呢？新的产品、服务和理念，是怎样被大众所接受的呢？

1. 消费观念是可以被塑造的

是不是有了新的产品，消费者就必定会自觉自愿地接受呢？在市场经济中，新的产品、服务和理念，必须要经过市场的考验才能够流行。如今，智能终端风生水起，在短短数年内便极大地改变了大众传播生态。然而，仅仅因为"新生"，移动智能终端就被大家接受了吗？实际上，人类不断地发明各种各样的新技术、新商品、新服务、新理念，但是这些新发明、新创造，往往在市场化之前就被淹没了，能够"出人头地"，甚至改变人类历史的是极少数。这些极少数的、符合人们需求的新发明、新创造，是不是天然地就会改变人们的消费观念，使得人们自发地对其追捧呢？

消费观念与经济发展水平密切相关，也与话语权的控制密切相关。在计划经济时期，勤俭、节约被广泛提倡。如果消费观念仅仅受到经济发展水平的控制，那么当市场上的商品普遍地供小于求的时候，人们就应该顺其自然地选择勤俭、节约，又何须国家大力提倡节约呢？同理，在市场经济快速发展，商品普遍地供大于求的时候，人们的观念是不是会主动地转向多购买、多消费呢？果真如此的话，那么我们为什么还要提倡拉动内需，扩大消费呢？我国人口众多、幅员辽阔，消费观念的形成和转变，与经济、社会、文化密切相关。既然是有关消费的"观念"，那么按照法国哲学家、社会思想家福柯的理论，它总是可以在符合市场经济规律的前提下被塑造。

2. 广播电视可以影响消费观

"在当代，电视文化与消费社会已经融合为紧密联系的整体。"[①]在电视剧里，一个从农村到城市打拼的女人，最终获得了成功。那么，怎样表现这个女人最初的困顿、中段的挫折和最后的成功呢？当她困顿的时候，她拥有香车宝马；当她成功的时候，她衣衫褴褛、面有菜色，这有说服力吗？在电视上，表现一个人的成败得失，总是需要借助周围环境、服装、配饰、化妆等手段来衬托。那么，这些衬托手段中所包含的消费模式，仅仅起到了推动叙事的作用吗？观众的生活理念会不会受到影响呢？没有 iPhone 广告，我们根本就不知道其为何物，更谈不上去追求。今天，人们对生活的追求，常常包含着买车、买房等欲望。换句话说，人们的追求普遍地需要通过购买去实现，而不是通过内心的成长去实现，这是什么原因导致的呢？大众传媒在影响消费观念方面具有重要的影响力，它不仅通过广告让人们认识到各种各样的商品和服务，更通过无处不在的视听符号影响人们对成功与否、幸福与否的判断。广播电视用视听符号去表现这些时，所借用的各种符号，成了人们在现实生活中的购买指南。在影响消费观念方面，电视比广播更为擅长，它兼具视觉和听觉方面的符号，又最为广大人民群众所喜爱。电视所提倡的消费理念，最容易广泛传递。电视节目和广大的电视观众形成了个体的"他者"。对个人而言，某些消费观念不仅被电视节目所提倡，而且也被周围人所接受，他/她想要独善其身，又谈何容易呢？电视和周围人都认为有房有车是"正道"，又有几人能甘于清贫呢？

广播电视虽然可以深刻影响大众的消费观念，但是这种影响力必须建立在符合市场经济规律的基础上。我国是社会主义国家，广播电视对消费观念的影响要符合市场经济发展的需要，更要符合党和国家的需要。

① 欧阳宏生：《电视文化学》，287 页，成都，四川大学出版社，2006。

二、经济的进步为广电事业提供更好的发展环境

"1966 年 5 月，北京电视台（中央电视台前身）共有干部、职工 300 人，到 1972 年为 439 人……，到 1976 年，职工人数为 652 人。"①"截至 2003 年 5 月底，中央电视台各类人员总数已经达到 9642 人，其中编外工作人员 7142 人。"②改革开放后，我国社会经济获得了巨大的发展，信息的地位迅速提升，这为广播电视创造了良好的发展环境。1980 年，我国电视台数量为 38 座，1984 为 93 座，1985 年为 202 座。到 2018 年年底，全国各级广播电台播出机构发展至 2647 个，是 1949 年的 54 倍。1980 年，我国广播电视从业人员数量为 21.6 万，到 2012 年，该数据为 82 万。至 2017 年年底，这一数据达到 97.69 万。市场经济的发展，使得各行各业皆处于日趋激烈的竞争之中，信息的大规模流通变得越来越重要。众多的商品和服务应运而生，而人们的注意力却是有限的。广播和电视作为大众传媒的组成部分，是信息大规模流通的重要渠道，是众多部门、企业和组织向广大消费者"喊话"的传声筒。经济越发达，市场竞争越激烈，广播电视的价值便越高。多年来，我国一线卫视的广告销售额连创新高，为舆论宣传工作的开展奠定了扎实的经济基础。

随着社会经济的发展，人们对广播电视提出了更高的要求。1973 年，北京电视台（中央电视台前身）开始在北京地区试播彩色电视。到 1985 年，中央电视台共有三套彩色节目，其中第一套是面向全国的综合频道，第二套是面向北京地区的综合频道，第三套是面向全国的教学频道。此后，经济的迅速发展，使得彩色电视节目在我国迅速普及。时至今日，彩色已经成为我国电视的标配，3D 电视、高清电视、4K 电视迅速崛起。为了满足群众日益提高的审美需求，广播电视事业不断发展，积极寻求社会效益和经济效益之间的平衡，在实践社会责任的同时，保障了广播电视业的持续进步。

市场经济的发展，亦促进了我国广电节目的创新。1984 年 12 月，中央电视台成立了经济部，负责经济节目的制作。1985 年，《经济生活》开播。此后，经济类节目成为我国电视荧屏的重要组成部分。1987 年，央视成立了以财经资讯节目为核心的 CCTV-2（2009 年更名为财经频道）。例如，1987 年，六集专题片《时代的大潮》，总结了我国在联产承包责任制、改革开放等方面的成果。1989 年，《经济半小时》开播，这是一档服务我国经济建设的节目，以宣传党和国家的经济政策、表彰各行各业的先进人物、介绍致富经验、提供商业信息为宗旨。即便在今天，《经济半小时》也仍然是中央电视台的重要节目。2009 年改版的《消费主张》《生财有道》《财富故事会》等标杆类经济节目一直保持着不错的收视率，广受业内外好评。市场经济在我国的繁荣发展，为第三产业带来了重大机遇。广播电

① 赵化勇：《中央电视台发展史（1958—1997）》，110 页，北京，中国广播电视出版社，2008。
② 赵化勇：《中央电视台发展史（1998—2008）》，368 页，北京，中国广播电视出版社，2008。

视作为现代服务业的组成部分，在多个方面发挥着效力。

广播电视在社会生产、生活中扮演着重要角色，兼具政治和经济属性。改革开放以来，我国的广播电视在弘扬社会主义核心价值观、推动社会进步、促进经济发展方面做出了积极的贡献。随着市场经济的发展和新媒体的涌现，广播电视面临的市场竞争愈加激烈。兼顾政治和经济属性，平衡社会职责和商业利益之间的关系，是广播电视事业的重要任务。

第六章　广播电视的受众研究

在我国，随着市场经济的发展，广播电视事业逐渐向市场规律回归。受市场营销观念的影响，受众研究在广播电视的传播活动中越来越被重视。无论出于舆论宣传的责任，还是从提高经济效益的动力出发，受众研究都是广播电视业界、学界必须开展的课题。

第一节　受众研究的主要理论

如果将现代报纸的诞生视作人类大众传播活动开端的话，那么我们可以认为大众传播的发展始终伴随着传播技术的快速更新和传播工具的不断发明。与此同时，无论受众研究理论，还是受众本身的属性，都在发生变化。美国社会学家、文化研究学者尼尔·波兹曼在《娱乐至死》一书中，曾经反复强调一个现象，那就是传播技术虽然没有喜好，但是有优劣势。传播者通过传播技术、传播工具选择性地传播媒介所擅长的那一部分内容，而回避另外那些内容，最终会对社会文化乃至受众的思维产生影响。

一、传播效果研究中的受众

"效果是一切传播活动的试金石，是所有传播者的共同追求。"[1]学者、专家、从业人员对传播效果的推断，建立在对受众的预估基础之上。因此，考察不同时代的传播效果理论，可以反观时人对受众的认识。按照时间顺序，大众传播效果的相关研究，大致可以分为四种，即魔弹效果论、有限效果论、条件效果论和分层效果论。

（一）魔弹效果论视野中的受众

20世纪上半叶，大众传播渐成气候，报纸、杂志、广播和电视都已经出现，便士报运动所带来的低俗小报的爆发式发展，使得人们对大众传播带来的变化印象深刻。大众传

---

① 邵培仁：《传播学》（修订版），332页，北京，高等教育出版社，2007。

播具有的舆论宣传能力和社会影响力是如此强大，以至于它在两次世界大战中同时被交战各方重视。所有的评价，都是建立在对比的基础之上的。对那些生活在 20 世纪上半叶的人而言，新兴的大众传播媒介，与依靠人、马匹、信鸽等方式进行信息传递的传统手法相比，无疑是拥有巨大魔力的。魔弹效果论认为，大众传媒就像是枪或者注射器，可以产生显著而直接的效果。因此，受众就像是靶子或者病人，一经大众传媒的干预，就会产生重大的转变。美国社会学家伯罗和德弗勒等学者，对这一观点都曾有论述。

1895 年，卢米埃尔兄弟在小酒馆播映影片《火车进站》，引发了小规模的混乱，观众以为火车真的开过来了而纷纷躲避。1938 年，哥伦比亚广播公司推出的广播剧《火星人入侵地球》，由于采用了以假乱真的音效和讲述方式，导致了美国社会的混乱。上百万美国听众误以为该广播剧是新闻事件的现场直播，而纷纷逃难。民国文人包天笑在其自传《钏影楼回忆录》中提到，当时浙江上层的权贵家庭对记者抱有深深的恐惧感，怕家事被报纸传扬出去而受民众非议。在西方的电视行业中，观众曾经被形容为"沙发上的土豆"，亦即电视观众是电视节目的被动接收者。大众传播的规模化、职业化的信息传递方式，在初次接触它的人们那里，确实有着重大的影响力、震撼力。然而，随着大众传媒的持续发展，剧烈的竞争和逐渐提高的受众素养，使得大众传播效果的实现越来越困难。

(二)有限效果论视野中的受众

"物极必反"的道理在传播效果研究中也是适用的。随着时间的推移，大众传播的受众越来越有见识，既不会因为白布上的火车头影像而"两股战战，几欲先走"，也不会因为胡编乱造的广播剧而仓皇出逃。面对越来越"淡定"的受众，大众传播者洋洋自得的情绪受到了严重挫败。因此，在 20 世纪中叶，一些学者和专家提出了新的传播效果论，认为大众传播的效果是非常微弱的。此类观点认为，大众传播的效果十分有限，受到多种因素的影响，如媒介的属性、传播的环境、受众的个体差异等。美国社会学家拉扎斯菲尔德和美国社会心理学家海曼对此都有相关研究和论述。

受到有限效果论的影响，传播者对受众开始重视起来，受众研究成为大众传播行业必然涉及的领域。在魔弹效果论盛行的时代，受众被认为是极易操纵的，因而罕有专家进行认真的研究。随着大众传播的发展和有限效果论的盛行，广告商和大众传媒的经营者，越来越重视对受众的研究，以便获得难能可贵的传播效果。可以说，有限效果论的盛行使得受众在大众传播中的地位提升了。随着时间的推移，那些被认为是"沙发上的土豆"的观众，将会逐渐在传播者、广告商的眼中成长为需要时时被取悦的"上帝"。

(三)条件效果论视野中的受众

如果说有限效果论是受众成熟后，大众传媒业在极度不适应中提出的观点，那么条件效果论则是大众传媒行业在逐步适应受众变化的基础上，冷静看待传播效果的结果。20

世纪 70 年代和 80 年代，条件效果论开始盛行。这种理论认为，大众传播的效果，因为某些因素的不同而有差异，如受众的需求、媒介的特质等。按照此种观点，大众传播效果的实现，需要建立在对受众需求的识别和对传播谋略的设计的基础之上。英国传播学家麦奎尔等人对此种效果理论的建立亦有贡献。

按照条件效果论的观点，大众传媒效果的实现不仅需要实施某些策略，而且往往是潜移默化式的长期过程，并非开枪打靶或针剂注射式的立竿见影。当前包括广电在内的大众传播行业所流行的分众传播理念，正是建立在条件效果论的基础之上的。为了能够更好地达成传播效果，大众传媒需要按照一定的方式来识别目标受众，并有针对性地制定传播策略。那种一网打尽式的传播，即以一个文本试图影响全体受众的方法，出现得越来越少。从我国电视行业的情况来看，建立在条件效果论基础上的分众传播已经成为节目策划、制作过程中的基础策略，那些老少皆宜、播给全体观众看的节目越来越少。除了《新闻联播》《春节联欢晚会》《天气预报》等少数经典节目之外，其他节目往往有分众传播的意图。

（四）分层效果论视野中的受众

无论条件效果论还是分层效果论，都是大众传媒行业进入成熟期后的理性妥协，而非自主选择。可以想象，大众传媒的传播者如果有选择的话，当然希望大众传播的效果永远停留在"我播你看""我说你听"的魔弹效果时期。正是受众的不断成长和随之而来的"挑剔"，使得大众传媒不得不因地制宜、因人制宜。分层效果论从 20 世纪 80 年代兴起至今，在大众传播行业有着重要的影响力。广告行业最先采用了这种理论，随后大众传播行业纷纷跟进。该理论认为，大众传播的效果不仅是达成或未达成这么简单，而是可以按照一定的方式进行量化、分层考核的。例如，大众传播的效果可以分为直接效果、间接效果，预期效果、非预期效果，情感方面的效果、认知方面的效果、行为方面的效果等。

分层效果论伴随着现代营销理念的出现而兴起，常常被用来说服广告商或投资者同意广告投放或者资金支持。该理论与美国传播学的实证学派有密切关联，这是一种可以通过数据量化分析，而提供传播效果的翔实数据的方法。传播者和广告商通过这种方法可以获得更精确的效果统计情报，从而对目标内容的传播效果和投入进行有效评估。如果说条件效果论是对受众群的物理分割的话，那么分层效果论则是对受众心理的缜密跟踪。分层效果论的盛行，使得受众研究逐渐进入心理学层面，并结合传播学和数理统计方法，成为大众传媒行业高度重视的课题。

从大众传播的发展历程来看，简单地按照时间顺序将大众传播的历史划分为魔弹效果论、有限效果论、条件效果论和分层效果论四个时期是错误的。在今天的中国，这四类传播效果是并存的。某些歌迷为了追星而丧失人格，乃至家人的生命，这种极端的行为可以说体现了大众传媒的魔弹效果。与此同时，一些节目、媒体的效果却十分微弱，或者需要通过制定策略才能获得分层的效果。按照时间来划分传播效果的做法只是提供模糊的参考，而非精确的判断。总之，从不同时期流行的传播效果理论来看，受众在传播行业和传播理论研究领域，所受到的重视程度，是一个不断提升的过程。

二、受众的选择机制

受众既不是蜷缩在沙发上的土豆，也不是应声而倒的靶子，那么面对越来越多的选项，受众是如何来做出自己的选择的呢？这是传播者越来越关心的问题，因此根植于心理学的受众选择机制受到追捧。受众的选择机制包括了三个层次，即选择性注意、选择性理解和选择性记忆。这里，传播的效果被划分为三个层次，即被注意、被理解/误解、被记住。

(一)选择性注意

注意就是筛选的过程，人们通过某种心理机制，决定一些信息将获得关注，而另外一些则被忽略。电视从业人员必备的知识就是在使用摄像机之前，必须要调整好白平衡，否则所获得的画面的颜色与人眼看起来的颜色可能会有重大差异。那么，到底是镜头不准确，还是人眼不准确呢？实际上，作为高科技产品，镜头对颜色的识别在很多方面是比人眼更为准确的。随着太阳位置和光照效果的不同，世间万物的颜色其实也是不同的，而人眼对温度带来的颜色变化是选择性地"不"注意的。为此，人们在拍摄之前，必须调整好白平衡，使摄像机和人眼一样"瞎"。如果人眼很精密，那么人就可以看到人脸和人类生活的环境在颜色方面的剧烈变化，这会导致什么问题呢？人可能会常常迷路，认不出熟人。所以，人眼的选择性注意，其实是对人的保护。同理，在大众传媒异常发达的今天，人们每天都要接触上万条信息，如果不加选择地通通接受，那么不仅会造成人脑的沉重负担，更会让人失去生活的重点。谷歌、百度这样的搜索引擎，正是作为供人们选择性注意的利器，而获得了巨大的成功。

1. 选择的习惯

人在使用大众传媒的过程中，会依据偏好建立一定的习惯，而被建构起来的习惯，将会成为人在选择机制中快速筛选的方法。例如，人会按照习惯选择某种品牌的牙刷或者电视频道。至于这种习惯的深层次的心理原因，恐怕还难有理论和实验进行翔实的分析。弗洛伊德曾经对人的潜意识进行了深入研究，认为人的行为习惯与童年的遭遇有着密切的联系。然而，从大众传播的观点来看，人的媒介使用习惯是可以培养的，如电视频道的品牌化管理可以吸引目标受众的注意，受众在重复收看的过程中，建立起忠诚度，从而养成利于该频道的收视习惯。

2. 选择的需要

在习惯之外，需求是受众决定注意或不注意的重要因素。在信息冗余的传播环境中，那些有效辅助受众进行信息筛选的工具，是极受欢迎的，如百度、谷歌和数字电视的节目预告表。

3. 选择的预期

受众在使用大众传媒时，往往会被一句话、一个节目或者一段音乐而深深打动。然而，那些能够打动 A 观众的话语、节目和音乐，却不一定能够在 B 观众那里实现同样的效果，这是由于受众在信息接收方面存在预期差异。

（二）选择性理解

按照法国心理学家拉康的观点，人格、思维的形成与环境中的"他者"密切相关。呱呱坠地的婴儿，不仅很难理解他人，而且也比较难以被理解。语言、思维的训练和文化在人的成长过程中起到了重要的作用，使得人在理解信息时有了一定的倾向性。信息理解方面的倾向性，使得同处于一个文化体系中的人们可以快速地理解对方，高效地达到沟通的目的。选择性理解，虽然有时会造成沟通中的误解，但是在大多数情况下是有益的，所以才会在人类社会中普遍存在。

"一千个读者就有一千个哈姆雷特"正是对人们选择性理解心理的形象描述。受众个体在信息理解方面虽然总是存在着差别，但是从数理统计层面来看，群体在受众心理方面是存在着共通点的，所以分众传播和受众群体的识别才成为大众传媒行业越来越重要的研究对象。电影《泰坦尼克号》于 1997 年上映后，票房在世界范围内获得了极大的成功。2012年，借助 3D 技术，该电影又杀了个"回马枪"，再次席卷多个国家的电影市场，成为吸金利器。再加上冰海沉船的悲剧性事件作为背景，随之而来的是，露丝和杰克的爱情成为荧屏神话，令众多影迷为之倾倒，以至于这部电影可以借助 3D 技术，再次获得高票房，成为电影行业的佳话。

可以想象，如果导演、编剧没有对该电影的主线索展开众多修饰，那么如此明显违背世俗道德的故事，怎么可能获得民众的欢迎呢？不同文化影响下的人们，针对同一文本、作品在理解方面往往存在着一些差异。然而，一旦传播者注意到这种差异，并有意采取某些策略，便可以突破选择性理解带来的障碍，在全球范围内取得成功。这一点已经被众多影视作品反复证明。

（三）选择性记忆

借助催眠的力量，让证人回忆起某些重要细节，是西方影视剧中常常出现的桥段。此类剧情的细节并非完全虚构，而是建立在心理学的基础之上。弗洛伊德在人类心理学研究方面，具有举足轻重的地位。他的很多理论、分析和案例，虽然被后来者推翻，但丝毫不影响他大师的地位，因为他开启了人类研究的全新领域——潜意识。按照弗洛伊德的观点，人的潜意识控制着人的意识，并且这种控制不被人们察觉。这就意味着，人在很大程度上无法控制自己，也并非理性的。

按照弗洛伊德的说法，潜意识会选择性地让某些往事被记住，而另外一些将会被藏起来。在极端情况下，人会故意忘记某些十分重要的，但是令他十分难过的事情。但是，在一般情况下，人的潜意识在不断地进行着筛选，时时有意隐藏一些事情、元素。这些被隐藏起来的东西，其实都储存在人的大脑中，但是却不被自我所知。心理学方面的专业人士，通过催眠可以与人的潜意识对话，从而唤醒人对某些事物、元素的记忆。人脑是十分强大的储存工具，但是潜意识却阻碍着人对过去的全面回忆，造成了选择性记忆的结果。例如，《甄嬛传》里都讲了些什么呢？不同的人会给出不同的答案，但是没有人能够完全描述该电视剧的全部组成元素。

选择性记忆的原理在大众传播效果达成方面是十分重要的。但是，那些虽然没有被记住，但是却储存在潜意识里的回忆，有没有起到作用呢？是不是达成了传播效果呢？阈下知觉广告或许可以提供一个参考。阈下知觉广告，指的是刺激力度过小或者时间过短，而没有被受众发现或者产生反应的广告。例如，在电视剧中插播 1 帧可口可乐的广告图。由于人眼每秒会从 PAL 制式电视中看到 25 幅画面，所以仅仅在其中插入 1 幅画面的可乐广告，是不能够被人眼发现的，更无从记起。然而，按照一些研究，阈下知觉广告在促销方面是有显著作用的。如果这些研究结论成立的话，那么选择性被忘记的内容，是不是完全没有作用呢？如果被遗忘的内容，也会产生传播效果的话，那么这种传播效果机制是否存在特殊性呢？这些问题的解决还有待于多个学科、研究领域的专家继续努力。

三、进行受众分析的理论工具

自从魔弹效果论破产之后，多种理论被研究出来，用以解释传播效果达成过程中存在的差异。这些理论部分关注受众自身的心理特质，部分关注受众所处的环境。总之，受众或者受众所处环境的差异，造成了传播效果的不同。

(一)个人差异论

个人差异论，由美国心理学家卡尔·霍夫兰于 1946 年提出，目的是解释传播效果达成方面的挫折。为什么同样的内容，在不同的受众那里，可以起到不同的作用呢？个人差异论认为，人在信息接收和解释方面受到自身特质的影响，如性别、年龄、兴趣、爱好、职业、世界观、价值观、人生观等的影响。的确，每个人在媒介使用习惯和信息理解方面都存在着差别，而这些差别很容易被认为是由受众自身的特质所导致的。即便是在同一个宿舍相处四年的同学，在观看同一部电视剧之后，也会产生效果方面的差异。从统计方面看，这些同学所处的环境虽然是高度相似的，但是在对传播行为的回应方面却是不同的，这说明个人特质对传播效果的达成有重要影响力。

个人差异论虽然建立在生活经验和科学研究的基础之上，但是不受大众传媒行业的欢迎。类似的观点，在有限传播效果论的时代广为盛行，即认为大众传播的效果是十分微弱的。显然，传媒行业更喜欢"无冕之王"的名头，而不愿意接受其传播效果微弱的假设。无论从职业尊严还是从商业利益考虑，个人差异论和有限传播效果论迅速成为历史。随着数字技术的普及和移动智能终端的快速发展，志得意满的新媒体重新开始重视个人差异论。可以提供大数据、全数据的新媒体，在个人差异论的描述下，具备传统大众媒体所没有的优势——精确传播，而这又为广告商所青睐。

(二)社会类别论

社会类别论认为，虽然人们在行为习惯、思维方式方面是千差万别的，但是归属于同一群体的人们会形成较为相似的媒介使用习惯和传播效果。这里"同一群体"的划分标准是多样的，可以是年龄、职业、性别等人口统计类别，也可以是爱好、价值观、文化圈等类别。《春节联欢晚会》是我国少数的、不以分众传播为理念的节目，致力于在除夕夜为全国人民乃至全球华人提供一场电视盛宴。虽然从个人差异论来看，每个观众对该节目的需要和理解都是不一样的，但是总体而言，大学生和现役军人对该节目的感觉确实有较大差异，并且对该节目的看法在各自群体的内部更容易获得相互的认可。

按照一定的标准来划分大众传播的受众，并且假设他们在传播行为方面具有共同的特征，这种基于社会类别论而展开的实践是传统大众媒体通行的做法。实际上，这是收视率调查能够被电视台和广告商接受的理论基础。可以想象，正是因为电视台和广告商普遍接受社会类别论，所以他们才会认为利用科学的抽样调查方法可以推知全体受众的收视情况。如果电视台和广告商普遍认为每个电视观众在收视行为方面都大相径庭，那么抽样调查就不能够被接受了，而是应该采用大数据式的全样本分析方法。然而，在计算机技术普及之前，对包括电视、广播在内的大众传媒进行全样本分析，无疑是痴人说梦。所以，社会类别论既根植于大众传播的现实，也根植于统计技术的局限。随着人类传播技术的革新，个人差异论终究会替代社会类别论重新兴起。

(三)社会关系论

我看电视的行为会受到他人的影响吗？同学们都在谈论《中国好声音》《奇葩说》，我不看的话，会不会没有融入感？社会关系论认为，受众的媒介使用行为和传播效果的达成，与其所处的社交圈密切相关。沉默的螺旋和意见领袖等理论是社会关系论的重要组成部分。沉默的螺旋理论认为，人们渴望融入社交圈，不愿意将不合群的观点表达出来，以免被孤立。沉默的螺旋理论中最引人注意的是，人们为了避免被孤立，有可能纷纷保持沉默，从而纵容少数掌握话语权的人将观点伪装成大家都认可的。

在传统媒体"一统江山"的时代，话语权的掌握是比较容易实现的。在网络新媒体发达的今天，小型的网络论坛、虚拟的社交群可以有效地打破沉默的螺旋，让少数人持有的观点在网络上获得回应和认可。网络新媒体虽然可以降低沉默的螺旋效应，但是却在很大程度上推动了意见领袖的影响力。网络"大 V"就是典型的意见领袖，他们的社交账号可以聚集起大量的、观点相似的网民，从而可以拥有舆论操控方面的力量。自从网络"大 V"出现之后，网络骂战变得越来越频繁，敢于在网络上表达不同意见的人越来越多。"信息技术的不断发展，使受众可以选择更多的方式获取信息。"[①]电视在这方面并没有止步不前，而是不断探索。

(四)文化规范论

文化规范论由德弗勒于 1966 年提出，该理论认为大众传媒可以影响社会文化，而处于社会文化之中的受众也会随之受到影响。那么大众传媒是如何影响社会文化的呢？大众传媒作为无处不在的因素，以叙事的方式向受众提供理解社会、生活的路径。简言之，人们通过参考大众传媒构建起来的虚拟世界，判断自身所处的真实世界。例如，大众传媒一直鼓励扶老奶奶过马路的行为，所以当受众在生活中遇到此种情况时，就可能倾向于按照大众传媒说的那样，扶老人过马路。如果大众传媒常常曝光摔倒的老年人如何诬赖扶起他们的年轻人，那么人们在生活中遇到摔倒的老人时，就可能倾向于扬长而去。然而，传播效果魔弹论即便不是一去不返了，也是罕见的。大众传媒对受众行为的影响并非总是直接的、显著的，而常常是间接的、分层的。把受众当成沙发上的土豆或者静止的靶子，把大众传媒看成社会道德滑坡的总源头是极其不公平、不科学的。

文化规范论并没有止于德弗勒的研究，而是不断发展的。大众文化伴随着工业化、都市化和市场化的历史进程，由于现代都市大众的出现、教育程度的提高、技术的进步所带来的大众传播媒介的出现以及市场化的文化机制的形成，才逐步产生。大众文化是具有明显消费主义意识形态的文化。在传统的大众传媒中，电视在影响大众文化方面有着显著的作用。然而，它常常被诟病的却是过度娱乐、迎合大众。作为快速消费品，电视的日常经营需要消耗大量的音视频内容，要求这些流水式的内容总是追求深度是极为困难的。为了取悦受众，达到快速沟通、快速完成叙事的目的，电视常常选择不断地肯定受众普遍持有

---

① 胡智锋：《电视节目策划学》，29 页，上海，复旦大学出版社，2006。

的观点，而不是提出新观点、新价值，所以婆媳剧常常提倡孝顺，而不是鼓励建立现代的、平等的家庭关系。

（五）使用与满足理论

使用与满足理论试图解释人们使用传媒行为的目的。为什么某些卫视频道大受欢迎，而另外一些则门前冷落车马稀呢？该理论认为，那些能够满足受众需求的大众传媒才会受到受众的欢迎。为了能够满足受众的需求，大众传媒就必须首先了解它的目标受众、实际受众分别是谁，受众的需求是什么，对什么感兴趣。这种理论，完全不同意那种视观众为土豆、靶子的观点，认为受众在使用大众传媒的过程中不是被动的，而是积极主动的，总是寻找最容易满足其需求的渠道。

施拉姆曾经提出过一个公式，解释受众怎样选择或不选择某个大众传媒。该公式为：受众选择媒体的或然率＝报偿的保证/费力的程度。通俗地讲，该公式认为那些越是能够满足受众需求的媒体，越会被受众选择；那些越是需要受众付出高成本的媒体，越会被受众抛弃。施拉姆的这种观点，补充了使用与满足理论，认为媒体想要成功，不仅应该满足受众需求，而且应该让满足的手段更便捷。用今天的话来讲，就是要遵守懒人原则，让懒人推动社会进步。苹果公司的巨大成功和市场竞争的日趋激烈，改变了大众传媒对受众的认识，满足受众需求已经不再像以前那么流行，"创造"并满足受众需求越来越成为行业时尚。

第二节　中国广播电视受众的特性

只需要询问周围人几个问题就会发现，受众行为是千差万别的。这是不是就意味着受众调查必须要精确到个人才有效呢？否。从数学统计的角度看，当样本量足够大的时候，就会发现千差万别背后的群体趋同性。美剧《纸牌屋》就建立在对受众群的数理统计基础之上。美国奈飞公司作为该电视剧的制作方和播出平台，前期投入了大量的资金去调查该剧潜在受众的喜好，并依据这些调查去改编、设计剧情和挑选演员。《纸牌屋》的成功证明了受众行为千差万别背后存在着群体趋同的特征，也证明了中美电视观众在媒介使用方面存在着共同点。我国独特的传统文化和社会发展情况使得我国受众在某些方面具有共同特性。发现并了解这些共同特性，是广电从业人员必备的功力。

一、城乡受众市场的电视使用情况

（一）彩色电视机的高度普及

2002—2013年索福瑞收视调查网的彩色电视机拥有情况如图6-1所示。

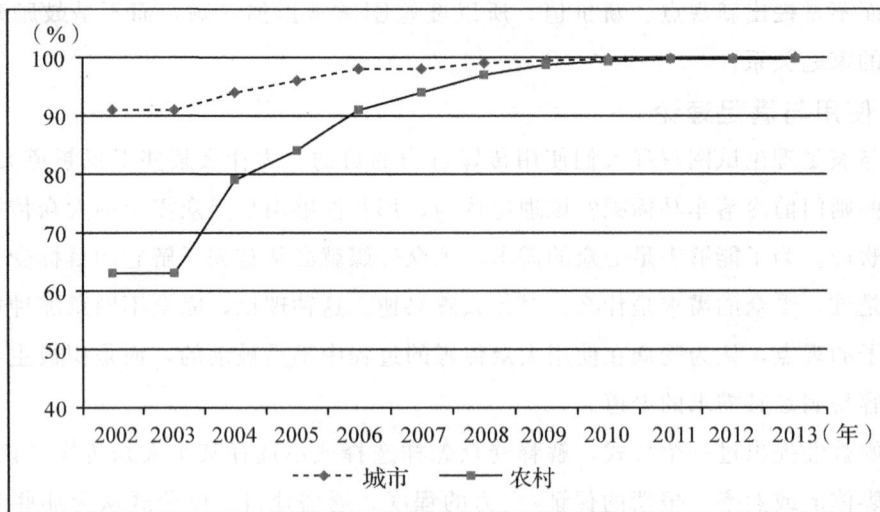

图 6-1　索福瑞收视调查网的彩色电视机拥有情况①

在人类传播的历史上，每一次技术革新都需要面临受众市场的检验。那些能够被广大受众认可，并获得普及的新兴传媒，往往会风光一时，并最终被更先进的媒体所代替。早在 1958 年，电视事业便已经在我国出现，但是由于其信号接收设备——电视机的价格十分昂贵，所以并不被大众所知。因此，改革开放之初，电视对我国民众而言还属于新兴传媒。在当时，小屏幕的黑白电视机就已经是奢侈品了，而彩色电视机更是传说中的"神器"。

1989 年，我国对进口的彩色电视机征收高额的特别消费税。14 英寸及以下的进口彩色电视机，每台征收特别消费税 400 元；14 英寸以上的进口彩色电视机，每台征收特别消费税 600 元。按照国家统计局的数字，1989 年我国城镇居民家庭人均可支配收入为 1373.9 元，而农村居民家庭人均纯收入为 601.5 元；2014 年我国居民人均可支配收入为 20167.12 元，城镇居民人均可支配收入为 28843.85 元，农村居民人均可支配收入为 10488.88 元。从彩色电视机的高额特别消费税和我国人均收入的对比情况来看，当年的彩色电视机远比现今的苹果手机要更奢侈。然而，20 世纪 90 年代末，我国已经可以生产拥有自主知识产权的彩色电视机。在此之前，我国的彩色电视机主要来自两个途径，一是重要零件进口后在我国组装而成，二是整机进口后直接销售。

2010 年，在索福瑞数据调查网的样本户中，无论城市地区的，还是农村地区的，其彩色电视机的拥有率都超过了 99%。仅仅 20 年的时间，彩色电视机在我国就从高档奢侈

---

① 数据来自索福瑞。

品变成了普通的生活家电，其间的差异反映了我国市场经济所取得的重大成就。然而，这种变化对电视行业而言，一则以喜，一则以忧，喜的是电视成为普及率最高的大众传媒，忧的是电视已经走过了快速成长期，进入了竞争激烈的成熟期。

彩色电视机的高拥有率不仅影响着电视台，而且也影响着电视机的生产商。当家家户户都拥有了彩色电视机后，电视机生产商急需解决的问题就是，把电视机卖给谁？为了解决这个难题，电视机生产厂家发明了多种概念，如背投电视机、液晶电视机、LED 电视机、等离子电视机等。这些令人眼花缭乱的概念，无非是为了鼓励人们不断地更换家里的电视机。

2012 年 1 月 1 日，3D 电视试验频道开播。该频道由中央电视台、北京广播电视台、天津广播电视台、江苏广播电视台、上海广播电视台、深圳电视台 6 家单位提供内容，由中央电视台负责播出。在影视行业，立体影像绝非新生事物。早在 20 世纪六七十年代，就有人提出用立体影像来代替黑白电视，然而，市场最终选择了彩色电视机。2010 年后，受 3D 电影的影响，国际上再次兴起立体电视的时尚。然而，这一次 3D 电视似乎又将败给 4K 电视。实际上，3D 电视始终面临着一些技术难题，但最大的阻碍在于其昂贵的价格。未来，全息摄影技术成熟之时，3D 电视才可能会真正迎来快速发展期。

(二)享有数量众多的公共频道

作为世界上人口最多并实行"四级办电视、四级办广播、四级混合覆盖"政策的社会主义国家，我国人民大有眼福，众多公共频道免费开放。有线电视的安装费用和年度费用，主要用于电视网的维护，电视台很难从中谋利。电视台如果依赖有线电视的安装费用和年度费用来维持运转，势必将纷纷陷入困顿，无法维持正常工作。2014 年世界杯期间，往来于海峡两岸暨香港、澳门的明星们纷纷在社交网站上抱怨，认为香港的世界杯直播节目不仅质量差而且收费高，而中央电视台体育频道的节目不仅质量高而且是免费的。实际上，免费的央视体育频道只是我国众多免费公共频道中的一家而已。在我国，仅中央电视台就有多家免费的卫视频道，如综合频道、综艺频道、新闻频道、少儿频道、电影频道。此外，各省、直辖市、自治区都至少拥有一家免费的卫视频道。

数字付费频道伴随着分众传播理念的盛行而出现，在我国经历了多年的发展，但是形势却不容乐观。截至 2013 年，中央电视台拥有 42 个电视频道，其中包括 30 个公共频道和 12 个数字付费频道。此外，还存在着众多的地方付费频道，如彩民在线、现代女性、武术世界、高尔夫等。各类数字付费频道面临的共同问题是，愿意付费收看的观众少之又少。

为什么我国的电视观众不愿意付钱收看数字频道呢？有人认为这是消费模式养成的问题，有人认为是人民生活负担较大的问题。实际上，当电视机里已经有 50 家卫视频道可以选择的时候，人们为什么还要付费买数字高清频道呢？尼尔森公司提供我国数字付费频道的收视调查数据，而索福瑞提供的则是公共频道的收视调查数据。无论从索福瑞的数据，还是从生活经验来看，我们都可以发现我国的电视机收到的免费频道越来越多。丰富的免费频道既阻碍了收费频道的推广，也阻碍了专业化频道的成长。近几年来，周五晚间10：00 档的综艺节目进入了"大片混战"时代，高投入、高收入的模式吸引了众多观众，如《中国好声音》《我是歌手》。这样的收入规模，是数字付费频道所难以企及的，因为它的付费用户少，所以广告价值难以体现。2014 年我国入户覆盖率排名前 20 位的卫视频道如表 6-1 所示。

表 6-1　2014 年卫视频道在全国的入户覆盖率的排名前 20 位①

排　名	全　国		城　市		乡　村	
	频　道	入户覆盖率(%)	频　道	入户覆盖率(%)	频　道	入户覆盖率(%)
1	央视综合频道	97.2	央视综合频道	98.0	央视综合频道	96.6
2	央视军事农业频道	93.0	央视军事农业频道	93.0	央视军事农业频道	93.0
3	央视财经频道	92.2	央视财经频道	92.2	央视财经频道	92.2
4	央视少儿频道	90.5	央视少儿频道	91.3	央视少儿频道	89.9
5	央视新闻频道	90.2	央视新闻频道	90.9	央视新闻频道	89.7
6	湖南卫视	89.5	央视科教频道	90.2	央视社会与法频道	89.7
7	央视科教频道	89.5	湖南卫视	89.5	湖南卫视	89.5
8	央视社会与法频道	88.8	浙江卫视	88.3	央视科教频道	89.0
9	浙江卫视	86.9	北京卫视	87.8	浙江卫视	85.8
10	北京卫视	85.9	安徽卫视	87.7	北京卫视	84.5
11	贵州卫视	85.8	央视社会与法频道	87.6	贵州卫视	84.5

————————

① 数据来自索福瑞。

排 名	全 国		城 市		乡 村	
	频 道	入户覆盖率(%)	频 道	入户覆盖率(%)	频 道	入户覆盖率(%)
12	安徽卫视	85.8	贵州卫视	87.6	安徽卫视	84.4
13	四川卫视	84.2	四川卫视	87.0	四川卫视	82.3
14	中国教育台一套	83.3	中国教育台一套	85.7	中国教育台一套	81.6
15	江西卫视	82.1	天津卫视	85.4	江西卫视	80.9
16	河南卫视	81.9	山东卫视	84.3	河南卫视	80.3
17	湖北卫视	81.9	河南卫视	84.3	湖北卫视	80.3
18	天津卫视	81.6	江苏卫视	84.2	重庆卫视	80.1
19	重庆卫视	80.9	湖北卫视	84.2	天津卫视	79.0
20	山东卫视	80.1	江西卫视	83.9	山东卫视	77.1

2002—2013 年索福瑞数据网的电视频道接收情况如图 6-2 所示。

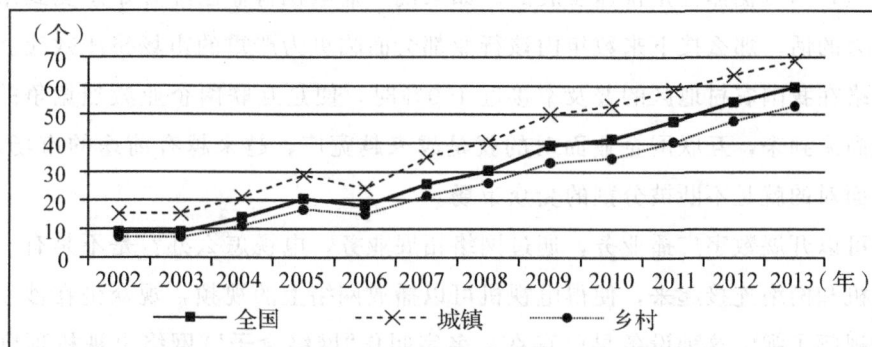

图 6-2 索福瑞数据网的电视频道接收情况

(三)网络是新兴的传播时尚

如果说人们 20 年前、30 年前愿意花大价钱买彩色电视机的话,那么他们现在已经把这种购买的热情转移了。有线电视的安装费用和年度费用在各地的标准虽然略有不同,但是它们无一例外地低于网费。2015 年,李克强总理曾经敦促降低网费、提高网速。在费用较高的情况下,网络在我国仍然能快速地发展。无论在城市地区还是在农村地区,越来越多的家庭开始使用网络。从当前的情况来看,我国受众使用网络的成本要高于使用电视的成本,即便如此,网络的受欢迎程度仍然是快速提高的。

2007—2014 年我国城乡互联网普及率如图 6-3 所示。

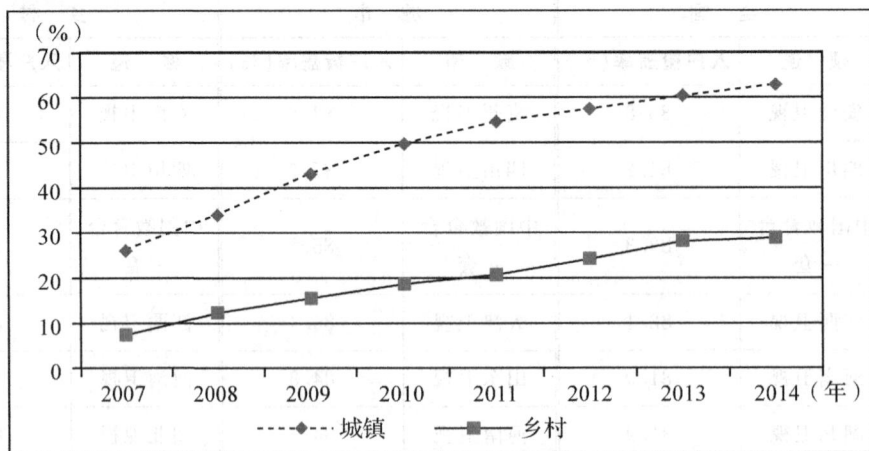

图 6-3 2007—2014 年我国城乡互联网普及率

今天，彩色电视机在我国分布均衡，无论在城市还是在乡村，拥有率都基本上达到了100%。然而，在市场饱和之前，彩色电视机在农村地区的拥有率是显著低于城市地区的。这样的情况，在互联网普及率方面也存在。仅从普及率看，我们便可以大致断言，在接下来的几年里，网络仍然会是快速发展的。如果说广播电视行业已经开始感受到来自网络新媒体的压力的话，那么接下来数年内该行业都会面临更为严重的市场挤压效应。未来有一天，当网络在我国农村地区的普及率接近 100% 时，便是互联网企业激烈竞争的开始。只要那一天尚未到来，互联网企业面对的就是越来越宽广、越来越有前途的市场。相应地，传统媒体面对的就是不断被分割的受众市场。

广播可以开展数字广播业务，通过网络拓展业务，电视怎么办？是不是有一种设备可以把电视机和网络连接起来，使得电视机可以播放网络上的视频，观众坐在沙发上就可以点播网络视频了呢？这种设备早已存在，名字叫作"网络盒子""网络电视机顶盒""网络电视盒"……作为新生事物，它是如此之"新"，以至于连名字都尚未形成统一标准。然而，广电总局对这种新生事物的管理早有安排。按照广电总局的规定，网络电视机顶盒不能随便链接网络视频网站，必须链接到取得"互联网电视牌照"的 7 家平台。这 7 家平台包括中国网络电视台、上海东方传媒集团、华数传媒、南方传媒、湖南电视台、中国国际广播电台、中央人民广播电台。除了这 7 家平台之外，尚有 7 家机构取得了向这些平台提供内容的资格，这 7 家拥有内容牌照的机构是电影卫星频道节目制作中心、城市联合电视台、北京台、山东台、江苏台、湖北台、云南台。那么，受众从正规渠道买到网络电视机顶盒是不是就可以同时收看这 7 家平台上的视频了呢？否。按照广电总局的规定，每个网络电视机顶盒只能接入这 7 家平台之一，否则就是违规。

二、受众需求的趋势

(一)人均收视时间

1. 人均收视时间下降

2013 年索福瑞全国样本市(县)收视调查网人均每天的收视时间如表 6-2 所示。

表 6-2　2013 年索福瑞全国样本市(县)收视调查网人均每天的收视时间①

总　类	分　类	人均收看时间(分钟)
性　别	男	161
	女	170
年　龄	4～14 岁	134
	15～24 岁	95
	25～34 岁	119
	35～44 岁	150
	45～54 岁	214
	55～64 岁	254
	65 岁及以上	274
教育程度	未受过正规教育	157
	小学	177
	初中	181
	高中	166
	大学及以上	136
职业类别	干部、管理人员	142
	个体、私营企业	150
	初级公务员、雇员	137
	工人	149
	学生	110
	无业	237
	其他	168

---

① 数据来自索福瑞。

总　类	分　类	人均收看时间(分钟)
个人月收入	0～600 元	148
	601～1200 元	187
	1201～1700 元	192
	1701～2600 元	179
	2601～3500 元	157
	3501～5000 元	154
	5001 元及以上	134

　　1998 年我国电视观众的人均每天收看时间是 187 分钟，2013 年为 165 分钟。1998 年以来，我国电视频道的数量和覆盖率都保持着上升的态势。把此二者放在一起看，我们就会直观地发现电视行业的竞争十分激烈。2014 年，中国网民的人均周上网时长达 26.1 小时，较 2013 年年底增加了 1.1 小时。也就是说，2013 年我国网民人均每天使用网络的时间是 214 分钟，2014 年为 224 分钟。相对于受众对电视使用时长的减少，网络不仅拥有越来越多的用户，而且用户的使用程度也呈现出逐渐加深的趋势。

　　电视节目是网络上优质视频的重要来源。我们不能简单地从电视观众的人均收视时间和网民的人均使用时间的对比中，认为电视节目是"夕阳产业"。恰恰相反，网络新媒体使得电视节目拥有了更多的播出平台，优质电视节目可以产生更好的社会效益和经济效益。当电视节目在网络上播放时，收视情况是不统计到收视率中的，所以我国的人均收视时间是减少的。实际上，如果加入网络平台的播放情况的话，我国民众收看电视节目的时间应该是快速增加的。

　　2. 高学历人群不爱看电视

　　作为类型化节目的播出平台，公共频道的电视节目难以满足高学历人群的需要。在世界范围内，高学历人群都不是最爱看电视的，除非电视在这个国家或地区刚刚兴起。对于企业化运作的电视事业而言，广告投资与节目质量之间存在着重要的联系。白天，许多观众需要出门、上班，因此看电视的人少，广告商也不愿意大规模投入资金，所以电视节目往往以泡沫剧或者重播节目为主。晚间黄金时段，众多人守在电视机前，广告商的投资意愿强烈，因此节目往往是首播的精彩内容。那么，100 万的高学历人群和 1000 万的豫剧爱好者相比，哪一类人群会受到广告商的青睐呢？这是一个需要因地制宜的问题，不同的产品有不同的目标消费者，因此广告商也会倾向于投资不同的电视节目。总体而言，高学历人群不爱看电视，对电视行业而言是极大的挑战。

　　我国大学学历的拥有者越来越多，而大学及以上学历的人群看电视的时间又越来少，这就意味着高学历人群的流失问题比收视时间数据看起来更严重。1999 年后，高校扩招轰轰烈烈。2014 年我国普通本专科毕业生人数达到了 659.4 万人，研究生毕业人数达到了 53.6 万人；1998 年我国普通本专科毕业生人数为 83.0 万人，研究生毕业生人数为 4.7 万人。2013 年，大学及以上学历的人群每天收看电视的时长为 136 分钟；1998 年为 175 分钟。值得注意的是，大学及以上学历的人群在 1998 年的人均收看时间，也是远少于全国平均时间的。

3. 中老年人爱看电视

45 岁以上的中老年人爱看电视。从分组统计的情况来看，年龄越大，越爱看电视。看电视的生活惯性或许是中老年人爱看电视的原因之一。20 年前，看电视是时髦；30 年前，看电视是奢侈。对中老年人而言，在其价值观形成的关键时期，看电视是非常时尚的事情。当买到电视机那一刻的激动还停留在这些观众的心中时，看电视就成了一种每天必备的生活内容。对"90 后""00 后"，乃至更年轻的电视观众而言，电视是一种与生俱来的普通家电。一旦新兴的传播工具出现之后，他们就会紧跟时尚，而不会对电视机产生更多的情愫。

中老年人的休闲选择较少，电视是必备的信息、娱乐工具。平面媒体和移动智能终端对中老年人而言，未免太过伤眼睛，所以他们不太会沉溺其中，不太会成为"低头族"。如今在网络上饱受诟病、在马路上却屡见不鲜的广场舞，其实也反映了我国人民特别是中老年人休闲方式的极度匮乏。人民生活水平的提高使得中老年人可以在晚间出门跳舞，而不用死守电视机，其实这也是社会的进步。实际上，这些跳广场舞的人们，在 10 年前不就是守在电视机前的忠实观众吗？人们的生活质量越高，休闲方式越多，对电视的依赖度就会下降，这是世界范围内的普遍规律，不独中国如此。1990 年播放电视剧《渴望》时万人空巷的场景难以再现了。然而，人们的生活质量越高，广告商对电视的投资意愿就会越强。因此，我国广播电视广告行业特别是电视广告行业的不断发展，每年都会吸引到更多的投资。

(二)全天收视率

1. 20：30—20：45 时段的收视率最高

从多年的统计情况来看，20：30—20：45 时段是全天收视率的最高点。这一时段之前和之后的 3 小时呈现出统计意义上的大致对称特征，距离这一时段越近，收视率越高；距离这一时段越远，收视率越低。下班、放学之后收看电视的人数要远多于白天收看电视的人数。按照人群的收视规律，17：00—19：00 以儿童节目居多；19：00—19：30 为《新闻联播》；19：30 之后以地方新闻和电视剧为主。相对于男性而言，女性更爱看电视剧，20：30—20：45 时段或许是全家人最轻松的时间，因此收看电视节目的人数会达到峰值。此后，收视率逐渐减低，并在 3：30—4：45 降到最低点。深夜节目由于收看的人最少，内容往往是重播的节目或者大篇幅的广告。也由于这个时段收看人少，所以相关管理部门的监管比较松懈，往往会导致非法医药广告在这一时段泛滥而不易被察觉。

2. 22：00—24：00 是新兴的优质时段

《东方时空》是一档十分重要的电视节目，曾经改变了我国相当一部分人的电视收视习惯。自从有了《东方时空》之后，很多人一改早上不看电视的习惯，养成了早上看电视新闻的爱好。同理，很多人原来习惯于 22：00 之后就关电视睡觉，正是因为生活水平的提高和休假时间的增加，人们才逐渐养成了 22：00 之后持续收看电视节目的习惯。自从 2012 年《中国好声音》播放第一季的节目以来，一线省级卫视对周五 22：00 之后的节目开发，已经到了白热化的阶段。

人们的作息时间近些年来发生了重大变化，越是经济发达的地方，人们睡觉的时间越晚，而年轻人和白领的此种情形最为突出。许多白领、年轻人会选择在睡前看一会儿电视，而这些不经意间的举动，却为电视行业带来了重要契机。22：00—24：00 时段是近些年来新兴起来的优质时段，不仅收视率逐渐提高，而且聚集了大量的优质人群，是各大卫视纷纷"抢滩"的必争之地。其中，尤以周五的这一时段竞争最为激烈，这或许与湖南卫视的节目编排有关。在制定编排策略时，避开强劲对手不失为一种明智的举措。总之，当前周五晚上 22：00 之后的综艺节目、真人秀节目竞争十分强烈。实际上，虽然周末的全天收视率基本全面优于周一到周五，但是周六晚间档的收视情况又要优于周五和周日。

3. 黄金时段的收视峰值在下降

2003 年和 2013 年索福瑞样本市（县）电视观众的晚间收视率如图 6-4 所示。

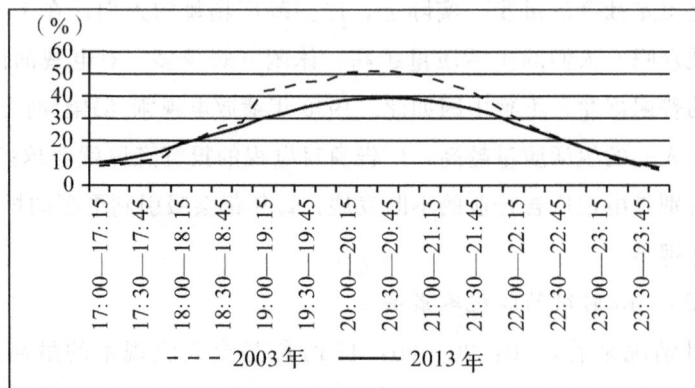

图 6-4　2003 年和 2013 年索福瑞样本市（县）电视观众的晚间收视率情况①

近几年来，电视行业最具话题效应的节目不再是纪录片或者电视剧，往往是晚间 22：00 之后播出的综艺节目。这与 22：00 之后新兴的优质时段不断成长，不断被电视台开发有关。从总的收视率情况来看，晚间黄金时段并没有发生转移，仍然大体保持为 16：30—22：00。虽然如此，但是黄金时段的高峰时期却更平缓了，这意味着高峰时期收看电视节目的人数

———————

① 数据来自索福瑞。

减少了。近几年来，有一种说法甚嚣尘上，那就是电视是"夕阳产业"，这种说法毫无事实依据，只是哗众取宠而已。毫无疑问，电视仍然是我国普及度最高、最受欢迎的大众传媒。如果社会进步了，生活水平提高了，但是人们的生活模式、休闲模式却始终停留在看电视上，这是不是一种悲哀呢？经济的发达、生活水平的提高或许会造成电视收看时间的减少和收视峰值的削减，但是同时却会极大地提升电视节目的经济价值和社会价值。失之东隅，收之桑榆，发展带来的既是挑战，也是机遇。近几年来，王牌电视剧场和综艺节目的独家冠名费屡创新高，动辄以亿元计算，就反映了电视行业在市场经济中的重要作用。

(三)分类节目的收视情况

新闻、时事类节目，综艺类节目和电视剧节目是电视节目收视市场上的三驾马车，此三者的收视份额相加远大于50%。

1. 新闻、时事类节目

中央电视台在新闻、时事类节目方面拥有绝对优势，其他各个省级卫视都难以企及，毋论地面频道。在中央电视台的众多频道中，综合频道、国际频道、新闻频道和体育频道在新闻、时事类节目中的表现更为突出，远远胜过其他频道。上海电视台在新闻节目制作方面属于省级电视台中的佼佼者。2002年，索福瑞全国样本市（县）新闻类节目排名前20的电视节目中，上海电视台占据了4个席位，分别为《STV午间新闻》《新闻透视》《新闻观察》《STV新闻》；2004年《STV新闻》再次上榜；2010年《看世博 知世界 中国2010上海世界博览会特别报道》上榜。此后，省级卫视的新闻节目鲜有进入年度收视率前20的，这些位置基本被央视的节目占据。

2. 综艺类节目

如果说新闻、时事类节目是央视的优势所在，那么省级卫视在综艺类节目和电视剧节目方面相对更有优势。2014年，综艺类节目在索福瑞样本市（县）目标观众中的播出份额为6.1%，收视份额为11.4%。[①] 收视份额减去播出份额之后的值，除以播出份额，再乘以100%，就可以得出该类节目的资源使用率，用以评估该类节目被使用的程度。资源使用率为正值时，说明该类节目在播出市场上受欢迎；为负值时，说明该类节目播出得过度，相当一部分被浪费了。按照这种计算方法，可以得出2014年综艺类节目的资源使用率是90%，是各类节目中数值最高的。这意味着综艺类节目的收视情况非常好，受众的需求还没有充分释放，还可以容纳更多的同类节目。

自从制播分离理念在我国电视行业被推行之后，越来越多的节目以外包的形式转移到电视台之外，节目采购市场越来越庞大。然而，相对于电视剧而言，综艺类节目的制播分离情况并不显著，相当一部分综艺制作力量仍然保留在电视台。因此，电视台对综艺类节

---

① 数据来自索福瑞。

目拥有相当程度的控制力，容易专注于对此类节目的投资，以便将其打造成拳头产品。

3. 电视剧节目

相对于男性而言，女性更爱看电视，特别是电视剧。2014年，我国电视剧的播出份额为25.0%，收视份额为31.1%。① 电视剧是电视节目中叙事体量最大的一类，观众一旦看了前几集，往往就会坚持看到最后。一档收视效果好、话题效应高的电视剧，其大结局往往是收视率飙高的好时机，极易一战成名。2006年《士兵突击》火遍电视荧屏之后，其原班人马打造的《我的团长我的团》受到了电视台和观众的高度期待，以至于《我的团长我的团》在2009年播出时，引发了数家同时购买到该剧首播权的卫视相互纷争，几近翻脸。这从一个侧面反映了电视剧对电视频道、电视台的重要性。众所周知，电视剧的全称是"电视连续剧"，顾名思义，电视剧的剧情往往是连续的，所以会导致观众"上瘾"。观众一旦开始关注剧中人物的悲欢离合，就不得不一直看到结局方可罢休。这意味着如果电视剧的前期宣传是成功的，电视剧的质量是有保证的，那么此后多天的播出都有了收视率保障。从这一点来看，电视剧在保持受众忠诚度方面的优势显著。

电视剧有多么地让人上瘾呢？2015年，湖南卫视播出的《花千骨》因为前情回顾过长而受到观众的批评。观众一边在网上严词批评湖南卫视，一边守在电视机前等待《花千骨》的更新。稍后，竟然有观众到湖南省的政府网站投诉该问题。7月15日，该投诉获得回复，表示湖南省广电局已经责令湖南卫视就此问题进行整改。一时间，此事成为新闻热题，被广为讨论。在这个事件中，湖南卫视虽然是被批评方，但不得不说这也是该频道的巨大成功。那些没人看的电视剧，谁会去边骂边等呢？

三、新媒体影响下的广电受众

(一)电视受众的老龄化

年轻电视观众的流失是电视行业必须面对的问题。不承认年轻电视观众的流失，就是不正视电视发展的现实，不正视大众传播的新生态。这里，首先需要强调的是白领和大学生从手机、平板电脑、台式电脑、笔记本电脑上收看电视节目，是不计入电视收视率的，因此也不能算作收看电视。所以，年轻电视观众的流失问题，首先是电视节目收视率统计的问题，其次就是电视节目广告投放模式的问题。为什么不能把网络上的收视情况计入电视收视率呢？因为收视率反映的是该播出平台的收视情况，是广告商判断该时段、该节目投资价值的主要参考。网络视频门户网站在播放电视节目时，往往会把其间插播的广告去掉，把植入的广告打上马赛克，所以电视节目的广告商不愿意因为该节目的网络收视情况好而多出钱，因为他并没有从中受益。播放该电视节目的网络视频门户网站，之所以把原

---

① 数据来自索福瑞。

有的广告都删掉，是因为这家网站并没有获得广告费，所以不愿意免费为他人作嫁衣。网民在爱奇艺、搜狐视频上收看电视节目时所遇到的广告，往往是网站重新投放的，并非电视节目原本附带的。这种模式造成了电视台和网络视频门户网站之间的重大分歧，所以电视台往往倾向于在自家网站上直播或重播。然而，现实是残酷的，即便是湖南卫视的自有网站——芒果 TV，在影响力上也是弱于视频门户网站的。

话又说回来，是什么在吸引年轻观众离开电视机呢？同样的电视节目，年轻观众为什么就不能老老实实地待在电视机前收看？如果没有移动智能终端，人们就别无选择，只能在电视机上收看视频节目。然而，新的传播技术为人们提供了更多的可能性。麦克卢汉说，媒介是人体的延伸。所谓移动智能终端，既是网络的终端，也是人体的终端，是人体和网络的交界处。对使用者而言，持有移动智能终端，借助蜂窝移动网络或者 WiFi 就可以随时随地地接入丰富的网络海洋。在网络的世界里，不仅有电视节目，还有网络小说、天涯论坛、微博、微信，还有支付宝、京东和淘宝，移动智能终端以其便捷性的特征，吸引着人们的注意力。广播电视行业的竞争对手，仅仅是网络广播、网络视频吗？这是极其狭隘的观点。可以想象，如果没有天涯论坛、网络小说、微信，人们是不是就会有更多的时间来收看电视呢？很可能。所以，那些积极争夺人们注意力的新媒体其实都是传统媒体的竞争对手。人们越来越多地浏览视频内容，但却越来越少地从播出节目中获得，而是更多地在他们的移动设备上浏览。

广播电视行业需要思考的不是如何更像网络广播、网络视频，而是怎样才能在强手如云的情况下重新建立核心优势。4K 电视是一种不错的选择，它的清晰度是国际现行高清标准的 4 倍，分辨率高达 4096×2160，是传统 PAL 制电视 720×576 的 21 倍。它的清晰度，远超移动智能终端，这就为电视频道带来了一个核心优势——超高清。然而，iPhone 6s 已经开始支持 4K 视频的录制了。当然这样的超高清视频，必须在大屏幕上才能体现优势，否则只能加重移动智能终端的内存负担。

中老年人为什么爱看电视呢？现在的年轻人老了以后会纷纷改看电视吗？以电视网和互联网不能自由连接为预设前提的话，很难想象当前喜欢网络和触摸屏的年轻人，会在年老后改用电视机。当前的年轻人，在上了年纪之后，如果不会自觉自愿地转向电视的话，那么电视会怎么样呢？电视台会怎么样呢？当然，以静态的眼光看发展中的事物是愚蠢的。随着互联网在视频制作能力方面的不断提高，电视网和互联网会在某些方面实现衔接。

（二）受众需求的变革

1. 要求更快的叙事节奏

用户可以与互联网互动，因此在很大程度上可以控制网络的叙事速度。网民可以边看电视剧，边聊微博，并同时浏览网页。三件事情并驾齐驱，给予网民更快、更多的信息点刺激。不仅如此，移动智能终端的流行使得与小屏幕相匹配的微叙事渐渐流行。所谓微叙事，不仅是指叙事体量小，更是指叙事节奏快，这样才能在更短的时间内完成起承转合。习惯了微叙事，习惯了一心多用的网民，回过头来再去看电视时，未免会抱怨电视节目的叙事节奏过慢。相较于过去，电视的剪辑速度、叙事速度已经有了明显的提升，但是相对于网络而言，仍然显得缓慢。网络的重度使用者，在观看电视时，常常会发现，拿着遥控器把电视频道换一圈之后，最终什么也没耽误，很多台的节目都可以接着看，而不会看不懂。

2. 耐无聊的程度下降

移动智能终端使得网络触手可及，人们耐无聊的程度迅速下降，智能手机成为最重要的陪伴物。2009 年，一家名不见经传的小公司开发了一个极其幼稚的游戏，初衷是供人们在短暂的排队时间内排解无聊感。岂料，该手机应用一经推出，迅速风靡世界，短期内就为这家小公司带来了滚滚利润。这家公司就是 Rovio，这个游戏就是《愤怒的小鸟》。此后，手机游戏、App 应用的开发成为众多资本的青睐对象。相应地，人们发现掌上的手机越来越强大，包罗万象，有趣至极。智能手机的普及率越高，就会有越多的电视观众的媒介使用习惯被改造。有些电视节目由于缺乏好的内容资源，便会把难得一见的好题材、好新闻做成上下两集。在关键的时候，要求观众"明天同一时间再见"。这样故意拖时间、卖关子的做法，越来越被观众厌恶。受到网络影响的电视观众，越来越缺乏过一会再了解详情的耐心，更毋论第二天了。

3. 渴望强烈的视听刺激

强烈的视听刺激是排解无聊的利器。画面越来越清晰，音频越来越震撼，这是电视采编播从业人员和电视机厂家共同的追求。"电视从诞生到今天的发展道路上，每一个前进的步伐都伴随着技术的完美配合。"[①]观众之所以愿意为 3D 电影付出更多的费用，是因为它可以提供比 2D 电影更为强烈的视觉刺激，在这方面《阿凡达》极为成功。目前，3D 电视之所以并未推广，仍旧停留在试验的阶段，是因为其像 3D 电影那样，需要观众佩戴眼镜。电影时长一般不会超过 3 小时，并且很少有人每天观看，即便眼睛有不适感，只需要偶然忍受一下就可以，而电视则不同，它是受众频繁使用的媒介。接下来数年内，即便是 4K 电视而不是 3D 电视成为提高电视视听刺激度的手段，我们也可以判断 4K 技术绝对不是电视技术的终点。受众对更强烈的视听刺激的追求，将推动电视行业向 8K、全息摄像的方向一直走下去。

4. 对电视新闻的需求度下降，娱乐度提升

在传统的大众传媒生态中，抢发重大事件的首条新闻是各家新闻通讯社、各类媒体

---

① 廖亮：《当代世界电视》，308 页，上海，上海交通大学出版社，2007。

的荣耀。2015 年 4 月，尼泊尔发生 8.1 级强震，新华社记者周盛平抢在各国媒体之前，第一个报道了该事件。然而，随着网络技术的发展，自媒体和网络新媒体在报道速度方面更胜传统媒体一筹。2015 年 8 月 12 日，天津港发生爆炸。现场附近的工人，用手机拍摄了一段爆炸时的画面。该画面被上传至社交网络后，迅速传播，并登上各大电视新闻节目，用以展示爆炸的威力之骇人。行动再迅速的新闻人，也快不过就在现场的自媒体。电视等传统媒体，在新闻、时事方面的分析能力仍然十分突出，但是在抢发最新新闻、突发事件报道方面，正在被自媒体和网络媒体比下去。相应地，为了争夺受众的注意力，电视频道经营的重点越来越向娱乐倾斜，综艺节目、真人秀节目、电视剧越来越受重视。即便广电总局三令五申，要求控制电视的过度娱乐化，但是电视的娱乐化程度仍然在不断提高。

第三节　广播电视收听/视率调查

一、为什么要调查收听/视率

(一)计划经济时期的听众、观众调查

1958 年，电视在我国诞生，但是收视率调查的问题直到很多年以后，才摆在电视从业人员的面前。是不是因为电视机昂贵、普及率有限，所以才导致我国在相当长的时间内并没有展开收视率调查呢？在计划经济时期，电视作为大众传媒的一员，与报纸、杂志、广播一样，主要功能在于舆论宣传。因此，考核广播电视业务水平和管理能力的标准，在于舆论宣传工作的实践是否达标，如在政治导向方面是否正确，宣传工作是否通俗易懂，有没有让群众形成合力去建设社会主义。考察大众传媒舆论引导能力的主要是广电局、宣传部、文化部或各级政府，这些部门关心的是大众传媒内容的"质"，要求广播电视的思想性、政治性要强，要弘扬主旋律。为此，广播电视的相关管理部门不仅制定了审查机制、评奖体系、惩罚机制，还通过日常的行政命令来确保广播电视行业能够紧跟舆论宣传工作的步伐。例如，为了渲染某些节日前后的气氛，规定电视频道必须播放指定题材的电视剧。

在计划经济时期，鼓励人们写信到媒体是大众传媒了解受众的主要办法。直到 21 世纪，鼓励受众、听众来信的做法仍然盛行。近几年来，新的通信手段广为盛行之后，使用新媒体和电话才完全代替了听众、观众写信的做法。然而，通过观众、听众来信来了解受众、了解节目收听/视情况的做法，在广电行业流行了多年，却并没有重大突破，这仅仅是因为受限于当时技术的不发达吗？当前，索福瑞公司的收视率调查主要是以日记卡的形

式展开的。所谓日记卡，其实就是放在电视观众家里的一张张纸卡，索福瑞要求观众按照电视收看情况在日记卡上填写记录。无论抽样调查方法还是纸卡，在当时都不是什么难题，绝不是到了20世纪末才出现重大突破的。只能说最终促使收视率调查成形的因素，在当时还没有形成规模。

在计划经济时期，举行听众、观众、读者座谈会是大众传媒了解受众的重要办法。大众传媒作为舆论宣传的重要阵地，肩负着建设社会主义精神文明的重任。广电行业作为大众传媒的重要组成部分，其内容的质量如何，宣传功效如何，是饱受关注的。如何调查一档节目、一个频道对受众价值观、思想水平的影响？如今已经非常发达的电视收视率、广播收听率调查也无法回答这一问题，而只能是简单地给出"多少人在听"之类的答案。举行座谈会是媒体了解受众思想动态、价值观念和目标频道、目标节目关联的重要方法，在收听/视率调查出现之前被众多媒体采用。然而，未经科学、合理的抽样方法而筛选出来的听众、观众、读者，其意见更多是代表自己，难以代表全体受众。此外，既然是座谈会，那么所涉及的人数就不能太多，否则谈话就无法深入展开，从而流于表面，导致座谈会失去意义。

(二)市场经济对收听/视率的催生作用

1.收听/视率调查意识的觉醒

当下，广播电视行业深受收听/视率之苦，认为行业的发展出现了唯收听/视率马首是瞻的趋势。其实，收听/视率调查在我国广电发展史上只是很小的一部分，并且是在很晚的时候才出现的。改革开放之后，市场经济的呼声越来越高，广电行业作为喉舌部门，不仅要宣传市场经济的相关政策，还要努力探索其自身市场化运作的方法。正如了解消费者的需求是市场经济的必要条件一样，了解受众是广电市场化运作的必备基础。电视的市场化改革，必然要求电视以普通大众为主要受众。为此，广电行业逐渐开始萌生用数学手段了解受众的想法。在此之前，平面媒体已经开始了相关探索。1982年，中国社会科学院联合《人民日报》《中国青年报》在北京地区开展了一次读者抽样调查。1983年，中央人民广播电台听众工作部在《广播节目报》上刊登调查表，并据此进行了数据处理，共有3万多人参加了调查。同年的稍晚时候，中央人民广播电台在北京和浙江进行了抽样调查。此后，收听/视率调查的热情在广电行业逐渐高涨，管理人员认为这是评价节目效果的重要手段，应该尽快地促进收听/视调查工作的常规化。正是在这种思想的影响下，中央人民广播电台在1984年首次实行听众投票评选优秀节目的做法。此后，这种做法在广电行业越来越流行，乃至于今天仍然在实行，只是投票的渠道从写信、打电话变成了网络投票而已。

1985年2月到5月间，中央电视台在《电视周报》上刊登调查表，询问观众对节目和编排的意见。这一次，央视回收了7000多份问卷，并从中挑选了2000多份输入计算机中。

在这次调查中，9～17岁的观众占22％，18～28岁的观众占46％。值得注意的是，中央电视台在1985年的调查，通过平面媒体《电视周报》发放问卷，通过计算机进行数据分析。这是媒体生态即将大变革的前夜，纸质媒体仍然是广播电视行业了解受众的最重要渠道，但是新兴的算数神器——计算机将在30年后走入寻常百姓家，并将网络送到千家万户。当中央电视台使用计算机分析收视率数据时，恐怕不会想到，30年后计算机技术衍生出来的新媒体将成为其强劲的竞争对手。

1982—1985年，收听/视率、发行率调查是传媒行业的热门话题。江苏电视台在1983年进行了全省范围内的新闻节目调查，并重点调查了其王牌新闻节目《江苏新闻》。中国国际广播电台、江苏人民广播电台、上海人民广播电台、吉林人民广播电台、吉林电视台、陕西电视台、江西人民广播电台、贵州电视台、四川人民广播电台、新疆人民广播电台、广西人民广播电台、宁夏人民广播电台、天津电视台等传媒单位纷纷在这几年进行了收听/视率调查。

2. 收听/视率调查背后的市场冲动

广播电视行业的从业人员高度关注收听/视率数据。0.1％的上升或者下降，都会让这档节目的制作人员为之喜、为之忧。然而，是什么改变了我国广电行业，使得一个原本不调查收听/视率的部门，在短短20年内就来了个180度的大转弯呢？广告。在科学的收听/视率调查成形之前，广电行业的广告虽然不断发展，但始终停留在简单粗放的阶段，并且在很大程度上靠"押宝"式的蛮干，而非理性的判断。随着市场经济的发展，投入和产出比越来越受重视，广电行业的广告也不能例外。理性判断不同时段的广告价值，就必须要有收听/视率作为重要参考标准。为此，逐渐成熟的广告投资方式促进了收听/视率调查手段的完善，而收听/视率调查反过来又促进了广告投资方式的合理化，从而形成了良性循环。随着我国GDP的规模越来越庞大，广告行业所涉及的资金已经可以用"天量"来形容，而收听/视率是引导这"天量"资金流动的关键指标。因此，收听/视率造假的新闻屡见不鲜，而广电从业人员也开始抱怨收听/视率调查对电视节目创意的限制。

二、我国广电行业的收听/视率调查市场

(一) 收听/视率调查体系的建立

1984年，十二届三中全会通过了《中共中央关于经济体制改革的决定》，提出要在公有制基础上建立有计划的商品经济。1989年，彩色电视机行业迎来了转折性的一年。这一年，军工企业——长虹，在全国范围内降价促销彩色电视机。当时，我国在很大程度上还处于计划经济时期，大型国有企业在全国范围内降价销售"奢侈品"，不仅是电视机行业发展的转折点，而且极具象征意义。1992年，党的十四大提出建立社会主义市场经济；1993年，粮油购销政策全面放开，在我国使用多年的粮票在各地相继停用；1995年，十

四届五中全会提出从计划经济体制向社会主义市场经济体制转变。在市场经济建立的过程中，电视不仅是政策的宣传者，更是其中的参与者。如今，繁荣发展的广电行业，正是得益于市场经济的不断推进。那些曾经对长虹促销彩色电视机行为惊讶的人们，如今面对晚间档综艺节目的收视大战，却能够淡然处之，甚至怡然自得。这是我国社会经济发展和开放度不断提高的结果。然而，市场经济是一把双刃剑，既能够使得广播电视行业大跨度地发展、进步，也会随之带来更多的竞争对手和新的问题。

1. 中国广视索福瑞媒介研究

1987年，在央视的协调下，多家电视台共同参与了全国范围内的电视观众调查。此后，五年一次的全国观众调查成为电视行业的常态。1995年，央视负责观众调查的部门和人员被剥离，成立央视市场咨询有限公司。1996年，这家刚刚成立的公司，与法国TNS集团共同出资成立了如今大名鼎鼎的"中国广视索福瑞媒介研究"。这家常常被简称为"索福瑞"的公司，是我国诸多电视台的紧箍咒：它提供各家电视台的收视率。

曾经同在我国进行收视率调查的公司——AC尼尔森，已经于2008年退出我国的公共频道市场。目前，AC尼尔森仍然为我国的数字付费频道提供收视率数据。AC尼尔森退出我国的公共频道市场被解读为该公司的"惜败"。然而，AC尼尔森公司有着复杂的、多层级的持股结构，而索福瑞的母公司——法国TNS集团，是AC尼尔森部分股份的间接持有者。所以，AC尼尔森从我国公共频道的收视率调查市场的退出，不能被简单地解读为成功或者失败，这有可能是TNS集团涉及庞大经济利益时的运营策略。无论如何，中国广视索福瑞媒介研究成立后的多年来，几乎是向我国多家电视台、广告商提供收视率数据的唯一渠道。这既节省了资源，避免了重复调查所造成的浪费，也产生了一些争议，如数据的造假和精确度的问题。

索福瑞除了提供我国公共电视频道的收视数据之外，还为我国众多电台提供收听数据。所以，在我国的广电行业，索福瑞是一家非常重要的公司，它所提供的数据是指挥庞大的广告资金流动的风向标。索福瑞对电台收听率情况的统计，主要集中在城市地区，因为城市地区人口密度高，优质人群集中，是广告商投资的重要对象。近年来，由于私家车和出租车的保有量越来越大，城市电台中的音乐广播和交通广播广受车主欢迎，是电台广告的重要投资对象。

2. 赛立信研究集团

在广播的收听率调查市场上，除了索福瑞公司可以提供数据之外，一家名为"赛立信研究集团"的公司也在从事相关调查。实际上，收听率调查要比收视率调查更容易一些，所涉及的广告资金规模也小得多。即便如此，有一家以上的调查公司从事收听/视率调查对市场而言也是一件好事。调查公司之间的竞争可以形成良性循环，调查公司为了赢得客户信任就必须不断地改进工作，不敢主动造假，否则很容易就会被竞争对手揭穿。调查公司和电视台、电台之间如果是相互选择的关系，那么收听/视率对节目的绝对控制权就不会形成。两家调查公司给出的答案很可能是不同的，那么就可以促使广电行业、广告商和观众更加理性地看待收听/视率。实际上，依据抽样计算出单次的收听/视率是没有参考价值的，必须要持续观察该节目、频道的收听/视率才能够形成准确的判断。然而，如果市场上只有一家调查公司，那么该公司的数据就如同法官的判书一样，权威性不容置疑，被调查者往往就处于相对劣势的地位了。

(二)收听/视率调查的方法

1. 抽样调查

当被调查对象的数量众多时，全样本调查的成本很高。2010年，我国进行了第六次全国人口普查，时任国务院副总理的李克强同志亲自挂帅，以便掌握我国人口的最新情况。人口普查由于耗时耗力，尚且不是每年都进行，广播电视行业的收听/视率调查更不可能以全样本的方式进行。索福瑞的收听/视率调查均以抽样的形式展开，合理的抽样是保障调查数据真实的基础。索福瑞的抽样是以户为单位的，筛选样本户的方法决定调查数据的准确与否。在抽取样本户之前，调查公司首先需要在该地域进行人口统计方面的基础研究，以便了解该地域范围内人口的性别、年龄、学历、职业情况以及家庭户的人数规模情况。在此基础上，调查公司按照一定的权重比例和抽样方法来选择样本户。索福瑞的样本户是相对固定的，以免频繁更换样本导致数据误差过大。以一年为期，到期之后，索福瑞会更换一定比例的样本户。

时代在进步，技术在革新，人口普查虽然还是一个相当庞大的工程，但是收听/视率调查却逐渐容易起来。人在网络中的一切行为，都会在数字世界留下痕迹，虽然在当前全面追踪这些痕迹的成本十分昂贵，但是获得全样本统计目标视频的播放次数却是轻而易举的。在网络视频的全样本数据面前，抽样调查就相形见绌了。索福瑞公司已经进行了相关的研究，扩大收听/视率调查的样本户势在必行。

2. 数据记录

选好了样本户，接下来需要解决的问题就是如何记录样本户的收听、收看行为。日记卡法和测量仪法在收听/视率调查行业极为流行。日记卡就是印有频道代码和时间段的纸张。为了让观众了解代码所对应的频道，还需要配备一张频道名称及其代码的列表。索福瑞把每15分钟算作一个收听/视率单位，那么一天24小时就被分割成了96个收听/视率单位。听/观众持续关注一个频道的时间超过8分钟时就需要在日记卡上相应的时段做记录。这里就出现了一些问题：统计行为本身会不会影响观众的收看习惯？人工做的记录准确吗？知道自己被他人关注时，人的心理是否会有变化？这种变化对收听/视率调查而言会造成多大的误差？此类问题，目前尚不得而知。除了日记卡之外，还有一种类似机顶盒的设备可以准确记录样本户的收视情况，即测量仪。测量仪的记录单位可以精确到秒，但是相对于纸质卡片，测量仪成本昂贵。目前在收视率统计市场上，它只被应用于少数经济发达的地区。

收视率和收听率调查有一个重大的区别，那就是受众年龄。收视率调查的对象是 4 岁及以上的家庭成员，而收听率调查的对象则是 10 岁及以上的家庭成员。此外，广播的收听率调查还需要额外统计"收听地点"一项。其他国家的做法也基本如此。值得一提的是，我国互联网信息中心对网民的调查，以 6 岁及以上的人群为对象。这也从侧面反映了相对于广播、网络，电视是最称得上"老少皆宜"的大众传播渠道。

3. 数据网

测量仪本身就是数字设备，可以将相关数据及时传回。日记卡是纸质媒介，所以其数据的分析、整理就需要专业人员来输入电脑，方能进行加权重计算。调查公司的数据处理方法决定了不同的抽样和权重计算方法可以获得不同人群的电视节目收视情况。总体来说，索福瑞提供的收视数据可以分为全国网数据和城市网数据两种，前者的样本户来自城市和农村，后者则全部来自城市。城市数据网，又可以进一步分为 CSM71 城市数据网、CSM50 城市数据网、CSM46 城市数据网等。CSM 是索福瑞的英文缩写，其后的数字表明了该数据网统计了多少个城市。由于索福瑞在经济发达的城市，使用的统计工具是测量仪而非日记卡，所以这些收视数据可以及时回馈，以方便订购这些数据网的电视台第二天查看。

收视率调查与市场经济的发展密切相关。在此前提下，全国网和城市网的数据哪个更受广告商的欢迎呢？城市网！城市网覆盖的是优质人群，是众多商品、服务的核心消费群，所以更受广告商青睐，并因此为多家电视台所采用。多年来，中央电视台采用的是全国网数据。2012 年后，湖南卫视启用全国网数据。

从魔弹论到有限效果论，再从条件效果论到分层效果论，盛行于不同年代的传播效果论反映了大众传媒在效果评估方面趋于慎重的现实。见多识广的受众，在注意力稀缺的今天，拥有越来越充分的选择权。广播电视受众流失的问题不容忽视，只有充分了解受众的需求和特性才能够提供更具吸引力的节目。收听/视率数据在广播电视行业的日常运转中具有重要作用，在相关从业人员的考评机制中亦扮演重要角色。然而，过度地重视收听/视率数据，而忽略广播电视的公益性则是误入歧途。受众研究的目的是为人民服务，绝非为人民币服务。

第七章 我国广播电视事业的管理

广播电视从诞生起，就对社会公众产生了巨大的影响。在一个多世纪的发展过程中广播电视创造了许多人类传播史上的奇迹，相较于纸质媒体，广播电视生动形象的传播使其受众门槛更低，世界范围内的多数国家也都依据本国国情对广播电视事业加强了管理。在我国，广播电视是党、政府的喉舌和思想文化宣传的重要阵地，广播电视事业的发展离不开科学管理。

第一节 我国的广电管理体制

管理体制是指系统的结构和组成方式，即采用何种组织形式将其结合成一个合理的有机系统。对大众传媒而言，国家的不同、社会性质的不同会造成管理体制上的极大差异。如施拉姆所说，任何社会对传播机构的控制都出自社会本身，代表着其信仰与价值观。

一、广播电视管理体制

广播电视管理体制，也叫广播电视体制，其核心在于媒体的所有制形式。它决定了广播电视与政府的关系，组织、管理方式以及具体的媒体运转方式等。目前在世界范围内，由于政治、经济、文化上的差异，广播电视事业在所有权、社会控制、传播内容、经营方式等方面有所不同，也可以称为体制的差异。20世纪50年代以来，随着广播电视事业的发展，广播电视体制大体包含以下三种类型：私营型、公营型和国营型。

(一)私营型体制

私营型体制是最自由的一种体制，被认为是自由主义报业理论在广播电视领域的运用。在这种体制下，广播电视向私人开放，资产为私人所有，可以自由经营、自由转让、自负盈亏。除按照法律规定进行必要的调控管理(如发放牌照等)外，政府不得对广播电视进行额外的干涉。因而，私营型体制一般具有以下特点。

1. 高度的商业化

广播电台、电视台的生存与发展全部依赖广告和版权收入，所有者的目的主要是赚钱，商业效益摆在第一位，有时甚至会为了经济效益罔顾社会责任。

2. 激烈的市场竞争

激烈的市场竞争推动电台、电视台不断改进经营管理方式，不断革新传播技术手段，不断在节目内容和形式上推陈出新，造就出一大批优秀的节目和主持人，满足受众需求，以不断提高收听率和收视率。

3. 不受政府直接控制

在这类体制的国家中，电台、电视台为私人所有，没有宣传政府、政策的义务，政府及其官员无权发号施令，而且为了避免政府的影响，电台、电视台往往会采取政治独立的立场。

4. 高度的垄断

在自由的市场竞争中，垄断无可避免。私有属性使电台、电视台的竞争如同报业一样激烈，广电领域的垄断日渐形成，舆论慢慢被操控。

私营型体制以美国最为典型，目前私营电视台占到美国全部电视台的80%以上。美国的广播电视从创立之初就采用此种体制，并于1934年通过《通信法》确立。该法案规定：广播电视机构以私营为主，广播和电视中的言论自由和新闻自由受宪法保护，政府有权设立专门机构对广播电视进行统一管理，以便使公众的利益和需求得到满足。但在私营体制下，广电媒介在利润的驱使下，出现了种种弊端，引发了社会的广泛思考。

著名政论家沃尔特·李普曼就曾指出美国电视存在三大弊病。一是欺骗大众。在他看来，商业电视充满了普遍而极为严重的欺骗行为，而且这种欺骗并非仅限于少数人，甚至蔓延到了整个电视事业的诚实人。这种欺骗通常是由电视公司勾结广告客户共同进行的。若没有电视网，电视公司与广告客户的相互勾结和此种欺骗绝不能实现。二是诱导犯罪。商业电视为了战胜对手、赚取利润，常常以降低节目的品位为代价，播放犯罪、暴力、色情内容，从而败坏了社会道德，降低了大众的鉴别能力，以致将无知青少年引上犯罪之途。三是节目庸俗。李普曼认为，当时商业电视垄断了少数有效的频道，尽量迎合低级趣味，使节目内容流于庸俗，从而牺牲了重要的新闻报道、公共事务讨论与有关教育、艺术的节目及高尚的娱乐节目。

(二)公营型体制

公营型体制主张广播电视作为公共事业应完全服务于公共利益，国家不能直接管理，也不能由个人或商业集团控制，应由全体国民的代表来进行监督和管理。在这种体制下，广播电视管理机构由政府首脑提名、议会批准，一旦确立就独立运转，不受政府的领导或控制，从办台方针到财政预算、节目制作、播出，都由管理机构最终决定。公营广播电视的主要收入来源是收音机、电视机用户按照规定缴纳的执照费用，同时还有少量的国会拨款和广告费用。

公营广播电视以英国广播公司为代表。北美的加拿大广播公司、欧洲的德国广播联盟、亚洲的日本广播公司和大洋洲的澳大利亚广播公司等众多影响广泛的公司皆为公营广播。然而，经过多年的历史变迁，公共广播的含义也发生了改变。20 世纪 80 年代中期，在市场化浪潮中，英国首相撒切尔任命的皮考克委员会公布了广播研究小组对公营广播实质的最初的全面概括，其后被广为传播和引用。

"普及（人人可以免费进入的服务）。

"广泛需求（服务于人们的普遍兴趣，大众而不是分众）。

"对少数群体的特殊关照（民主和平等的目标）。

"对民族特征和社区同感的贡献（产生集体的凝聚力）。

"与既得利益保持距离（维护民主、和平、公正、廉洁等）。

"直接经费和普遍付费（不通过广告中介）。

"节目质量的竞争，而非观众人数的竞争（服务好坏的竞争，而非市场大小的竞争）。

"对节目创作者的方针是鼓励创作，而非限制创造（促进文化的繁荣）。"①

理想中的公营广播电视，在政治方面，应能为公众提供公共讲坛，公民可以公开自由地辩论，推动民主政治的发展；在社会方面，应对社会生活进行反映和报道，形成全民共同关注的重大话题和舆论，形成民族认同感和凝聚力；在文化方面，应提供高品质的节目，并在文化艺术的创造和发展方面发挥先锋作用。

随着全球化、市场化带来的媒介变化，传统的公营广播电视也出现了商营的成分，"公共服务"的体制界限已不那么清晰。但是我们要看到，即便是在数字时代，在告知有意义的信息方面，公营广播电视也仍然扮演着关键的角色。根据英国文化部白皮书的调查研究，在多频道的竞争中，公众能够真正相信和依赖的仍然是英国广播公司。在教育方面，公营广播电视为商业性大众传媒树立了"注重教化"的较高文化标准，在娱乐方面，它也乐于、勇于支持娱乐节目的创新，设立了高质量、高品位的文化标杆。这些都维持了公营广播电视的公信力，实现了公共服务的使命和功能。

（三）国营型体制

国营型体制主要盛行于社会主义国家。在这种体制下，广播电台、电视台由国家所有，其机构设置、人事任免、节目内容都由国家全面控制，经费来源靠国家拨款，有的辅以广告收入。

在实行这一体制的国家中，广播电视被看作执政党、政府进行政治宣传工作的工具，要宣传党和政府的方针、政策，节目内容较为严肃，没有煽情、暴力、黄色的题材，不播或很少播放广告。党和政府通过多种手段对广播电视台进行集中监管：一是电台、电视台

---

① 　郭镇之：《公共广播电视——变与不变之间》，载《新闻大学》，2006(3)。

节目的内容须受同级党委的审查,重大问题的报道、评论要事前请示、事后报告;二是电台、电视台的台长及主要干部由同级党委或政府任免、考评及培训;三是党和政府经常向电视台发布宣传指令,以规范统一宣传口径。

我国的广播电视事业就是在这一体制之下建立起来的,在相当长的时间内广播电视的发展主要依靠国家拨款,但这种情况在改革开放、国家经济转型的背景下发生了深刻的转变。

二、我国特色广电管理体制的形成

作为国家行政体制的一部分,我国的广播电视管理体制体现了鲜明的社会主义特色。伴随着政治、经济、社会制度和广播电视事业的发展,我国的广播电视管理体制经历了多次调整和演变。

(一)新中国成立初期的"一揽子"管理

我国人民广播事业始于抗日战争时期,以1940年延安新华广播电台的开播为标志,该电台隶属于新华社。1949年6月,中共中央将新华社的语言广播部扩充为中央广播事业管理处,管理并领导全国广播事业,受中共中央宣传部领导。

1949年12月,根据政务院会议决定,正式成立广播事业局,领导全国广播事业并管理国家广播机构。此后,广播事业局成为国务院直属机构,但宣传业务仍由中共中央宣传部领导。中华人民共和国成立初期,我国的广播电台分为四级:中央台、大行政区台、省(自治区、直辖市)台和省辖市台。1954年,大行政区撤销,大行政区台陆续停办。1955年9月,国务院发出的《关于地方人民广播电台管理办法的规定》指出,各省、自治区、直辖市、省辖市人民广播电台为各该省、自治区、直辖市人民委员会的直属机构,受各该级人民委员会及广播事业局的领导。1956年春起,大多数省(自治区、直辖市)相继成立了本省(自治区、直辖市)的广播电台管理机构。在相当长的时间里,中央广播事业局和中央人民广播电台,省(自治区、直辖市)广播电台管理部门和当地广播电台多采用合署办公、局台一体的体制,从中央到地方的各级广播电台管理部门直接受同级党委宣传部的领导。

(二)20世纪50年代末至80年代初形成"条块结合"双重管理机制

20世纪50年代末到80年代初,我国的广播电视形成了"条块结合"的双重管理机制,其间经历了从"条块结合,以条为主"到"条块结合,以块为主"的演变过程。

1958年北京电视台的成立,标志着我国电视事业的诞生。根据当时的广播管理体制,对电视的管理也纳入其中,全国广播电视的管理形成"条块结合,以条为主"的机制,即地方广播电视事业受中央广播事业局和地方政府双重领导,以中央广播事业局为主。1978年5月1日,北京电视台改名为中央电视台,正式成为国家电视台,中央广播事业局下属对外广播部改名为中华人民共和国国际广播电台。此后，各地方电视台先后改为以各省名称命名。1982 年国务院机构改革，中央广播事业局改名为中央广播电视部，各省、自治区、直辖市广播事业局则陆续改为广播电视厅或广播电视局。伴随"以条为主"机制，广播电视发展实行了四级办广播(中央、省和地市三级办无线广播，县办有线广播)、两级(中央、省)办电视、分级覆盖的方针。

1983 年 4 月初，第十一次全国广播电视工作会议召开，广播电视部部长吴冷西提出了"四级办广播、四级办电视、四级混合覆盖"的方针。所谓"四级办"，就是除中央和省、自治区、直辖市两级办广播电视外，凡是具备条件的省辖市、县，都能根据当地的需要和可能开办广播电视，除转播中央和省的广播电视节目外，可以播出自办的节目，覆盖该市、县。此后，中共中央转批广播电视部党组《关于广播电视工作的汇报提纲》的指示，各级广播电视机构之间的关系，应实行如下领导体制：省、自治区、市广播电视厅(局)受该省、自治区、市人民政府和广播电视部双重领导，以同级政府领导为主。同时，省、自治区、市广播电视厅(局)受该省、自治区、市党委和广播电视部指导；事业建设受省、自治区、市人民政府和广播电视部双重领导，以同级政府领导为主。上述原则，也适用于省、自治区、市广播电视厅(局)与省辖市、县广播电视局之间的关系。至此，"条块结合，以块为主"的管理体制基本形成。在"四级办"方针的激励下，地方创办广播电视的积极性更强，全国电台、电视台数量的迅速增多。"1996 年全国的广播电台、电视台分别从 1982 年的 118 座、47 座，增加到 1320 座、2827 座(其中无线电视台 961 座、有线电视台 715 座、企业有线电视台 558 座、教育电视台 593 座)，广播电视人口覆盖率分别为 84.2％和 86.2％。"[1]

"条块结合"的双重领导模式保证了中央的重大思想决策、路线方针能第一时间传递到地方基层，"以块为主"也有利于地方政府对地方广播电视机构的管理，但这种管理机制的行政主导，让广电机构在发展中被管得过细过死，难以发挥应有的活力。

(三)改革开放至今新两级管理体制的建立

1978 年，《人民日报》等 8 家新闻单位获批实行"事业单位，企业化管理"，开启了我国传媒从计划体制向市场运作的转变，但当时并未从本质上改变人们对传媒属性的认识。

1998 年，在国务院机构改革的背景下，原广播电视部改为国家广播电影电视总局。1999 年，根据《关于加强广播电视有线网络建设管理的意见》的要求，国家广播电影电视总局提出地(市)县广播电视播出机构实行职能转变，有线电视网、台分离，电视与广播、有线与无线合并，并明确要求停止四级办台。作为广电体制改革的一项跨世纪工程，其目

---

[1]　涂昌波：《新中国 60 年广播电视发展政策演进》，载《中国广播电视学刊》，2009(10)。

标是：除省会城市和计划单列市外，地(市)县广播电视播出机构逐步转为主要转播中央台和省台的广播电视节目；广播电视系统实行中央和省(区、市)两级管理体制，地(市)县以下实行省(区、市)垂直管理。地(市)县广播电视局予以保留，继续实施监管职能；地(市)县广播电视局可视其实力情况，在完成转播中央台和省台节目的前提下，保留一定的时间段，自办播出当地的新闻、科教、农业、法制等专题性节目，以及有地方特色的文艺节目。文件明确了我国广播电视的新两级管理体制，减少了广电机构，精简了管理层级，开启了通过行政力量整合广播电视资源、规模化经营的产业发展阶段。

1999年无锡广播电视集团成立，拉开了我国广电集团化改革的序幕。此后湖南广播电视集团、上海文化广播影视集团相继成立，至2004年年底，全国已成立广播电视集团25家。2002年党的十六大报告和2007年党的十七大报告，都明确提出推进文化体制改革，提高国家文化软实力，这明确了我国文化、传媒体制改革的目标模式，即"发展文化事业和文化产业战略"。在这一目标要求下，广播电视开始了以"事业和产业分开、制作和播出分离、宣传和经营分开、资源整合和机构优化"为主要内容的新一轮体制改革。1999年后的十多年间，广电集团虽然转变为广电总台、广播电视台，但根本上仍是事业属性，媒体的产业功能未能充分发挥。

三、我国广电管理体制存在的问题与改革

在2002年文化体制改革的大背景下，广播电视体制的改革也在不断推进，上海、湖南等地更是率先启动广电改制，带动全国范围内的广电体制改革。新一轮的广电体制改革虽然在培育市场主体、重新整合资源、促进结构调整方面发挥了作用，但其存在的问题依然未得到根除。

(一)现有广电管理体制的问题

首先，"事业单位，企业化管理"不适应市场经济和广电产业的发展。在这一制度框架下，广电生产机构长期管办不分、事企不分、条块割裂、各自为政，难以适应市场经济环境下广电的发展；广播电视管理部门包办并直接控制广电机构的运营，混淆行政管理与经营管理之间的界限；在机构设置、经费分配等方面仍保持传统模式，行政框架、人为阻隔等使电台、电视台难以作为独立法人进入市场竞争。

其次，职能冲突问题长期得不到解决。现有广播电视管理体制要求广播电视台作为政府事业单位，要承担党政宣传任务，还要承担作为传播机构的公共服务职能，在产业发展中还要具备营利能力。广播电视由单纯的宣传工具变成既是宣传工具，又是产业组织和机构，这必然对管理体制提出了新的要求。

最后，竞争机制并未真正形成。现有广电管理体制对广电机构的布局不合理，以行政

区为单位划分的管理方式，使省市级电视台在其所在地都存在相当程度上的垄断和地方保护。在各台的外部竞争方面，不能真正实现公平竞争。一些大台仍然占有频率资源等有利因素，不公平的竞争环境使很多广播电台、电视台并未发挥出其应有的社会效益和经济效益。现代传播技术，特别是网络技术、数字技术的发展，使广播电视在制作、播出上发生了根本转变，其覆盖范围和商业模式也有了较大差别，如网络电视和手机电视很容易就能打破行政区域的壁垒，这给广电机构提出了极大的挑战。从广电行业的实际发展来看，其已经处于一个更加开放、高度竞争的环境中，地方保护色彩浓厚的管理体制显然无益于广电机构参与市场竞争。

生产关系要与生产力相适应，而目前我国广电管理体制的发展已经严重滞后于广电生产力的发展。虽然我国从 20 世纪 90 年代便开始了广电的产业化、集团化尝试，甚至改"事业单位，企业化管理"为"产业单位，事业化管理"，但是都仍未能从根本上解决传媒事业和传媒产业的矛盾。在广播电视事业长期发展的过程中，广电管理体制所凸显出来的根源问题就是计划体制下的高度行政化管理与广电市场化、产业化之间的矛盾。

(二)我国广电体制的改革创新

21 世纪以来，我国广电体制的改革一直在稳步推动，逐步构建起以政府监管、市场运营、公共服务等为基本框架的广播电视新体制，在一定程度上促进了广电的数字化进程和市场化竞争。但与其他领域的改革发展相比，广电管理体制改革还是略显缓慢，在一定程度上限制了广电行业的繁荣。广电传媒品具有政治属性和商品属性，广电行业既是党的宣传工作主战场、主渠道，是政府提供公共服务的重要领域，还是生产传媒产品以满足人民群众多样化精神消费需求的重要产业，因此，广电体制改革创新往往涉及多个部门和多方利益，相关不同利益群体的改革取向时常出现不一致，决策者对改革方向的选择相对谨慎、缓慢。[①]

党的十八届三中全会全面总结了我国改革开放以来的宝贵经验，指出实践发展永无止境、解放思想永无止境、改革开放永无止境，做出了全面深化改革的战略部署，引领党和国家进入全面深化改革的新时代。具体到广播电视改革来说，随着信息技术的迅猛发展、市场经济体制的不断完善，广电行业面临的竞争越来越激烈，迫切需要全面深化自身的改革创新，不断增强自身的生机活力，不断提高传播力、影响力、引导力。在现有广播电视体制的背景下，改革创新可以从以下几个方面着力。

1. 构建法制化的广播电视管理体制

法制建设是广播电视管理体制的重要组成部分，目前我国广电领域的法规、政策没有

---

① 陆昂、王宁：《深化广电体制改革创新的若干问题》，载《宏观经济管理》，2014(02)。

形成体系，整体比较散滥，缺乏稳定性、权威性，因此需要对不相适应的行政法规加以修改或废除，完善广播电视法规体系。目前我国广电系统缺少高级别的法律，需要通过立法，理顺广播电视管理体制，规范广播电视市场行为，放宽社会资本和境外资本进入广电领域的限制，明确广电集团的性质和法律地位，为建立统一、规范、竞争、有序的广播电视大市场提供法律保障。在信息化、数字化传媒发展的大格局下，广电行业与信息产业的媒体融合也呼唤建立统一标准的内容管理体系和法律规章体制，"大部制"和"传媒法"的双轮驱动是广电未来发展的关键，也是广电管理体制改革的难点。

2. 调整传播格局，构建事业、产业分离的广电管理体制

新一轮的广电体制改革要继续深入调整传播格局，改变各地广电低水平重复建设状态；剥离产业经营，在确保广播电视意识形态安全的前提下，明确界定事业、产业范围，能够产业化的要尽可能按照市场规律操作。

从实施集团化改革、事业产业分开和宣传、经营分开，到经营性事业单位转企改制、可经营性资产剥离、制播分离改革，都是为了培育和塑造市场主体，实现广播电视机构公益性事业和经营性产业分类管理、分开运营。但在实施过程中，如何分开运营、实施产业化、培养合格的市场主体，始终是没有解决的难题。传统广电产业存在大量以事业单位身份参与市场活动的主体。虽然这些单位有许多已经市场化，成为事实上的媒体企业，但在本质上仍然是事业单位。这一身份使其在进行资本运作等企业化运营时，缺少独立的自主决策权，不能也无法承担相应的市场风险。

事业、产业分离后，采取分开管理、分开监督，事业部分由政府主导、定位于公共服务，产业部分由市场主导、定位于市场竞争。长期以来我国广播电视发展重事业、轻产业，因此，我们需要着力完善广播电视产业体制，以建立现代企业制度为重点，加快推进经营性文化单位改革，培养合格的市场主体，提高广播电视的投融资能力，为广播电视行业的持续快速发展提供制度保障。

3. 建立与市场经济相适应的激励机制

在坚持"党管媒体"原则不变的前提下，广播电视体制改革要改变过去广电集团"两块牌子一套班子"的做法，深入改革人事制度，引入现代企业管理中的职业经理人制度。建立人才流动、竞争上岗的内部用人制度，要彻底转变大多数基层电台、电视台的行政事业单位管理模式，收入分配要看岗位、讲贡献而不是只讲职务、工龄、职称。同时，广播电视作为党和政府的喉舌，应实行严格的约束机制，对广电企业负责人的品德操守、日常行为、权利分配进行约束，破除责权界定模糊的"灰色地带"，杜绝权力寻租和内部腐败的滋生。广电市场主体需要将公司治理的一般原则与文化国资国企的具体要求相结合，积极探索实行特殊管理股制度，有意识地加强董事会建设，完善集团公司多层治理架构，建立长

效激励约束机制。广电企业亟待构建并完善现代人力资源管理体系，形成以绩效管理为核心的多种激励机制，增强国有广电企业的市场竞争力。

4.放松管制，建立充满竞争活力的市场运营体制

我国在长期的广电制度变迁过程中，形成了广播电视行政区域化发展的格局，形成了"条块结合，以块为主，分级管理"的行政管理体制，形成了严格市场准入的投融资体系，导致市场经济中常见的企业兼并、资产重组，跨地域、跨行业、跨媒体经营、股份制等运营模式在现行体制框架下无法顺利运行。在保证国家所有权、确保宣传导向正确的情况下，我国应逐步放松广播电视管制，加强多元资本与资产资源、信息资源、受众资源、人力资源等方面的配置、整合。

跨界整合是媒介融合背景下广电媒体产业经营机制创新的蓝海，对广电媒体而言，更为关键的是可以通过自己的核心产品与相关的产业形成联合，共同开发该核心内容产品的延伸产品形态，使得价值链得到有序稳定的扩展。广电媒体要通过多渠道的产销模式，进行整合性创新，打破不同媒介、不同产业之间的限制，获得互补性资源，全面优化视听媒介内容。要按照现代产权制度和现代企业制度的要求，推进广播电视企业改制，鼓励和支持广电企业以资本为纽带，通过联合、重组等方式，打破条块分割、区域封锁和单一经营模式，实现跨媒体、跨行业、跨区域经营。一方面构建产业发展的业务框架，强化核心资源，开拓影视、电视购物等主要业务，结合地域优势开展有线增值服务、文化地产、旅游等相关多元化业务，融合发展平面媒体、互联网、移动新媒体业务；另一方面通过多种方式跨领域整合与并购，组建大型的跨媒介传媒集团，增强市场竞争力。广电企业已经到了内生性增长与外延式扩张并举的发展阶段，仅靠利润的自我积累来实现产业发展已经难以为继。广电媒体在政策允许的条件下，有必要充分借力资本市场，积极推动旗下业务跨地域、跨所有制重组联合，通过战略投资、兼并收购等多种方式，调整与扩张产业布局，进一步打破传统广电体制限制，拓展产业发展空间。

"必须以更大的政治勇气和智慧，不失时机深化重要领域改革，攻克体制机制上的顽瘴痼疾，突破利益固化的藩篱，进一步解放和发展社会生产力，进一步激发和凝聚社会创造力。"这是习近平谈改革的讲话，也适用于广播电视体制的改革与创新。"只要我们解放思想，把握规律，大胆实践，稳妥推进，就一定会在广播电视体制改革与创新上取得重大突破，形成系统完备、科学规范、运行有效的广播电视体制机制，为加快推动传统广播电视与新兴媒体的融合发展，展现运作高效、富有活力的中国广播电视发展新局面提供体制机制保障。"[1]

---

① 史敬：《我国广播电视体制改革回顾与创新设想》，载《中国有线电视》，2014(12)。

第二节　我国广电事业的相关法规

我国广播电视管理长期处于靠方针政策和行政手段进行领导的状况，推进依法行政，既是广播电视事业的需要，也是发展广电产业的需要。广播电视管理部门只有依法行政、依法管理，逐步使管理方式从权利导向型向规则导向型转变，才能为广播电视业的发展创造良好环境。

一、我国广电事业的法规体系

在广播电视法制发展的过程中，我国先后颁布和实施了一系列政策法规，内容涉及新闻宣传、社会管理、事业建设、科技管理、人事财务、广告经营等多个方面，初步形成了以《广播电视条例》等国务院批准的行政法规为主，配合中办、国办发布的行政文件和广电总局颁布的部门规章为辅的广播电视法律法规体系。我国广播电视事业的法规体系由以下几个部分组成：中华人民共和国宪法中的相关部分；全国人大及其常委会制定的法律和相关条文；行政法规及相关条文；部门规章；地方性法规、政府规章、自治条例和单行条例。

（一）宪　　法

宪法是国家最高权力机关全国人民代表大会制定的国家根本大法，具有最高的法律地位和法律效力。宪法对广播电视事业所做的原则性的规定，是广播电视法规的主要渊源和广播电视立法的法律依据。宪法第 22 条规定："国家发展为人民服务、为社会主义服务的文学艺术事业、新闻广播电视事业、出版发行事业、图书馆博物馆文化馆和其他文化事业，开展群众性的文化活动。"第 35 条规定："中华人民共和国公民有言论、出版、集会、结社、游行、示威的自由。"第 38 条规定："中华人民共和国公民的人格尊严不受侵犯。禁止用任何方法对公民进行侮辱、诽谤和诬告陷害。"第 47 条规定："中华人民共和国公民有进行科学研究、文学艺术创作和其他文化活动的自由。"

（二）法　　律

法律由全国人大及其常委会制定，包括民商法、经济法、行政法、社会法、刑法、诉讼法等[①]（表 7-1）。

---

① 本节表格数据均引自石岚《试论我国广播电视政策法规体系的建构》（中国传媒大学 2008 年硕士毕业论文）。

表 7-1　涉及广播电视的法律

民商法	《民法通则》《合同法》《公司法》《著作权法》
经济法	《广告法》《证券法》《消费者权益保护法》《反不正当竞争法》《价格法》
行政法	《行政处罚法》《行政许可法》《行政复议法》《监狱法》《保守国家秘密法》《环境保护法》《药品管理法》《治安管理处罚法》《道路交通安全法》《传染病防治法》《人口与计划生育法》
社会法	《国家通用语言文字法》《气象法》《未成年人保护法》《预防未成年人犯罪法》《教育法》《高等教育法》《老年人权益保障法》《残疾人保障法》
刑　法	第 124 条、第 152 条、第 181 条、第 217 条、第 222 条、第 246 条、第 288 条
诉讼法	《民事诉讼法》《刑事诉讼法》《行政诉讼法》

(三)行政法规

行政法规由国务院制定。1986 年，广播电影电视部开始调研起草《广播电视法》。1987 年以来，全国人大代表多次提出制定《广播电视法》的议案，但由于诸多原因，《广播电视法》没有出台。1995 年，广播电影电视部决定在原《广播电视法(草案)》的基础上起草《广播电视管理条例(草案)》，并上报国务院。国务院法制局经过近两年的调研、修改和协调，于 1997 年 7 月通过了该条例并发布实施。目前涉及广播电视的行政法规如表 7-2 所示。

表 7-2　涉及广播电视的行政法规

名　称	公布时间	备　注
《卫星地面接收设施接收外国卫星传送电视节目管理办法》	1990 年	国务院批准，广电部、公安部、国家安全部令第 1 号
《有线电视管理暂行办法》	1990 年	国务院批准，广电部令第 2 号
《卫星电视广播地面接收设施管理规定》	1993 年	国务院令第 129 号
《无线电管理条例》	1993 年	国务院、中央军委发布
《广播电视管理条例》	1997 年	国务院令第 228 号，2017 年修订
《电信条例》	2000 年	国务院令第 291 号
《广播电视设施保护条例》	2000 年	国务院令第 295 号，修订 1987 年国务院发布的《广播电视设施保护条例》

(四)地方性法规

地方性法规由省、自治区、直辖市人民代表大会及其常委会以及省、自治区的人民政府所在地的市、经济特区所在地的市和经国务院批准的较大的市的人民代表大会及其常委会制定。目前涉及广播电视的地方性法规如表 7-3 所示。

表 7-3　涉及广播电视的地方性法规

名　称	公布时间	备　注
《广东省保护广播电视设施规定》	1986 年	
《天津市闭路电视管理暂行规定》	1988 年	
《陕西省广播电视设施保护条例》	1988 年	
《吉林省广播电视管理条例》	1989 年	我国第一部广播电视管理地方性规定
《福建省广播电视设施保护条例》	1992 年	2011 年颁布新条例，旧条例废止
《河北省有线电视管理实施办法》	1992 年	
《黑龙江省有线电视管理规定》	1992 年	
《湖南省广播电视台（站）管理条例》（试行）	1992 年	
《广西壮族自治区广播电视管理条例》	1993 年	2004 年废止，2016 年颁布新条例
《江西省广播电视管理条例》	1994 年	2002 年、2017 年修订
《山东省电视管理暂行条例》	1994 年	2018 年废止
《宁夏回族自治区有线电视管理规定》	1994 年	
《上海市有线电视管理办法》	1995 年	1997 年修正，2010 年废止
《内蒙古自治区有线电视管理实施办法》	1995 年	
《辽宁省有线电视管理办法》	1995 年	1997 年、2004 年修订
《山西省广播电视管理条例》	1995 年	1997 年、2007 年修订
《新疆维吾尔自治区广播电视管理条例》	1995 年	1998 年废止
《贵州省广播电视管理条例》	1996 年	1997 年修订
《辽宁省广播电视设施保护条例》	1996 年	1997 年修订
《吉林省有线电视管理条例》	1996 年	1997 年修订
《海南省有线电视网管理规定》	1996 年	
《河南省广播电视管理条例》	1997 年	2005 年修订
《浙江省广播电视管理条例》	1997 年	2013 年修订
《安徽省有线电视管理条例》	1997 年	2015 年、2017 年修订
《四川省广播电视管理条例》	1999 年	2004 年、2017 年修订
《湖北省广播电视节目管理办法》	1999 年	
《云南省广播电视管理条例》	2001 年	
《甘肃省广播电视管理条例》	2007 年	
《青海省广播电视设施保护办法》	2015 年	
《江苏省广播电视管理条例》	2018 年	
《湖北省广播电视条例》	2018 年	
《内蒙古自治区广播电视管理办法》	2018 年	

由表 7-3 可以看出：

第一，从 1986 年到目前，各省陆续出台了广播电视管理方面的条例，并根据国家颁布的相关条例进行修正。

第二，在直辖市中，上海和天津各自制定了相关规定；在自治区中，除西藏外，各自治区都颁布了相关规定。

第三，从公布的年份上看，自 1997 年我国《广播电视管理条例》正式颁布实施起，各地的相关条例的制定和修订时间基本上与国家法规的颁布和修订时间一致，全国发展较为统一。

第四，各省份几乎全部制定了综合性的管理办法，只有广东、青海和陕西仅公布了设备设施类的管理办法。还有一些省份公布了综合管理类和设备设施类等多种管理办法。还有一些省份将广播电视影视等内容细分，制定了更为详细的规定。此外，一些地级市也陆续颁布了广播电视管理办法，在此不再一一列举。

（五）部门规章和地方政府规章

部门规章由国务院各部委和直属机构，根据法律和国务院的行政法规、决定、命令，在本部门的权限范围内制定。地方政府规章由省、自治区、直辖市和较大的市的人民政府根据法律、行政法规和本省、自治区、直辖市的地方性法规制定。我国广播电视部门规章有：《〈有线电视暂行管理办法〉实施细则》《有线电视系统技术维护运行管理暂行规定》《〈卫星电视广播地面接收设施管理规定〉实施细则》《有线电视管理规定》《广播电影电视行政处罚程序暂行规定》《音像资料管理规定》《电视剧管理规定》《广播电影电视行政复议办法》《广播电视节目出品人持证上岗暂行规定》《赴国外租买频道和设台管理暂行规定》《有线广播电视传输覆盖网安全管理办法》《有线广播电视传输覆盖网缆线安全防范管理办法》《广播电视广告播放管理暂行办法》《广播电影电视立法程序规定》《国家广播电影电视总局行政许可实施检查监督暂行办法》《广播电视设备器材入网认定管理办法》《广播电视编辑记者、播音员主持人资格管理暂行规定》《境外卫星电视频道落地管理办法》《境外机构设立驻华广播电视办事机构管理规定》《广播电视站审批管理暂行规定》《广播电视节目传送业务管理办法》《广播电视节目制作经营管理规定》《广播电视视频点播业务管理办法》《城市社区有线电视系统管理暂行办法》《广播电台电视台审批管理办法》《广播影视节（展）及节目交流活动管理规定》《互联网等信息网络传播视听节目管理办法》《电视剧审查管理规定》《中外合作制作电视剧管理规定》《境外电视节目引进、播出管理规定》《中外合资、合作广播电视节目制作经营企业管理暂行规定》《广播电视无线传输覆盖网管理办法》《广播电影电视系统内部审计工作规定》《广播电影电视行业统计管理办法》等。

我国有关广播电视的地方政府规章有：《黑龙江省卫星电视广播地面设施安装管理规定》《黑龙江省农村广播电视管理规定》《黑龙江省有线电视节目集中供片管理规定》《黑龙江

省有线电视管理规定》《辽宁省有线电视管理办法》《大连市有线电视管理办法》《山西省有线电视管理规定》《宁夏回族自治区有线电视管理规定》《湖北省广播电视管理办法》《湖北省广播电视节目管理办法》《贵州省有线电视管理办法》《南京市有线广播电视管理办法》《上海市有线电视管理办法》《山东省广播管理规定》等。

二、我国广播电视法规的规范内容分析

我国广播电视法规规范的主要内容包括广播电台、电视台的设立，广播电视传输覆盖网的建设管理，广播电视节目制作、交流交易、进出口活动的管理，广播电视节目播出的管理，广告播放的管理，广播电视设施的保护以及卫星电视、数字电视、新媒体电视、信息网络传播视听节目、视频点播的规范和管理等。

(一)新闻工作的基本方针和原则

新闻工作的基本方针和原则主要由宪法中有关新闻宣传活动的总纲性条文规定，另外包括其他政策法规中对于广播电视或新闻宣传事业的性质、作用及精神文明建设的有关规定。

(二)著作权保护

关于著作权保护的法规除《著作权法》及实施细则外，还包括《民法通则》以及其他行政规章；我国所缔结或加入的国际条约中也有关于著作权保护、稿酬支付等的相关规定。

(三)广告经营管理

2015 年修订并施行的《广告法》是约束广告经营活动最重要的法规。关于广告经营管理的法规还包括《消费者权益保护法》《反不正当竞争法》以及经济法范畴内的《药品管理法》等对烟酒、医药用品等特殊产品或服务广告进行管理的单行法规、规章或规范性文件。

(四)有线电视、卫星广播电视以及无线电视的规定

行政法规中这方面的法规主要有 1990 年颁布的《有线电视管理暂行办法》《卫星地面接收设施接收外国卫星传送电视节目管理办法》，1993 年颁布的《卫星电视广播地面接收设施管理规定》《无线电管理条例》，以及 2000 年颁布的《电信条例》。其他主要以地方性法规和部门规章以及地方性政府规章的形式存在。这类规定多为综合性政策法规。

(五)保护合法权利的有关内容

法规中关于保护合法权利的内容包括广播电视媒介及受众合法权利的保护两个方面。前者对破坏广播电视正常传播秩序的行为加以限制和制裁，主要法规有《广播电视设施保护条例》《广播电视管理条例》中关于广播电视设施保护的规定，我国刑法也对严重破坏广播电视设施的犯罪行为制定了相应的处罚条文。后者则针对新闻媒体侵犯、损害受众合法权益的行为而言，有关条文散见于《民法通则》以及有关单行法律、规定。

(六)对广播电视的传播内容进行规范和约束

保密规定：包括《中华人民共和国保守国家秘密法》，以及主管部门的有关规范性文件。

禁载规定：有关法律、规范及政策严禁广播电视媒介刊播反动、淫秽等严重有悖公序良俗，或侵犯他人合法权益的内容。

对广播电视播出以下特殊事件的新闻报道的相关规定：重大、突发事件新闻的报道；领袖人物、领导人重要活动的新闻报道；疫情、地震等重大灾难的预报和新闻发布；司法报道；军事报道；关于未成年人、残疾人等弱势群体的报道；关于少数民族及宗教事务的报道；对外(或港澳台地区)或涉外(或港澳台地区)的报道；舆论监督和批评报道；内参报道；援引境外新闻机构消息的报道；其他需要加以规范的新闻报道。

关于广播电视媒介播出境外制作、发行的广播电视节目的规定。

关于广播电视媒介使用规范化语言文字、标点符号的规定。

三、我国广播电视管理的主要法规：《广播电视管理条例》

《广播电视管理条例》(以下简称《条例》)是我国广播电视目前级别最高的行政法规，而且也是目前权威性和全面程度最强的一部综合性管理条例。

(一)《广播电视管理条例》的出台背景

广播电视的快速发展，以及高新技术的广泛运用，给广播电视工作带来了新情况和新问题，需要一部较为完备的、全局性的法规来规范、协调广播电视业的发展。《条例》无疑是我国广播电视管理法制化进程中的一个重要里程碑。

《条例》于 1997 年 9 月 1 日起施行，是在 1986 年起草的《广播电视法(草案)》的基础上重新修改、拟定的。《条例》对广播电台和电视台的设立、广播电视传输覆盖网的建设管理、广播电视节目的制作与播放等做出了较为完整、详尽的规定，是加强我国广播电视业的法制化管理，促进广播电视业进一步繁荣、健康有序发展的有力法制保障。

《条例》的第 2 条规定，本条例适用于在中华人民共和国境内设立广播电台、电视台和采编、制作、播放、传输广播电视节目等活动。《条例》的第 8 条规定，本条例所称广播电台、电视台是指采编、制作并通过有线或无线的方式播放广播电视节目的机构。以上规定在纵向上明确了《条例》的适用范围，作为管辖主体，《条例》用以规范广播电视业采编、制作、播放、传输等整个过程；在横向上，不论使用何种传输方式的广播电台、电视台都是《条例》的管辖客体。因此，对有线电视业和卫星广播电视业的管理，除广播电影电视部颁行的《有线电视管理规定》和《卫星传输电视广播节目的管理办法》(根据《条例》制定)，以及国务院发布的《卫星电视广播地面接收设施管理规定》等行政法规之外，《条例》也是一部重要的法规。

(二)《广播电视管理条例》的主要内容

第一，《条例》确立了广播电视宣传工作、事业建设和行业管理"三位一体"的具有我国特色的广播电视管理体制。

《条例》充分体现了我国广播电视的社会主义性质，体现了党的十四届六中全会《关于加强社会主义精神文明建设若干重要问题的决议》中对广播电视工作的各项要求，是广播电视系统全面贯彻落实党的十四届六中全会精神，加强社会主义精神文明建设的一项重要措施。《条例》根据我国国情对 1949 年以来特别是十一届三中全会以来广播电视系统行之有效的管理经验进行了归纳和总结，以国务院行政法规的形式确定了广播电视宣传、事业建设和行业管理"三位一体"的具有我国特色的社会主义广播电视管理体制。

第二，《条例》规定设立广播电台、电视台(包括有线电视台、教育电视台)，应当按照《条例》的有关规定报国务院广播电视行政部门统一审批。

《条例》规定由国务院广播电视行政部门对广播电台、电视台的设立进行宏观调控和统一审批，以防止出现擅自设台、多头批台、重复建设等问题，进而逐步形成合理的全国广播电台、电视台的总量、布局和结构。

《条例》对广播电台、电视台的定义，设立广播电台、电视台的主体资格，设立广播电台、电视台的条件，设立广播电台、电视台的审批程序，乡、镇广播电视台、单位有线电视站的设立都做了明确的规定，并对非法设台(站)、擅自设台(站)的行为做了相应的处罚规定。

第三，各级广播电视行政部门应当按照《条例》的规定，对行政区域内的广播电视传输覆盖网进行规划、组建、开发和管理。

广播电视传输覆盖网是舆论宣传的物质保障，是国家安全理想的备份网和应急网。为确保广播电视传输渠道的畅通，《条例》肯定了 1949 年以来确定的广播电视独立成网、自成体系的方针，规定由各级广播电视行政部门对广播电视传输覆盖网进行规划、组建、开发和管理。

《条例》规定国家对广播电视传输覆盖网实行"统一规划、分级建设"的方针；广播电视行政部门应当保证广播电视传输覆盖网主功能的实现，运用多种技术手段努力提高农村广播电视的覆盖率；广播电视行政部门还应当加强对广播电视传输覆盖网的日常管理。

《条例》还对擅自建设、破坏广播电视传输覆盖网的行为做出处罚规定，有利于广播电视行政部门依法制止损害、破坏广播电视网的违法行为，维护良好的广播电视传输秩序。

第四，《条例》规定了保护广播电台、电视台、广播电视传输覆盖网设施的条款，规定任何单位和个人不得破坏广播电视设施。

广播电视设施是广播电视安全、优质播出的物质基础，随着高新技术在广播电视领域的应用，广播电视设施的保护工作面临许多新的问题，需要保护的广播电视设施范围在不断扩大。

《条例》与 2000 年 11 月 5 日修订的《广播电视设施保护条例》衔接。《条例》对广播电台、电视台、广播电视传输覆盖网设施，以及广播电视专用频率和信号的保护规定了原则性的条文，并做了相应的处罚规定，与刑法相应的条文相衔接。

第五，广播电视行政部门应按照《条例》的规定，加强对广播电视节目制作、播放活动的管理，提高广播电视节目的质量。

《条例》规定了广播电视节目必须由依法批准设立的节目制作经营单位制作；制作电视剧还须持有电视剧制作许可证。为保证广播电视节目的质量，防止乱播滥放，《条例》规定了广播电视节目的审查制度。与《电影管理条例》《音像制品管理条例》的相关规定相衔接，《条例》规定了广播电视节目的最低标准，即禁止制作、播出载有反动、淫秽、迷信及法律、法规规定禁止的其他内容的节目。《条例》根据我国国情并借鉴国外经验，规定广播电视节目的审查主体有广播电台、电视台、国务院广播电视行政部门或者其他授权的机构；并授予广播电视行政部门对违反上述规定的节目制作者、播出者或者擅自向境外提供者的行政处罚权。

第六，为确保广播电视宣传任务的完成，规范广播电台、电视台（包括有线电视台、教育电视台）的制作和播放活动，《条例》对广播电台、电视台应当履行的义务规定如下。

行政管理。《条例》规定广播电台、电视台应当按照各自许可证载明的相关事项制作、播出节目，不得擅自变更；严格遵行播前审查、重播重审制度，不得制作、播出违背有关节目内容管制规定的节目，播出境外广播电视节目应遵从有关规定；不得擅自利用卫星技术传输、转播广播电视节目等。

维护著作权人以及受众的利益。广播电台、电视台播放和使用广播电视节目应当符合《中华人民共和国著作权法》的有关规定；使用规范的语言文字，推广使用普通话；按预告播放广播电视节目；应当播放公益广告，播放的商业广告不得超过一定比例。

广播电台、电视台的转播义务。《条例》规定地方广播电台、电视台应当按照国务院行政部门的有关规定转播中央和地方的广播电视节目；教育电视台不得播放与教学内容无关的电影、电视片。

第七，各级广播电视行政部门应当按照《条例》的有关罚则规定，对违反法规的行为进行行政处罚。

根据《条例》规定，县级以上人民政府的广播电视行政部门对发生在本行政区域内的违法行为具有行政处罚权，并应责令当事人停止违法行为。对已触犯刑法的案件，广播电视行政部门不能以罚代刑，应当交由司法机关依法追究当事人刑事责任。此外，《条例》还规定破坏广播电视设施造成直接经济损失的，侵害人应当承担民事责任，依法赔偿损失。

总的来看，《条例》是目前广播电视管理体制中层级最高的行政法规，鉴于目前《广播电视法》一时难以出台，由国务院颁行的《条例》在广播电视的管理中就具有最高的法律效力，具有相对的权威性。

第三节　广播电视职业伦理

一、职业伦理概说

"伦理"，古义为事物的条理，也指人伦道德之理，在我国最早出现在《礼记·乐记》中，"乐者，通伦理者也"。宋朝思想家朱熹把"人知伦理"作为"教人做人"的重要标准。在西方，《韦氏大词典》把伦理定义为一门探讨什么是好什么是坏，以及道德责任义务的学科。这与儒家文化中反对放纵人的欲望，强调回归理性，为国家政治、社会道德、文化礼仪服务是一脉相通的。通常来说，伦理是指一系列指导行为的观念，是从概念的角度对道德现象的哲学思考，它不仅包含着人与人、人与社会、人与自然之间关系处理中的行为规范，而且也深刻地蕴含着依照一定的原则来规范行为的道理。随着人类社会劳动分工的产生和发展，职业群体的专业化程度不断提高，对职业伦理的讨论成为各个行业领域颇受关注的话题，职业伦理学成为伦理学的一个重要分支，专门研究人们在职业活动领域中的一切道德关系和道德现象。职业伦理作为一种特殊的社会意识形态，是指导从业人员工作活动的道德准则和行为规范，它是在该行业领域长期工作和实践中得到的规范性总结，具有专业性、多样性和指导性的特点。

专业性是指专门服务于特定行业的价值体系和行为要求，具有较强的针对性。每个正规的职业都有相关的职业行为规范和道德准则，对该行业从业人员的工作行为能力和职业道德素质做出全面而严格的规定。这种专业化的要求促使同一职业的不同个体具有某些相似的特点，也使得不同行业的职业群体具有明显的差别，像我们平时说的"老师范儿""老板范儿"等。

多样性即每个行业相关的行为规范的特殊性，职业伦理既有共性要求，如"热爱祖国，遵纪守法"等，又存在对不同领域的特殊要求，这种特殊性是职业分化的必然产物。对新闻工作者，我们要求其应该对新闻报道的真实性负责，而对国家公务员则更侧重于勤政为民、依法行政等内容。另外，随着时代的变迁和社会的进步，不同的时期我们对同一行业的职业伦理要求也是有区别的，新的时期会根据当前社会实际和人民日益增长的物质文化需求提出符合时代发展的新要求，或者突出强调某些要求的重要性。在2014年10月召开的文艺座谈会上，习近平提出要尊重文艺工作者的创作个性和创造性劳动，运用历史的、人民的、艺术的、美学的观点评判和鉴赏作品，这对文艺工作者的创作价值给予了充分的肯定。

职业伦理具有指导性，职业行为规范与道德准则是一种全体性的要求，"在其位而谋其职"，该领域的每一个从业者都能得到一定程度的利益，并受到一定程度的约束。正是这种全面的要求，规定了相关从业者的责任与义务，"有所为"和"有所不为"。2004年11月23日，国家广播电影电视总局公布的《中国广播电视编辑记者职业道德准则》中明确规定，广播电视编辑记者应该清正廉洁，克己奉公，反对任何形式的有偿新闻，不利用职务之便，直接或间接地为本人、亲属及其他人谋取私利等，该准则积极倡导从业者遵守职业道德，有利于引导广播电视编辑记者遵守职业行为规范和广播电视行业的良性发展。

二、广播电视职业伦理失范问题

网络媒体的崛起对传统媒体的发展造成巨大的冲击，一直以来，"报纸消亡论"争议不断，电视的开机率严重下滑，广播电台发展持续低迷，传统媒体的公信力遭受质疑。当前传统媒体行业面临着"内忧外患"。"内忧"是受特殊人才机制的制约，传统媒体内部的人才不断流失，央视"名嘴"纷纷跳槽。"外患"是传统媒体政策限制较多，创新能力不足。新形势下，传统媒体既要稳住阵脚，与新兴媒体积极竞争，又要放下姿态，谋求合作，促进新旧媒体的融合。这场激烈的媒介革命对广播电视从业人员的创新能力和职业素养提出了更高的要求，形势越是严峻，要求越是严格，但是在实际发展过程中常常伴随着一系列由职业伦理缺乏而产生的行业"乱象"，如唯金钱是举和收听/视率至上等思想引发的假新闻等，对媒体形象造成恶劣影响。

(一)假新闻

对假新闻的认识，首先要理解并掌握新闻的概念。陆定一认为，新闻的定义，就是新近发生事实的报道；范长江对新闻的定义为，新闻是广大群众欲知、应知而未知的重要事实。显而易见，新闻的第一要义是事实。假新闻是指违背新闻事件或新闻要素真实的新闻，不符合新闻采写和传播的原则，常见的形态有"虚假新闻""失实新闻""新闻造假"等，虚假新闻指没有反映客观事物本来的真实面貌，带有虚假成分的报道。失实新闻是那些有事实依据，但是没有全面、正确、恰当报道新闻事实的新闻。新闻造假是出于某种利益目的而策划出的新闻，违背了"先有新闻，后有报道"的采写原则。随着社会的发展，假新闻的形态不断增加，新闻工作者应该严格遵守职业行为准则，不给假新闻以可乘之机。

2015年3月18日，多家主流媒体报道了新加坡前总理"病逝"的新闻，新加坡总理公署表示未发表任何新消息，并就这起假新闻事件报警。该消息来源于一个假冒网页，中国新闻社、美国有线电视新闻网等各大媒体没有与新加坡官方核实信息，就盲目跟风报道。一方面，在信息传播发达的今天，传统媒体面临着巨大的竞争压力，导致很多媒体为了抢时间，造成了不必要的新闻失实；另一方面，广播电视新闻编辑记者工作态度不严谨，过度相信和依赖网络，违反了《中国广播电视编辑记者职业道德准则》第八条中规定的"消息来源必须真实可靠"的准则。广播电视新闻工作者丧失对新闻真实的敬仰，是非常令人担忧的。网络新闻鱼目混珠，更能够衬托传统媒体真实性的可贵，信息时代更加呼唤真实的声音，传统媒体一定要发挥自身的制度优势，加强新闻从业者的职业伦理建设，守好新闻真实的关键，塑造具有公信力的媒体形象。

2015年6月12日，湖南广播电视台都市频道播出一则题为《32岁男子家中坠亡 炒股巨亏》的新闻，报道说，长沙股民侯先生的股票连续跌停，亏损170万，与妻子发生争吵后，跳楼身亡。长沙警方调查发现，死者并非侯先生，也没有证据表明死者是因为炒股失败而自杀。针对该报道，湖南广播电视台并没有采访到死者家属，也没有得到警方的最终结论，在缺乏充分的事实依据的情况下公开报道，不仅对死者家属和当事人造成了困扰，还造成了恶劣的社会影响。

随着信息时代的到来，人们接收信息的渠道越来越多样化，各种各样的新闻充斥着人们的生活，信息的复杂性使得很多新闻真假难辨。例如，2011年以来，只要和网红郭某某有关系的新闻就会迅速引起各大媒体的关注和报道，这种赤裸裸的网络炒作中包含着很多不实信息。2014年8月，央视新闻频道报道中提到郭某某欠2.6亿赌资是炒作。实际上，郭某某欠2.6亿赌资纯粹是一条虚假新闻，根据郭某某口供，这是为了给朋友的网站增加点击率有意而为。所以，传统媒体一定要守住新闻真实的底线，不能盲目跟风报道，避免被不法分子利用。

由于灾难的突发性和剧烈性，灾难性新闻报道对记者的应急能力和职业素养要求较高，灾难影响范围广，灾难发生和发展的情况往往受到政府的重视及全国人民的关注，是记者们争相报道的重点，由于客观事件的复杂性和记者的主观因素（受急功近利的心态的驱使制造新闻；缺乏深入调查造成的新闻失实；记者缺乏职业道德造成对受灾者的冒犯等）造成了一些新闻闹剧。2014年8月4日，中央人民广播电台《中国之声》报道了一则救援人员浑水泡面的新闻，引起了巨大反响。8月5日，环球网发布了一则《救灾部队：浑水泡面不属实 勿轻信伤害前方士气》的新闻称救灾部队的负责人查证，没有发现救灾过程中出现相关情况。事实证明，环球网此则新闻只是主观臆断。随后，环球网发表道歉声明。救灾是一件人命关天的事情，不是记者以偏概全、抓人眼球的噱头。灾难性新闻报道应该尊重事实，深入调查，正确引导舆论，将灾区人民的伤痛降到最低。

自2001年开始，《新闻记者》杂志每年都会评选出年度十大虚假新闻并在次年的第1期杂志上刊登，这种对虚假新闻报道锲而不舍的鞭挞，也在极大程度上促进了新闻业的反思。真实是新闻的生命，维护新闻真实性是新闻从业者的天职。不管传媒竞争如何激烈，媒体发展如何变革，坚守真实性原则始终是新闻职业道德建设的重要任务。

（二）有偿新闻

随着媒体机构市场化程度的加深，一些广电媒体将"创收"摆在了首位，甚至利用法律赋予的新闻报道权来谋取不当利益，有偿新闻成为媒体"毒瘤"。"有偿新闻，就是新闻从业人员或明或暗地向采访报道对象索取一定费用的活动。"[①]有偿新闻的主要表现形式有：提供有偿的版面或播出时间，刊发各种形式的"含金"报道；混淆新闻与广告的界限，大搞"广告性新闻"或"新闻性广告"；新闻从业人员利用自身的特点和便利条件，接受企业提供的种种优厚待遇，甚至向被采访报道的对象索取现金、有价证券、实物或其他特殊待遇。有偿新闻一直都是我国法律法规和道德规范所禁止的，但在巨大的经济利益的诱惑下，这一失范表现仍时有发生。一些记者在新闻采访时收取"车马费"、收受红包、接受宴请，甚至在危机事件发生时收取相关机构的"封口费"。更有甚者，一些媒体记者或栏目，借助宣传名义向企业或组织主动索贿，或是利用新闻报道权利直接实施新闻敲诈。

2012 年，英国广播公司（BBC）负责国际新闻运营的主管彼德·霍洛克斯被英国同行披露，他在群发给 BBC 全球记者员工的邮件中，要求大家"想办法为英国广播公司创收，挖掘新闻背后的商业价值"。英媒评论说，虽然英国广播公司的内部邮件反映出该机构受到国内经济压力的冲击而财政吃紧，但让英国新闻从业者变成和商家讨价还价的交易员，无疑是对行业精神的侮辱。

有偿新闻的产生有其主客观原因，其危害不言而喻。有偿新闻违背了新闻职业道德，对媒体及其从业者来说，轻则良心受到谴责，重则受到法律的严惩。更严重的是，对媒体来说，公信力和权威性被消解，受众对媒体产生了质疑和不信任，而消弭这种信任危机将是一个漫长的过程。

（三）低俗化

传媒转型发展过程中，受众本位的理念逐渐崛起，一些媒体在传媒改革过程中，打着满足受众需求的旗号，在娱乐节目、综艺节目、广告甚至是新闻节目中渲染色情、凶杀、暴力、血腥、性等低俗内容，以低级庸俗的本能刺激来获得轰动效应、换取经济利益。低俗化的现象，不仅有违社会公序良俗、污染社会风气，也损害了媒介自身的形象，降低了媒体公信力。低俗化往往是媒体短视的表现，短期的收视繁荣背后，是以牺牲媒体的社会责任和道德原则为代价的。色情、凶杀、暴力内容打擦边球传播，这其中受害最大的就是青少年，因为缺乏分辨力，一些媒体在民生节目或是法制节目中过度展示各类犯罪案件细节时，青少年容易受到误导，甚至模仿犯罪行为。

国家层面也意识到低俗化内容的危害，先后出台诸多措施抵制低俗内容蔓延，比如，2011 年国家广电总局下发《关于进一步加强电视上星综合频道节目管理的意见》，俗称"限

---

① 黄瑚：《新闻法规与职业道德教程》，299 页，上海，复旦大学出版社，2006。

娱令"，要求自 2012 年 1 月 1 日起，上星综合频道要提高新闻类节目播出量，同时对部分类型节目播出实施调控，以防止过度娱乐化和低俗化倾向，满足受众多样化多层次高品味收视需求。而明星、名人的绯闻往往是媒体低俗化报道的重灾区，2014 年广电总局发通知要求各大卫视"凡是有劣迹的导演、编剧、演员等主创人员参与制作的电视剧，要慎重考虑"，这被媒体称为"劣迹令"，通知及正式文件的出台，一定程度上扼杀了"丑闻经济"，对媒体的低俗之风起到整肃效果。

（四）媒介审判

媒介是大众传播的手段，也是舆论监督的利器，但一些社会热点事件中，媒体角色的错位，对舆论的错误引导，往往会引发媒介审判的伦理失范现象。媒介审判是新闻媒体超越正常的司法程序对报道对象作出的定刑、定罪等审判，这在一定程度上妨碍了司法的独立与公正，也损害了媒体作为社会公器的形象。最早这一概念来自于 1956 年发生在美国的谢泼德案。谢泼德是一名医生，被指谋杀了自己的妻子。审判过程中，电台进行了现场直播，并不时对被告拍照，甚至将话筒接到被告席，妨碍了谢泼德和他的辩护律师的正常交流。当地电台还在广播中将谢泼德比作为伪证者，媒体还连续发文《警方为什么不盘问头号嫌疑人？》《为什么不把谢泼德抓入监狱》。媒体在法庭审判前就认定谢泼德是凶手，大肆报道并引导舆论，最终激起强烈的公众舆论，使法庭审判丧失独立性和公正性。

一些司法案件中，在审判甚至是警方侦办中，媒体就作出了定罪、定刑的报道，这种做法会造成民众心里形成一种"审判预测"，使得大家对于审判结果存在预期。如果审判结果并不如新闻广泛报道的那样，会引起一种对审判结果的群体性抗议，从而增加了司法部门审判的压力。媒体的监督异化，在案件的报道中设置议程，对舆论产生强大的引导，进而对司法案件的审理产生不容忽视的影响。在媒体审判下，民众对媒体、司法机构、社会的信任危机，不仅不利于司法案件的公正裁决，更会使社会陷入塔西佗陷阱。

（五）曝光隐私，侵扰悲痛

在西方新闻界，广为流传着这样一句话："Bad news is good news"，意为坏消息往往预示这大新闻。在新闻的实际采写中，记者和新闻当事人或受害者有时是一对矛盾体，记者要挖掘被采访者不愿提及的内心深处以保证新闻价值。媒体的议程设置功能将个体的隐私公开在受众面前，新闻当事人的遭遇变成公众的议题，受到社会各界的讨论。记者在保证新闻真实的前提下，既要保护新闻当事人的隐私权，又要注重大局，正确引导舆论。新闻事件发展走向的多变性和传播效果的不易把握，使记者很容易走向伦理困境。究竟是事实报道的真实性重要，还是考虑当事人的悲痛感受尊重他们更为重要？媒体无疑是要报道事实真相，但侧面也体现出他们无视人文关怀追求报道效果的动机。不难发现让被侮辱与被损害者内心充满恐惧的，正是那些司空见惯的，在欲望驱使下丧失底线的行为。

悲剧性事件往往是舆论关注的热点，媒体在采访报道时更要格外谨慎。随着网络时代的到来，媒体争夺受众注意力资源的竞争越来越激烈，一些记者为了争先机，不惜牺牲当事人利益，甚至公众利益，从而造成新闻伦理失范现象。记者在记录不幸时，不能只有曝光大事件的欲望，还应该有对人性的理解与尊重，学会在满足公众知情权与保护被报道者隐私之间找到平衡。传统媒体不仅是信息的传播者，也是权力的监督者、公众利益的代言人及时代的瞭望者，公众对传统媒体的信任度更高，期待也就更大。广播电视工作者有责任维护公众的知情权和隐私权不受侵犯，在悲痛面前要体现出应有的人文关怀。

三、广播电视队伍职业伦理的建设

广播电视作为党和国家重要的文化宣传阵地和信息载体，肩负着坚持正确的舆论导向、传播社会主义核心价值观、传播科学文化知识、丰富人民群众的精神生活等重要使命。随着我国广电事业规模的扩大，传播虚假信息和广告、节目内容低俗媚俗、有偿新闻甚至新闻敲诈等问题时有发生，严重损害了广电媒体的形象，传播力和公信力都受到质疑。为避免传播中的失范现象，加强媒体职业伦理道德建设对广播电视工作者的新闻采访与传播行为的规范化大有裨益。

(一)加强正确的价值观念培养

媒体从业者的思想价值观念决定了他的文化品位和审美取向，由此又决定了精神产品的价值取向和质量，特别是掌控着话筒、镜头的广电人，其思想水平、价值判断直接影响着广播电视媒介产品的思想表达和服务质量。《中国新闻工作者职业道德准则》要求媒体人应该遵循敬业奉献、诚实公正、清正廉洁、团结协作等价值观念。媒体从业者要将为人民服务放在首要位置，坚持党性原则，积极传播社会主义核心价值体系，坚持正确的舆论导向和以正面报道为主的原则，弘扬社会主义主旋律。

在我国特色的广电管理体制下，广电媒体既要时时注意传播内容的社会效果，对社会、群众负责，又要讲究经济效益，打好生存发展的基础。当社会效益与经济效益发生冲突时，经济效益必须服从社会效益，以保证社会整体利益不受损害。广播电视节目，要以对社会主义事业有利为衡量标准，一些可能产生不良影响的东西，特别是宣扬色情、暴力及其他低劣、危害人们身心健康的内容，媒体应自觉避免，不应该为了片面追求收听/视率而以低级庸俗甚至落后反动的内容去迎合受众的口味。

(二)加强媒体自律约束

媒体自律，即媒体从自身出发，加强内部的管理和规范，制定符合其自身职业特点的伦理道德规范。媒体自律一般通过自律组织、行业规约及媒体自我评价三种途径实现。西方在媒体行业自律管理方面开始得较早，我国目前也逐步强调媒体的自律约束，但在实际执行中一些自律规章往往流于形式，约束力不强。

2015年年底中国记协新闻道德委员会成立，除个别省份外，新闻道德委员会工作已在全国各地展开。新闻道德委员会是新闻行业加强职业道德建设的自律机构，把各级各类新闻媒体和从业人员纳入监管，通过新闻评议、媒体道歉、通报曝光等方式，规范职业行为、防范失德风险、推广典型经验、推动行风建设。各级委员会发挥积极作用，加强各省市地区广播电视从业队伍的道德建设，用好表彰与批评的合理机制，做到奖罚分明，发挥模范作用，形成良好行业氛围。

作为重要的行业规约，《中国新闻工作者职业道德准则》于 1991 年发布、2009 年进行了第三次修订，虽然可操作性仍有欠缺，但提出了我国新闻职业道德的准则和基本规范，如报道要做到真实、准确、全面、客观，认真核实新闻信息来源、确保新闻要素及情节准确，通过合法途径和方式获取新闻素材，维护采访对象的合法权益、尊重采访报道对象的正当要求等。2004 年 12 月，国家广电总局针对广播电视行业从业者，专门公布了《中国广播电视编辑记者职业道德准则》和《中国广播电视播音员主持人职业道德准则》，对广电职业行为做了具体的规范，责任、真实、公正、导向、品格、廉洁等成为重点强调的关键词。为保证两份文件的实施，广电总局还开展了全国广电系统的培训，并将文件内容作为广播电视新闻从业人员资格考试的重要内容。为了进一步规范和提升新闻出版广播影视战线各行业人员的职业道德，2015 年 9 月 15 日，广电总局主管的 50 家社团在北京联合签署《新闻出版广播影视从业人员职业道德自律公约》，从行业实际出发，突出行业特色和职业精神，明确提出"十个提倡"和"十个不为"，为广电从业者划清了底线。《新闻出版广播影视人员职业道德自律公约》算得上是职业规范的升级与完善，并且加大了惩处力度，将规范落到实处。

(三)强化他律制约监督

广电行业队伍中的违规违纪问题屡禁不绝，反映出不能光靠媒体内部的自律和媒体人的良知来解决问题，要严明法纪、强化制度监管，从根本上防止违规违纪事件的发生。

强化他律，要从源头上把好进人关。一些广电机构在用人上把关不严，甚至给一些非广电机构的采编人员发放记者证，损害了广电人的形象，因此，有必要在用人上建立完善的监督制约机制，构筑职业伦理道德的第一道防线。强化他律，还要加强社会群众的监督。广电从业者要广泛听取群众意见，发动和依靠群众监督，推动从业者端正行为，恪守职业道德、清正廉洁、遵纪守法，切实维护广电人良好的公众形象。强化监督，更要加强纪检监察。通过对从业者贯彻执行纪检督查，彻底整治行业不良风气，坚决查处收受贿赂、以权谋私、敲诈勒索等违法行为，营造良好的传媒生态环境。

广播电视作为最有影响力的大众传播媒介之一，是我国党、政府和人民的喉舌，加强广播电视行业从业者的伦理道德建设才能从根本上保证广播电视事业的繁荣发展。

附录1：《中国新闻工作者职业道德准则》

（中华全国新闻工作者协会第九届全国理事会第五次常务理事会2019年11月7日修订）

中国新闻事业是中国共产党领导的中国特色社会主义事业的重要组成部分。新闻工作者坚持以马克思列宁主义、毛泽东思想、邓小平理论、"三个代表"重要思想、科学发展观、习近平新时代中国特色社会主义思想为指导，增强"四个意识"，坚定"四个自信"，做到"两个维护"，牢记党的新闻舆论工作职责使命，继承和发扬党的新闻舆论工作优良传统，坚持正确政治方向、舆论导向、新闻志向、工作取向，不断增强脚力、眼力、脑力、笔力，积极传播社会主义核心价值观，自觉遵守国家法律法规，恪守新闻职业道德，自觉承担社会责任，做政治坚定、引领时代、业务精湛、作风优良、党和人民信赖的新闻工作者。

第一条　全心全意为人民服务。忠于党、忠于祖国、忠于人民，把体现党的主张与反映人民心声统一起来，把坚持正确舆论导向与通达社情民意统一起来，把坚持正面宣传为主与正确开展舆论监督统一起来，发挥党和政府联系人民群众的桥梁纽带作用。

1. 坚持用习近平新时代中国特色社会主义思想武装头脑，深入学习宣传贯彻党的路线方针政策，积极宣传中央重大决策部署，及时传播国内外各领域的信息，满足人民群众日益增长的新闻信息需求，保证人民群众的知情权、参与权、表达权、监督权；

2. 坚持以人民为中心的工作导向，把人民群众作为报道主体、服务对象，多宣传基层群众的先进典型，多挖掘群众身边的具体事例，多反映平凡人物的工作生活，多运用群众的生动语言，丰富人民精神世界，增强人民精神力量，满足人民精神需求，使新闻报道为人民群众喜闻乐见；

3. 保持人民情怀，积极反映人民群众的正确意见和呼声，及时回应人民群众的关切和期待，批评侵害人民利益的现象和行为，畅通人民群众表达意见的渠道，依法维护人民群众的正当权益。

第二条　坚持正确舆论导向。坚持团结稳定鼓劲、正面宣传为主，弘扬主旋律、传播正能量，不断巩固和壮大积极健康向上的主流思想舆论。

1. 以经济建设为中心，服从服务于党和国家工作大局，贯彻新发展理念，为促进经济社会持续健康发展注入强大正能量；

2. 宣传科学理论、传播先进文化、滋养美好心灵、弘扬社会正气，增强社会责任感，严守道德伦理底线，坚决抵制低俗、庸俗、媚俗的内容；

3. 加强和改进舆论监督，着眼解决问题、推动工作，激浊扬清、针砭时弊，发表批评性报道要事实准确、分析客观，坚持科学监督、准确监督、依法监督、建设性监督；

4. 采访报道突发事件坚持导向正确、及时准确、公开透明，全面客观报道事件动态及处置进程，推动事件的妥善处理，维护社会稳定和人心安定。

第三条　坚持新闻真实性原则。把真实作为新闻的生命，努力到一线、到现场采访核实，坚持深入调查研究，报道做到真实、准确、全面、客观。

1. 通过合法途径和方式获取新闻素材，认真核实新闻信息来源，确保新闻要素及情节准确；

2. 根据事实来描述事实，不夸大、不缩小、不歪曲事实，不摆布采访报道对象，禁止虚构或制造新闻，刊播新闻报道要署记者的真名；

3. 摘转其他媒体的报道要把好事实关导向关，不刊播违背科学精神、伦理道德、生活常识的内容；

4. 刊播了失实报道要勇于承担责任，及时更正致歉，消除不良影响；

5. 坚持网上网下"一个标准、一把尺子、一条底线"，统一导向要求、管理要求。

第四条　发扬优良作风。树立正确的世界观、人生观、价值观，加强品德修养，提高综合素质，抵制不良风气，保持一身正气，接受社会监督。

1. 强化学习意识，养成学习习惯，不断增强政治素质，提高业务水平，掌握融合技能，努力成为全媒型、专家型新闻工作者；

2. 坚持走基层、转作风、改文风，练就过硬脚力、眼力、脑力、笔力，拜人民为师，向人民学习，深入了解社情民意，增进与群众的感情；

3. 坚决反对和抵制各种有偿新闻和有偿不闻行为，不利用职业之便谋取不正当利益，不利用新闻报道发泄私愤，不以任何名义索取、接受采访报道对象或利害关系人的财物或其他利益，不向采访报道对象提出工作以外的要求；

4. 严格执行新闻报道与经营活动"两分开"的规定，不以新闻报道形式做任何广告性质的宣传，编辑记者不得从事创收等经营性活动。

第五条　坚持改进创新。遵循新闻传播规律和新兴媒体发展规律，创新理念、内容、体裁、形式、方法、手段、业态等，做到体现时代性、把握规律性、富于创造性。

1. 适应分众化、差异化传播趋势，深入研究不同传播对象的接受习惯和信息需求，主动设置议题，善于因势利导，不断提高传播力、引导力、影响力、公信力；

2. 强化互联网思维，顺应全媒体发展要求，积极探索网络信息生产和传播的特点规律，深刻把握传统媒体和新兴媒体融合发展的趋势，善于运用网络新技术新应用，不断提高网上正面宣传和网络舆论引导水平；

3. 保持思维的敏锐性和开放度，认识新事物、把握新规律，敢于打破思维定势和路径依赖，认真研究传播艺术，采用受众听得懂、易接受的方式，增强新闻报道的亲和力、吸引力、感染力，采写更多有思想、有温度、有品质的精品佳作。

第六条　遵守法律纪律。增强法治观念，遵守宪法和法律法规，遵守党的新闻工作纪律，维护国家利益和安全，保守国家秘密。

1. 严格遵守和正确宣传国家各项政治制度和政策，切实维护国家政治安全、文化安全和社会稳定；

2. 维护采访报道对象的合法权益，尊重采访报道对象的正当要求，不揭个人隐私，不诽谤他人；

3. 保障妇女、儿童、老年人和残疾人的合法权益，注意保护其身心健康；

4. 维护司法尊严，依法做好案件报道，不干预依法进行的司法审判活动，在法庭判决前不做定性、定罪的报道和评论，不渲染凶杀、暴力、色情等；

5. 涉外报道要遵守我国涉外法律、对外政策和我国加入的国际条约；

6. 尊重和保护新闻媒体作品版权，反对抄袭、剽窃，抵制严重歪曲文章原意、断章取义等不当摘转行为；

7. 严格遵守新闻采访规范，除确有必要的特殊拍摄采访外，新闻采访要出示合法有效的新闻记者证。

第七条　对外展示良好形象。努力培养世界眼光和国际视野，讲好中国故事，传播好中国声音，积极搭建中国与世界交流沟通的桥梁，展现真实、立体、全面的中国。

1. 在国际交往中维护祖国尊严和国家利益，维护中国新闻工作者的形象；

2. 生动诠释中国道路、中国理论、中国制度、中国文化，着重讲好中国的故事、中国共产党的故事、中国特色社会主义的故事、中国人民的故事，让世界更好地读懂中国；

3. 积极传播中华民族的优秀文化，增进世界各国人民对中华文化的了解；

4. 尊重各国主权、民族传统、宗教信仰和文化多样性，报道各国经济社会发展变化和优秀民族文化；

5. 加强与各国媒体和国际（区域）新闻组织的交流合作，增进了解、加深友谊，为推动人类命运共同体建设多做工作。

附录2：《中国广播电视编辑记者职业道德准则》

广播电视是当今最具影响力的大众传媒之一，是党、政府和人民的喉舌。为加强广播电视队伍建设，倡导良好的职业精神和职业道德，规范广播电视编辑记者的职业行为，特制定本准则。

一、责任

第一条　广播电视编辑记者所从事的事业，担负着传播先进文化，弘扬民族精神，维护国家利益，促进经济社会发展，推动人类文明的崇高使命和社会责任。

第二条　热爱祖国和人民，珍视国家和人民赋予的权利，全心全意为人民服务，为社会主义服务，为党和国家工作的大局服务。

第三条　忠诚党的新闻事业，坚持党性原则，坚定执行党的路线、方针、政策。

第四条　自觉遵守宪法和法律、法规。

第五条　保守国家秘密。

第六条　真实报道新闻，正确引导舆论，努力传播知识，热情提供服务，不断满足广大人民群众的精神和文化需要。

二、真实

第七条　广播电视编辑记者应该对报道内容的真实和准确负责，报道必须以事实为依据，不编造新闻，不歪曲、夸大事实。

第八条　消息来源必须真实可靠。应深入新闻现场采集第一手信息，保证新闻要素准确无误；未经证实的消息，应加以说明；除需要对提供信息者保密外，报道中应指明消息来源。

第九条　认真核实报道内容，包括基本事实、背景资料、引述转述语言等。对稿件中采用的声音、图像、数据、文件摘录及其他材料，做到真实、准确、科学、统一。

第十条　报道中的细节必须真实，不加以拔高、想象和夸张。报道所采用的声音、图像均应来自新闻现场或与报道主题相关的采编活动，而非个人编造或拼接。

第十一条　在报道、说明、解释和评论事实时，要全面把握和正确反映社会生活的本质和主流，避免因为报道肤浅、片面而导致公众对事物的判断产生偏差或错误。

第十二条　报道一经发布，如果发现错误，应立即公开更正。

三、公正

第十三条　广播电视编辑记者应坚持客观公正的职业理念，坚持深入实际，调查研究，忠于事实，追求真理的职业精神。

第十四条　坚持准确、公正、全面、客观的报道原则。不从个人或小团体利益出发进行影响公共利益的报道。

第十五条　区分报道事实和评价事实，不将评论或猜测作为认定的事实发表。

第十六条　不参与任何可能有损于自身公正和信誉的组织及活动；不在自己服务的媒体上发表本人及亲属涉诉事件的报道和评论；不阻挠正当的舆论监督。

第十七条　正确行使舆论监督职能，勇于批评和揭露违法违纪行为、消极腐败现象和违背社会公德的不良风气，弘扬社会正气，捍卫社会公正，维护社会稳定。

第十八条　批评性或揭露性报道要有利于问题的解决。不追求所谓"轰动效应"、哗众取宠；不以个人情绪代替政策法律、发泄私愤、中伤他人。尊重被批评者申辩的权利。

第十九条　案件报道不应影响司法公正和法律判决。不偏袒诉讼任何一方；案件判决前，不作定罪、定性报道；不针对法庭审判活动进行暗访；报道公开审理的案件，应遵守相关法律规定。

第二十条　报道中避免对种族、性别、年龄、职业、宗教信仰、教育程度、居住地等的任何歧视。

四、导向

第二十一条　广播电视编辑记者必须树立政治意识，大局意识，责任意识，坚持正确的舆论导向。

第二十二条　把好政治关、事实关、安全播出关。杜绝政治导向问题和政策性错误，不给不良言论、有害信息提供传播渠道。

第二十三条　坚持正面宣传为主的方针，及时传达党的主张，反映人民呼声，营造积极健康向上的舆论环境。

第二十四条　报道内容要符合特定的政治、经济、文化、道德、习俗等社会环境要求。

第二十五条　坚持正确的新闻价值取向，维护国家尊严、民族荣誉和社会道德规范。不宣扬利己主义、拜金主义、享乐主义的人生观、价值观和生活方式。

第二十六条　坚持把社会效益放在首位，严肃认真地考虑新闻传播的社会效果。不片面追求经济利益，不报道危害国家安全、影响社会稳定、违背社会公德、损害公共利益的内容。坚持报道的高品质、高品位，不迎合庸俗、低级趣味。

第二十七条　对重大事件、社会热点和敏感问题的报道，应注意把握分寸、时机、力度，释疑解惑，积极引导。不炒作和蓄意制造舆论"热点"，误导受众。

五、品格

第二十八条　广播电视编辑记者应恪守敬业奉献、诚实公正、团结协作、遵纪守法的职业道德。

第二十九条　尊重公民和法人的名誉权、荣誉权，尊重个人隐私权、肖像权，不揭人隐私，避免损害他人名誉的报道。

第三十条　努力营造有利于未成年人健康成长的文化环境。不传播含有恐怖、暴力、色情、封建迷信和伪科学的内容。

第三十一条　报道意外事件，应顾及受害人及家属的感受，在提问和录音、录像时应避免对其心理造成伤害。

第三十二条　尊重和保护未成年人、妇女、老人和残疾人的合法权益。报道违法犯罪的未成年人和性侵犯的受害者时，录音、图像应经过特殊处理，使之不可辨认；不公布其真实姓名，不描述犯罪过程。

第三十三条　涉及使用其他新闻来源的报道时，应尊重其他新闻来源和相关作者的知识产权。对内容的选择应忠实于原作，不断章取义。

第三十四条　尊重采访对象的声明和要求，采访时应主动出示工作证件或单位介绍信。

第三十五条　保持良好的社会形象。进行报道活动时，衣着、语言和行为要符合大众审美情趣，避免在社会上产生不良影响。

第三十六条　同行之间互相尊重，互相学习，互相支持，开展正当的业务竞争。

六、廉洁

第三十七条　广播电视编辑记者应该清正廉洁，克己奉公，反对任何形式的"有偿新闻"。

第三十八条　不利用职务之便，直接或间接地为本人、亲属及其他人谋取私利。

第三十九条　不擅自组团进行采访活动，不参加他人擅自组织的采访活动。不以任何名义索要、接受和借用报道对象的钱物。

第四十条　不以批评报道相威胁或以表扬报道相引诱，为个人和小团体谋利。不以"公开曝光""编发内参"等方式要挟他人以达到个人目的或其他不正当目的。

第四十一条　严格区分新闻报道与广告，不以任何形式从事广告和其他经营活动。不利用新闻报道拉赞助、拉广告；不以新闻报道形式为企业或产品做变相广告或形象宣传；广告和广告信息应有明确广告标识。

第四十二条　自觉遵守有关廉政的规章制度和财经纪律，自觉接受公众和有关部门的监督。

七、附则

第四十三条　全国各广播电视制作、播出机构的编辑记者遵守本准则。

第四十四条　违犯本准则的编辑记者，将在行业内通报批评；触犯党纪政纪的，给予党纪政纪处分；触犯法律的，移送司法机关处理。

附录3：《中国广播电视播音员主持人职业道德准则》

广播电视是当今最具影响力的大众传媒之一，是党、政府和人民的喉舌。为加强广播电视队伍建设，倡导良好的职业精神和职业道德，规范广播电视播音员主持人的职业行为，特制定本准则。

一、责任

第一条　广播电视播音员主持人所从事的事业，担负着传播先进文化，弘扬民族精神，维护国家利益，促进经济社会发展，推动人类文明的崇高使命和社会责任。

第二条　热爱祖国和人民，珍视国家和人民赋予的权利，全心全意为人民服务，为社会主义服务，为党和国家工作的大局服务。

第三条　忠诚党的新闻事业，坚持党性原则，坚定执行党的路线、方针、政策。

第四条　自觉遵守宪法和法律、法规。

第五条　保守国家秘密。

第六条　真实报道新闻，正确引导舆论，努力传播知识，热情提供服务，不断满足广大人民群众的精神和文化需要。

二、品格

第七条　广播电视播音员主持人应恪守敬业奉献、诚实公正、团结协作、遵纪守法的职业道德，谦虚谨慎，追求德艺双馨。

第八条　坚持播出内容与播出形式的高品质、高品位，不迎合低级趣味，拒绝有害于民族文化、社会公德的庸俗报道。

第九条　努力营造有利于未成年人健康成长的文化环境。不动员未成年人参与可能损害他们性格和感情的节目；对有可能被未成年人模仿而导致不良后果的播出内容和播出形式要加以防范。

第十条　采访意外事件，应顾及受害人及亲属的感受，在提问和录音、录像时应避免对其心理造成伤害。

第十一条　尊重公民和法人的名誉权、荣誉权，尊重个人隐私权、肖像权。不揭人隐私，避免损害他人名誉的报道。

第十二条　尊重和保护未成年人、妇女、老人和残疾人的合法权益。报道违法犯罪的未成年人和性侵犯的受害者时，录音、图像应经过特殊处理，使之不可辨认；不公布其真实姓名，不描述犯罪过程。

第十三条　同行之间互相尊重，互相学习，互相支持，开展正当的业务竞争。

三、形象

第十四条　广播电视播音员主持人直接代表广播电台、电视台的形象，言谈举止有着广泛的社会影响和示范效应，应自觉树立良好形象，维护媒体公信力。

第十五条　树立良好的声屏形象，尊重大众审美情趣和欣赏习惯。服饰、发型、化妆、声音、举止等要与节目（栏目）定位相协调，大方、得体，避免媚俗。

第十六条　形象设计要符合中华民族的文化传统，不盲目模仿境外和外国人的形象，不用外国人的名字作艺名。

第十七条　少儿节目主持人的服饰、发型、化妆、声音、举止要充分考虑到对未成年人的影响，展示积极健康向上的形象和精神风貌。

第十八条　严格约束日常行为。在工作和生活中要保持良好仪表和文明举止；自尊自爱，不参加任何有损于媒体形象、自身形象的组织和活动；要有公众人物的自觉意识，接受社会、公众和媒体较常人更为严格的监督。

第十九条　确立正确的公众人物观念。尊重观众、听众，热情礼貌地对待观众、听众；不以个人知名度和社会影响寻求利益，谋求优惠、照顾和方便；在涉及个人的纠纷中，不以强调个人工作身份和个人知名度影响、干扰和破坏法律、法规的实施。

第二十条　努力提高政治素养、文化内涵、语言能力、心理素质，保持外在形象和内在素质的和谐统一。

四、语言

第二十一条　广播电视播音员主持人要积极推广、普及普通话，规范使用通用语言文字，维护祖国语言和文字的纯洁，发挥示范作用。

第二十二条　除特殊需要，一律使用普通话。不模仿有地域特点的发音和表达方式，不使用对规范语言有损害的口音、语调、粗俗语言、俚语、行话，不在普通话中夹杂不必要的外文。

第二十三条　用词造句要遵守现代汉语的语法规则，语序合理，修辞恰当，层次清楚。避免滥用方言词语、文言词语、简称略语或生造词语。

第二十四条　表达要通俗易懂、准确生动、富有内涵、朴素大方。避免艰涩、易生歧义的语言和煽情、夸张的表达。

第二十五条　不追求低俗的主持风格和极端个人化的主持方式。

第二十六条　与受众和嘉宾平等交流、沟通，做到相互尊重、理解、通达、友善，赢得公众信赖。

五、廉洁

第二十七条　广播电视播音员主持人应该清正廉洁，自觉抵制拜金主义、享乐主义、个人主义的侵蚀，反对任何形式的"有偿新闻"。

第二十八条　不利用工作、身份之便，直接或间接地为本人、亲属及其他人谋取私利。

第二十九条　不以任何名义索要、接受和借用采访对象的任何钱物，采访活动中不提出与工作无关的个人要求。

第三十条　严格区分新闻报道与广告。不以新闻报道形式为企业或产品做变相广告或形象宣传。

第三十一条　不从事广告和其他经营活动。不将自己的名字、声音、形象用于任何带有商业目的的文章、图片及音像制品中。

第三十二条　不私自从事未经本单位批准的节目主持、录音、录像、配音工作及以个人赢利为目的的社会活动。

第三十三条　自觉遵守有关廉政的规章制度和财经纪律，自觉接受人民群众的监督。

六、附则

第三十四条　全国各广播电视制作、播出机构的播音员主持人遵守本准则。

第三十五条　违犯本准则的播音员主持人，将在行业内通报批评；触犯党纪政纪的，给予党纪政纪处分；触犯法律的，移送司法机关处理。

附录4：《新闻出版广播影视从业人员职业道德自律公约》

第一条　为践行社会主义核心价值观，追求职业理想，加强职业道德建设，遵守宪法法律法规，倡导弘扬行业良好风尚，新闻出版广播影视行业社团共同制定签署本公约。

第二条　新闻出版广播影视从业人员实行以下职业道德行为自律：

（一）维护党的领导和国家利益，不发表或传播损害党和国家形象的言论；

（二）秉持真实客观公正原则，不搞有偿新闻和虚假新闻；

（三）传递正能量，不在网络及其他媒介上制作或传播有害信息；

（四）追求健康向上的文化品位，不使用低俗粗俗媚俗的语言、文字和图像；

（五）确保制作服务质量，不提供粗制滥造的出版物、视听作品和技术服务；

（六）对社会公众负责，不制作、代言和传播虚假广告；

（七）崇尚契约精神，不做出影响行业诚信和秩序的违约行为；

（八）积极自主创新，不抄袭剽窃他人创意及成果；

（九）开展健康的媒介与文艺批评，不贬损他人名誉及作品；

（十）树立良好职业形象，不涉"黄赌毒"和违反公序良俗的行为。

第三条　签约社团将本公约相关内容纳入社团章程实施管理。

第四条　签约社团会员单位将本公约相关内容纳入与从业人员签订的聘用合同和劳动合同，并纳入与合作方签订的业务合同。

第五条　违背本公约者，根据情节轻重，由会员单位或行业社团责令其向受害人或社会公众道歉；在一定范围内批评和谴责；依据有关规定予以惩戒；按类别纳入不良行为记录。

第六条　严重违背本公约造成极其恶劣社会影响者，会员单位3年内均不予聘用、录用或使用。

第七条　邀请行业其他机构和人员加入本公约。

第八条　欢迎社会各界对本公约的实施进行监督。

第九条　本公约自公布之日起生效。

下编　业务部分

第八章　广播电视节目的分类及变化

　　"广播电视节目是广播电台、电视台所有播出内容的基本组织形式和播出形式。它是一个按时间段划分、按线性传播的方式安排和表现内容、依时间顺序播送内容的系统。"[①]广播和电视的一切社会功能都是通过节目实现的，节目的生产和日常运作依类型进行，节目安排也会按类型的特性，选择不同的时段播放。美国电视文化研究者约翰·菲斯克曾说："类别是一种文化实践。为了方便制作者和观众，它试图为流行于我们文化之中的范围广泛的文本和意义构建起某种秩序。……电视是一种高度"类型化"的媒体，很少有在既定类别范畴之外的一次性节目。"[②]对节目类型进行科学梳理，提供专业化的节目内容，能便于受众的理解和传播。

第一节　广播电视节目的分类

　　广播电视节目的分类，是指从一定目的出发，依据一定的标准，把各种广播、电视节目集合成类或分别归类。合理、科学的分类，有助于广播电视优化节目结构，合理配置节目要素，协调节目间的相互关系，提高节目大系统的运转效率。

一、分类的方法与角度

　　广播电视节目的分类多种多样，分类的名称也不尽一致。不同的分类有不同的标准、不同的作用，只要坚持分类标准的科学性、同一性，多数不同的分类系统就可以共存。从不同的角度看，广播电视节目存在多种分类依据，其类别划分也有多种方法。

（一）按节目的起源形成来划分

　　按节目的起源、发展过程来考察，可将节目分成"原生"和"派生"两类。持这种观点者认为，世界上出现最早的广播电视媒体都是以新闻和艺术节目开始广播，显示其传播功能

---

①　赵玉明、王福顺：《广播电视辞典》，219 页，北京，北京广播学院出版社，1999。
②　[美]约翰·菲斯克：《电视文化》，157 页，北京，商务印书馆，2005。

的。各国的广播电视媒体，也都在经营这两类节目的基础上经营其他节目。其他的知识教育节目、服务型节目，基本上都从这两类节目繁衍转化而来，或在其基础上兴办而来。原生节目的两大类一类严肃一类轻松，确立了节目基调的两端，为其他节目设定了标准。教育、服务类派生节目，多少带有这两类原生节目的表达"基因"，或严肃多一些，或娱乐多一些。

(二)按节目的形态来划分

节目形态受节目内容取向、容积大小、受众需求等条件影响，一般可以分为四种：一般型、综合型、专题型和对象型。

一般型节目的内容取向和受众都具有最大容量和普遍性。例如，新闻节目、广播剧、电视剧等的涉及范围广，创作取材包罗万象，不受限制，接收过程也不具有排他性，是广播电视节目的基本类型。

综合型节目具有较强的兼容性，能把知识性、娱乐性、教育性、趣味性、新闻性融为一体。当然，节目在综合时还是会有侧重，以一种内容为主，或是新闻性综合节目，或是文艺性综合节目。

专题型节目是相对于一般型节目而言的，它具有特定的内容范畴，具有指向性、集中性、系统性，用以满足人与社会的特定需求。该类别包括具有固定名称和播出时间的专题节目，如《焦点访谈》；具有特定主题或题材的专题节目，如《话说长江》；为重大政治、社会事件制作的专题节目，如"两会专题""奥运会专题报道"等。专题型节目往往制作精良，能引导社会舆论、满足受众的深层次需求。

对象型节目是以特定的受众群体为对象的节目，具有介入性、层次性和贴近性。因其能介入对象的生活环境，运用易于受众认同的手段进行传播，满足特定受众的特殊需求，所以这类节目在增强媒体与受众及社会的关系方面起着重要作用。

(三)从其他角度来划分

按选题范围分，可分为时政类、经济类、文艺类、军事类、体育类节目等；按节目体裁分，可分为消息、专题、访谈、评论节目等；按受众对象来划分，可分为少儿类、老人类，或工人、农民、军人节目等；按受众参与情况分，可分为受众参与性节目和非参与性节目；按节目来源分，可分为自办节目、联播节目、交换节目、转播节目等；按播出时间来分，可分为定期节目、特别节目(不定期)、插播节目；按传播地域来分，可分为对外节目、国内节目、地区节目等。以上分类往往会出现交叉的情况，采取的分类标准和角度不同，节目的归类也会发生变化。

二、按节目内容划分的具体类型

从上述分类中可见，按节目内容来划分比较简单、直观、实用，符合节目分类宜粗不宜细的原则。国内外通行的是"四分法"，即将广播电视节目分为新闻性、文娱性、教育性和服务性节目。

(一)新闻性节目

在广播电视节目大系统中，新闻节目是基础，其节目质量决定着整个系统的健康运行。传统意义上的广播电视新闻节目可分为消息类新闻节目、新闻专题、新闻评论等。此后随着广播电视的发展，又出现了如广播电视新闻深度报道节目、杂志型节目和谈话型新闻节目等。

1.消息类新闻节目

消息类新闻节目的内容包括简明新闻、动态新闻、综合新闻等，如《新闻联播》《新闻与报纸摘要》。这类节目通常时效性强、信息量大，因其重要性往往放在黄金时间播出。

2.新闻专题

这类节目综合运用广播电视的各种手段，深入报道某一重大新闻事件或某些具有新闻价值又为广大观众所关心的典型人物、经验、新出现的社会现象以及某一战线、地区新面貌等题材。新闻专题相比消息，节目时间更长，信息量大、报道面广，对事实进行全面、深入的分析，节目思辨性强，表现手法和结构形式更多样。

3.新闻评论

广播电视新闻评论虽然在新闻节目中所占比重不大，但其更具舆论引导的力量，在传播过程中发挥着旗帜和灵魂的作用。这类节目以传播观点为主，新闻事实往往作为立论的基础和论据呈现。按照评论自身的规格，广播电视新闻评论可分为本台评论、评论员文章、短评、编后语、述评等。其中本台评论规格最高，相当于报纸的社论；评论员文章是以评论员名义发表评论，规格稍低，这种评论员以第一人称与受众交流的方式更易于与受众接近、被受众认同；短评短小精悍，采用简洁的语言一针见血地对新闻事件进行剖析；编后语则三言两语、画龙点睛，揭示新闻的意义，给受众以启发或警醒；述评夹叙夹议，充分运用广播电视的各种表现符号融合"述"与"评"，让观众自己思考与判断。

4.广播电视新闻深度报道和新闻杂志

20世纪90年代，随着我国新闻改革的迅猛发展，广播电视新闻深度报道和杂志型新闻节目相继出现并获得好评。中央人民广播电台的《新闻纵横》、中央电视台的《新闻调查》，都是代表性的新闻深度报道节目。杂志型新闻节目则是借鉴杂志的编排方式，将不同题材、内容和样式的新闻节目串联在一起，以早期中央电视台的《东方时空》最为典型，融合人物访谈、短纪录片和深度报道而成。

5.广播电视新闻谈话节目

新闻类谈话节目也是广播电视新闻类节目的一个重要组成部分，谈话节目使大众传播通过人际传播的方式进行，增强了传受双方的交流感、亲近感。话题、主持人、嘉宾、互动是新闻谈话节目的四大构成要素，从央视的《新闻会客厅》《面对面》到凤凰卫视的《一虎一席谈》《锵锵三人行》，这类节目凭借其独特的魅力深受大众喜爱。

(二)文娱性节目

"广播电视文艺娱乐节目，是一个开放的、种类繁多的节目类别，主要指的是运用广播电视的技术传播手段、通过广播声音和电视声画的表现形式，对各种各样的文艺娱乐样式进行加工、综合、再造和创作。"[①]

从广播电视诞生起，文娱节目就一直是广播电视播出的重要内容。这类节目充分发挥了广播电视的视听技术传播手段并使用多种传播符号，充分展示了音乐歌舞、戏剧小品等各种文艺表演样式的综合魅力，营造出感染力强的视听效果。目前广播电视文艺娱乐类节目种类繁多，我国对其的归类主要有以下几种。

1. 按节目来源分

第一种是广播电视特有的艺术品种，作为广播电视独创的艺术品，广播剧、电视剧最能代表，也最能体现广播电视的特点；第二种是对社会文艺进行广播电视化加工，这类节目来源于社会文艺，但借助广播电视的传播，成为具有广播电视特点的文艺作品，如电视小品、音乐电视、电影录音剪辑、电视散文等；第三种是直接录制播出社会文艺，在播出时基本不做加工，保持其作品原貌，如文艺晚会的现场直播。

2. 按节目功能分

按照节目功能，广播电视文娱节目可分为四种：一是欣赏性文艺节目，以播送各种各样的文艺作品为主，主要功能是向受众提供娱乐，进行潜移默化的审美教育，提高受众的艺术修养和欣赏水平；二是知识性文艺节目，着眼于向受众普及、讲授文艺常识、文艺理论和文艺技艺，帮助受众理解文艺作品，掌握某一方面的文艺知识和技能；三是服务性文艺节目，为受众提供文艺方面的咨询和服务，解答各种问题，具有较强的实用性和参与性；四是评介性文艺节目，主要评价和介绍文艺作品及其创作者、表演者，将艺术评介与艺术欣赏、知识介绍巧妙结合。

3. 按艺术种类分

按艺术种类划分有利于广播电视文娱节目的编排，一般可以分为以下几种：一是音乐节目，如中外器乐、声乐、歌舞剧的音乐录音剪辑、音乐故事等；二是戏曲节目，主要包括我国的各种戏曲，如京剧、昆曲以及各地方传统戏等；三是曲艺节目，包括相声、评书等说唱艺术；四是文学节目，如小说联播；五是电影、话剧的广播电视播出以及电影录音剪辑等；六是专门为广播电视制作的戏剧节目；七是晚会综艺，即各类艺术形式的综合会演。

---

① 陆晔、赵民：《当代广播电视概论》，247 页，上海，复旦大学出版社，2010。

(三)教育性节目

教育性节目是以传播政治、思想、伦理观念和科学文化知识为主要内容,以推动全社会精神文明建设为基本宗旨的广播电视节目。在广播电视节目系统中,教育性节目是最早出现的类别之一。从本质上看,广播电视教育节目是一项直接与社会发展相联系、深入人的精神世界、促进人们心灵交流和交往的文化事业。教育性节目有广义和狭义之分,狭义的教育节目以教学形式传播各类科学文化知识,广义的教育节目则属于社会教育的范畴,有更广泛的教育职能。

1. 教学节目

教学节目通过教学形式系统教授科学文化知识,往往与学校课堂的教育内容相似或互补。根据教学内容的不同,可以分为综合教学节目、专科教学节目及应用教学节目;根据播出形式的不同,可以分为系统教学节目和讲座、专栏性节目两大类。

广播电视教学节目有其自身优势,如可以将一些实景引入教学,更加直观、形象;可以集中优质教育资源,用最好的老师、最好的实验手段;传播面广泛,学生学习方便。但这种教学节目缺乏互动,受众难以坚持参与学习,以我国教育部主办的教育频道为例,虽然该频道覆盖全国,但其号召力、吸引力有限,在受众中的影响力并不强。

2. 社会教育节目

社会教育节目就是社教节目,在国外也被称为"公共教育节目"或"公众利益服务节目"。社教节目一般设置有固定的栏目,定时播出,运用广播电视的多种表现形式、手法,对大众进行潜移默化的宣传教育,不仅让他们获得知识、提高修养,还能引导社会舆论,调节平衡社会情绪,激发受众理性思考。此类节目的时效性不突出,但表现形式生动活泼、亲切感人,主要类别有以下几种。

一是对象性节目。这是按照传播对象的特点定位,如少儿、老年、青年、女性、农民、军人等,根据不同群体的需求安排节目内容,甚至形成针对某一类对象的专业频道,如少儿频道、老年频道、女性频道等。

二是知识普及性节目。按照知识所属的领域定位,包括法律知识、科学普及、经济知识、军事知识、文艺鉴赏等。在这些知识性节目的制作过程中,有些还会引入近期的新闻题材加工形成,如《今日说法》《走进科学》等。

三是益智节目。采用益智游戏或知识竞赛等,如《开心辞典》《中国汉字听写大会》。

除类别不同外,社教节目的表现手段、节目形态丰富。有的以纪实为主,如《人与自然》;有的类似新闻节目;有的是专题节目,如《道德观察》;还有一些演讲、谈话节目,如《开讲啦》《百家讲坛》等。

（四）服务性节目

服务性节目以实用性内容为主，直接为听众、观众的日常生活、学习、工作服务。通过传播信息、解答问题和反映群众呼声，这类节目帮助受众解决日常生活、工作和学习中的各种实际问题，为社会提供直接、具体的服务。节目注重实用价值，力求满足现实社会生活中的各种服务需求。服务性节目在受到广播电视媒介重视的同时，也深受受众的欢迎，一些服务性节目的收听/视率甚至超过新闻节目，如中央电视台的《天气预报》、江苏卫视的《非诚勿扰》等。

1. 服务性节目分类

广播电视服务性节目是一个内容广泛的范畴，依据不同的标准可做不同的分类。根据节目形态，服务性节目可分为专业服务节目和综合服务节目。专业服务节目内容单纯而集中，主要提供一类知识或解决一个方面的具体问题，如烹饪方面的《天天饮食》、金融方面的《证券时间》等。综合服务节目服务项目多、涉及范围广，常常在一个节目里安排多种服务项目，涉及受众衣食住行多个方面，如《消费主张》《家政女皇》等。从具体服务内容的角度来划分，服务性节目可分为四种：一是生活服务类，以受众生活的实用需求为主，如应季商品或服务介绍、烹饪、购物、减肥、美容、摄影等，丰富受众生活；二是咨询服务类，主要是必要的咨询，如天气、交通、旅游信息等；三是人生指导类，如心理咨询、纠纷调解、婚姻介绍等；四是广告类，通过广告为社会提供经济信息服务，促进生产，指导消费，方便人们的生活。

2. 服务性节目发展现状

服务性节目不断涌现，特别是进入 2015 年后，广电总局"同一部电视剧在卫视频道每晚黄金时段播出不得超过两集"政策生效，各大卫视频道纷纷发力，竞争晚间电视剧播出之后的 920 时段，在服务性节目上展开创新，如北京卫视的《我是大医生》《暖暖的新家》《幸福的味道》、东方卫视的《梦想改造家》等。这些节目从服务出发，涉及健康养生、家居改造、美食、情感等现代人生活的多个方面，节目内容更贴近大众，节目形式也更加多元。

与《为你服务》《生活》等传统的服务性节目不同，现在此类节目中有些会引入明星以增强节目的吸引力，如《幸福的味道》每期都会有一位明星顾客。真人秀形式也被嫁接到服务性节目中，以《梦想改造家》为例，该节目每期都围绕房子记录不同家庭的居住难题和改造故事，大量的镜头真实记录了普通人家的家居梦想，改造中的邻里矛盾甚至也毫不避讳地真实呈现。这些娱乐元素的加入使服务性节目的观赏性大大增强，但随之而来的是泛娱乐化对节目服务属性的冲击，节目的实用性和文化内涵被削弱。

第二节 类型化的广播电视节目

我国的广播电视业已经结束了以数量增长为特征的粗放发展阶段，走入以外部结构调整、资源重新组合为核心的大范围调整期。为适应日益多元化的受众市场需求，融入一体化的全球性媒介市场竞争，在整合媒介资源的同时，我国广播电视借助媒介新技术的推动，走向了类型化发展道路。从我国广电的发展情况来看，其分化程度远滞后于市场细分化的要求，媒介市场发展的空间仍然很大，许多市场尚待填补，类型化的广播电视节目是广电业调整发展战略、从全方位向细分化转变的必然产物。

一、类型化的概念

"类型化"是一个特称，就其词语结构而言，属于名词"类型"加后缀"化"的"'化'字词组"；就其词意而言，表示使事物转变成类型的性质或状态；就其内涵而言，我们可以从以下几个方面去把握。第一，从存在形态上看，类型化既指被"类型化"了的类型现象，又指这种现象反映到人的大脑中所形成的概念；第二，从性质上看，类型化是人对类型之所以成为类型的一个认识和实践的过程；第三，从功能上看，类型化是延长类型生命周期，使类型与价值的相关性特征得以凸显的一种方法；第四，从目的性上看，类型化能使类型形成有利于获得高效率的规范化、系统化、规模化的发展态势。基于以上几个方面的解析，"类型化"的定义如下："'类型化'是人类在认识和把握既往以类型方式存在的事物的规律之后，有选择地对那些有利于自身生存、发展的类型事物，再度注入人的创造性劳动，使之按照人们事前规划、设计好的类型程式规范化、系统化、规模化发展的过程。'化'是事物发展变化的过程，这种过程是渐变的，而非突变的；它是系统内部性质的变化，而非单一的外在现象的更替；它是构成事物系统的各要素并联式推进，而非事物系统各要素串联式跟进。"[1]

媒介产品的"类型"概念最早在商业音乐电台的实践中产生。美国是类型化广播的发祥地，1930 年美国纽约的 WOXY 电台全天只播出古典音乐吸引固定听众，从而成为现代类型广播的雏形。1955 年美国第一家 CHR(Contemporary Hit Radio)音乐类型电台 KOWH-AM 以播出 TOP40 音乐为主，运作方式是将最热门的流行歌曲按排行榜位次高低决定播出频率进行循环播放。此后各类型电台纷纷崛起，一家电台就以一种节目类型取胜。音乐电台是美国最早、最细化、最主要的类型化广播，在音乐台中又分出古典音乐台、乡村音

---

[1] 马莳：《中国电视节目类型化生产问题研究》，2006 年北京师范大学博士生论文。

乐台、流行金曲台、黑人音乐台、爵士音乐台、动感摇滚音乐台、怀旧金曲台等。

"所谓'类型化'的节目构成，指的是媒介主动通过市场调查和研究来明确界定出具有不同社会价值、文化品位、生活态度和行为准则的目标受众的人口学特征，然后再通过恰当的节目类型来聚合和培养起对这一类型节目最感兴趣的这一人群。"①广播电视的类型化节目策略，既能在最大限度上满足不同受众群体的多样化收视需求，又便于节目本身规范化、流程化的专业生产。广播电视节目的类型可以粗略划分为新闻节目、谈话节目、文娱节目、体育节目、电视剧等几大类，每一大类通过明确的市场划分和受众定位被更为精准地类型化。以谈话节目类型为例，各大广播电台、电视台根据其目标受众的特点制作出不同类型、风格的谈话节目，如东方卫视公共讨论式的《东方直播室》和个人脱口秀《金星秀》的话题和表现形式就截然不同。

二、类型化的广播节目

从国外广播的发展历程中我们能发现，当媒体竞争激烈时，广播的生产和发展必须走适合自身的道路，而类型化广播的产生既是媒介竞争的产物，也是广播自身发展的必然选择。

类型化广播，国际上称为 Format Radio 或 Format Station，被译为类型化电台，也被称为个性化电台、风格化电台。类型化电台节目内容单一，专门播出一种节目内容；节目编排标准化、模块化，什么时间播出什么内容都有相对固定的格式和模板。类型化广播流程化操作，通过打造频道的整体面貌来强化听众对频道内容和品牌的记忆。可以这样界定，类型化广播是在一个地方频率资源充沛的情况下，在一个频率中只播出针对不同听众的某一类特别喜好的内容，以一种始终循环的编排模式播出某一固定类型的节目。

(一)类型化广播的构成

1. 特定内容

综合性广播全天的节目由多个不同内容、不同形式的栏目组合而成，不同栏目往往塑造出不同的风格以吸引受众，但类型化广播与之不同的是全天只播放某一种特定的专一内容。类型化新闻台，如东广新闻台、江苏新闻广播等，没有音乐、广播剧、戏曲等内容，全天节目内容除了新闻还是新闻，既有滚动刷新即时资讯第一时间播报新闻，又有新闻故事、新闻评论等深度解读新闻。类型化音乐电台则更为纯粹，全天播放的都是特定类型的音乐。类型化音乐电台依照频率的整体定位播出不同类型的音乐，如播放流行音乐的类型化音乐频率中往往就不会听见古典音乐的声音，固定风格的音乐成为这个音乐频率整体风格的基础和标签。同时，这种播放固定风格的"音乐流"也是广播媒体伴随性的一种回归，

---

① 陆晔、赵民：《当代广播电视概论》(第二版)，173页，上海，复旦大学出版社，2010。

即受众不用定时打开收音机找寻自己喜欢听的音乐，而是随时打开频率，就能听到自己喜欢的那类音乐。除了音乐外，类型化音乐电台中节目的内容元素还有一项重要内容——资讯，它基本上会在每小时整点或半点前后 2～3 分钟固定滚动播出，内容涵盖生活的各个方面，如民生新闻、交通、体育、天气等。在类型音乐台中，"音乐＋资讯＋广告"是类型音乐台节目的主体构架。

2. 固定模块

美国学者伊斯特曼在《电子媒介节目设计与运营：战略与实践》一书中绘制了以类型化音乐电台全天节目构成的标准模块为内容的时钟表盘，表盘显示音乐广播一小时的内容包括各种分类的音乐、资讯(新闻、天气、交通)，频道的各种版头、广告。类型化电台的内容按时钟循环方式编排，一个单元节目时间内将不同的内容元素模块化拼装，按照既定的格式播出节目。这种时钟滚动架构在美国 1010WINS 新闻电台的运作中被充分使用，在它的节目中，每 20 分钟就有 1 条重要的头条新闻，每小时播 6 次交通路况，每 4 分钟有 1 次天气预报，每 2 小时有 2 次专家对天气形势的分析，每小时还有 1 次专家对体育的点评，多年如一日的运作模式，让听众无论在什么时候收听都能听到他们喜欢的内容。国内的东广新闻台在 2006 年改版时也学习了这种模式，以 20 分钟为一个单元、全天 45 次随时报告最新资讯并提供气象、路况等信息。随着广播在网络平台的拓展，短小、片段式的内容单元可以方便地在网络上点播，可以随意拆卸和拼装的模块化是一种适应媒体伴随性和融合性创造出来的格式。

3. 竖式编排

类型化广播是流程式电台节目，以一天 24 小时为时间段竖式编排，相比传统电台以一周为时间段横式编排节目，更加符合现代受众的收听习惯。听众特别是有车一族的收听状态改过去固定收听为伴随收听，一天内随时开机随时收听，因此，对节目和主持人的依赖度和忠诚度大大降低，而对内容和频率的忠诚度加强。竖式编排契合了现代听众的收听态度和收听习惯。类型化电台竖式编排 2～3 小时的大板块节目有如下优势：取消栏目的设置使音乐"流动"起来，利于音乐的连贯播出；主持人的语言时间受到严格控制，节目更加精致，电脑自动编排歌曲节约了人力，标准化编排节目更易凸显整个频率的统一风格。

4. 点式广告植入

植入式广告是除常规硬性广告之外的播出新方式，指将广告内容隐秘地渗透、融入节目中，以非硬性广告的表现手法，在不干扰听众的状态下灌输给听众。早期电台广告一般都安排在整点或半点播出，类型化广播突破和颠覆的手法之一就是点式广告植入，将一小时节目中的广告打散为诸如每十五分钟一次即每小时的正点、一刻、半点和四十五分一次，或者每小时十分钟一次广告等。广告与节目的相融性更强，在某种程度上更容易实现节目与广告的无缝衔接，达到广告传播的高直达和高效率。于是，类型化广播中与节目镶嵌在一起的像广告又像节目的小栏目应运而生。

类型化广播通过特定的内容、固定的模块、竖式的编排和无缝的广告，让目标受众形成收听惯性。赛立信媒介研究有限公司的"广播节目评估与广告价值分析系统"，在"听众分析模块"中阐述："通过定向性'窄播'，加大目标听众的有效密度，进而从整体上扩大频道在整个广播市场中所占份额，吸引广告客户的加盟，已成为当今广播的发展趋势。"[①]媒介人员可以直接通过查寻媒体目标受众的人口统计特征，挑选出那些与目标市场消费者的人口统计特征最接近的媒体，使得媒体与市场相匹配。因此，类型化广播提出了"分割受众"理念，不追求高收听率，而追求精确到达率，多少人听不重要，关键是谁在听，这部分听众是不是广告商想要的。类型化广播不追求"名牌节目"和"黄金时段"，而是利用频率的整体品牌效应，用"分众"的概念和小众定位来锁定目标明确的听众，达到自己的精准定位。听众围绕媒体形成社群，不仅成为媒体高精准度内容的传播对象，而且由于这种高黏性和社群互动，成为媒体各类活动的固定参与者、支持者和宣传员，还能为媒体的影响力发挥"晴雨表"的作用，提供最及时、最直接的受众反馈，将广播从单纯的音频介质变为一种群体黏合剂，制造广泛的社会影响力。

(二)我国的类型化广播

我国的第一个类型化电台是 2002 年改版推出的中央人民广播电台音乐之声。音乐之声按照国外标准流行音乐频率的思路进行了节目的重新编排与设置，突出整体统一风格，弱化栏目间的差异，强调收听的随意性和广播的伴随性特征。播出后受到听众欢迎，市场份额不断扩大。

中央人民广播电台音乐之声以其类型化音乐广播一步到位，在国内广播界引起了较大反响，其所带来的连锁反应是类似类型化音乐台的频频推出。中国国际广播电台 HIT FM 对听众再一次细分，专门播放欧美流行音乐歌曲；2005 年推出的环球资讯广播从定位到节目的编排、设置都借鉴了美国纽约"1010WINS"和中广新闻网的模式，对全天的新闻资讯进行科学、合理的编排，以纯资讯、持续滚动更新为节目基本形式，打破了黄金时段与非黄金时段的区别，在学界和业界都大获好评。2003 年 12 月，中央人民广播电台经济之声全面改版，撤销了与财经无关的栏目或专栏，提出了天下财经"任意时间收听，二十分钟搞定"的节目设置思路，首次提出"轮盘式节目结构"，即在一天中人们收听广播的主要时段，将一天的财经信息、财经背景和各种动态指数每 20 分钟播出一次；通过节目直播，实现最新、最重要内容的前置播出，每天滚动播出 40 次。从全国类型化的频率来看，节目主要有新闻、音乐、交通、经济、都市、乡村、生活、文艺、旅游、娱乐、少儿、体育、老年等类别，但大体上可以分为三大类，即新闻资讯类、音乐类和特定内容类。从国

---

① 黄学平：《广播收听率调查办法与应用》，211 页，北京，中国传媒大学出版社，2006。

外尤其是美国类型化广播的发展趋势来看，类型化广播还要更加细分，但在我国由于行政和体制的限制，频率虽然越来越多但依然有限。总体来看，我国的类型化广播逐步由节目和播出模式的变化发展过渡为注重整个频道的形象打造。

三、类型化的电视节目

电视节目的类型化是在节目制作之前就已经确定的，并且有一个前提条件，就是观众的收视和传播者的意图。

类型化电视节目是按照某一类型规则体系生产出来的电视节目，除极少数一次性节目外，几乎所有的节目都是按照类型规则体系生产制作而成的，如中央电视台的《新闻联播》《焦点访谈》《艺术人生》《天天饮食》《实话实说》《今日说法》等。在众多类型的电视节目中，有些生命短暂，有些则生命力旺盛，如美国哥伦比亚广播公司的《60分钟》、美国全国广播公司的《今天》《今晚》等，都有较长的生命周期，究其原因就在于它们都是类型化程度较高的节目，即拥有较为规范的节目程式、系统的节目构思与生产，节目持续时间长、质量高，有固定的节目样态、鲜明的节目个性，能给电视观众留下深刻的印象，产生稳定的节目收视率。

在我国，随着电视台频道资源的扩张，几乎所有的电视台都存在严重的节目缺口，于是发生了种种不利于电视产业健康发展的现象，如有的电视台大部分频道都播放电视剧，有些电视台节目的重播率不断提高。导致这些现象出现的主要原因是节目数量不够，此外还有一个重要问题就是节目结构失衡，虽然有频道划分，但安排在相关频道内播出的节目与频道属性不对应，甚至不同频道播出的节目类型趋同，这是电视台节目类型化程度不高的突出表现。

在这种情况下，电视节目的制作更要充分利用电视类型化的优势，通过各种宣传手段适时引导观众关注并喜欢一种新的节目类型，引导观众逐渐形成一种新的收视习惯。电视节目类型化的总趋势是电视的类型不断增多，某种类型下的亚类型会消失或膨胀，可供电视工作者创作的范围越来越广，电视观众喜欢看的节目类型的选择余地更多。

(一)类型化电视节目的编排策略

面对网络视听的激烈竞争，电视节目在编排上力争优化，根据收视率动态调整，提高节目的传播效率。目前类型化电视节目的编排主要有以下几种策略。

1."观众流"编排

美国电视研究人员研究出一种"观众流"理论，研究者认为，观众只要选择了某个频道的节目，就会倾向于停留在该频道一直收看。"观众流"编排方法是指电视台安排一系列的节目，并且使节目与节目之间形成有机的关联与过渡，以始终吸引观众，从而在一个频道内构成延绵不断的"观众流"。这种节目编排法的主要目的是，不让观众有机会转换频道，防止观众"溢流",从而达到封锁其他频道的目的。因此,电视台不仅要强调单个节目的收视率,还要强调整体频道的整体形象,最大限度地争取目标受众的"入流"。

2. 板块式集中编排

板块式策略,又称"捆绑策略""堆积策略",即将性质相近或诉求对象相同的节目集中编排在相邻的时段,形成一个相对完整的节目板块,播出时间通常在两小时以上;这种编排可以尽可能地吸引具有相同视听趣味的受众的持续收看,从而提高频道的整体收视率。以湖南卫视周末的综艺编排为例,在周六的《快乐大本营》之后接续大型季播综艺,吸引目标受众始终驻留频道,这样的集中板块很好地培养和巩固了受众的收视习惯。

当然板块式节目的编排并非几个节目的简单叠加,而是对节目内容与时段的优化组合,将各个节目的内容视为板块内的一个有机组成部分,按照一定的内在联系与规律编排组合起来的。依其编排标准的不同,板块式节目一般又可以分为三种不同的节目模式:内容集约模式、对象集约模式和混合模式。

3. "吊床式"编排

这种节目构成就好像吊床两端被系在较高的地方那样,在节目编排中,会将一个收视率相对低或不易预测的节目,特意安排在两个较受欢迎的强势节目之间。由于受众视听行为的"沿袭效应",中间节目也能获得相对较高的收视率。不过,选择这种策略时,也要注意排在中间的节目不可以太弱,否则中间的弱势节目可能导致受众流失太多而产生"溢流"作用,后续节目的"吊床"效应无法发挥。2015年广电总局发布"一剧两星"政策之后,多家卫视在节目编排上采用了"吊床式"手法,在7点30分开始的两集电视剧和10点档综艺节目中插入新节目,形成920节目带。在承上启下的重要时段,北京卫视推出了《生命缘》《我是大医生》等高质量的节目,与电视剧、综艺节目上下勾连,避免了收视低谷。

4. 节目导入编排

所谓节目导入编排,即强化一个时段的首、尾节目对中间节目的影响力;其中整个晚间黄金时段的第一个节目更被称为"开场节目",奠定了整个晚间节目的基调。编排人员甚至认为赢得了黄金时段的开场节目,也就赢得了整个晚间的收视率,黄金时段的开场节目甚至影响了整个星期的收视率表现。目前周五晚9点档的综艺节目可以说是各大卫视周末收视率竞争的重要开场,其收视率的高低直接影响着整个周末综艺带节目的表现,更直接影响着各大频道在受众心目中的排位。

5. "帐篷式"编排

"帐篷式"编排方法与前面的"吊床式"刚好相反,是指用一个强档、热门节目来拉抬前后节目的收视率,就像帐篷一样形成中间高、两端低的形态。这一编排策略的假设是:观众可能会因为害怕错过某一档喜欢的节目,而提前转到此频道等待,中间的主打节目结束后,紧随其后的节目也会因为强档节目的牵引效应而受益。例如,浙江卫视在《奔跑吧兄弟》这一强档节目之后安排了与之关联的《跑男来了》，在进一步加强强档节目影响力的同时，也可切实提高后续节目的收视率。

6. 无缝过渡编排

电视受众面临的选择越来越多，"转台"现象不可避免，尤其是在节目之间的广告时间。无缝编排策略的目的就在于防止两档节目之间留下明显的"破口"，以便将前面节目的受众顺利导入下一节目，实现节目与节目间的无缝过渡。美国全国广播公司最早开始采用这一策略并收到良好效果，从而引得其他电视机构纷纷效仿。通常有以下几种节目过渡方式：节目开头的无缝过渡，即一开始就以扣人心弦的主体内容直接锁定受众的注意力，延缓到节目开始几分钟后才出现主标题；节目结尾的无缝过渡，越来越多的节目倾向于在节目尾声同时叠加制作群字幕，或者在出字幕的同时播出节目的精彩镜头剪辑、拍摄花絮；节目间歇的无缝过渡，在节目之间或节目段落之间，快速多变地插入片花，形成节目间歇，又不至于流失观众。

(二)类型化的电视节目生产

类型化的电视节目生产，就是在现代化大生产条件下，具有较高专业素养的从业人员，运用先进的电视技术和设备，在满足不同类型受众的收视需要的同时获取最大效益，按照既定的电视节目类型程式进行高效率的电视节目生产过程。

需要特别指出的是，尽管类型化的电视节目生产强调生产过程的规范性，强调节目类型程式的稳定性，但不等于类型化的电视节目生产就是一劳永逸、一成不变。诚如大卫·麦克奎恩所说的那样："类型反映着一个社会中占有统治地位的价值观念。然而，同那些价值观类似，类型也并不是固定和不可置疑的。类型在改变着，亚类型在发展着，新的类型在形成着。在某些时候那些看起来是"标准的""可接受的"和"常规的"东西，几年以后就会变得陈腐、过时，不能再被接受。"①类型化的电视节目生产是一个相对封闭但又绝对开放的过程，不开放就不能推陈出新，就会失去类型的生命力。所以，在稳定中存在、在变化中发展，才能在螺旋式上升的态势中不断前进，使所生产的电视节目永葆旺盛的生命力。

1. 类型化的电视综艺节目生产

电视综艺节目作为电视节目的主力军之一，在国内电视荧屏上占有重要地位。类型化是我国广播电视业的必经之路，我国的电视综艺节目必须在类型化的路径中寻找切入口和突破口。但目前我国类型化电视综艺节目在发展中也产生了很多弊端，如大量的同质化节目出现。节目的类型化带来了节目模式毫无顾忌地抄袭，呈现出一种表象的浮华，而本质

---

① ［英］大卫·麦克奎恩：《理解电视——电视节目类型的概念与变迁》，24 页，北京，华夏出版社，2003。

上这种克隆缩短了电视节目的生命。

媚俗化则是类型化综艺节目生产中的另一个问题，根据李普曼的"拟态环境"理论，类型化的电视节目在一个时期集中出现，会带来虚拟环境的失衡以及人们对现实价值取向的失衡。往往特定类型的综艺节目收视率高，这一类型的电视节目会成为这一时期的紧俏商品，如歌曲选秀类综艺节目的火爆在全国上下掀起了选秀热潮，对平民偶像的趋之若鹜构成了一种病态的价值取向。

解决上述问题需要在类型化生产中注重创新，通过节目形态的版权引进、节目形态的多元融合、大众生活形式移植等技术手段在同质化竞争中胜出。类型化的综艺节目生产在讲究娱乐的同时也要讲究格调，要正视自身的文化传播责任，同时要创造品牌，建立稳定的收视群体，延长节目的生命周期，解决由类型化节目带给观众的审美疲劳所导致的关注度下降的问题。

2. 类型化的电视剧生产

进入 21 世纪，我国电视剧的类型迎来了一个繁荣期。在这个时期，我国的电视剧类型发展呈现三个特点：一是已有的类型继续发展成熟；二是新增的类型不断探索；三是类型创作手法应用题材的范围扩大。电视剧类型化生产机制趋于完善。

首先是导演创作的类型化发展，最具代表性的便是谍战剧。从 2002 年的《誓言无声》到后来的《梅花档案》《一双绣花鞋》，再到 2006 年的《暗算》、2008 年的《潜伏》，谍战剧创作达到高潮，成为一个成熟的电视剧类型。导演的创作对新类型产生的作用十分明显，以《媳妇的美好时代》为例，一部电视剧糅合了多种类型元素，既是家庭伦理剧又可看作婆媳剧，还融入了都市情感剧元素，足见导演对于类型元素的自如运用对一部电视剧的成功有举足轻重的作用。

其次是叙事元素的类型化转型。电视剧是叙事的艺术，每一种电视剧的类型和次类型在故事背景、角色设置、事件安排和价值观体现上都可以遵从本类的类型常规。例如，所有的家庭剧和爱情剧中都必不可少的类型化场景"家"，家庭伦理剧中经常会出现的类型化人物形象"大哥"或"大姐"。在成功的电视剧类型作品中，我们总能看到一些熟悉的场景或身影，而其中又会融入自身独一无二的特色。电视剧类型的规范不仅体现在其外在的表现形式上，同时也包括了电视剧内在传达的价值观念，例如，《奋斗》中对年轻人为爱情事业努力奋斗的表现，将健康向上的价值观潜移默化地融入剧情当中。

虽然近年来我国电视剧创作跟拍成风，谍战剧、家庭剧、宫廷剧成堆出现，但类型化创作成为主流的同时我们更要看到类型创新的重要性。类型化创作要求创作者不断引用新的角度和表现手法，赋予作品以新鲜的面貌和气质，不断地寻求新的刺激点，而不是一味地照抄原有的成功模型。

3. 类型化的纪录片生产

何苏六教授曾经把我国的纪录片划分为 4 个时代：政治化纪录片时期(1955—1977 年)、人文化纪录片时期(1978—1992 年)、平民化纪录片时期(1993—1998 年)和社会化纪录片时期(1999—2004 年)。有学者认为，"2011 年央视纪录片频道开播之后，中国的纪录片已经迎来了第五个时期：类型化商业纪录片时期"①。传统的纪录片是典型的精英文化，个人色彩浓厚，大多都是反类型、个性化的影片，但是这些影片并不能被广大观众接受。《舌尖上的中国》之后，我国类型化商业纪录片的制作进入正轨，随即央视又推出了一大批美食类型的纪录片。通过这些纪录片的投石问路，以《超级工程》为代表的科技类纪录片也开始出现。

国外几大著名的纪录片播出机构如英国广播公司、日本广播协会早已经开始遵循类型化的创作方法制作纪录片，日本广播协会更是把纪录片的放映栏目化，某个时间段固定播放某种类型的纪录片。上述两家机构近几年备受好评的纪录片全部为类型化的作品，英国广播公司的《冰冻星球》就是最典型的自然类纪录片，日本广播协会的《映像的世纪》则是史诗类纪录片。

纪录片类型化之后有两大意义。第一，对纪录片创作进行价值松绑。类型化创作最大的作用在于解放创作者的思想，并不是所有的纪录片都要被赋予忧国忧民的沉重意蕴。《舌尖上的中国》播出之后，部分观众高度赞赏，而另一部分观众则质疑其缺乏人文关怀，出现这些争议的原因就在于我国一直未能建立起成熟的类型化纪录片产业。类型化创作之后，纪录片原来也可以用来娱乐，也可以轻松愉快，类型化后的纪录片还能继续承载一些社会关怀。第二，有利于批量生产纪录片，满足观影需要。类型化的纪录片创作不仅可以保证纪录片创作质量的稳定与制作周期的高效，也可以满足观众的某种收视期待，培养特定的受众群体。目前纪录片的类型化生产主要有三种：主题类型化、人物类型化、叙事类型化。我国的商业纪录片大部分都采取了主题类型化，三个颇为成功的纪录片恰恰是三个典型的类型化创作：史诗类纪录片《大国崛起》，工业、科技类纪录片《超级工程》，美食类纪录片《舌尖上的中国》。类型化的纪录片对制作规律的归纳和提炼，加上其示范作用，必然会引发创作者的学习与借鉴。

我国类型化纪录片的生产还存在不少问题，如创作大多集中在自然、美食两大类型上，播出渠道有限也是一大制约。另外，类型化生产还带来了另一个问题——跟风。有些类型化创作只是遵循一定的模板，满足观众的期待心理，并不时在内容上雷同甚至抄袭。跟风甚至抄袭可能在短时间内吸引观众的眼球，但要想保持长久的生命力几乎不可能。目前我国的纪录片基本上还停留在主题类型化的层面，还没有见到叙事类型化和人物类型化

---

① 吴胤君：《从〈舌尖上的中国〉看中国纪录片的类型化》，载《新闻知识》，2014(11)。

的例子，而真正的类型片制作正是扎根于叙事类型化和人物类型化上的。故事叙事方法和人物的塑造基本上还没有模板可言，影片的质量直接依赖导演的个人能力，这导致我国商业纪录片的水平参差不齐，而这些都是商业影视制作中不该出现的问题。

第三节　娱乐化的广播电视节目

喜欢娱乐是人的天性，自人类诞生以来，娱乐就是人类生活的组成部分，不同区域的人们通过各种形式来表达和释放自己的情感，加强人与人之间的情感沟通。随着人们生活水平的提高，精神和文化占的消费比例越来越高，这就促进了娱乐产业化的形成。

20 世纪 90 年代以来，我国的传统媒体向市场化转型，传统媒体不再单一地强调宣传功能，娱乐功能日渐突出。商业化的主导使广播电视行业迅速迎来一股娱乐化风潮，而且愈演愈烈、势不可当。国内各大卫视纷纷加入这场热潮中来，湖南卫视和上海卫视首先以选秀节目一炮走红，随后浙江卫视和江苏卫视以明星真人秀和相亲交友节目在综艺市场上占据有利位置。央视也在不遗余力地改革创新，新闻的报道形式和报道内容更加多样化，主持人的播报方式更加亲民化，综艺节目也在花样翻新。各大省级卫视也加入混战，结合本土特色推出受观众喜爱的娱乐节目，如河南卫视的《汉字英雄》、山西卫视的《人说山西好风光》等。各级广播电台在节目制作上不断创新，节目形式异彩纷呈，众多交通广播打出轻松陪驾的口号，注重节目的服务性、娱乐性和互动性，吸引到很多固定听众。广播电视的娱乐化已经是大势所趋，它们主动迎合人们的精神文化喜好，满足人们的精神文化需求，以花样繁多的节目争取受众的收听/视率份额，同时，以收听/视率来争取广告商的投资，获得经济收益。

在这个收视率为王的时代，媒体之间的竞争可谓刀光剑影、战火纷飞，节目娱乐化的程度越来越高，管理和控制的难度越来越大。波兹曼在《娱乐至死》一书中提到他的担忧，一切公众话语都日渐以娱乐的形式出现，并形成一种文化精神。如今不少节目化严肃为轻松，化深刻为肤浅，化幽默为低俗，节目同质化严重，缺乏创新，在社会效益和文化价值的传播上仍有待提高。

一、娱乐化的广播

一直以来，广播作为主要的大众媒介之一，承担着向社会传播信息、服务社会、娱乐大众的功能，为人民服务，丰富人们的精神生活，推动社会的发展。广播以声音为传播载体，听众在收听时可以"一心二用"，再加上广播的易受性，广播的传播内容更易于听，易于理解，所以广播的适用范围较广，人们可以边听广播边做其他事情，如开车、做家务等。广播具有即时性，能够将新闻事件的最新进展迅速报道。交通广播及时报道最新的路况信息，服务正在开车的司机朋友，拥有了很多忠实的听众。

在娱乐化泛滥的今天，广播的功能随着自身的发展需求和时代发展的需要做出了调整，娱乐功能明显增强，社会功能逐渐弱化。广播新闻节目的形式丰富多样，如加入音乐转场等；主持人的语气更加亲民，以播报和说新闻为主，避免生硬的报道；内容上，除少数政令性的新闻外，广播更青睐富有趣味和人情味的新闻，广播内容的选材越来越贴近人们的生活，成为人们茶余饭后的谈资。各级电台致力于打造有特色的品牌主持人，利用明星效应形成口碑。广播脱口秀和谈话类节目的种类和数量大大增加，内容板块设置的差异性明显，加入音乐、方言、竞争答题等元素，主持人注重与观众的沟通交流，节目利用微信、微博等接收观众的反馈，以接听热线等方式与观众实时互动。在中央人民广播电台播出的新闻娱乐脱口秀节目《海阳现场秀》中，主持人用幽默的点评调侃新近发生的趣闻，分享主持人身边的趣事，主持人轻松自然的模仿和搞笑为工作一天的人们舒缓疲劳，带来欢笑。

然而，一些主持人为了制造节目效果，营造轻松愉悦的氛围，把说变成调侃。这种不加节制的调侃，使节目的文化内涵大打折扣，交流变成流于形式的闲聊，主持人之间的这种自娱自乐，长期发展下去必然会使听众厌倦。节目主持人应当加强自身知识素养的建设，以知识气度吸引人，以文化沉淀感染人。

二、娱乐化的电视

电视是一种声音和画面同步传播的媒体，视听兼备使其更具发展娱乐功能的优势。报纸主要以文字、图片、漫画等形式传播内容，广播主要以声音形式传播信息，表达情感。这两种传播方式的传播渠道相对单一，报纸对受众群体知识水平的要求较高，而电视传播内容的易受性、传播速度的及时性、传播渠道的多样性等特点，使得娱乐节目在电视节目的形式和内容制作上有更大的创新空间，为电视娱乐节目的发展和流行奠定坚实基础。

（一）电视娱乐节目的发展

随着电视娱乐节目在我国的流行，其节目形式不断丰富，以最初的《综艺大观》为代表。它以歌曲和舞蹈串联为主要的节目形式，与观众的互动较少，观众只是承担着看客的功能。20世纪末，湖南卫视主导了我国大陆地区娱乐节目的新风向，主持人与明星游戏互动的娱乐节目抓住了观众的眼球，节目中加入了观众与明星的现场互动。然后，草根时代到来，观众走上台前，成为节目的主体。这种选秀类的比赛海选出各个区域的优胜者，经过几番激烈的角逐，根据选手的现场表现，由评委打分和观众支持率综合评出名次，胜出者一夜间从草根变成明星。另外，益智类节目从各个年龄段的普通大众中选取具有相关知识储备的人成为具有比赛资格的选手，通过答题的形式进行竞争，胜出者即可获得奖励。这种节目形式注重知识性和娱乐性的融合,高度调动观众的注意力,电视机前的观众在家中和选手一起答题,今天的观众也可以成为明天的选手,如《幸运 52》《开心辞典》《一站到底》等都属于这种类型。现在,户外真人秀成为当下最为流行的娱乐节目形式之一,起初以引进国外版权为主。这种类型节目投资多、规模大,将拍摄场地从室内搬到了户外,脱离了演播室的限制,节目全程记录拍摄,尽量真实地展现明星生活。节目通过游戏环节的设置,利用明星之间的竞争,激发出更多的趣味性和可看点。户外真人秀注重与观众线上和线下的互动,播出前征集网民在爱奇艺上的投票,选出观众认为会胜出的明星,为节目的播出预热;观众会参与到真实的录制中来,并成为节目游戏环节的推动力量,粉丝为明星提供信息,帮助明星了解游戏的实时进展情况。这种互动性和不确定性,使真人秀"真"的特点更加突出,观众观看时的代入感更强。娱乐节目娱乐的是大众,重视与观众的互动是推动娱乐节目发展的重要策略。

在电视娱乐节目的发展过程中涌现出一些问题,如节目同质化严重、创新性不足、缺乏文化内涵等。一档节目火了,各大电视台争先恐后地推出其复制品或改良版,消耗观众有限的注意力资源。我国的电视行业不能安于现状,应当大胆创新,争取打造出更多拥有自主版权的娱乐节目品牌。我国的网络综艺在创新方面贡献突出,由优酷和银河酷娱出品的原创节目《火星情报局》点击率颇高。它利用优酷土豆的大数据库筛选出关注度较高的话题,在节目中进行讨论,形式活泼,深受年轻人喜爱。这是继爱奇艺打造的《奇葩说》成功掀起网络综艺风波后的又一剂猛药。电视娱乐节目要解放思想,积极寻求合作,借助网络的大数据和云计算,准确把握观众喜好,制作出观众喜闻乐见的电视娱乐节目。电视娱乐节目要寓教于乐,注重文化内涵的传播。有文化底蕴的节目才更具有打动人心的力量。中华文化博大精深,从民族文化中汲取营养,是打造我国娱乐文化品牌的必由之路。

(二)泛娱乐化风潮

随着娱乐节目的兴盛,我国电视媒体出现泛娱乐化风潮,娱乐的功能被无限放大,电视传播信息、引导舆论、教育社会的功能被弱化。过度娱乐表现在娱乐节目中,如一些选秀节目在展示选手才艺的同时刻意强调选手身上的悲情故事,故意煽情来吸引受众关注,还有一些真人秀节目利用孩子的无意识言行故意炒作,制造噱头。过度娱乐甚至渗透并影响了新闻节目,严肃的新闻节目的时长缩短,新闻内容、形式偏向软化、消遣,新闻品位降低,走上低俗、庸俗的道路。

泛娱乐化节目的大量出现有其正面影响,拉动了不少电视台的收视率,满足了受众心理需求,推动了电视制作方式的跨越式前进,节目技术手段和创作手法都呈现明显的更替和变革。但其更助长了社会的浮躁风气,庸俗的内容挑战、消解了社会的主流价值观,使人们在娱乐中降低了精神追求,减弱了媒体传承教化的责任担当,负面影响不容小觑。

为防止过度娱乐化和低俗化倾向,2011 年广电总局下发了《关于进一步加强电视上星综合频道节目管理的意见》，要求各地方卫视从 2011 年 7 月起在 17：00—22：00 黄金时段娱乐节目每周播出不得超过三次，人们称之为"限娱令"。此后 2013 年广电总局又向各大卫视下文，规定每家卫视新引进版权模式的节目不得超过一个，歌唱类节目黄金档最多保留四档，被媒体称为"加强版限娱令"。2016 年广电总局正式发布了《关于大力推动广播电视节目自主创新工作的通知》，要求真人秀节目一年只允许播一季，不得过度重播娱乐节目，新引进境外版权的节目第一季不得在晚 10：30 之前播出且需提前两个月向广电总局备案。这一"3.0 版限娱令"进一步遏制了过度娱乐化，推动了电视节目特别是原创节目的创新创优。

广播电视的娱乐化发展势不可当，但是广播电视的良性发展离不开制度的监督和引导，相关部门要把握我国广播电视的发展实际，尊重发展规律，通过完善法律法规合理有效地引导媒体的发展方向。

第九章 媒介融合背景下广播电视节目的生产流程

第一节 广播电视节目的生产流程

一、广播电视节目的传统生产流程

(一)节目策划

1.节目定位

《定位》是美国营销大师艾·里斯和杰克·特劳特应《广告时代》杂志的邀约,发表的一系列有关营销新思维的文章的合集。《定位》被誉为"有史以来对美国营销影响最大的观念"。目前艾·里斯是全球500强企业微软、宝洁等的营销战略专家。杰克·特劳特创立的特劳特伙伴公司,成为美国最负盛名的国际营销咨询公司之一,在全球26个国家设有分公司。

两位成功的营销战略家在书中提出,在传播过度的社会中,消费者的心智接收信息的能力是有限的,必须通过技巧在消费者思维中找到合适的位置,给产品合理的定位,才能被单纯的心智接收并认知。所谓"定位",即围绕消费者的消费心理,为产品进行合适的设定,从而使消费者更容易认知并接纳产品。也就是说,策划活动要从产品出发,但要始终围绕消费者来进行。这里的消费者,当然也包括广播电视节目的受众。因此,定位这一营销策略也同样适用于新时代的广播电视节目。

(1)节目主题定位

在传统节目策划的内容中,节目主题是策划节目时首先需要考虑的内容。

主题即主要内容。

①主题来源

传统节目策划时的主题选择主要来自官方热点、线人线索、个人兴趣三种渠道。

官方热点,指由事件的授权发布者(部门)与已知的可信媒介平台所发布或认证的备受关注的事件消息,这些消息往往不具有及时性,但重在可靠度高。

线人线索，很多媒体的记者都会在某些领域内"正好"有熟知的能够为自己提供可靠内部消息的人，也就是俗称的"线人"；传统线索的获得有两种形式，一是记者的线人提供消息，二是热心电话提供消息。在网络不发达年代的广播电视节目中，观众对主持人话语中的"热心市民打来电话"等语句十分熟悉，而在新时代下，受众接触到的更多是"朝阳群众""热心网友"等此类在网络上流行的词汇。

个人兴趣，即策划者本人经历的或感兴趣的领域。这一渠道是传统主题选择上，除官方热点外最常发挥作用的选择类型。因此，很多由策划者本人兴趣点出发的节目因为与受众的喜好不同而与受众产生了一定的距离。

②主题确定

传统节目策划的主题选定，往往由内容决定其重要性。

首先时事政策为必播主题：作为喉舌单位，广播电视平台首先承担的是对国家政策宣传的责任，政府机构的大小会议，均在广播电视单位收到通知后进行拍摄制作并播出。

其次是社会热点：新闻一向是广播电视平台的立台之本，重大社会热点新闻事件往往考验着一个电视台或广播电台的专业能力。对社会热点捕捉的越及时越深刻，越能够体现平台的业务能力。专业能力的高低是能否获取受众信任的重要元素。

再次为民生服务：传统的地方广播电视台与当地百姓民生的联系较国家广播电视台更为紧密，为民服务也一直是广播电视的一项重要内容，从为百姓服务中获得的亲切感也是赢得受众信赖的必要元素。

最后是娱乐综艺：在传统广播电视节目中，娱乐内容是继政宣、服务后占比最大的一项内容。

（2）节目形式定位

在确定好节目主题后，策划人员紧接着便要商讨需要使用何种节目形式来更好地表现该主题。

节目形式，即节目主题的外在包装，指展现预期表达内容的手段和方式，是传统节目策划中十分重要的一环。策划者首先根据主题确定节目类型（新闻节目、服务节目、科教文艺节目、综艺节目等），相同类型的节目可以有不同的节目形式。例如，新闻类节目可以根据其新闻的轻重缓急分为新闻直播节目、新闻消息节目、深度报道节目、新闻谈话节目等。

（3）节目主持人定位

在传统节目的生产流程中，节目的内容和形式都确定好之后，便可以开始进行主持人的选定工作。例如，少儿节目需要挑选可爱亲切的哥哥姐姐型主持人，深度报道类节目则需要庄重严肃的大叔型主持人来展现其调查力度。

根据不同类型节目的要求，主持人的选择也分别具有不同的倾向性。

新闻类节目的主持人，往往需要一副严肃认真的面孔，可以驾驭新闻严肃性的气场，性格稳重踏实，不过分活泼，且具有较高的新闻素养和较强的思维能力。

服务类节目的主持人，要为受众提供一定的生活信息和服务，因此，挑选主持人时应倾向于选择亲和力较强的女性主持人，无论从声音上还是从样貌上都能给人踏实的诚信感，使观众能够轻易接受并相信主持人所提供的服务信息。

科教文艺类节目，则需要主持人具有一定的科学、文学和艺术素养，从而能够及时准确地解读所播报的内容，主持人至少看起来要具有一定的知识储备和较强的探索精神。

综艺类节目的主持人是国内最受欢迎的节目主持人。此类节目需要主持人性格外向，思维灵敏，具有高度的临场应变和掌控局面的能力，在与嘉宾进行良好互动交流的过程中，引导嘉宾顺利完成节目流程。

（4）节目受众定位

在传统节目策划中，预期受众并不是第一个被考虑的。受众往往被动地接收节目组自行决定的所有内容。在绝大多数传统节目中，节目与受众之间，似乎总有一个无形的隔板，这个隔板把节目创作者和节目受众阻隔起来。

同时，传统节目的受众划分往往过于笼统化、大众化，大多数节目抱着追求"老少皆宜"的效果进行节目定位，以求信息接收度的最大化，对受众的细分并没有过多尝试。

2. 节目策划

广播电视节目生产的最初成果是节目策划案，有了详细的策划方案，节目的全体创作成员才能够直观地了解策划者的想法，从而更好地理解和执行方案。

广播电视节目的策划案需要详细地列举出设计节目的初衷、希望达到什么效果、目标受众等各种问题，从而使审查者和节目组成员能够对自己即将面对的工作内容和预期效果一目了然，做到心中有数，合作密切。

（1）策划内容

首先，电视节目策划主要解决的是节目做什么和如何做的问题，因此，如何写明白策划背景是策划者需要考虑的基础内容。

其次，节目流程是策划的重点内容，策划通过后需要分发给各个部门作为节目录制的指导，因此，录制过程和内容必须写得十分详细，以便全组人员能够顺利进行操作。

最后，节目配置、营销和预算需要全面考虑所必需的设备、人员等问题，从而能够给审批领导呈现最直接的费用成本。

（2）策划要求

①策划内容求真

无论新闻节目，还是娱乐节目，作为大众传播媒体，都要对所传递的信息的真实性负责。因此，在策划过程中，要仔细审核策划内容，做到对不确定的消息要及时求证，对没有证实的信息不盲目传播。

②策划形式求新

新节目的策划并不是套用模板写台词这样简单的活动，而是需要在策划时充分考虑已知的节目模式，并进行一定程度的改造的。在跟风现象严重的电视媒介中，只有内容和形式创新，才能使节目具有真正的生命力。

③策划过程求变

策划是需要一定时间的活动，在策划活动进行时，原方案很可能在调查过程中出现难以预料的变化，因此，在策划时就需要将事物的变化充分考虑进去，当变化出现时，便可随机应变，处变不惊。

(3)策划示例

以下以电视节目策划为例，展示节目策划方案的写作内容。

《一周大事件》

电视节目策划书

第一部分：策划背景

随着网络节目的飞速发展，人们对电视节目的认知和欣赏态度有了极大的变化，尤其是新闻类节目。枯燥严肃的新闻报道不再被观众认可和接受，在这个"娱乐至死"的年代，任何节目都要加入一些娱乐特质才能博得观众的青睐。一向以客观公正为要求的新闻类节目也难逃时代的潮流。于是，电视平台上出现了另一种性质的新闻节目——新闻内容更加平民化，新闻语言更加诙谐化，新闻主持更加个性化。但同时我们不得不面对正处于社会转型期的中国所出现的种种矛盾与问题，如何在物质文明极大丰富的同时，使得我们的精神家园保持积极、健康的发展方向与状态，是值得我们思考的。

《一周大事件》即顺应潮流编创的娱乐化新闻节目。旨在以诙谐幽默的调侃方式，对校园及其周边发生的大小事件进行报道和简要评论，增加学生对本校事件的关注度。

第二部分：节目设定

一、节目名称

《一周大事件》。

二、节目类型

娱乐化的新闻节目。

三、节目主旨

关注身边事，告诉你我他。

四、节目目标

针对一周内在校园及其周边发生的新闻事件，重点打造一档具有娱乐风格的新闻节目，让更多的人关注身边新闻，扩展个人认知，提高思辨能力，以求更好地改善校园氛围。

五、节目定位

这是一档集真实、诙谐、犀利、娱乐于一体的新型新闻节目，旨在以幽默的娱乐态度报道严肃的新闻事件，让枯燥的事件趣味化，从而被更多的学生观众所接受并认可，最终达到扩大大学生知识储备量、增强大学生思辨能力的目的。

六、节目特色

《一周大事件》的主持人相较于传统新闻节目的主持人，少了严肃的扑克脸，多了幽默态度，以吐槽的方式调侃身边的新闻事件，在报道新闻事实的同时，增加评论内容，形成"一本正经地胡说八道"的风格。

七、节目特点

1. 简洁：节目组搜集并筛选了校园及周边发生的真实事件，用简短的语言进行概括和总结。

2. 诙谐：节目中的遣词造句具有更强的趣味性，紧跟网络潮流，用语更加口语化。

3. 个性：节目并不反对主观观点，主持人可以充分展现个人性格与特色。

八、节目风格

节目真实、民主，具有调侃性，不仅对新闻进行发掘和报道，也将校园的问题与矛盾呈现在观众面前。将诙谐的语言融入严肃的新闻节目，为新闻节目注入一丝崭新的生命力。

九、目标观众

《一周大事件》关注的是校园及其周边的事件，其目标观众为学校师生及其周边的商户和住户。

十、叙事方式

《一周大事件》的叙事方式是简洁化、诙谐化的。以视频采访资料提供新闻内容和材料，主持人用简洁的语言概述事件并以诙谐的语言一针见血地进行一句话评论。

十一、主持人串联风格

这档《一周大事件》内容简短，风格直接，因此主持人的串联形式以直接为主，没有花哨的串联词，无论报道还是评论都干脆利落。

十二、单集节目构成

1. 片头、音乐。

2. 主持人开场白：《一周大事件》，为搞事情而生！搞事情！搞事情！搞事情！我是搞事情的×××。

3. 展示相关内容短片，进行新闻概述：如一周楼梯事件，一周考试事件，一周比赛事件，一周旅游事件，一周考勤事件等。（略）

4. 对单个事件进行叙述和评论。（略）

5. 总结、结束、片尾。

十三、节目长度

节目长度为 30 分钟。

十四、播出时段

校电视台新闻频道下午时段(17：30—18：00)播出，每周五一次。

十五、播出形式

录播。

第三部分：摄制及人员配备

一、拍摄

1. 器材：拍摄采用单机位拍摄(以中近景为主)，运用灯光等现场效果。

2. 场地：以新闻演播室为主要录制场地。

3. 服装道具：租用或借用个性服饰。

二、人员设置

主持人(1名)：负责新闻播报及评论，把握节目氛围与节奏；

编导(1名)：负责每期节目的策划、串词撰写、拍摄导演，把握整个节目播出的相关事宜；

摄像(3名)：外景拍摄、节目现场拍摄；

编辑(1名)：负责节目的剪辑、合成、包装；

制片人(1名)：对节目进度、拍摄质量、制作环节和经费收支负责；

灯光(1名)：负责节目录制期间的灯光安排；

化妆师(1名)：负责节目录制期间主持人的服装、化妆、补妆等镜头前的形象塑造。

第四部分：节目营销

一、节目优势分析

新闻是立台之本，每一家电视台都要有一档优秀的新闻栏目。《一周大事件》紧抓校园新闻，关注校园生活，为学校师生提供新闻资讯和评论，让校园人知校园事，校园人评校园事，校园人乐校园事，是频道不可或缺的重要节目。

二、节目市场分析

《一周大事件》具有较强的评论性，节目时间较短，节目内容贴近受众生活，可预见观众接受度将较高。

三、广告市场分析

可选取校园周边利益相关的商户进行节目冠名/特约播映、整体栏目冠名等，让他们进行广告赞助。对赞助商的反馈形式有以下几种。

1. 每一集《一周大事件》的片头：《一周大事件》由××赞助商冠名播出/特约播映；或直接采用《××赞助商一周大事件》由××赞助商冠名播出/特约播映。《一周大事件》的片尾也可以采用相同的手法。

2. 每一集《一周大事件》一开始，主持人都会以"本节目由××赞助商冠名播出/特约播映"来提醒观众注意。节目尾声亦然。

3. 在《一周大事件》的节目标识旁进行活动展示，突出广告商的标志。

4. 现场设备，如话筒、大屏幕、桌椅摆件等，都可以加装广告商标志。

四、节目预算分析

1. 设备：摄像机3台，设备租用实时费用。

2. 场地：校新闻演播室，场地租用实时费用。

3. 服装道具化妆：租用，200元/次。

4. 后期制作：个人电脑或非线编实训室，无费用。

(二)节目取材

当初期的节目策划方案通过审核批准后，节目组需要快速获取策划方案中所提到的节目素材，即进入节目取材阶段。

1. 核实取材内容

节目取材阶段不仅仅是对已知素材的拍摄，节目制作人员首先需要考虑的不是去哪儿拍摄素材，而是拍摄什么素材。具备真实性与准确性的素材才是可以拍摄的素材。

对从不同渠道获得的信息，作为非当事人，节目制作者获得的已经不是第一手资料，因此其真实性和全面性会大打折扣。作为大众传播媒介，节目在传递信息的同时，必须担负起对受众负责的社会责任，这就要求节目必须传递真实可靠的信息。在不能完全确定材料真实的情况下，制作者不可匆忙地进行节目制作。

对于非官方渠道发布的信息，核实材料可以通过以下几种方式：

第一，寻找事件当事人进行信息核实；

第二，寻找官方渠道或专家进行内容核实；

第三，寻找其他与事件相关的媒体信息，进行多方面的信息整合工作，进行材料分析核实。

2. 选择取材内容

在所掌握的材料经调查属实的基础上，并不是所有的真实素材都需要进行拍摄。在素材选取时需注意以下几点。

（1）此素材是否符合传媒政策要求

作为大众传播媒介，广播电视需要向大众传递积极正面的信息，迷信、反动、暴力、血腥等内容，都不是大众传播的范围。要时刻注意选取的素材中是否会出现不便于在广播电视平台上呈现的内容，如果存在，要及时过滤。

（2）此素材是否具有广电传播特征

传播媒介需要的素材具有一定的传播性特征。

首先，声音或画面清晰是最基础的特征要求；其次，内容符合大众审美倾向是达成信息传递的保障；最后，便于后期的剪辑运用是对素材的高级要求，即在取材的同时就要考虑好后期如何剪辑使用，尽可能减少后期无法使用素材的现象。

（3）此素材是否可以较全面地反映信息内容

素材的使用以传递有效信息为第一目的。无法准确地表现信息内容的素材是无效素材，广播电视节目的时间都比较短，与电影不同，并不需要大量的空镜头来引发观众遐想。广播电视节目承担的是在有限时间内传达信息的任务，因此，所选素材一定要具有极强的信息性。

3. 记录取材内容

对传统的纸媒来说，文章的素材绝大多数是对事件当事人或经历者的采访，记者用录音笔录或手写的方式进行话语内容的记录。

在广播节目中，广播领域的素材记录方式与传统纸媒记者的记录方式相似，也是记录被采访者的话语，取材时可以只收集声音，执行起来较电视来说更简单。而在电视节目的取材中，记者则必须拍摄下清晰完整的音视频影像。

电视节目领域的素材记录，不仅需要记录声音，还需要记录画面镜头。这些视听同步的画面可以比较全面地记录被采访者的生活环境和情绪姿态，相较于单纯的声音能够更丰富地展现素材的真实性。

进行记录时需要做到以下几点。

（1）核实时间地点，检查记录器材

取材前，需和被访者提前约定好时间地点等，并对取材需要的设备，如录音笔、摄像机、话筒、摄影灯的电量、存储空间等做好一系列的检查，以确保取材顺利进行。

（2）选择合适环境，引导人物状态

素材的选取既要符合传播要求也要符合策划要求，因此，在环境场景选择时，需要仔细考虑适合录制的场地，一方面可以使素材更清晰，另一方面也能够更好地引导被访者进入采访氛围。

（3）注意现场变化，做好临场反应

当取材过程中突发情况时，一方面要及时向策划人员进行反馈，另一方面权衡是否继续录制。当有人身危险时，以"安全第一"为首要原则。

对进行棚内采访或游戏等电视节目的录制，过程会更简单，采用棚内的固定和游动机位就可以完成大部分节目的拍摄。

棚外的录制则较为复杂，因为要面对变化多端的自然与社会环境，对节目组的考验较大。

（三）节目制作

节目素材拍摄结束后，就要进入紧张的制作活动，在传统的广播电视节目的生产流程中，普遍有专业的后期部门进行节目的后期制作。

1. 制作流程

（1）移交素材和策划方案

执行素材拍摄的小组将取得的素材和前期的策划方案一同交接给后期部门，后期部门根据策划方案选择合适的素材剪辑制作节目。

（2）挑选素材并剪辑

后期小组的成员往往不参与前期的策划和执行，因此在挑选剪辑素材时考虑更多的是哪些素材更符合剪辑规律，剪辑成品多少会与真实的拍摄过程有些出入。

（3）添加特效并进行音视频合成

在广播节目中，后期剪辑的都是声音素材，除了现场采集素材外，还可以根据节目效果，加上适量的音效或音乐渲染氛围。同样，在电视节目剪辑中，除了画面的组合外，最重要的就是与之相配合的声音的制作。

（4）添加片头片尾进行节目输出

形成栏目的节目一般都有固定的片头和片尾，仅有一期的节目，也需要制作合适的片头片尾。形成一个完整的节目后，才可进行最后的输出。

2. 制作方式

大部分节目的制作，会遵循一些戏剧要求，使节目具有一定的故事性、节奏感，并加入大量的后期效果，使节目看起来比录制时更有趣味性。

3. 制作时间

节目的制作时间一般比录制时间要长，但是也非常紧张。播出的频率不同，要求也不同，日播节目的制作时间较周播节目的制作时间就短得多，与此同时，制作周期越短的节目，后期精细度越低。

（四）节目审核

后期制作完成的节目并不是直接就可以播出的节目，必须要经过领导部门的审核同意后才能够在平台播放。

审核主要包括内容审核和格式审核。

1. 内容审核

作为党和国家的喉舌，广播电视节目的内容要时刻与时代政策保持紧密联系，节目制作者在紧张疲惫的制作周期内，很可能会忽略一些本不应在节目中出现的不合时宜的素材。为了避免大众传播媒介向受众传递不良信息，造成不良影响，因此在播放前，需要将成片递交上级部门进行内容审核。

2. 格式审核

内容审核是第一位的，当内容通过后，还需要把格式关。尤其是对栏目化的节目，格式的准确性也是领导审核的重要内容。

(五)节目播出

1. 播出模式

(1)直播

直播的概念："广播电视节目的播出与后期合成同时进行的播出方式"是《广播电视辞典》对"直播"一词的解释。

直播的内容：最常见的直播为"新闻直播""重大活动直播""体育赛事直播"等。

直播的配置：导播和导播台。

电台导播是电台主持人的助手，帮助电台主持人接听听众电话，并选取电话接入直播间；帮助电台主持人拨通嘉宾电话，并将电话接入直播间；帮助电台主持人过滤和节目无关的电话、骚扰电话、与国家法律法规相违背的电话；帮助电台主持人抽取短信平台的幸运听众；帮助电台主持人记录听众电话；提醒电台主持人接收和挂断电话；帮助电台主持人在节目出现问题时和技术部门联系；帮助电台主持人处理直播间外的其他事情。

电视导播，在这种类型的拍摄中，各台摄像机都不配备存储设备。各路视频信号直接通过信号线传输到一个被称为"视频切换台"的设备上。电视节目制作人员操作视频切换台，根据电视表现规则从多路信号中选择一路输出到录像机。这样拍摄完成后，也就完成了电视节目的初编。在多讯号导播过程中，对不同镜头、不同机位的选择，决定了影视作品的画面呈现度的表现力。

导播台一般由音频调节器、多屏显示器、电脑主机构成基础配置。时代发展对演播室和操作台都有更高的要求标准，声音的还原能力、画面的清晰度、后期的剪辑技巧等都在不断精进，三种设备本身并没有根本性变化，但每个设备的内部配置和操作方式都会根据技术的发展而不断变化。

(2)录播

除了一些有实效限制的节目外，大部分节目都使用录播的模式。

录播的优势有以下几点。

第一，把握节目时长。录播更符合栏目化的节目要求，对节目时长等能更好把握。

第二，降低录制风险。在节目录制期间，会出现各种各样的情况，直播节目的风险会更大。录播可以给原本就高强度工作的节目制作者更多的修整空间，使他们能够对节目中出现的偏差进行修正。即使是春节联欢晚会这样的大型直播节目，也会在导播间准备好提前录制的彩排素材，以备直播现场出现意外时进行调整播出。

第三，减轻工作压力。相对于直播节目来说，录播节目在录制期间更加灵活多变。当主持人或嘉宾突发状况时，可进行第二次或第三次拍摄，无形中减轻了节目录制人员的压力，一方面可以避免节目组人员过于疲惫，另一方面也可以使主持人或嘉宾以更加放松的姿态进行节目录制。

第四，提升整体效果。因为录播节目可以不断地修改，所以在节目录制过程中可以规避不太满意的镜头或环节，及时进行修改，重新拍摄，无形中提升了节目效果，使整个节目更符合策划人员的预期。

录播的缺点：因为节目会根据导演的要求进行反复录制，所以一些节目可能会产生不真实的效果；嘉宾重新录制后的状态可能会不如第一遍的状态，使节目的质量在某一方面有所缺失。

2. 播出时间

经过对受众作息时间的了解，一些特定的广播电视节目往往会在一些固定的时间段播出。

（1）新闻时间

每天早上 7 点、中午 12 点和晚上 7 点都是新闻节目时间。无论广播电台还是电视台，都会在这些时间播送新闻资讯。除此以外，电台或电视台一般则选择在整点播送一段简短的新闻节目。

（2）黄金时间

黄金时间对广播节目和电视节目来说有不同的定义。

对广播节目来说，黄金时间指下班高峰和深夜 10 点以后，收听率高的节目都在这些时间段播出。而对电视节目来说，《新闻联播》结束以后的 8 点到 10 点才是它的黄金时间。

（3）重播时间

众所周知，广播电台和电视台播送节目是没有休息日的。无论星期一还是星期日，受众都能通过电台、电视台收听或收看节目。但是节目的制作具有周期性，一些经典的或者收视率高的节目就会被安排在一些收听或收视群体不是特别多的时间段进行再次播送，即节目的重播时间。

二、广播电视节目生产流程的创新

(一)广播电视节目生产所面临的严峻形势

在媒介融合大背景下,作为无线传播领域的带头人,广播这一技术早已不足以吸引并引导受众的欣赏与消费。电视在高速发展的科技环境下,也开始慢慢品尝传媒行业老大哥曾经的辛酸。如何使广播电视节目继续生存,是广播电视节目的创作者亟须慎重考虑的首要问题。

在如今的传播领域,广告商是支撑传播平台的重要支柱。广告商最看重的,是消费群体。对于广播电视节目来说,所有的听众与观众都是隐性的消费者。

根据研究统计,2017 年在广播收听终端方面,超过 50% 的消费者选择使用车载收音系统,使用手机、便携式收音机和电脑网络收听广播的听众加起来还不到 50%。

广播这一老牌领域在网络和移动新媒体的双重夹击下,仅剩下"车友"这一显著消费群体。据公安部交管局统计,截至 2017 年 3 月底,全国汽车保有量达 2 亿辆;据工信部发布的《2017 年 10 月份通信业经济运行情况》,我国三大运营商的移动电话用户总数达到了 14 亿。很明显,在 2 比 14 的消费者大战中,广播绝对没有优势,因此快速失去了广告商的青睐。

电视从 2015 年广告投放总量首次下滑开始,就一直没能摆脱萎靡的状态。据统计,从 2011 年起,电视节目的人均收看时长就在不断缩短,从 2011 年的 168 分钟,到 2015 年的 156 分钟,短短 12 分钟的差值,却真实地将电视平台的广告投放量切回了五年前。即便如此,相对于传统纸媒来说,广播电视平台依然能保有一定数量的固定受众,而且这个数量仍足以获取广告商的资金投入,但是,这个投入额仅仅足够勉强维持平台的运营。图 9-1 反映了 2016—2017 年各媒介广告刊例花费变化。

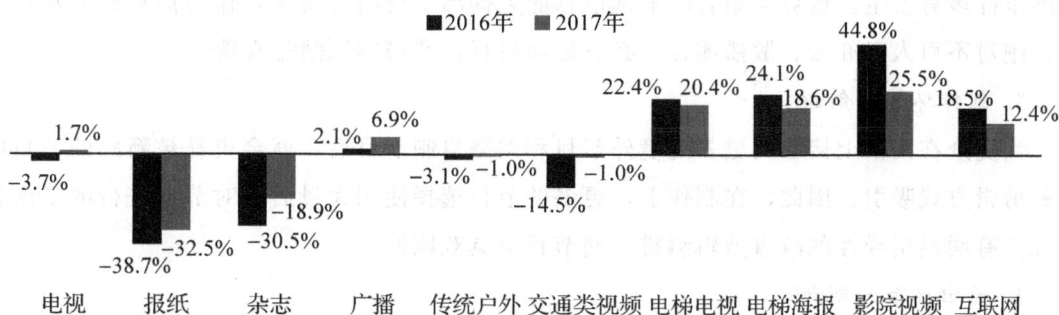

图 9-1　2016—2017 年各媒介广告刊例花费变化(CTR 媒介智讯)

因此,在运营资金有限的情况下,广播电视媒介必须把所有的节目都摆到台前进行筛选,仅留下最能够吸引受众和广告商的节目,遵循商品化市场经济的规律,从传统的综合性节目向创新型类型化节目进行转变。

创新不仅指节目内容的创新，更是节目形式的创新。这些创新，以原有模式为基础，从生产流程开始，进行紧追时代步伐的新的尝试。

节目的创新并不是指抛弃传统，而是在遵循经受了时间考验的有效程式的基础上，进行具有时代性的创造。

(二)广播电视节目生产流程的创新

1. 策划环节的创新

在内容第一性的传统节目策划中，策划者首先考虑的是节目的选题和意义。但是在人人都能做节目的新媒体的冲击下，传统平台也开始尝试把主持人或嘉宾作为节目策划的首要考虑因素。

在网络时代，电子信息技术的突飞猛进为广播电视节目开辟了新的战场。网络与移动端以不可估量的势头，迅速发展成为广播电视节目重要的传播平台。节目制作内容与形式可以更多地考虑广告商和受众的喜好。

参照影视圈的"明星效应"，主持人的个人魅力在这类节目中成为前期策划时吸引受众的一项重要考虑因素。例如，《晓说》《十三邀》等便是由主持人的风格特色出发而策划节目的主要形式。

2. 取材环节的创新

网络移动媒体的发展，为传统的节目策划者提供了更多的方便。

节目策划者从苦于没有节目灵感和线索，到每天被网络上海量的新闻所淹没，使得节目内容的丰富性有了极大的提高。

但与此同时，节目策划者也面临着分析辨别真假消息的重大考验。在网络上，人人都可以发表言论，各种渠道的信息鱼目混珠，有些人为了夺人眼球、吸引流量，编造不实信息的事件多有发生。这对策划者的筛选信息能力提出了更高的要求，作为信息的大众传播者，绝对不可人云亦云、散播谣言，必三思而后行，严谨辨别消息真伪。

3. 制作环节的创新

当受众在网络上接触到更多的境外节目和网络自制节目后，就会更易被新鲜的节目内容和剪辑方式吸引。因此，在制作上，更多的节目选择使用大量后期对节目进行的二次包装和具有明显引导性的故事剪辑编排，使节目更具戏剧性。

4. 播出环节的创新

播出环节是融媒体环境下广播电视节目的最大创新点。

网络移动端是广大青少年受众的主要活动平台，坚守在收音机这样相对不方便的播出设备前显然不会是最明智的选择。因此，从中央人民广播电台、中央电视台到地方电台、电视台，都在传统平台播放的基础上，开始运营专属自己的网站和移动社交账号，并在这些新平台上进行节目的同步或重复播送。有些节目甚至会选择网络或移动端为它的第一播送平台。

随着融媒体形式的快速发展与普及，在许多新闻现场，"一人多平台同时直播"已经不再是令人惊奇的场面，同时为报刊和电视台拍摄图片与视频，已然成为新闻记者的一项必备素养。

第二节　广播电视节目的构成要素

广播电视节目之所以比传统纸质媒介更具生动性，是因为其对声音与画面的运用。即使在新媒体热闹异常的发展氛围下，也离不开使用这两个元素作为节目创作的基础。

一、广播电视节目的声音

（一）语言

所谓语言，特指人类进行沟通的交流方式。动物之间的语言并不在此列。语言是广播电视节目的构成基础。

无论新闻节目还是音乐节目，都离不开语言。在新闻节目中，主持人和现场记者的语言是对事件最直接的描述；在音乐节目中，主持人的话语是对情感最完美的诠释。而在电视节目中，主持人和嘉宾的语言更是节目内容推进不可或缺的重要元素。由此可见，语言在广播电视节目中的重要性表现在三个方面：第一，传递有效信息；第二，掌控节目走向；第三，调动观众情绪。

（二）音乐

在声音元素中，音乐是比人类语言更早出现的一种表达人类情感的形式。可以说，音乐是人类的第二语言。

音乐以其独特的旋律与节奏创作，成为情绪和氛围的最佳表现方式。无论广播节目还是电视节目，都离不开氛围的渲染与烘托，于是音乐也成了广播电视节目中的一项重要内容。

在广播电视节目中，一般出现的音乐被称为"节目音乐"，作为节目流程的一种编辑手段而存在，当音乐成为节目的主要传播内容时，则形成了独特的"音乐节目"。

（三）音响

音响不同于音乐的写意性，音响具有极强的写实功能。

所谓音响，即环境中出现的除语言与音乐外的其他声响，如风声、雷电声、动物叫声、车轮声、鸣笛声等。对这些在现实场景中出现的响声的使用，可以带给受众身临其境的感觉。

二、电视节目的画面

具有声音的画面，是电视在兴起时最大的竞争优势。作为电视传播信息的主要途径之一，画面承担着与声音同样重要的作用，主要表现在三个方面：第一，使信息更加真实化；第二，使信息更加形象化；第三，使信息更加丰富化。

三、广播电视节目的播音员与主持人

（一）播音员

播音员主要在新闻节目中出现，播音员主要从事对已创作稿件的信息传递工作。

（二）主持人

主持人相对于播音员来说更具创造性。除了掌握稿件内容外，还需具有极强的临场反应能力，能够全方位地掌控节目现场的情况，关注嘉宾状况，了解观众需求，调整现场氛围等。

第三节 广播电视全媒体演播室的建设

全媒体，顾名思义即全面包含各种媒介形式的体系。2011年被视为我国移动互联网突飞猛进的开端。提起这一开端的形成，就不得不提推进移动互联网飞速发展的两大推手——新浪微博和腾讯微信。

2009年，新浪门户网站发布新浪微博内测版，微博正式走进我国网民的生活。2011年1月21日，微信首发其1.0测试版。

新浪首席执行官曹国伟在第三届全球互联网大会上提出，智能手机和平板电脑的出货量、销售量都已远远超过了个人电脑和笔记本电脑的数量。当时，我国智能手机的出货量正以每年2000万的数值飞速增长着。

截至2012年3月，仅仅用了433天，微信用户数便已突破了1亿大关。而据互联网数据中心统计报告显示，2012年我国的智能手机出货量也仅有1.82亿部。到2013年10月，腾讯微信的用户数已经超过了6亿，每日活跃用户数约为1亿。据《2016微信数据报告》显示，9月微信平均日登录用户数为7.68亿，50％的用户每天使用微信的时长达90分钟。

也是在2011年，传播学学术界逐渐有人开始讨论"全媒体"这一概念。此前，"全媒体"这一词汇一直未在学术界被正式提出，仅仅出现在行业的应用层面。然而，随着智能终端使用率的惊人增长，媒体形式开始发生突飞猛进的变化。

　　截至 2015 年年末，我国 6.88 亿的网民中，使用手机上网的达 6.2 亿，在全球网民中排行首位。手机成了继电脑之后最受欢迎的上网工具。

　　手机应用软件也开始成为众多商家的投资战场，游戏不再是手机小程序的主要开发内容。由于现代社会交流模式的改变，社交类 App、新闻类 App、视频类 App 等，这类既具有社交性又具有新闻性和娱乐性的类型软件，开始迅速瓜分手机程序的市场份额。

　　这一变化为媒体从业者和爱好者开辟了新的战场。越来越多的媒体人开始自发地在手机端发布消息、文章、视频等，网络媒体更是竞相发布自己的手机应用程序。一些刚刚跨入网络平台的新媒体，甚至直接弃网络投手机。

　　广播和电视在短短的十几年时间内，被轻松挤出了流行媒体的行列。媒体从业者不得不开始慎重思考广播电视行业的前进方向。至此，"全媒体"的概念开始引起人们的关注。

　　2011 年，北京电视台、东方卫视等都开始了新型高清、交互、多媒体新闻演播室的构建活动。

　　在传统广播电视制作的过程中，演播室几乎只需完成节目录制这一单项任务，设备配置较为简单，控制台、演播台、背景、灯光和摄像就构成了演播室的全部。然而，在全媒体时代，一档节目要从策划开始就考虑好节目的播出方式，既要能够继续在传统平台上播出，又要能够及时在其他媒介上出现，以博取更多的关注，适应时代的要求。因此，发布渠道——报纸杂志、广播电视、网络电讯等不同，对演播室的设置要求也有了更多要求。

一、板块设置

(一)报纸杂志板块

　　在新兴媒体繁荣异常的今天，报纸杂志并没有完全消失在公众的视野中，有些在相关领域中甚至仍然具有举足轻重的地位。全媒体演播室需要为纸媒记者提供必要的信息编辑平台，使得传统纸媒记者能够及时捕捉信息进行现场编辑与传播，更好地扩大传播广度并提升新鲜度。

(二)广播电视板块

　　广播电视板块除保留原有配置外，还开始向高清晰摄录设备转变。这一变化来源于电视厂商对高清设备的研究和制作，越来越多的智能高清电视进入了受众的视野，这些电视培养了观众对于高清视频的需求，而这一需求则带动了电视节目制作者对于高清设备的需求。

　　与此同时，全媒体演播室的创新也在于高新技术的运用。360 度的拍摄角度、实时抠像与渲染技术、无轨跟踪、虚拟场景运动等技术，把演播室大屏和虚拟场景完美结合起来，在简化节目制作步骤的同时，使节目画面有更强的视觉吸引力。

(三)网络电讯板块

　　全媒体演播室最大的变化是将网络和移动端媒体直接引入演播室，实现实时的多媒体互动，节目可以同时在网络与移动端上进行直播或信息发布，也可以在直播过程中与网友进行互动，甚至可以根据网友的反馈进行节目内容的调整。

二、制作优势

全媒体演播室的制作优势有：增强节目技术活力、提升节目创作空间、加强节目观众联系。

三、人员要求

(一)了解技术能力

在全媒体信息发布的时代，节目工作人员需要全面掌握各种媒体发布技能，既要根据不同的平台灵活转换传播语言与内容，又要时刻关注各媒体的技术变化与更新，并及时学习跟进，使自己成为"全媒体人才"。

(二)了解用户需求

全媒体时代开始了一个更加注重用户体验的传播形式，用户需求可以在便捷的新媒体上及时进行发布和反馈，网络的广泛性使得这些反馈被无限放大，对节目造成了不可预料的效果，因此，节目制作者需要更加注重受众的需求，尽可能及时跟进各平台的用户数据，以分析节目的效果。

(三)了解市场变化

全媒体时代开始于网络大数据时代，技术的发展使得数据的获取越来越容易，相对于传统调查公司问卷式的统计，大数据时代的信息量能够更加及时并直观地为调查者提供准确信息。因此，通过大数据来了解受众市场的变化更加容易。只有了解受众市场，才能更好地了解用户，从而更好地进行节目制作。

全媒体演播室是广播电视媒体极力推进媒体融合的产物。在当下多种媒体并存的时代中，受众数量有限，各种平台使尽浑身解数争夺受众，但竞争并不是解决生存空间问题的唯一办法，媒体融合是媒体在这个时代良性发展的更好的方式。

第十章　广播电视节目的编排与制作

第一节　广播电视节目的类型与编排原则

广播电视作为现代社会信息传递的一种重要工具，起到了非常大的作用，然而随着多种新兴媒体的涌现，广播电视节目的编排与制作不再适合环境需要。如何增强广播电视节目的竞争力，如何在节目的编排与制作上更吸引人们的眼球，显得越来越重要。

一、广播电视节目的基本类型

广播电视节目的内容繁多，涉及的领域广泛，要给节目归类并不容易。按照节目内容，大体可分为新闻类、文艺娱乐类、教育服务类三大类别；按照播出方式，可分为直播类节目和录播类节目；按照受众定位，则可以分成一般综合性节目和特定对象性节目；按照节目来源，则可分为自办节目、联播节目、交换节目、转播节目、购买节目；按照节目形式，可分为主持人节目和非主持人节目、受众参与性节目和非参与性节目等。

我国早期的广播电视节目，形式和内容都比较单一，编排也比较随意。如果从中华人民共和国成立到改革开放之初的广播电视节目类型看，新闻类节目、文艺类节目、教育服务类节目这三个大类基本囊括了我国广播电视节目的所有类别，被业内称为广播电视节目的三大支柱。

在这一节目类别框架下，每一类节目又可细分为若干子目。其中一些子节目随着广播电视业的发展而不断丰富和完善，还有一些则逐渐式微甚至消失。

(一)新闻类节目

广播电视新闻类节目传统上大致可分为消息类新闻节目、新闻专题节目、新闻评论节目、电视新闻纪录片等类别。随着广播电视行业的发展，新的节目形态不断出现，如广播电视新闻深度报道、新闻杂志型节目、新闻谈话类节目等。

1. 消息类新闻节目

消息类新闻节目大体包括动态新闻、简明新闻、综合新闻等，如中央人民广播电台的

《新闻与报纸摘要》和中央电视台的《新闻联播》。在早期综合类广播电台和电视频道中，这一类节目因其重要性，播出时段往往在黄金时间，也就是开机率最高、收听收看人数最多的时段。对广播节目来说，黄金时间通常是早晨 7 点到 9 点，而电视节目则是晚上 6 点到 8 点。

2. 新闻专题节目

广播电视新闻专题节目与报纸的特稿、通信颇有类似之处，相对于动态类的简明新闻、综合新闻来说，可以用较多的时间、较长的篇幅来对新闻进行较为详尽深入的报道。

3. 新闻评论节目

这一类节目以传播观点为主，新闻事实往往作为立论的基础和论据呈现。实际上我国早期的广播电视节目当中没有自办的评论节目，甚至没有自己撰写的评论内容，而是根据需要在简明新闻、综合新闻节目当中播报重要的报纸社论和评论。改革开放之后，我国广播电视新闻节目才有了自己撰写的评论内容。

4. 电视新闻纪录片

在我国早期的电视新闻事业中，业内往往将时长较短的新闻称为"电视新闻片"，它时长一般为两三分钟；对时长相对较长的新闻，如 10 分钟左右的，就称为"新闻纪录片"。然而，此二者在表现手段和影像风格上区别不大。业界人士认为，早期的"新闻纪录片"无法等同于后来的"新闻类纪录片"，前者在电视新闻的发展过程中逐渐演化为"新闻专题"，而后者题材广泛、风格多样，往往是现实性题材当中与新闻事件、社会问题和社会现象关系较密切的部分。例如，《中华之剑》《大京九》都有可能被认为是新闻类纪录片，甚至一些大型文献纪录片如《邓小平》，也有可能被划归此列，因此要严格归类会比较困难。

(二)文艺娱乐类节目

早期的广播电视文艺节目，主要是运用广播电视这一先进的传播手段来扩大其他文艺样式的传播范围，因此大多是对其他的文艺形态进行一定的加工后播出，或者直接播出。随着广播电视市场化程度的提高，文艺娱乐类节目发展迅速，一些新的节目形态和样式开始出现。广播电视文艺节目的一个变化是流行音乐成为广播电视文艺娱乐节目的主体，音乐 DJ 作为节目主持人主导节目中音乐内容的选择和编排，热线电话参与和听众点歌则成为重要的节目形式。

1. 广播文艺的基本类别

我国广播文艺的基本类别主要包括音乐节目、评书、小说连续广播、诗歌散文、曲艺和戏曲节目、广播剧、电影录音剪辑等。除了广播剧外，其他的都是将已有的文艺表演或文学样式照搬到广播节目里，或者根据具体情况对这些文艺表演做一点加工以更符合广播的传播特点。

2. 电视文艺的基本类别

我国早期的电视文艺节目里，音乐、舞蹈、杂技、评书、戏曲曲艺、戏剧等既有的文艺样式直接在电视上播出的情况十分常见。此外，我国电视上曾经播放大量电影，也是早期电视被老百姓称作"小电影"的一个缘由。加工节目也是很重要的部分，最典型的莫过于电视综艺节目和电视晚会。例如，1996年中央电视台春节联欢晚会联合上海东方电视台和陕西电视台，将分别设在北京、上海、西安三地的演播室的表演内容通过卫星传送，融合为一台电视晚会。这些表现方式既传递出原有的文艺样式的艺术价值，又展现出电视传播的特殊技术优势，为原有的文艺样式增加了艺术感染力，因此深受观众喜爱。

3. DJ主导的广播流行音乐节目和听众点播

在目前的广播文艺娱乐节目当中，流行音乐节目占据大块的播出时段，并且与流行音乐产业紧密结合，通过排行榜等推介方式与唱片工业产生互动。在这类节目中，除了主持人和音乐编辑的串编以及对音乐、歌手的简要介绍以外，一个重要的节目样式是听众通过热线电话点播歌曲。节目有时也会加入一些小游戏和有奖竞猜环节，通过这种方式与受众互动，以便赢得市场。

4. 广播电视游戏节目

广播电视游戏节目从传统的广播电视猜谜和知识竞赛类节目发展而来，包括各种各样的广播电视节目里的有奖竞猜和电视益智问答、猜奖、互动游戏等。这类节目内容庞杂、宽泛，从演播室内进行的知识问答如《谁能成为百万富翁》到户外的各种竞技性游戏如《城市之间》都可以包含在内。竞技内容则包括从儿时游戏到日常生活的方方面面，如做菜、超市采购。

5. 电视真人秀

电视真人秀在国外叫作 Reality Show，中文也叫"真实电视"。这类节目主要指的是普通人或名人根据电视制作机构预先设定的游戏规则，以自己的身份而非扮演者的身份，参与到一个竞技类活动当中并根据规则完成这个活动。在这个过程中参与者没有剧本约束，完全是按照自己的个性、需求和目标，自由地发挥和表现。电视制作机构则将整个过程拍摄下来，制作成节目播出。这类节目的源头一般被认为是《老大哥》。在该节目中，12名经过挑选的参与者，住进一所豪宅，通过各种竞赛和投票不断淘汰，最终的获胜者可获得巨额奖金。

6. 广播电视娱乐类谈话节目

广播电视娱乐类谈话节目是商业广播电视的一个重要类别。在广播电视谈话类节目中，娱乐类的内容是很多的，主要有娱乐界名人访谈和轻松调侃的娱乐内容的谈话等。

(三)教育服务类节目

传统上广播电视节目的第三个大类是教育服务类节目。其中教育类节目又可分为教学节目和社会教育节目两类。专门针对特殊群体开办的对象性节目也是其中之一。在社会教育节目中，纪录片是一个很重要的方面。服务类节目则是针对日常生活中方方面面的问题，在节目当中为受众提供服务。在我国广播电视改革的过程中，服务性节目的范围也在拓展，出现了相关信息类节目、消费者维权类节目等。

1. 教学节目

教学节目重在传授相对系统的专门知识，是课堂教学的拓展延伸，如 20 世纪 80 年代中央电视台的英语教学节目《跟我学》。

2. 社会教育节目

社会教育节目的目标是普及文化知识、提升文化品位。与教学节目相比，社会教育节目并不着重于所传授的知识的系统性。从表现形式来看，它与一般教学节目的课堂传授有很大区别。社会教育节目是公共广播电视机构高度重视的节目类型。广播电视社会教育节目涉及的题材种类繁多，可以传递和普及各类知识，如天文地理、历史人文、科技、法律、社会万象等。

3. 对象性节目

对象性节目指的是针对特定受众对象的特殊需要开办的节目，少儿节目如中央电视台的《大风车》，老年节目如中央电视台的《夕阳红》，农民节目如中央人民广播电台的对农村广播、中央电视台的《每日农经》、湖南卫视的《乡村发现》，女性节目如中央电视台的《半边天》，还有军人节目等。

4. 服务类节目

服务类节目主要是通过广播电视节目解答生活中的各种难题，如广东电视台的《生活百事通》。这一类节目早期主要是讨论衣食住行的一些问题，分享日常生活的一些小窍门，如中央电视台的《为您服务》。随着我国社会改革开放的不断深入，社会转型过程中遇到的各种新问题也越来越多地进入这类节目的视野当中，如医疗问题、法律咨询问题、消费者权益问题、心理咨询问题、投资理财问题等，几乎无所不包。

5. 电视纪录片

在电视社会教育节目当中，纪录片是重要的部分，主要题材集中在历史、自然地理、人文民俗、科技等方面。

二、广播电视节目的编排原则

随着现代社会信息的快速发展，广播、电视、报纸、杂志、手机、网络等各种类型的媒体都希望在激烈的竞争中占据一席之地。广播媒体从诞生初期到排行老大，再到被电视、报纸、杂志挤压市场，复又在汽车时代流动群体增多后迎来新的发展，其间几多波折。作为众多大众媒介中传播最迅捷、最广泛的广播，目前又经历着全国广播频道的迅速增多和同质化节目泛滥的问题。为了使广播节目在各个频率间，特别是同一城市的频率间能够更好地发挥作用，广播节目在编排上要讲求一定的策略和技巧。

(一)广播节目的编排原则

1. 以满足受众需求为根本目标

受众是大众传播媒介生存和发展的根基。作为大众传播媒介的广播,不论是在给单个节目进行定位时,还是在制定频道的节目编排原则时都要以受众的需求为基础。不同的受众群体,对内容的需求也不尽相同。因此,必须明确目标受众群。交通、音乐等一些专业频道的新闻广播的受众群体一般应定位于有车一族、离退休干部、学历较高的中高收入群体。这些群体一般生活节奏快,获取信息的方式大部分在车上且收听时间不长。鉴于此,这些频道往往会选择在早、中、晚上下班高峰期安排新闻节目。每档新闻节目不宜过长,每档节目时长大多为5~10分钟。中国之声2009年全新改版,全天24小时不间断播音。除了早、中、晚三大新闻板块之外,半小时一档的《央广新闻》全天滚动直播,播报、解读刚刚发生、正在进展的新闻。轮盘式的编排方式让许多移动收听群体可以随时随地收听新闻,了解国内外大事小事。

2. 寻求"差异化"的编排原则

广播节目的编排除了要满足受众群体的需求外,还要了解整个媒介市场、同城其他媒体或友台的节目编排情况。在节目编排前应先了解竞争电台有哪些品牌栏目、其内容定位如何,还要了解竞争电台的目标受众群体是否和本台重合。例如,在受众接触广播电视的高峰期,如果本台的节目比其他台的强档节目早安排30分钟就能多赢得一些受众。

3. 相近节目的规模效应原则

将风格和目标收听群相近的节目编排在一起,形成集团化规模效应,可以使听众延长收听时间,稳定收听群体。运城交通文艺广播下午时段播出的是《音乐不塞车》和《1019车友俱乐部》。这两档节目的主要收听群体均为年轻的有车一族,所以安排在一起连续播出,两档节目互相影响、互相带动,有助于提高听众的收听忠诚度。

4. 各时段节目编排侧重原则

广播节目具有线性传播的特点。通常,我们把一天的时间粗略地划分为五个时段。其中早、中、晚是三个黄金时段,其余时段是非黄金时段。在设置安排节目时,应根据不同时段的特点合理地安排节目,每个时段的节目应与这个时段的社会生活尽量吻合。

(1)早间时段的节目安排应力求"新"

现代社会的人们,早上大部分处于紧张状态,起床、洗漱、吃早点,出门上班、上学,一系列行动要在很短的时间内完成。另外,由于私家车不断增多,上班、上学路上,人们更关心昨夜今晨发生了什么事情或者今天将有什么情况出现。路况、天气等实用的服务信息要在早间上班高峰期安排播出。

(2)上午时段的节目安排侧重服务

上午时段,广播电台的收听群体为开车去办事的年轻群体、退休在家有整块收听时间的退休人员、有一定学历背景的全职妈妈等。这一群体有整块的收听时间，欣赏水平也比较高。在这一时段安排一些健康或生活服务类节目，能培养一部分固定的收听群体。陕西交通广播11：00—12：00的《我爱我家》是一档生活服务类节目，主要给需要装修的听众一些专业指导，一些离退休人员、家庭主妇和想要买房装修的业主等都能成为这一档节目的忠实听众。

(3)午间时段的节目安排力求"精"

午间时段比较短，人们要吃饭、午休。越来越多的人把节目当成餐桌的伴奏曲，这一时段可以安排轻松幽默的内容，并且时间不宜过长。北京交通台的《百姓 TAXI》、上海交通广播的《娱乐麦克风》、重庆经济广播的《超级购物狂》、运城交通广播的《美食地图》，时间均为半小时，短小精悍，主持风格轻松幽默、个性十足。在编排节目的过程中应注意这一时段听众的收听状态，不宜安排法制节目及健康节目。

(4)下午时段的节目安排力求"专"

下午时段收听群体不固定，所以在节目安排上可以选择一些专业性比较强的节目，如法制、体育、教育类节目。天津生活广播的《美丽会馆》是一档针对女性收听群体的生活服务类节目，美容、服饰、养生等内容都是针对女性群体打造的，专业性强，易于巩固收听群体。

(5)晚间时段的节目安排力求"丰"

晚间时段时间较长，受众较为集中，以学生、夜班工人、出租司机、年轻的单身群体为主。并且这一时段各个频率的节目竞争非常激烈，在节目设置上应力求丰富多彩、形式多样，给听众更多的选择。运城交通文艺广播的《我爱秀自己》是一档全民参与的娱乐类节目，节目选择在晚上20：00黄金档播出，吸引了众多单身青年及在校大中专学生。江苏新闻广播21：00的《天下体坛》等节目类型丰富、风格迥异，对于丰富受众晚间的业余生活发挥了极大的作用。

(二)电视节目编排的原则

1. 观众构成状况和收视习惯是电视节目编排的重要依据

电视节目编排要达到的最佳效果是把节目放在最合适的时段播出，让尽可能多的观众观看，尤其是那些符合广告主的要求的观众观看。因此，节目编排要研究的是：什么节目在什么时段最适合哪些观众群收看。也就是说，要了解观众，掌握他们的构成状况和收视习惯。在特定的观众群能观看的时间，提供给他们所要看的节目。观众构成，指的是某一特定电视节目在指定时间内的观众人口构成。观众中的男女比例、年龄段及文化层次等特征决定着他们各自的收视习惯。通常观众的收视习惯可从男女比例、年龄段、文化层次等方面进行区分。从年龄段来看，晚上 8 点是全家人坐在一起看电视的时间；儿童以及中小学生一般会在晚 9 点后离开电视机；晚 10 点以后，老年人也开始告退。白天时段往往以家庭主妇和老年人为主要观众。周六、周日的上午和非周末的傍晚时分，打开电视机的主要是儿童。因而，人们习惯把以晚上8点为中心的前后两小时称为黄金时间。在这个时段往往播出的是适合全家人观看的娱乐节目，如电视剧等。在此之间插播的广告收费标准也往往最高。

观众的收视群，从男女比例角度来看是这样的：年轻妇女看电视的时间比年轻男子多，年岁大的妇女又比年纪轻的妇女看得多。《尼尔森电视索引》显示，55岁以上的妇女是开机时间最长的群体，而十来岁的女孩是看电视最少的群体。妇女不仅是白天观众中最多的，而且在除体育节目以外的各类晚间节目中的收视人数也超过男子。

从观众的知识结构看，大专以上知识阶层的观众比普通观众看电视的时间相对要短。前者收看的电视节目一般比较现代、时尚和高雅，而普通观众收看的节目往往比较通俗，娱乐性、趣味性多于知识性、教育性。电视节目的制作决策者、编排决策者、节目购买者以及广告的媒介购买者，在制订工作计划时，无一例外地会受到上述观众构成状况、收视习惯等因素的牵制。

2. 合理科学地编排电视节目能够提高收视效果

电视台的决策者们常常把最多的精力放在节目制作和节目改版上，为此不惜花费几万、几十万甚至几百万的投资，但往往事倍功半。此外，日渐兴盛的克隆风，常使为节目改版投入重金的决策者头痛不已。

重视电视节目的制作无疑是十分必要的，但若因此而忽视电视节目的编排，就显得不够明智了。在当今频道愈加专业化、栏目愈加细化的状态下，重视、讲究电视节目编排的科学性、合理性、艺术性，有时所费不多却能达到较好的收视效果，正所谓"四两拨千斤"。

在电视事业起步较早的美国，电视界的专家们十分重视对电视观众心理变化的分析。他们以黄金时间电视节目收视率的统计数据为基础，研究和探索电视观众收视习惯的细微变化和发展趋势，并相应地调整节目编排。早在30多年前，美国广播公司总经理朱利叶斯·巴纳森就决定在9月开始执行秋季电视节目播出计划，这比以往提前了整整两个星期。美国广播公司在节目编排方面的重大决策，使全国广播公司和哥伦比亚广播公司措手不及。由此，美国广播公司的节目收视率从第三位一举跃居首位，并在一段时期内保持了领先地位。

3. 灵活运用电视节目编排策略，有助于提高节目的竞争力

注重电视节目编排策略，有助于加强对节目的探索、策划和创意的指导，有助于提高节目的质量和竞争力。总结电视界前辈的实践经验，我们可以把电视节目编排策略概括为以下内容。

第一，把大部分观众喜爱的节目放在黄金时间播出。在黄金时间安排供一家人看的节目，会达到最佳的收视效果。目前，众多电视台和频道已经比较注重这一时段的编排，把

可看性、娱乐性最强的电视连续剧安排在这一时段播出。央视索福瑞公司的调查数据表明，各台、各频道在这一时段的收视率是最高的。

第二，根据特定观众的收视习惯，在周一至周五的同一个时段播出固定的节目，这种做法也被称为"横带式"或"水平式"节目安排。这种方法已在许多台和频道得到广泛应用。白天时段的大部分节目都是遵照这种方法安排的。

第三，抵抗式节目播出法，也就是逆向节目编排法。如果竞争对手已经用收视率极高的名牌节目完全占有了某一播出时段的主动权，那么自己在同一播出时段里就要安排一个风格和内容都与之截然不同的节目。这是避重就轻的战略。观众构成状况复杂，往往还有一部分重要观众被该名牌节目忽视了。如果播放一个受这部分观众群欢迎的节目，那么或许会收到可喜的收视效果。比如，在某个台播放电视剧《家有儿女》时，另一个台却播放《西游记》《水浒传》等由四大名著改编的电视剧，并收到了意想不到的好效果。

4. 重型打击战略

重型打击战略是安排一个强势的、单项的、历时 1～2 小时的节目与竞争对手的由较短节目组成的板块对着干。一般情况下，要安排重型打击节目在竞争对手的板块节目开始之前就先发制人地播出，其目的是及早抓住观众并一直把观众的兴趣保持较长一段时间。这种战略要在了解竞争对手的前提下进行，"知己知彼，百战不殆"说的就是这个道理。

5. 吊床式节目安排

在两档成功的节目之间的空当里，安排一个新节目或需要宣传的节目，让观众期待着这一档新节目的出现。如果把一家电视台比作一座大厦，那么电视节目制作便是它的基石，而电视节目编排就是垒起这些基石、营造这座大楼的科学手段。一个台如果能灵活地运用电视节目编排策略，对节目改版计划无疑具有十分重要的指导意义。

第二节 广播电视节目的季播策略

近些年来，美国商业电视台提出并得到验证的"电视季"概念越来越被我国的电视学术界和电视节目制作单位重视。专家、学者、电视工作者不断尝试，将美国这一根据不同时段由观众的收视习惯所引起的收视波动而划分的播映季的成熟规律，运用在我国电视节目的制作与播出中。获得较好收视率的深圳卫视的《年代秀》、上海东方电视台的《梦立方》、浙江卫视的《我爱记歌词》等，在季播方面做了有益的尝试。多家电视台不断积极寻求及验证具有实用价值的节目季播模式，以期取得良好的收视效果。

一、电视季播理念的缘起

我国电视季播的概念和运作方式借鉴了美国商业电视网中"电视季"的情况，但在本质上又存在差异。这里的"季"并非自然的季节，而是指播出"季节"。所谓按"季"播出，就是指电视播出机构根据收视市场观众收视习惯呈现出的季节性变化，对频道节目配置、播出安排进行应对性调整。电视季有两层含义，除了指节目编排周期外，还是一个制作和销售单位，美国的热门电视剧及大型娱乐节目一般是以"季"为单位来拍摄播出的，如《越狱》。在美国，夏季是电视收视的淡季，从5月开始美国人增加了户外活动的时间，许多家庭也会外出度假，因此观众会明显减少。进入9月之后，昼短夜长，学生返校，美国人的生活趋向规律。在这种情况下，每年的9月至来年的5月成为美国电视业界公认的电视季。这一段时间也成为美国各家电视台全年电视播出的重中之重。于是，美国的商业电视网会在每年9月推出新节目或系列节目的新一季。为了取得良好的收视效果，各家电视台都会经过复杂的筛选程序，从众多的创意和制作中挑选制作精良的节目，并斥重金打造。因此，美国商业电视网在每年黄金季中首映的节目的质量通常较高，容易引起市场的强烈反响，像《越狱》《迷失》《幸存者》等节目都在9月前后首播。观众深知这一规律，也对节目有着明确的期待和预期，使观众和电视台之间形成良性互动。按"季"播出是美国商业电视在充分掌握观众收视规律、消费规律的基础上，成功运用心理学提高收视率的策略，是他们运作多年的经典手法之一。

二、电视季播理念的本土化运作

近些年，随着我国整体经济形势的改善，电视产业经历了飞速发展的过程，在电视技术、电视设备等方面正在逐渐缩小与西方电视产业的差距，但在节目内容、样式、创意及运作等方面尚有差距。为了寻求电视产业的迅速崛起之路，中央电视台、地方电视台积极探索和借鉴国外电视产业的先进经验，在国内形成了百花齐放的电视产业局面。为了追求更高的收视率，引导电视观众的收视习惯，国内电视台在节目生产和编排方面引进了电视季播的理念，产生了良好的效果。

CCTV-2通过2005年暑期的季播尝试，将频道暑期的收视低谷填平，于是在2006年7月10日，以"让观众在方便的时候看喜欢的内容"为共识的CCTV-2经济频道"暑期档"特别编排正式实施，按"季"编排的战略毫不意外地在国内电视界正式吹响前进的号角。2006年暑期，CCTV-2针对大规模流入收视市场的青少年观众的口味和收视规律，以《全家总动员》和《梦想中国》两场大型电视活动为主打，有重点、有目的地制造收视亮点，顺应收视规律，打造主题鲜明的季播体系，对一些内容和定位与暑期观众收视口味、习惯有偏差的，不适合该播出季的节目暂时取消或另外调动播出时段。通过暑期四周的季播，CCTV-2频道平均收视份额为1.49%，比暑期前一周提升11%，比2006年正常月提升了6%。最具突破意义的是，2006年暑期改变了自2001年以来频道规律性的遇暑期收视即降的局面，首次实现暑期的收视增长拐点。与此同时，不少省级卫视也积极探索季播的新方式。湖南卫视在 2005 年以《超级女声》和独播剧《大长今》制造了电视季的收视概念和作息，在此基础上又于 2007 年全面推行了节目季播模式，采用了"4＋3"的季播模式。2006 年，重庆卫视的"暑期学生频道"做了"编播季"的概念，口号是"我的频道我主张""酷一夏"等，精选了适合青少年的电视剧、动画片、电影等，开设了短信互动和选秀活动。结果，收视份额从原来的 4.5%，在一个月之内涨到了 5.4%，创造了收视高峰。

季播在我国，一开始是指假期的一些特别编排。后来，在湖南卫视的带领下，一线卫视的周五晚 22：00 档正在全面季播化。一年的同时段分为四个季（部分），按照顺序先后播出王牌综艺，这些节目收视率高的话，可以制作下一季，如《爸爸去哪儿》《中国好声音》《我是歌手》《花儿与少年》。按"季"播出理念的本土化引进，在节目形态创新和电视创意的生产、制作、面世、传播方面给国内电视台提供了绝好的机会，有效促进了电视业生产、营销、传播、流通等一系列环节的良性循环。

三、季播节目的优势

(一)引导观众收视规律

季播的明显优势就在于，能在节目播出之前利用以往同时段的收视数据，分析、了解这一播出季的观众收视需求，以便能够更好地采取应对性策略，迎合目标受众的收视变化。与常规固定节目相比，季播式节目可以避免长时间无变化的节目样式所带来的观众收视疲劳。季播节目的播出结构既能形成观众的短期兴奋，又能获得观众对后续节目的长期期盼，从而培养出相对稳定的节目观众。在美国，各家电视台的年度大作剧集都在秋天陆续播出，经过一段时间的休整，已经很好地累积了观众的收视兴趣。季播剧《绝望的主妇》《豪斯医生》以及季播节目《美国偶像》《全美超模大赛》等，都创造了良好的收视反响。收视率较好的节目，往往能形成一定的品牌号召力，拥有一大批具有节目忠诚度的观众。湖南卫视的《快乐女声》《舞动奇迹》、上海东方卫视的《中国达人秀》等节目走在我国季播节目创新的前列，较好地培养出一大批忠实观众。

(二)创造电视互动营销

对电视台而言，电视互动营销可以引起更多观众对节目的关注，增强节目的趣味性和互动性，从而提高收视率。这种方式其实就是参考运用了 AIDMA 消费心理模式，即注意（Attention）—兴趣（Interest）—消费欲望（Desire）—记忆（Memory）—行动（Action）线型结构模式。它要求节目首先能够引起注意，然后激发受众的兴趣，进一步刺激受众持续收看及参与其中的欲望，加强记忆，最后促成收视率的提升。Web 2.0 时代不仅带来了网络媒介对电视媒介的冲击，也带来了全新的传播理念——以受众为主体的传播。互动营销正是基于这一点，利用电视的开放性，使得观众从被动接收内容到主动参与交流，并将原来被分隔的收视群体，通过参与互动的形式聚集在一起，形成一个复杂共享的体验过程。

(三)形成品牌效应

一个节目一旦开始拥有品牌号召力，就可以在某个特定的时段内把大量的观众锁定在某一个频道，促进这一时段广告价位的不断提升；拥有了品牌号召力，通过追加相对较少的投入及适当的内容改版，就可以持续获得高收视率。品牌化的季播式节目可以产生长效影响力，让观众持续关注，这一方面能延伸节目的寿命，另一方面能利用节目的影响力带来丰厚的广告效益。例如，季播电视剧在播出第一季并取得不错的收视效果之后，可以继续创作，推出后续剧集，形成良好的季播电视剧品牌。一旦品牌形成，还可深度开挖节目的附加值，拓展延伸产品，以敏锐的市场眼光和市场反应力，迅速跟进市场变化，建立起一整条节目价值链，如赞助商代言活动、卡通形象玩偶市场等。

(四)促进制播分离

制播分离使得电视节目的"制"与"播"从先前的完全由电视台负责，转变为制作公司负责节目的制作，电视台负责节目的审查与播出。由一个单位不同部门的分工，演变成两个相对独立的经济体进行"买卖"。制播分离体制是各级电视台自我发展的必经之路，传统电视台的采编播一体化生产模式，本身缺乏竞争机制，人员建制十分臃肿，严重限制了节目的发展，造成电视台效率低下，运作成本不断攀升。观众对电视节目越来越挑剔，电视台急需在资源整合管理的前提下提高效率，降低成本，聚力生产更为精彩的节目。季播电视节目有一个显著特点，即节目仅在全年某一个相对固定的时期播出。由此，节目制作团队并不需要全年"待命"，耗费大量的电视台资源。季播和制播分离恰好在这方面达到某种契合，季播节目的制作团队集中全力，调动庞大的社会资源，创造优质节目与同类节目、同时段节目进行竞争；电视台整合内部资源，明确整体定位，择优选择季播节目，合理安排编播季，创造双方共赢的局面。

四、国内电视季播本土化的局限

(一)与观众的约会意识不强

与美国的收视习惯不同，我国的观众通常更爱在节假日看电视，这些时期的总体收视率会明显高于平时。在市场竞争加剧，观众注意力游离、流失的作用下，电视台逐渐意识到节目编排的意义不仅在于选择符合市场需求的节目，更在于按一定的顺序放置节目，从而获得更多的观众。但国内许多电视台季播运作的主要目标是要在短期内捕获大量游离的观众，没有形成与观众间的"约会意识"。从观众的角度来看，他们并没有明显的电视期待心理，收看某一节目或频道常常是随机、任意的分散式的行为。观众对某一电视节目的忠诚也只是由于其长年持续的收看习惯，而不是因为由电视节目定季、定时或定点播出而形成的意识，没有收视的规律可以预期。这种短期策略很难像美国电视季播运作中的那样维持观众对节目或频道的忠诚。

经验表明，观众的收视行为是可以引导的，我国的各家电视台在暑假推出的选秀类节目收视不俗，若加强节目的不断创新和开发，并逐步形成节目的播出规律，则极有可能培育出我国观众在暑期收看真人秀季播节目的习惯，形成观众的约会式期待，也会使电视观众和电视台互相信任、互有默契。

（二）季播电视剧尚处于酝酿阶段

季播概念并不适用于所有的节目类型，只有娱乐类的节目和电视剧比较适合这种季播。国内电视台现在更多的是以娱乐生活类节目作为按"季"播出的突破口。相比各种大型娱乐生活类节目的按"季"播出，我国电视在季播电视剧方面尚处于酝酿阶段，甚至空白阶段。仅有个别电视台制作的电视剧打着季播的旗号，但其实际运作仍有生搬硬套之嫌。在美国及电视剧产业较发达的韩国，电视剧以周播系列剧为主体，按"季"制作，一般一"季"电视剧制作 25 集左右，可播 6 个月，而且为了保持时效性和新鲜感，边制作边播出。在我国，电视剧基本都是连续剧，由电视台购买或制作后一天几集连续播放。当然，由于播出周期太短，节目的影响力自然会大打折扣。

（三）节目资源组合能力强，开发创新能力弱

我国一些电视台在应"季"编排上，通常是对现有资源的重新组合，比较有代表性的模式就是老剧重播或制作栏目集锦。以每年寒暑假为例，收视率较好的猪八戒系列、《家有儿女》系列及四大名著系列等都再次成了电视台的香饽饽，有的甚至已经成了湖南电视台每年假期的必播剧。除此之外，不少电视台还将高收视率的品牌节目做成了集锦，集中播出，吸引眼球。但这种大杂烩式的资源组合无法对节目制作市场产生长期影响。综合季播运作的表现来看，我国的电视尚处于资源分散利用和被动填充节目表的阶段。节目季播除了要保证收视在较长时期内的稳定外，更重要的是要为节目提供足够的创新和发展空间。正如中国传媒大学教授丁俊杰所言，播出季是一种高层次的创新。但是，现在许多电视媒体只是为创新而创新，反而忽略了一些积淀性的、规律性的东西。所以在应"季"编播时，电视台除了对节目资源进行简单的组合外，还应对频道和市场资源进行主动开发和整合利用，在节目选择、编排、推广等环节上进行创新性开发。

（四）短期独立的节目编排，缺乏连贯性

我国电视观众喜爱在元旦、寒暑假、春节及其他节假日休息时收看节目，因此这些时间段的收视率会明显高于平时，形成短期阶段性的收视高峰。在美国，商业电视网根据观众的收视习惯将全年分为旺季和淡季，并针对观众的收视习惯进行节目编排，形成了一种长效的、连续的、跨越整个播出年度的季播节目编排。我国电视针对节假日特殊编排的直接目的就是获取短期的收视改善。因此，在播出方式上，电视台往往将优质节目集中在短时间内播出，如许多电视台常常将一部电视剧以日播四集、五集的方式在短时间内播完，在短期内用尽节目资源，无法取得长效收益。虽然这种编排能在短期内提升电视台的收视

率，但是电视台往往将其作为一种突击策略，很少将其与日常节目的编排结合、联动，致使这种应"季"编排无法服务于电视品牌经营。我国的电视需要借鉴国外的先进经验和模式，但不同的市场、政策和文化环境又使得任何一种经验和模式要在我国市场上推行都离不开本土化。在电视"季"播运作中，电视台更应根据本土市场和观众的需求，有效配置节目播出资源，创作精品节目，科学编排，服务于电视品牌的长效收益。希望我国电视业在吸收季播理念的同时，能更全面地了解和把握季播运作的科学链条。

第十一章　广播电视节目的播出策略

随着广播电视录制、传输、播出等设备和技术的不断改进和完善，节目质量不断提高，节目形态越来越多元化，媒介影响力在日益增强，与受众的距离逐步缩短，广播电视节目的播出方式与广播电视播出技术的发展如影随形。广播电视节目的播出策略虽然有各种不同的形式，但制作节目的本质是一样的，播出策略的区别体现在节目信号载体、制作场所、播出方式、设备数量、节目内容等方面。

广播电视节目的播出方式，一直以来都以录播、直播的方式存在，但是在融媒体时代，每个媒介都不是单一的个体，传统媒体需要以互联网为依托，与新媒体联合，实现"1＋1＞2"的传播效果。

第一节　录　播

"录播——指播出事先制作好的节目的录音带或录像带。这种录音带或录像带可以是本台新制作的节目，也可以是交换得来的节目或作为商品买来的节目，也可以是收录的其他广播电台、电视台的节目或本台播出过的节目。"①

在录播这种方式中，广播电视节目的播出作为独立的环节存在，与节目的制作是分开的，录播的任务就是把事先编排好的节目按照播出顺序依次播放录音或录像带。虽然对受众来说，录播类广播电视节目有时效性较弱、灵活性差等弱点，但是录播类广播电视节目也有其独特的魅力——节目品质高。

从时效性来看，录播类广播电视节目对时效性的要求不高，但是节目的播放要具有实时性，即在适当的时间播放适当类型、适当风格、适当内容的节目。所以，录播类广播电视节目有充足的时间进行选题的验证，节目的策划、拍摄和剪辑。相较于直播节目，录播节目出错少，以其内容完整性强、节奏张弛有度，深受受众喜爱。

---

① 段汜霞：《新编广播电视概论》，75页，开封，河南大学出版社，2009。

从节目的表现形式来看，录播类广播电视节目并不局限于一种表现形式，而是高频率地利用字幕、音效、动画、小视频等多元化表达方式，全方位地为受众呈现一场近乎完美的视听盛宴。

比如，某季播综艺类大型真人秀节目正是以录播的形式，每周五晚上在浙江卫视以及腾讯视频、爱奇艺视频和乐视同时播出。该节目以其强烈的故事性策划和丰富的视听语言表达，深受观众追捧。而巧妙的后期剪辑制作、环环相扣的游戏设计、华丽的服装道具、高水平游戏平台的搭建等，都是经过长时间的精心策划才能完成的。所以，录播类节目虽然在时效上有其自身的局限性，但是也有其独具魅力的地方。一档成功的录播类广播电视节目，离不开前期的广告宣传、协调的现场调度、主持人的临场发挥、多变的剪辑手法以及整个节目组的精心策划与配合。

与此同时，录播类节目的高品质，离不开录制技术的发展。录制技术的每一步改进，都为广播电视节目的制作带来积极的影响。技术的革新改变着媒体人对节目制作的观念，从而催生了新的节目形态，为广播电视节目的创新提供了新的可能。

第二节　直　播

直播指节目的摄制与播出同步进行，可分为现场直播和演播室直播。现场直播多用于会议、文艺演出、体育比赛等大型活动的实况播出，或者是对重大、突发性新闻事件的报道，能够在第一时间播出新闻事实，给受众带来极强的现场感，但是现场直播往往会受外界不利因素的影响和干扰。演播室直播，在播音室或演播室进行，有较好的现场环境和稳定的技术支持，演播室直播一般不受外界影响。

随着科技的发展，便携式卫星直播设备如转播车、移动卫星地面站、海事卫星电话等的使用，大大提高了直播节目的灵活性。

一、现场直播

现场直播即在新闻现场、节目现场，拍摄与播出同时进行的一种节目播出形式。现场直播具备三个优势：第一，时效性强，随着新闻事件或节目现场状况的动态发展，受众能够同步、同时接收到最新的资讯，这是现场直播节目最基本的特点；第二，现场感强，实时播放现场的画面和声音，给观众带来了强烈的"我在场"的感受；第三，参与感强，现场直播对现场状况进行实时播出，曲折发展的现场状况，时时牵动着受众的心，受众犹如亲自参与到新闻事件或者节目现场中，给受众带来了强烈的参与感。

现场直播的三大特点的具体表现形式有以下几种。

(一)实况转播

实况转播,是指使用多机位拍摄,以传播现场实况为主要目的,一般除了少量的解说外,不补充穿插其他内容,保持现场实况的本来面貌,主要用于体育赛事以及大型文艺活动的转播。

(二)现场直播报道

现场直播报道,多用于重大新闻事件的报道。电视节目的现场直播报道,一般表现为,采用多机位拍摄,主持人在演播室以口播的形式实时报道新闻事件,并辅助其他现场直播方式。比如,与现场记者连线,由现场记者播报新闻现场的最新状况,并不断跟踪报道新闻事件的变化;或者,在演播室内与嘉宾实时点评新闻事件,通过调动背景资料等多种手段,对新闻事件进行全方位、立体化的报道。现场直播报道多用于对重大的新闻事件的报道,一般采用 EFP 制作方式。

EFP(Electronic Field Production),即电子现场制作。它是一整套设备联结为一个拍摄和编辑系统———一般包括两台以上的摄像机,一台以上的视频信号(图像)切换台,一个印象操作台及其他辅助设备(灯光、话题、录像机运载工具等)———进行现场拍摄和现场编辑的节目产生方式,因此,EFP 也可称为"即时制作方式",利用 EFP 方式,可以在事件发生的现场或演出、竞赛现场制作电视节目,进行现场直播。

EFP 的优势有两点:第一,拍摄与播出同时进行,摄制过程与新闻事件的发生、发展同时进行,给受众带来强烈的参与感,这是 EFP 最突出的优势;第二,EFP 是多机位拍摄,需要对多机位拍摄的内容进行实时编辑,运用蒙太奇手法,选择不同景别的镜头,最大限度地还原新闻事件的原貌。EFP 制作形式除了用于制作新闻题材的节目外,也可运用于文艺、专题、体育等类型的节目的制作,熟练运用 EFP 制作是媒体人在现场直播报道中必须具备的能力。

(三)单机直播

单机直播即用一台机器拍摄现场活动,有两种表现形式。一种是记者、摄像师深入活动现场,用一台摄像机,以记者出镜报道的方式,进行现场直播。这对记者的现场报道能力有很高的要求,同时也要求记者有很强的临场反应力。另一种表现形式则不需要记者,昼夜不停运转的摄像头,在高空中,以客观的角度,记录新闻事实发生的那一瞬间。在平时可以拍摄道路交通状况、自然风景的画面,在电视节目需要时,可以随时切入或切出。当遇到重大突发事件的时候,自动记录,为电视节目提供第一手的编辑素材。

(四)电话直播报道

电话直播报道,是广播电视直播节目中常用的一种直播方式,通过电话连线,与播音间完成对接,有记者在现场对事件进行播报。同时,电视直播节目也偶尔会在没有图像传输条件的情况下，由现场记者通过电话的形式，进行直播报道。这是目前最方便的一种直播报道方式，在日常新闻报道中被大量采用。

二、演播室(播音间)直播

演播室(播音间)直播，也就是室内直播，消息类新闻栏目的播出大多采用这种方式。广播直播节目大多采用这种形式，由播音员或者节目主持人传播信息，通过热线电话、互联网评论留言等方式实现听众与主持人(播音员)的互动，增强听众的参与感。

对电视节目来说，演播室直播是对主持人或播音员在演播室的播报以及现场播放录像带的实时直播。严格来讲，现场播放录像带的实时直播并不能算是完全意义上的直播，因为现场播放的录像带，是在事先录制好的，其代表节目就是《新闻联播》，它以播音员口播和播放录像材料为主要内容，这样就使新闻的截稿时间大大推迟，当天节目的头条消息，有时候是在直播前一分钟才录制好影像的，甚至有时候只有文字信息，这就需要播音员有过硬的专业素养，才能在短时间内完成对一条消息的无误播报。正是每天在演播室的日常直播，才能够使播音员及其直播团队丰富直播经验，为现场直播奠定了坚实的基础。电视节目在演播室制作的具体表现方式是 ESP 方式。

ESP(Electronic Studio Production)，即电子演播室制作，一般指在演播室录像制作，拥有完备的灯光设备、精良的拍摄设备、精心准备的布景、多功能的切换系统等。这种制作方式，既可以先拍摄后编辑，又可以同步拍摄同时播出。ESP 方式是电视节目制作中技术含量最高、最考验团队默契的制作方式。

第三节　新媒体播出

"新媒体"这一概念最早可以追溯到 20 世纪 60 年代。"1967 年，美国哥伦比亚广播电视网(CBS)技术研究所所长 P. 戈尔德马克(P. Goldmark)发表了一份关于开发电子录像(EVR)商品的计划书，他在计划书中将'电子录像'称作 New Media(即新媒体)。'新媒体'概念由此诞生。随后，美国传播政策总统特别委员会主席 E. 罗斯托(E. Rostow)在向当时的美国总统尼克松提交的报告书中也多次提到'新媒体'这一概念。"[①]该词随后在美国流行，并扩散到全世界。广播电视新媒体是在一系列数字技术的发明与发展的基础上出现的，是数字媒体多形态、多信息类型的结果。

广播电视节目的新媒体播出，主要是指广播电视利用网络技术、数字化、移动技术将传

---

① 宫承波：《新媒体概论》(第二版)，2 页，北京，中国广播电视出版社，2009。

统的传播方式融合在一起，在互联网的大环境下，利用现在的移动通信设备和电子设备完成一系列的网络电视节目的播出，为受众提供多元的节目内容，便捷的收听、收看方式。

一、广播电视节目新媒体播出的特点

(一)交互性强

交互性强是新媒体区别于报纸、广播、电视等其他媒介最突出的特点。从信息的反馈来说，传统媒体的信息传播都是单向传播，在信息的反馈上有着延迟、滞后的弱点。面对传统媒体的交互弱势，广播电视要寻求新的出路，就必须寻求和新媒体的合作。在广播电视上播出的节目，同时也要在网络平台上播出，实现三网联动、网台互动。数字新媒体打破了受众只能被动接收信息的状态。

(二)非线性传播

线性传播是由传者到受者的单向传播，广播电视传播的无间断性和方向的确定性构成了这种传播关系。在播出系统里，所有的传统电台和电视台都是线性播出，每一个节目都按照已定的节目播出表按顺序播出，受众没有自主选择的权力。非线性传播的典型播出方式就是视频点播技术。广播电视节目增加了新媒体传播方式，通过视频点播技术，观众可以点播其喜欢看的节目，或者反复观看喜欢看的节目，并通过弹幕、评论、点赞、评分等方式，充分发挥其自主权，对节目内容进行反馈，极大地增强了互动效果。

二、广播电视节目的新媒体播出形态

(一)广播节目的新媒体播出形态

1. 网络广播

网络广播是数字化音频信息通过国际互联网传播的形态。它是网络传播多媒体形态的重要体现之一，也是广播网上发展的重要体现。它将自身拥有的音频资源优势与网络传播优势结合起来，以新技术、新手段丰富表现手法，扩大传播领域和范围。

网络广播随着技术的发展而日趋成熟，在世界范围内的稳定用户已经形成。目前网络广播主要有以下几类。

第一，传统类网络广播，其音频内容就是传统的广播电台的节目在网络上的投放，如英国广播公司已经建立了在线新闻网站；美国的美国之音用 23 种语言在网络上广播；中国的中国之声也完成了台网融合，听众能够在网页上在线收听广播。

第二，公共类网络广播，多由政府和公共机构开办。2005 年，一些政府部门如国务院新闻办和社会机构如共青团，自建或共建了一批网络广播，如青少年广播网、青檬网等。

第三，商业类网络广播，由网站或服务商自行开设。这类广播主要根据自身的网络覆盖和技术人才优势，在网站的基础上创办，如 QQ 网络电台、新浪电台等。

2. 移动网络电台

移动网络电台以智能手机包括平板设备、车载设备、智能家居设备等终端为载体，其内容多为聚合性的网络音频节目。所有的节目都是前期制作完成的，定期更新，用户可随时打开收听，也可离线下载。移动收听改变了传统电台的网络电台模式，使网络电台的载体由 PC 端转向了手机等可移动智能终端。以目前国内最大的移动网络电台——喜马拉雅 FM 为例，试分析这类广播节目的传播特点。

第一，传播内容多元化。在喜马拉雅 FM 的广播内容分类中我们可以看到，其内容有音乐、人文、娱乐、教育培训、健康养生、新闻头条、广播剧、戏剧、党团课、IT 科技等，涵盖了政治、经济、文化、娱乐等多领域的信息。多元化的传播内容，为听众提供了海量的分类细致的音频信息，并且 24 小时不间断地连续播放。

第二，受众的主观能动性更强。与传统广播不同的是，移动网络电台具有点播功能，听众可以根据自己的喜好，决定广播节目的内容、播放时间和顺序。并且，用户可以在登录喜马拉雅 FM 的 App 后，在界面里设置喜好，App 就会自主推送相关类型的广播节目。从对喜好节目的设置，到是否选择推送，再到选择收听喜爱的广播节目，可以说，从打开 App 的那一刻起，每时每刻都体现了受众的自主性。

第三，信息传播的碎片化。传统的一档广播节目的时长大概是 1 小时，而移动网络电台的节目，最短的只有两三分钟，听众可以根据自己的空闲时间选择不同时长的广播节目。碎片化的传播，吸引了大量以快节奏生活的年轻听众，使鲜有收听广播习惯的年轻人也开始利用零散时间收听广播节目。

第四，草根主播层出不穷。传统广播电台的主持人一般需要经过精心挑选、层层选拔，经过培训或者实习后才可以正式上岗。但是移动网络电台的主持人，并不一定都是科班出身，只要有思想、有特色，能吸引听众关注就行。在自媒体时代，每个热爱广播的人都可以成为电台主播。比如，在人气主播里位居第六位的是拥有约 13 万粉丝的民谣组合，他们在节目里发布新歌、分享好看的电影等，受到粉丝们的热捧。

通过以上对广播节目新媒体播出形态的分类，我们可以看出，在新媒体环境下，传统的广播电台的播出形式不仅仅局限于网络版的传统电台节目，而是在与新媒体融合的情况下，积极探寻节目内容的创新，丰富节目形式，扩展节目的播出渠道，使传统媒体在融媒体时代下有更加广阔的发展空间。

(二)电视节目的新媒体播出形态

1. 手机电视

手机电视以手机作为接收视频信号的终端设备，与电视台播放的节目同步实时收看或者延时收看。凡是拥有智能手机的用户都能在第一时间获取与电视台直播同步的第一时间的全方位的信息。比如，2008 年北京奥运会，手机第一次作为独立的转播机构，参与了奥运会的转播。传统电视与手机的结合，成就了手机电视以其交互性强、直观的视觉享受、便携的收看方式，在奥运会的报道中独树一帜。

2. 数字电视

数字电视是继黑白电视和彩色电视之后的第三代电视，它是指节目从制作到传播的整个过程完全采用数字化系统的电视。与以往的电视相比，数字电视的信号更加稳定，节目内容也更加丰富。

我们可以将数字电视信号传输方式分为地面无线传输、卫星传输和有线传输三类。地面数字电视主要利用无线电波传输信号，适合平原地区；卫星数字电视的传输方式是地球与卫星同步，适合农村和边远地区；有线数字电视的传输方式是有线电视光纤和同轴光缆，适用于城市。

按照图像清晰度分类，数字电视可以区分为标准清晰度数字电视和高清晰度数字电视。标准清晰度数字电视的图像画幅比例为 4：3，重放效果相当于 DVD 激光视盘机的质量水平；高清晰度数字电视的图像画幅比例为 16：9，重放效果相当于 16 毫米电影胶片的质量水平。

数字电视机的研发也在不断进步，新一代的数字电视机主要向数字电视一体机、大屏幕数字电视、高清化、互联网数字电视等方向发展。

3. IPTV

IPTV(Internet Protocol Television)即交互式网络电视，它利用互联网技术、电子计算机技术、数字技术、多媒体技术以及移动通信技术等多种新技术，依靠宽带互联网和有线电视网，以电视机、计算机或手机为接收终端，向用户提供包括数字电视、视频、文本、图形和数据在内的多种交互服务。

IPTV 作为一种典型的互动电视新媒体，既使传统媒体具备了新媒体的互动性强的优势，又使网络新媒体拥有了传统媒体长期积累起来的公信力和良好的受众基础，打开了在融媒体时代，新旧媒体优势互补、强强联合的新局面。使用 IPTV 播出的节目具备以下几点优势。

第一，互动性强。IPTV 使用户可以通过点播技术自主地选择观看节目的时间、节目的类型以及节目的内容，最大限度地发挥用户的主观能动性，体现用户与节目之间的互动性。

第二，个性化突出。用户主观能动性的体现，要求电视节目的制作，以受众的诉求为先，要制作个性化的节目并进行分众化推送。

第三，服务多样化。用户不仅能够收听、收看广播电视节目，还可以通过 IP 技术传输数据，从而具备包括浏览网页、在线咨询、电子商务等在内的新媒体功能。

第四，信息量大。IPTV 拥有自己的电视台库，其节目种类齐全，不仅包含了传统媒体——电视上可以搜索到的各个频道，还包括网络电视节目的各个频道，用户只要付费，就可以任意选择节目观看。

第十二章　广播电视新闻节目

新闻节目一直都是广播电视节目里必不可少的节目类型，新闻节目的成功与否，是广播电视各媒体之间实力比拼的见证，更是衡量一个媒体是否有公信力或检验媒介的影响力的试金石。比如，哥伦比亚广播公司、美国全国广播公司、美国广播公司三大新闻巨头，每天追踪、报道世界上正在发生的新闻事件，为美国民众提供新鲜的新闻给养。又或者我国的中央电视台在 2009 年全新升级改版，新闻节目不断推陈出新，更加注重新闻节目的建设，通过组建"大新闻中心"，开创全天不间断播放新闻的新闻频道，每时每刻都在为观众提供丰富且多元的新闻资讯。

第一节　广播电视新闻节目的作用

传播学大师施拉姆曾这样描述道："它（广播电视）使起坐间变成娱乐中心，并使我们不想到别的地方去寻找娱乐。它减少了我们的社会生活、旅行和我们闲聊的时间。它使我们的睡眠时间减少了。它创造了一系列我们可以称之为"媒介假日"的事情……"[①]由此可见，广播电视已经完全融入受众的社会生活当中，听广播、看电视，已经成为常态化的生活方式，并对受众的价值判断产生巨大的影响。

具体来说，广播电视新闻节目有以下几点作用。

一、传播信息

新闻的首要任务就是传播信息。受众可以通过新闻报道了解国内外各个领域、各个行业的新动态、新资讯。政治新闻，有助于受众了解党和国家的方针、政策，在政府和群众之间架起了一座信息沟通的桥梁；财经新闻，不仅为财经专业的精英人士提供第一手的专业资料，也为群众讲解了相关知识，拓宽了群众的知识面；文化类新闻，传播丰富且多元

---

① ［美］威尔伯·施拉姆、［美］威廉·波特：《传播学概论》，254 页，北京，新华出版社，1984。

的文化信息，使受众不出家门就能感受到异国情怀；社会服务类新闻，为受众的生活方式的选择提供参考。

所以说，广播电视新闻最基本的作用就是传播信息，让受众清楚地感受到现实世界的多元文化与时时刻刻的变化，充分感知到人类的变迁和当下时代的特征。

二、引导舆论

随着社会的发展与进步，受众的需求不仅仅局限在获得信息上，而是需要有一个平台能够表达自己的声音和见解，实现与他人的交流，又或者参与到公共事务中。广播电视，作为党和人民的喉舌，是政府与群众之间的桥梁，有进行上情下达、下情上传，反映舆论情况的义务。那么，广播电视就应该发挥其主流媒体的作用，正确引导舆论，形成健康、积极、绿色的社会舆论圈，保障社会稳定。

三、舆论监督

"舆论监督是指群众言论、议论的监察和督促，它的主导功能是通过众人议论对不正之风和腐败现象进行批评揭露，实施群众性的监察督促，以提供行为的借鉴与参考，新闻舆论监督是影响最广泛、作用最直接的形式。"[①]广播电视新闻中的批评性报道，还具有舆论监督的作用。广播电视新闻在坚持正确的舆论引导的基础上，也要敢于批评，并且善于批评，通过批评的方式实现来自群众的舆论监督。但是对批评性报道需要把握"度"，既不能过分集中地报道，也不能对批评内容夸大其词。记者要在深入调查、分析后，把批评或者揭露的问题讲清楚，如原因、危害和解决途径以及责任划分，从而促使有关部门积极地解决问题。一旦批评报道中的问题得到实际解决，纠正错误效果显著时，应及时予以正面报道。表扬和批评是都是党的政治思想工作的优良传统，同时并用两种手段，以期达到批评报道的目的。

广播电视媒体因其特有的试听符号带来极强的现场还原能力，因此，其揭露真相的实证作用优于其他媒介，所以，广播电视新闻的舆论监督作用的影响力也优于其他媒介。

四、服务大众

传播学中的"使用与满足理论"要求作为大众传播媒介的广播电视在进行大众传播的过程中，应满足受众的心理需求。娱乐是受众的本性，受众需要通过收听、收看节目缓解来自工作、生活的压力，达到放松心情、宣泄情绪的目的。但是广播电视新闻节目不能过分强调其娱乐功能，要避免因此而产生的内容暴力、媚俗、同质化的新闻节目。

---

① 叶子：《现代电视新闻学》，46 页，北京，中国广播电视出版社，2005。

广播电视作为受众需求的满足方，不仅要有正面引导的作用，还要服务于受众的需求。所以，广播电视新闻也要有服务意识。具体来说，体现在广播电视新闻节目的主题要选择贴近受众生活的主题，或者能为受众提供服务的信息，如天气预报、生活小技巧、机票信息等。在新闻节目的报道方式和节目形式上也要体现服务的特点，要选择受众喜欢、容易接受的新闻报道方式，如增强报道的故事性，增强节目的互动性，让新闻节目改变其一直以来的"刻板印象"。

第二节　广播电视新闻节目的分类

从广播电视新闻节目的作用来看，广播电视新闻节目有传播信息、引导舆论、舆论监督、服务大众的作用，新闻节目在广播电视节目里占据主导地位。广播电视新闻比报刊新闻的影响力更大，制作也更加烦琐，所以，广播电视新闻工作者需要了解广播电视新闻节目的各种类型，并根据其不同的制作要求制作新闻节目，从而生产高质量的新闻节目。

一、广播新闻节目的分类

广播新闻节目以声音为载体。从声源来说，声音可分为有声语言、音乐和音响，由此我们把新闻节目分为口头播讲类节目、音乐类节目和音响类节目。但是随着广播新闻的发展，单一的播报类节目和单一的音乐类节目因其声源的单一性，不能满足受众日益增长的文化审美需求，市场份额逐渐减少。但是音响类节目却异军突起，深受听众喜爱。音响类节目通常以解说加音响的形式出现，在新闻报道里加入新闻事件中的自然声，极大地增强了新闻的现场感。形象的声音信息，生动地展现了新闻事件，迎合了受众的心理需求。所以，基于这种表现形式，按照新闻节目的体裁划分，广播新闻可分为广播特写、广播现场报道、广播连续报道和广播系列报道、广播专题报道、广播评论节目五类。

(一)广播特写

广播特写以纪实的手法，抓住新闻事件中的事物和人物的典型性和独特性特征，详细、形象地勾勒出新闻事实的某一个典型片段，从而突出新闻主题思想，引人深思。

(二)广播现场报道

广播现场报道又称为现场口头报道，指记者在新闻现场一边采集信息、一边解说报道，以现场直播的形式传播，并且整个过程需要在新闻现场一气呵成，极大地挑战了出镜记者的综合能力和各部门之间的协同合作的能力。近几年来，现场直播报道，因其现场感强、报道快速及时深受受众的青睐，对大型重要活动、突发事件的报道，都采用现场报道的形式。

(三)广播连续报道和广播系列报道

广播连续报道和广播系列报道是新闻深度报道的方式,它们分别从时间上和空间上,对新闻事实进行全方位的深入剖析,透过新闻现象,挖掘新闻事实的本质。

(四)广播专题报道

广播专题报道,指围绕某一个新闻人物、新闻事件、社会热点话题等,通过多篇角度不同的报道对新闻事实进行解读,揭示其新闻主题的报道。广播专题报道也是深度报道的表现形式之一。

(五)广播评论节目

广播评论节目是所有新闻节目的类别里,创新性极高的类型。在表现形式上,既有传统的口语评论,又有音响的运用,既能增强评论的现场感,又能烘托节目氛围,对论点间接地表示支持或否定态度。

二、电视新闻节目的分类

电视新闻节目根据不同的节目形态,划分出不同的节目类型。但是随着电视技术和传播理念的不断更新,不同的节目形态出现相互交叉与融合,根据不同的划分标准,电视新闻的种类也不同。

根据电视新闻的内容划分,电视新闻节目可分为政治新闻、经济新闻、法制新闻、社会新闻、体育新闻、娱乐新闻等。

根据电视新闻的性质划分,可分为软新闻和硬新闻。

根据电视新闻的播出时间划分,可分为早间新闻、午间新闻、整点新闻、晚间新闻等。

本书按照电视新闻的体裁进行分类,可分为电视消息、电视现场报道、电视专题报道、电视连续报道和电视系列报道、电视评论节目。

(一)电视消息

消息类新闻迅速、及时、简要、客观地报道新近发生或正在发生、发展的新闻事实,是最常见的新闻体裁,也是观众在电视上见到的最普遍的传播信息的方式。

(二)电视现场报道

电视现场报道是电视记者在新闻现场,面向摄像机,以采访记者、目击者、参与者的身份所做出的声画同步的现场直播报道。

(三)电视专题报道

电视专题报道是对突发事件或某项活动的过程追踪或综合回顾,将已经发生的事件围绕一个主题,按照时空或逻辑顺序汇总,全景式地传播给受众,有典型报道、事件报道和思辨报道。

(四)电视连续报道和电视系列报道

连续报道与系列报道由多篇幅报道成组播出，展现新闻事件的进程或讲述新闻事件的前因后果，以信息整合的手段，连续播出，引起社会的广泛关注，产生强烈的社会舆论，是电视深度报道的重要手段。

(五)电视评论节目

电视评论节目是指主持人、嘉宾或观众对社会热点话题、新闻事件发表自己的意见和态度，在陈述新闻事实的基础之上，通过评论的方式，进一步阐释其意义和价值，针砭时弊，比新闻报道更具有舆论引导的力量。

第三节　广播电视新闻采访与写作

一、广播电视新闻采访

广播电视新闻采访活动同报刊采访活动一样，都需要遵循采访活动的一般规律和基本方法，只不过传播信息的载体不同，导致信息的表达方式也有所不同。报刊新闻以文字的形式呈现给读者，广播新闻以声音符号的形式诉之于听众，电视新闻则是把新闻事实转化为声音、画面、文字，用视听符号传播给观众。广播电视采访同文字采访最大的区别就是录音和镜前采访。这种直接展现声音和画面的采访，发挥了广播电视媒介的独特优势，将记者的采访由单一的采集手段拓展为一种表现手法、一种结构方式、一种节目形态。

广播电视的记者在采访目的、采访方法、采访流程等方面都具有共同的特征，但是由于新闻传播载体的不同，在采访构思和设计方面，又有不同的侧重点。

(一)采访前准备

新闻采访前的准备是新闻采访活动的第一个环节，是保证新闻采访顺利进行的首要条件，在整个采访流程中起着举足轻重的作用。充足的采访前的准备，能够使记者在采访过程中避免常识性的错误，尽快缩短记者与采访对象之间的心理距离，为记者游刃有余地主导采访活动打下坚实基础。

在广播电视采访中，除了突发性事件不具备策划条件外，大多数采访活动都能提前准备，制订采访计划，并按照计划进行前期采访。

1.获取新闻线索

新闻线索是可能成为新闻的某种事实所传播的信息，是已经或者将要发生的新闻事实所发出的信号。新闻线索通常具有完整性差、偶然性大、可信度小、变化快的特点。

新闻线索一般比较简略，也有可能是一种信号，并且在运动变化中。当记者的新闻敏感触及新闻线索的一刹那，他必须马上抓住并追踪新闻线索，才有可能找到具有新闻价值的线索。比如，湖北人民广播电台的一位记者，在春节前夕和朋友聊天时，获得了一则消息：驻守在吉林的部队，派人给家在武汉的战士的父母拜早年，其中1/3的战士是独生子。记者获知这一线索，得到编辑部的允许后马上投入采访。记者除了在新闻现场对慰问活动进行报道外，还克服困难找到了几位战士的资料和讲话录音，以最快的速度采制了录音通信《春风啊，请你捎句贴心话》，并先后在包括中央台在内的多家电台播出，受到听众的热情称赞。

新闻线索除了需要记者的新闻敏感性外，还需要其他获取新闻线索的渠道，有以下六条途径。

第一，通过政府或企事业单位下达的公文文件获取新闻线索。

第二，通过记者的人脉信息联络网获取新闻线索。

第三，通过重要会议和文体活动获取新闻线索。

第四，通过各类媒体已发布的信息资源获得新闻线索。

第五，通过群众热线或者群众来信获取新闻线索。

第六，通过日常生活中有价值的信息获取新闻线索。

以上几种获取新闻线索的方式，都需要新闻工作者有一双善于观察、善于发现新闻的眼睛。

2. 做好采访计划

(1)明确采访的重点内容

采访的重点内容，指的是采访的重点范围有哪些、重点对象有哪些、声音选择和主要画面有哪些。

广播电视新闻节目一般都有固定的时长，新闻主题、新闻体裁不同，新闻的时长也各有不同，那么如何在有限的时间里突出新闻主题呢？我们需要从以下几个方面考虑。

首先，明确采访问题的重点，哪些问题有新闻价值，能够准确反映新闻主题。要运用采访技巧，获得第一手材料。明确了采访范围，才能找准新闻突破口，切入正题。

其次，明确采访的重点对象，跟新闻事件相关的有哪些人物，在不同的阶层、领域选择具有代表性的采访对象。

最后，要选择合适的声音和画面，在保证新闻节目视听质量的前提下，首先预想未来报道的形象应该是什么样的。比如，采访时选择什么样的场景录制声音和画面、拍摄哪些画面具有说服力、记者应该以什么方式出镜采访等，根据预先的设计和构思，选择合适的声音和画面，才能达到理想的视听效果。

（2）搜集资料

①了解采访对象

优衣库的创始人，在接受采访时经常站起来就走，原因是"记者的问题太肤浅"。这就是记者没有在采访前做足功课，直接导致采访失败的典型案例。所以，记者在采访之前，应先了解、熟悉采访对象的情况，见面时才更容易和对方接近，获得采访对象的好感甚至信任感，掌握采访的主动权。某知名导演也曾说过："他们一采访我，就要从头问起，你是哪的人啊？哪个学校毕业的？多大岁数……其实，这些问题只要事先稍做点准备，到时是不必问的……记者的时间很宝贵，我的时间也很宝贵。"可见，在采访前，深入了解采访对象是采访活动顺利进行的前提。

研究采访对象包括研究其基本情况、心理特征。一般来说，可从采访对象的基本情况入手，如年龄籍贯、大致经历、工作状况、主要成就、性格爱好、当前情绪、家庭情况、亲友关系、发展趋向等。

②搜集新闻背景信息

新闻背景信息是指新闻事件或者新闻人物的发展环境和条件，对新闻人物和新闻事件的产生有着间接关系的资料。周密而充分的背景资料的搜集，是所有成功记者的共同体验。曾是美国哥伦比亚广播公司著名节目主持人的克朗凯特为了准备"阿波罗11号"宇宙飞船登月的现场直播，把自己关在图书馆里待了三个月，阅读了大量的文献和书籍，并将有关资料分门别类整理好，放在案头随时准备查阅，后来这份资料成了记者报道宇宙飞行相关新闻的必备参考书。除了查阅文字资料外，他还到发射现场观看发射实况，向有关专家请教，正是这种全方位的准备工作，使他出色地完成了对"阿波罗11号"登月的30小时不间断的现场直播，使这次报道成为美国电视史上辉煌的一页。

记者如果要采访某个地区，就要查阅该地区的历史沿革、地理特征、民族信仰、风土人情、经济结构以及文化方言等。如果要采访行业、部门，就应该从整体了解行业特点、专业水平、优势特色等，并注意横向纵向的比较，把握行业的走向和趋势。如果到国外采访，就要了解这个国家的基本国情、法律知识、风土人情等。

（3）撰写采访计划方案

采访计划即采访的"预案"，是记者根据报道思想及采访对象的特点，对整个采访过程、步骤的大体策划。制订详细的采访计划，可以使采访活动有合理的逻辑结构，做到对如何选择突破口、采访如何向纵深拓展、如何结束等问题心中有数。计划越周密、翔实，越有利于采访任务的落实和取得完美的效果。

一般工作计划的内容包括：工作目标和要求，即做什么；工作方法、步骤、措施等，即怎么做。采访计划应考虑以下内容。

①采访目的

明确采访目标和要完成的采访任务，并掌握相关背景信息。

②采访方法

采访方法要根据访问对象的不同、新闻题材的差异、新闻内容的变化而变化，但是一定要从实际出发，具体问题具体分析。

③采访具体安排

采访具体安排包括：预约采访时间、沟通相关部门和单位、确定采访人员、安排采访活动顺序。对突发性新闻事件的采访，往往要在到达采访目的地后商定并随时调整。在采访对象的选择上，一定要选择权威的采访对象，也就是最接近事实来源的人，如当事人、目击者、工作的主持人、专家、与新闻人物最亲近的人等。

④设计采访问题

采访问题的设计主要是为正式提问做准备，既有利于记者梳理思绪，又能够突出采访重点，让记者在采访前做到对所有问题心中有数。首先要尽可能多地准备问题，问题不能重复。其次要精心设计问题，做到有的放矢。最后准备的问题提纲要有一定的弹性。

美国新闻学者肯·梅茨勒在《采访与写作》中关于设计的采访问题提道：首先要打开拘束的局面(破冰式谈话)，然后提几个严肃的问题，再引入此次采访的中心问题，必要时要提出爆炸性问题(敏感的或使人感到困窘的问题)，最后回到正常谈话，随之结束采访。由此可以把采访进程分为四个阶段。

第一阶段：采访起始阶段。

引导性问题：采访的开场白，把话题引到正题，或在谈话中起过渡作用，或将对方的思维引向记者要探求的方向。这种问题一般起铺垫作用。

概括性问题：为的是获取一般性信息，对新闻背景或者之前的新闻信息进行概括性提问。

第二阶段：采访发展阶段。

要素式问题：调查一个事实时，"5W"是基本提纲，有人称为"下拉菜单式提问"：发生了什么事？什么时间发生的？为什么发生？在什么地方？什么人干的？比如，会议采访，要了解会议的名称、中心议题、时间、主要参加者、主席台就座人、主持人、谁做的报告、谁讲话、讲话内容等。

搜索式问题：也叫普查式提问，主要功能是了解对象的知情状态，决定是否继续挖掘。比如，"你在不在现场""这个事情当天有人告诉你吗""你有没有参加这个活动"等。

第三阶段：采访高潮阶段。

实质性问题：也叫中心问题、要害问题，可以得到深度地反映事物本质的材料。

展示性问题：展示动机、观点，如"当时为什么没有人迅速跳下去"。

探讨性问题：抓住一些值得深挖但又不大容易说清的内容，采用讨论的方式，互相切磋。例如，"这是一个丑闻吗？为什么""您觉得这样做不好，那怎么做好呢"或"有没有可能是……原因"。

敏感性问题：也称爆炸性问题，与采访对象有一定关系，但又不得不问。例如，"这次事故中你的责任是什么""对这次矿难的瞒报是你最先提出的，还是你和矿工商量的"。

印证性问题：请采访对象核实某种情况或材料。

第四阶段：采访结束阶段。

结束性问题：谈话结束之前，促使对方回忆和补充材料，如"您除了这次之外，还有其他相似的经历吗"。

"最"字型问题：最痛苦、最高兴、最忧虑、最痛恨、最艰难的经历、最大的心愿，如2012年央视的专题报道"你幸福吗"，在采访的最后记者总会问采访对象这句话，这样能够了解对方的深层次故事和想法，这类事实往往是积极的。

总之，应按总体思路设计具体问题，避免随心所欲或冷场。

在每个采访阶段，记者设计的问题类型都不尽相同，不同类型的问题承担着不同的功能。

⑤采访预期

采访预期，是采访活动结束后，对新闻写作和制作做的前瞻性的设想。例如，预计写作周期是一天还是一周；设想报道性质是调查性还是解释性，连续还是组合；设想新闻表现形式是播读新闻还是说新闻、讲故事；计划播出方式是录播还是直播或结合式；根据节目时长确定解说词或采访字数等。

（4）出发前事物检查

出发前的事物检查就是要检查所有的电子采访设备。首先，打开摄像机、话筒等采访设备，检查是否能正常使用；其次，检查是否携带足够的备用电池；最后，检查纸笔等其他必备物品是否准备齐全，要确保采访活动能正常进行，出发前的事物检查，必须要做到万无一失。

3. 创造采访条件

（1）选择合适的采访时机

有经验的记者，在采访之前，会考虑采访对象的最近的工作情况、思想情绪、身体状况，也会考虑新闻事件的进展程度，选择合适的采访时机。也可以采取预约采访的方式，让采访对象自主选择时间接受采访。如果记者单方面以自己的时间为准，那么很容易引起采访对象的反感，不易于采访活动的开展。

在特殊情况下，采取"突然袭击"，能够采访到原始的材料，保留事件的本来面目。当然，这时需要记者通过得体的语言和表达方式，迅速调解对方的情绪，营造和谐的谈话氛围。

（2）选择适当的采访场所

采访场所的选择也是记者不容忽视的一个问题。采访场所的好坏会直接影响对方的情绪、心态、思维。选择采访场所时应当考虑：能否让双方静下心来，形成融洽的谈话气氛，保证谈话顺利进行；能否促使对方"触景生情"，较快进入角色，向记者打开心灵之门；现场是否符合人物的身份，是否对人物的表现起到烘托作用等。要善于创造谈话情境，如赵浩生对宋美龄采访前，先拿出了几十年前的照片合影，"夫人，您还是那么年轻……"。

选择合适的采访场所，首先，要选择相对比较安静的场所；其次，选择的采访场所应该符合人物的身份和特点；最后，尽可能到新闻事件发生的现场去。

（3）塑造良好形象

要使采访对象面对采访，消除紧张感，卸下防备，甚至敞开心扉，就必须在采访伊始就尽快缩小彼此间的心理距离，让对方把记者视为自己人，产生"认同效应"。而要做到这一点，记者就要给采访对象留下良好的第一印象，除了有声语言之外，副语言也很重要，包括服饰打扮、仪态表情、行为举止等。

首先，语句简洁、语调平缓。有声语言是记者和采访对象沟通的桥梁，优雅的谈吐有助于给采访对象留下良好的第一印象。简洁的语句，能够让采访对象在最短的时间内，明白记者的意思；平缓的语调，有助于记者在提问的过程中整理思路，观察采访对象，此外，平缓的语调也是自信的表现。

其次，衣着合体、合情、合理。根据不同的场合、氛围、采访对象的身份，选择不同的服饰。比如，采访农民、工人等普通群众，记者应该衣着朴素，减少或没有修饰；采访上层人物，如各国政要、社会名流，着装就应该正式、大气并且高雅，可以适当修饰；如果采访地是医院，是一个肃穆的地方，衣服颜色就要以素色为主，不宜穿着鲜艳，不宜佩戴饰物；采访农村抗旱第一线，不必穿得太干净、高档。

最后，礼貌要周全，举止得体。举止，包括面部表情、身体动作和礼仪性的行为，是有声语言的辅助手段，在交流中主要用于强调、补充和替代有声语言，也称为副语言。礼貌的言行、得体适时的举止，在采访之处，配合有声语言，会达到"破冰"的效果。在采访过程中，能够有效引导采访对象说出实情。在采访结束后，能够留下好印象，为日后的采访活动打下坚实的印象基础。例如，在《杨澜访谈录》里，当采访对象回答问题时，主持人总是专注地看着采访对象，偶有点头交流，来表示认同。这样的副语言会让采访对象产生强烈的认同感，有利于营造融洽的谈话环境。在融洽的谈话环境里，采访对象也愿意说出真实的情况，做到畅所欲言。

如果记者能坚持这三大原则，那么必然会在一定程度上增强自己的人格魅力。

(二)广播电视采访方法

1. 采访的基本方法

(1)直面采访

直面采访指记者与采访对象面对面,以口头采访为主要手段,在有限的时间里挖掘新闻信息的活动。直面采访是采访活动中最普遍、最常用的方法,在采访工作中占有重要地位,所以直面采访是新闻工作者必须要掌握的采访方法。

直面采访不论是采取一对一、一对多还是多对一的方式,都需要遵循以下原则。

①平等原则

在直面采访中,只有记者和采访对象在平等的语境下,记者才能灵活应变,收放自如地进行采访。这里指的平等,主要指的是人格上的平等。不论采访对象是领导干部还是社会普通民众,又或是阶下囚,记者都需要给予其人格上的绝对尊重,不能因为采访对象身份的高低,就在采访态度上变得阿谀奉承或者趾高气扬,应该坚持人人平等的原则,这也是最基础的原则。

②具体问题具体分析原则

面对不同的采访对象,不同的采访环境,不同的新闻主题,记者运用的采访技巧也不尽相同。要具体问题具体分析,要从采访对象出发,根据采访和报道主题的需要灵活运用不同的采访技巧和方法。比如,主持人在大型公益节目《开学第一课》的节目现场,采访坐在轮椅上的96岁的许渊冲老先生,在采访过程中,主持人3分钟内跪地3次,被网友们称赞为"跪出了最美的中华骄傲"。主持人用"跪"这样的副语言,表现出对许渊冲老先生的敬意,彰显了作为新闻工作者的人文关怀和敬业精神,也符合节目教育的主题。

③掌握主动权原则

一方面,记者要主动掌握谈话内容。记者在直面采访中是主导方,需要通过提问的方式从对方口中获取新闻材料,记者的任务是提问。但是采访活动要以采访对象为中心,有新闻价值的材料需要从采访对象口中得知。这就要求记者在不喧宾夺主的前提下,掌握话语权。记者要始终围绕采访意图,主动提问,步步深入,让被采访者围绕自己的思路谈论话题,遇到特殊情况随机应变。

另一方面,记者要主动掌握谈话时间。直面采访往往在有限的时间内进行,因此,记者只有提高采访效率,有针对性地提问,才能在有限的时间内获取更多的材料,直面采访不是闲聊,必须讲求实效。面对特别善于沟通表达的采访对象,当记者发现采访对象的回答已经偏离主题,开始赘述时,可有礼貌地打断被访者的话语,再重新提问,引入话题。

(2)视觉采访

视觉采访,顾名思义是指用眼睛采访,又叫全感采访。记者在新闻现场通过自己的眼睛,对采访对象(人、事、景、物等)进行直接考察和必要思考,从而获取直观、具体、形象的新闻材料,这种方法常用在新闻的现场报道中,一般消息和通信的采访也经常用。

视觉采访既能有效地获得第一手材料,又能验证采访对象在直面采访中提供的材料是否正确、准确,把第二手资料转化为第一手资料,与此同时,还能观察到鲜活的新闻细节。此外,新闻现场带给记者的强烈的感官刺激,会使记者碰撞出思想火花,由此产生强烈的报道冲动,使新闻更加具体、真实、丰满,使报道更加生动。

目前,国际新闻界已经把视觉采访作为一种主要的采访手段来加以强调和提倡。新闻学家指出,现在的时代是现场观察的时代,新闻记者必须成为现场的研究者。随着社会的进步和科学技术的发展,这种要求只会越来越高。

2. 采访的特殊方法

(1)体验式采访

体验式采访,是指记者按照采访对象的职业、身份、地位,亲身经历与其相同的工作活动,直接观察采访对象的生活环境,体验其身心感受的采访活动。记者想要了解采访对象的生活,最好的办法就是亲自去体验一下。体验式采访能够使记者在搜集材料的过程中,更真切地了解事实的真相,更方便地获得第一手资料。在新闻写作中,只有亲身体验,记者才能写出可信度高、更生动的新闻稿件。但是,体验式采访并不适合所有的采访对象。在体验范围里有"三忌":高精尖技术部分不适合体验,国家保密部门不适合体验,犯罪禁区不适合体验。

(2)隐性采访

隐性采访指记者事先隐藏身份,不暴露采访目的,在采访对象不知情的情况下,以偷拍等隐蔽手段,深入新闻现场,获取新闻素材的采访方式。这种采访方法是出于报道的特殊需求或者报道受到条件的限制,而采取的特殊方法。但是隐性采访往往容易侵犯公民的名誉权、隐私权、肖像权等人格权利,因此也带来了不少伦理争议。记者在隐性采访时,应该注意以下几点。

第一,隐性采访要在法律、法规允许的范围内进行。

第二,隐性采访要坚持正确的舆论导向,不能违背伦理道德。广播电视作为大众传媒,既要满足大众的需求,又要遵循职业操守,树立正确的价值观。

第三,隐性采访要注意"度",既不能主动介入,又不能过度介入,不能以诱导等主观方式,左右新闻事态的发展,要遵循新闻事态的客观进展。不能"扮演"一些角色特殊的人物,如人大代表、政府官员、人民警察等。任何人假冒,都将受到法律的制裁。但是以一些普通身份,如以商人、顾客的身份去调查某些行业是否遵纪守法?没有实际的购买行为,只是去咨询、了解情况,都是不违法的。

3. 采访的其他方法

(1)书面采访

这种采访方式是记者在无法接触采访对象的情况下，以书面提问的形式进行采访，从而得到书面答复的采访方式。在广播电视新闻里，很少用到书面采访，但是当采访对象没有时间见面接受采访，或者记者无法接近采访对象，或者采访对象不愿意接受镜头的拍摄的时候，就可以采用这种方式进行采访。

书面采访在罗列提问的问题之前，首先要有文字性的说明，要说明采访意图，使采访对象了解采访目的。如果是初次采访，最好要附上证明自己身份的材料。其次，精心设计问题，问题要围绕主题、简洁明了，便于采访对象阅读。题目数量要适当，问题过多，容易引起采访对象的反感，无法完成采访活动。最后，要给采访对象一个时间期限，并且对采访对象的回答有所反馈。

一般情况下，可以通过邮寄纸质信件或者发送 E-mail 邮件的形式进行书面采访的沟通和反馈。

(2)电话采访

电话采访通过有线或无线通信手段与采访对象进行交流与沟通。电话采访的特点是快捷、方便、成本低，能用较少的人力、物力、财力，在最短的时间内迅速了解已经或正在发生的新闻事件，搜集来自各方的评论和看法。

当发生重大突发事件时，记者无法第一时间到场，就可采用电话采访的方式，快速了解新闻事件的最新情况。对某一社会热点事件进行报道时，可采用电话采访的方式，快速联系事件当事人或者相关人士，请他们回答问题；或通过电话采访请专家剖析社会热点话题，并提供意见或者澄清事实。在广播电视新闻里，电话采访多用于演播室与新闻现场的连接，演播室与在新闻现场的专家、事件相关人士的连线等，增强新闻的时效性、真实性以及权威性。

(3)精确采访

这种方法是为了追求采访报道的准确、深入和科学而应运产生的，是记者不满足于经验判断和现场观察的结果，目前已成为调查性报道的主要采访方式，做出的新闻也称"精确新闻"。

利用实验手段进行采访：采访不同液化气公司的服务质量，可直接向居民采访，也可以打电话让其送上门来，看是否及时，重量如何。

通过民意调查进行采访：《解放军报》报道《上海人：三分之一收入用于资产积累》，记者对 3000 户城市居民进行了抽样调查，结论令人信服。

借助统计分析进行采访：对黄河 40 年来的水土流失状况，进行专业统计。

实施跟踪调查进行采访：可进行服务质量跟踪，进行时间、速度的测试。这是社会学的研究，也是一种纵向展示，关于某项政策的出台，常用此种方式。

以上几种方法的共同特点是操作性强，效果好。

4. 常用的提问技巧

美国新闻学者麦尔文·曼切尔把记者形形色色的提问分为两大类：开放式提问和闭合式提问。开放式的问题，概括性比较强，问题面宽，能够激发采访对象的谈话欲望，轻松自然地引入话题，有利于营造融洽的谈话气氛。闭合性问题，多是细节问题、实质性问题，问题的针对性强、指向性强，能够快速得到采访对象的有价值的回答，在采写监督报道时常常使用。

不同场合、对象、目的的采访，要用不同的方式和技巧，灵活应对，提出不同类型的问题。

(1) 开门见山

从正面提问，直截了当、开门见山、开诚布公，使直面采访迅速而顺利，又称"开门见山法""单刀直入法"。在讲明采访目的和要求以后，直截了当地提出问题请采访对象做出回答，开诚布公，不拐弯抹角，很快进入主题。这种提问方法，针对性强，并且易于掌握，适用于在限定时间内采访领导干部、社会名流和开朗健谈的采访对象，或是与记者比较熟悉的人。例如，采访一位教师：您从事教育工作多少年了？这些年您大概教出了多少学生？谁给您留下的印象最深？但是，正面提问有时也会显得生硬，对性格腼腆的人、容易紧张的人，对拒绝采访的人，对敏感的话题等，就需要其他的提问方式。

(2) 迂回提问法

① 外围包抄

与开门见山法不同，外围包抄法从侧面入手，采用聊天的方式，先迂回一下，提些表面上看起来与采访无关的问题，等待对方彻底松弛下来，有了谈话气氛后再悄悄切入主题。有时正面提问可能太唐突，或者过于直白，对方难以接受，那么在提问时就可采用外围包抄法，这种方法适用于不善言谈的人，见到记者就紧张、拘束的人，或者有思想顾虑的人。

例如，《光明日报》记者采访优秀护士朱桃英时，这位 29 岁的护理能手很紧张，红了脸，绞着手："请不要采访我，我没有先进事迹，我没有……"记者收起了本和笔说："咱们随便聊聊，我家有个病人，已经躺倒了两个月了(事实)。听别人讲，三分医治，七分护理，我想了解一下，该怎样护理病人？"

从采访对象熟悉的、感兴趣的问题开始提问，或者从最简单的、最具体的、对方几乎无须思考的问题开始发问，都有利于缓解采访对象的紧张感。

② 侧问法

侧问法，即从侧面了解采访对象，获得采访资料。借他人之口提出问题，同时隐藏记者提问的真实目的，提出敏感问题（如涉及隐私、可能令对方难堪的问题），这种方法既能够避免面对面采访的尴尬，又能够显示出问题的客观性，增强提问的力度。

（3）追问法

追问法，指记者抓住重点，循着某个思路或逻辑连珠炮式地提问，不断地提出跟进式的问题，盘问最细小的事实，了解最根本的原因，直到得到满意的答案为止。这种提问方式可以使记者在采访中挖出关键性的问题。在调查性报道中常用这种提问方式，以把问题搞得水落石出。追问法需要记者刨根问底，追寻着对方谈话的线索进行一系列的追问。

①正向追问

正向追问，即顺着上一个问题，进行对细节的提问，挖出关键性的问题。对关键性的材料，触及事件本质的材料，典型事例、典型细节，谈话中的疑点，有价值的新情况、新线索等，记者要抓住不放，一问到底。

②反向追问

在正向追问难以得到答案时，不妨试一试反向追问，即从相反的方向和角度提问，以探询对方解释性的想法。

郭梅尼采访一位因救火而面部毁容的青年人，这个青年人本来是帅哥，但烧伤后面目全非，常遭人侧目。命运的巨大反差给他带来巨大的痛苦："像我们这样的人，活着比死难多了。"

郭梅尼问："那么你为什么没有想到去死呢？是什么想法支撑你活到今天？"

这个身残志坚、心态平和、接受了很多媒体采访的人终于敞开了心扉，讲述了自己一次次跟死亡做斗争的信念："一个人生在这个世界上，就对社会负有责任，当他的责任还没有尽完的时候，他没有权利选择死亡。"这些震撼心灵的话语激发了记者的灵感，使他写出了通讯《烧不毁的美》。

（4）激将法

激将法，即错问。记者故意提出错误的问题，来考察、试探、激发、刺激采访对象，以便探求事实真相，被称为"以误求正法"。这是一种典型的质疑性提问，激烈发问，切中要害，故意激起对方解释辩白的冲动，甚至会使采访对象迫不及待地澄清事实。

这种方法适用于那些不愿接受采访或者戒备心理较强的采访对象，如针对过于谦虚，或者顾虑重重，或者态度傲慢的采访对象，就可以尝试激将法。采访对象出于种种原因拒绝回答记者的问题，这时记者可从反面提问，激化其情绪，促使采访对象思考并进而回答记者的问题。

运用这种方法要注意不要造成误解。采访结束时记者可以说明原委、消除误解。还应注意身份、刺激的强度、谈话的气氛等，注意保持气场的平衡。

(三)新闻采访后整理

记者依靠录音笔、摄像机等现代技术录制了采访过程,保证了采访资料的完整性,但是采访活动结束后,要进行系统化的整理和加工。

一方面,不论是广播新闻还是电视新闻,采访活动结束后,记者都需要对采访材料进行分类,把符合新闻主题的内容挑出来,把不符合新闻主题的,标记并且存档,作为以后的备用素材。

另一方面,采访活动结束后,记者需要验证新闻材料,可以通过当面验证或者现场验证等多个方面证实新闻材料的真实性。

二、广播电视新闻写作

根据采访内容,广播电视新闻的写作不同于报刊新闻的写作。在广播电视新闻的写作中,记者除了要掌握根据新闻素材原创新闻的能力,还要有改写新闻的能力。

(一)新闻写作的一般规律

1. 新闻必须完全真实

真实是新闻的生命,是新闻写作的基本原则,是新闻工作人员必须牢记并树立的基本观点。一般来说,新闻真实有两层含义:第一层是,报道的新闻事件必须是真实存在的;第二层是,构成新闻事实的各个要素、背景材料,都必须是真实的,并且能够正确反映新闻的真实面貌。

为维护新闻的真实性,新闻工作者必须提高自身职业素养。首先,新闻工作者要具备广博的知识面,在纷繁复杂的新闻事实面前做到明辨是非、去伪存真;其次,要善于观察,在采访中正确使用采访方法,深入访谈,确保获得翔实的第一手新闻材料;最后,要有较高的政治思想觉悟,紧跟党的思想步伐,树立正确的人生观、价值观,当好新闻的"把关人"。

2. 用事实说话

新闻要做到客观、公正,才能使受众接收所传达的信息。如何体现新闻的客观、公正呢?就要用事实说话。事实是新闻的基础,没有事实,新闻就成了无源之水,无法存在。

美国新闻学教材《新闻报道与写作》一书中提出消息写作的 10 条规则值得我们借鉴,分别是[1]:

　　〈1〉在你没有理解事件本身之前,不要动笔去写。

　　〈2〉在你不知道你要说什么以前,不要动笔去写。

---

[1]　赵淑萍:《广播电视新闻采访与写作》(第 2 版),317 页,北京,北京师范大学出版社,2016。

〈3〉要表现，不要陈述。

〈4〉把精彩的引语放在消息的前头。

〈5〉把精彩的实例或逸事放在消息的前头。

〈6〉运用具体名词和富于动作色彩的动词。

〈7〉尽量少用形容词，不要在东西上再用副词。

〈8〉尽量避免自己做判断和推理，让事实说话。

〈9〉在消息中不要提那些你回答不了的问题。

〈10〉写作要朴实、简洁、诚实、迅速。

上述 10 条写作规则，具体地从写作的角度提出新闻要用事实说话。

3. 迅速及时

迅速及时是新闻报道的特点之一。随着信息流动速度的加快，受众对新闻的及时性要求逐渐提高，从以前的"TNT——Total News Today"到现在的"NNT——Now News To-day"。新闻要求报道新近发生的事实，但并不是一味地追求报道的速度。盲目地求快，很容易造成新闻失实，所以要处理好时效性与准确性之间的关系。

4. 简洁明快

简洁明快指新闻写作要体现短小精炼的特点，抓住体现新闻价值的材料，运用简练的语言，高度概括新闻事件，让受众理解新闻事实。

以上新闻写作的规律既适用于报刊，也适用于广播和电视，是新闻写作的基本规律。广播电视新闻工作者，只有掌握新闻写作的共性规律，才能探索广播电视新闻写作的个性特点。

(二)广播电视新闻语言

"根据新闻学原理：通过对新闻媒介，向受众报道新近发生的事实，传播具有新闻价值的信息时所使用的文字语言就叫新闻语言。"[1]

根据传播学理论，新闻语言在信息传播的过程中，扮演着"编码"的角色，其作用是传播信息、报道事实、解释问题、快速交流。传播者可通过编码传播客观事实，受众可以通过解码接收信息以还原事实，传播者与受众通过编码与解码达到沟通、交流的目的。

新闻语言因新闻题材以及时代的差异而具有独特且多变的风格。广播电视新闻语言具有四大特征：准确生动、简练辩证、先进多变、朴实通俗。白描是实现广播电视新闻语言特征的重要手段，有助于形成独特的广播电视新闻语言风格。

---

[1] 张举玺：《实用新闻理论教程》，155 页，郑州，河南大学出版社，2012。

1. 广播电视新闻语言的特征

(1)准确生动

真实是新闻的生命，保证新闻生命的鲜活，离不开新闻语言的准确与生动。准确，即用词准确无误，遣词造句无语法错误，并且准确无误地反映客观事实。在新闻写作中，记者要注意对新闻事实以及新闻的各个要素不篡改、不夸大、不缩小，用事实说话。

广播与电视这两种媒介都具有易逝性，即声音和画面一闪而过，用词稍有不慎，就会引起歧义，误导受众。广播电视新闻语言的准确性，包含了用词准确，即在写作中选择能够精准无误地表述客观事实的词语，并且杜绝使用含糊、模棱两可的词语，避免使用容易引起歧义的词语。

新闻语言的生动性是指，通过真听、真看、真感受，调动五官去感知新闻事实，运用文学修辞手法，使受众切实感受到新闻事件中的人物，使之形象更加具体化和立体化。

与此同时，要拒绝"新闻腔"。对"新闻腔"的界定并没有明确的概括，但是一般指新闻报道中"八股"似的公文语言和带有指令性色彩的语言，这样的新闻受众有可能拒绝接收，直接影响新闻的传播效果。"新闻记者由于职业关系，不得不同这种使人闷得透不过气来的用语打交道。他们的本职原该把这一切改变为平易的用语，可惜他们自己也染上了爱说唠叨话的坏毛病，因而丢掉了语言的精准性、清晰性和优美性。"[1]由此我们可以看出，新闻媒体工作者确实需要不断提升自己的专业素养，杜绝"新闻腔"成为新闻媒体工作者不懈努力的目标。

(2)简练辩证

简练，要求新闻语言言简意赅，这就要求新闻工作者能从丰富的新闻素材资料里，找出能反映新闻主题的材料，选择最能打动观众的典型的情节和细节，简要地概括新闻事实，从而吸引受众、打动受众。并且语言文字要适合口语表达。

新闻工作者要做到新闻语言的简练，首先要提高概括能力，能够从众多的新闻材料中提炼出新闻的核心。删繁就简，注意炼字，字斟句酌，每一个词汇都要考虑其是否精准地表现出新闻事件的原貌。

辩证，要求新闻语言要避免片面性，在用词时，要尽量避免使用有绝对化意味的词语，不要把话说死，切忌以偏概全。像"绝对""最好""最差"等词语，要提前验证，如果没有绝对的材料论证，就要慎用这些词语，要用辩证的语言，如"相对""较好""较弱"等，不然很容易造成损失。

(3)先进多变

随着网络日新月异的发展，网络词语渐渐进入传统媒体的视野。新闻本来就是对新鲜

---

① 张举玺：《实用新闻理论教程》，156页，郑州，河南大学出版社，2012。

事物的报道，其中包括新鲜词语，这是一个时代的产物。紧跟时代的步伐，在新闻中使用新鲜词汇，能够给新闻语言注入新鲜的血液，增强新闻的可读性、趣味性和通俗性。但是，这并不意味着单纯地把网络词汇或者几个英文单词硬生生地夹杂在新闻稿件中就是前卫。网络词语的运用，一是要考证词语的真正意义，二是要与整篇文章内容的风格相符，三是避免使用过于口语化的网络词汇。

新闻的语言风格，并不是一成不变的，而是由新闻题材、新闻类型、新闻内容、传播媒介所决定的。比如，消息与通信的语言风格相比，消息的篇幅更加简短，是对新闻事实的高度概括与凝练，而通信的写作则更加详细和深入，运用的修辞手法也更加丰富，有更多的情感色彩。

（4）朴实通俗

朴实的新闻语言，指自然朴素、实实在在，不加以修饰的新闻语言。这样的新闻语言虽然看似平淡无奇，但是如果运用得当，就能够在平凡的语言中，表现不平凡的人物个性。通俗的语言，即通俗易懂的语言。这里的通俗绝不是指内容的浅薄庸俗，而是指语言的口语化，适合口语表达，人人都能听懂。

2.“白描”的运用

“白描”是中国画的画法名称之一，是指运用墨色线条勾勒、描画物像，现在“白描”一词也是文学表现手法。同时，它也被借鉴到新闻写作中来，即运用朴实的文字，简单而直接地勾勒新闻事实，不运用修辞手法，也很少用形容词渲染气氛。把复杂的新闻事实，用简单的叙述与描写，突出事物的特征，彰显新闻价值，这样的新闻深受观众喜爱。

在广播电视新闻的写作中，“白描”的运用具体体现在用词准确、多用动词、多用子概念、多用大白话、多用短句子。

动词，是最能表现人物的行为动作，能反映人物内心变化的词语。在新闻写作中，多用动词，能够使新闻的画面感更强，并且生动地还原新闻事实。

多用子概念能够让客观的新闻变得更加具体，从而更加生动。

多用大白话也就是新闻语言要有利于口语表达，尽量口语化，和书面语言区分开，但是口语化并不意味着要有方言。方言不仅仅指方言的读音，还包括方言中个别字的习惯性运用。比如，“可好了”中的“可”就是典型的方言语言，表示好的程度，可改为“很”“非常”“特别”等。

在新闻语言中，能用短句子表述清楚的，就不要用长句子，短句子使句子的意思更清楚且更容易让受众理解。“白描”的运用能让受众身临其境地感受新闻现场的氛围，使新闻更加形象、生动。

（三）广播电视新闻写作的要求

1. 广播新闻写作——为听而写

广播新闻，以声音为载体，通过无线电波传输新闻信息。广播有收听对象广泛、时效性强、收听方便、感染力强等特点，这就要求广播新闻必须具备"听"的特点，因此，广播新闻的写作应具备以下几点。

(1)选择适合于听的词汇

广播与纸质媒介相比，更具有易逝性，广播新闻是一闪即逝的，不像报纸和期刊上的文字信息，可以反复阅读，所以广播新闻写作首先要选择适合听的词汇。

什么样的词汇适合于听呢？

①多用双音节词语，慎用同音不同义词语

双音节词语即由两个音节构成的词语，如鲜花、热闹、底下、月亮、转悠等两字词语。双音节词语与多音节词语能表达同一事物，如"花"和"鲜花""假花"，后两个双音节词语都可以是"花"，但是一个是真实的、鲜活的花，一个是用其他材料做成花的形状，虽然看起来跟真花相似，但其实是假的。由此可见，双音节字词比单音节字词表意更清晰，词义更丰富，能够准确地描述事物。但是在使用时要注意同音不同义的双音节词语的使用，如"无意""无异""无益"，"全部"与"全不"这两组双音节词的读音完全一致，但是意义却截然不同。

此外，还应该多用象声词，象声词又叫拟声词，即模仿自然声音的词，能够生动形象地表现新闻主体。比如，在描写羊的时候，用羊的叫声"咩……咩……"要比直白地说"羊"，要生动得多。

②使用简称、代词要谨慎

在新闻写作中，为使语言简练、加快节奏，记者对前文出现过的名词全称，在后文里会使用简称或者代词。由于广播收听方便这一特点，听众在打开收音机后，从新闻消息的刚开始收听，自然能够听懂后面的简称以及代词。但是一旦要从新闻节目的中段开始收听，没有听到前文当中的全称，听众就会听不明白或者误解新闻当中的简称以及代词，所以在广播新闻写作中，要慎用简称和代词，如果必须使用时需注意：简称必须是长期以来约定俗成的，或社会通用的，不能影响受众理解。

③简化数字，变抽象为具体

数字是个抽象的概念，单纯的数字很难给受众留下印象，因此，在广播新闻的写作中，运用数字要从受众的接受能力考虑。

首先，用粗略简单的数字替代精确复杂的数字，使受众在第一时间理解并记住数字的含义，简化后的数字更适合口语表达，如在广播新闻报道中，可把4821万改写成4800多万，把89.99％改写成近90％，这样写简单易读，更容易记忆。

其次，用可视化元素替代抽象数字，即通过打比方的方式，用人们熟知的、可感知的形象具体的事物替代抽象的数字，化枯燥为生动。比如，中央电视台系列节目《弹指一挥间》提到，"河南、山东两省沿黄群众，为了加固黄河河堤，造起了'地上悬河'。他们搬动的土石方有7亿多立方米，相当于建起了13座万里长城，挖开两条苏伊士运河"。报道把晦涩难懂的"7亿多立方米"具象为受众熟知的"13座万里长城"和"两条苏伊士运河"，抽象的数字瞬间跃然眼前。

（2）使用适合于说的句子

①使用简单句

使用简单句，简化写作语言，在叙述事件时，采用主动式把主语和谓语放在一起，使听众一听就明白"谁""干了""什么"，很容易找到重点。尽量做到让听众无论从何时听，都能把握新闻事实的脉络。所以，在广播新闻写作中，要避免使用倒装句与被动句式，以免影响理解。

②朗朗上口，悦耳动听

广播新闻以有声语言为载体，新闻稿件更是为了使播音员读起来朗朗上口，听众听起来悦耳动听。这就要求在新闻写作的过程中，可采用递进、对偶、比喻等修辞手法，增强新闻语言的节奏感和韵律美。

2. 电视新闻写作——既为听也为看

图像和声音是构成电视新闻的两大表现元素，电视图像是视觉形象与声音的复合体，任何一个画面的意义总是包含着它所承载的那一部分声音。一般而言，电视新闻的视听构成有三种形式：第一，声像同步，即画面同期声，增强现场感；第二，现场声画配屏幕文字，通常用作交代新闻背景，阐释意义；第三，现场声画配解说旁白，交代新闻主体信息，对画面有串联、提示、丰富的意义，使声音与画面紧密结合，并延伸和深化画面的内涵，从而拓展视觉的深度和广度。因此，电视新闻的写作主要是指解说词的写作。解说词既是与画面相伴而行的，又是用来播讲的，所以电视新闻的写作既是为看而写，也是为听而写。

（1）画面与解说词的配合

电视新闻强调为看而写，即解说词应该根据新闻主题、整体构思和新闻布局结构，并配合画面，挖掘画面的深层含义，其最基本的要求是声话对位。

做到声话对位，离不开解说词和画面的相互配合。画面需要解说词进行补充、说明，解说词也依靠画面对内容进行演绎、延伸，二者相互交织并且紧密融合。

画面与解说词的配合方式有两种：第一，解说词根据画面，解说画面，使画面表达的内容更完整，为观众提供更多的新闻信息；第二，解说词根据主题的需要进行写作，为解说词配画面，起到深化画面内容、加强画面力量、升华主题的作用。但是应注意避免以下两种情况：一种是解说过多，描述的内容与画面高度一致，内容枯燥，影响受众观看；另一种是声画两张皮，即画面与解说词不相关，失去视听语言符合的优势。

（2）字幕与解说词的配合

在电视新闻中，由于解说与字幕分别诉诸观众的听觉器官与视觉器官，字幕作为补充信息的另一种方式弥补了解说词涵盖不了的重要信息，形成了字幕与画面、解说词构成试、听、读三位一体、优势互补的合理结构。有时字幕与解说词的内容一致，有强调新闻内容的作用。

(3)同期声与解说词配合

同期声与解说词一样，都是听觉系统接收到的信息，从传播效果来看，同期声替代解说词，更能增强新闻的现场感、真实性以及权威性。在实际操作中，同期声与解说词是交替使用的，但需要注意其中的起承转合，衔接要自然。所以，解说词的写作需要注意：首先，同期声出现前，解说词要为同期声的引入制造合适的语境与契机；其次，同期声出现后，解说词要概括总结、承上启下，推进新闻进程。

例如，2017年9月22日《新闻联播》第一篇新闻消息《喜迎十九大 在满满获得感中期待盛会》(表12-1)。

表12-1 声画配合范例——2017年9月22日《新闻联播》

画 面	字 幕	解说词	同期声
航拍城郊公园 工人采坑种树场景 工人辛苦修复生态场景	喜迎十九大在满满获得感中期待盛会	这是太原的一个城郊森林公园，而几年前这里还只是一个采石场，山体千疮百孔 十八大以来由于绿色发展理念的落地生根，当地采用矿石修复工程，工人们还在石头上采坑种树	张俊平：青山绿水就是金山银山，十九大马上就要召开了
采访张俊平的画面 现在公园绿色的全景	山西太原市玉泉山城郊森林公园负责人 张俊平		张俊平：我们继续以超常的举措做好生态修复工作 要像爱护眼睛一样爱护生态环境

(四)广播电视新闻写作的要领

1.标题的写作要领

广播新闻的新闻标题多以播音员口播的形式出现，电视新闻的新闻标题多以播音员口播与字幕相配合的形式出现，虽是不同的表达形式，但都通过概括新闻内容、突出新闻主旨、评价新闻事实，达到了传播新闻信息、沟通受众、引导社会舆论的作用。所以，制作新闻标题需要精心设计、字斟句酌。

第一，从内容上说，标题要准确概括新闻最重要、最出彩的精华部分。标题是新闻的点睛之笔，所以要紧贴新闻主题，选择最能表现新闻主题的典型性情节，作为新闻标题撰写的素材，再通过准确概括凝练出新闻标题。

第二，从表现形式上说，标题要简洁明快、通俗易懂、生动形象、力求新颖。标题要符合新闻语言的特点，遣词造句要平实、朴素、通俗易懂，让受众对新闻主题一目了然。

除此之外，塑造一个生动形象、新颖的标题，有以下几点技巧。第一，巧借修辞手法，用具体的、形象的事物替代抽象的、生僻的事物，使新闻内容深入浅出。第二，巧用新闻当事人的口语、口气，叙事感强，以引起受众的情感共鸣。例如，第 27 届新闻奖获奖作品中的《别了，白家庄》，这样的标题是以新闻中两对父子矿工的口吻说出的一句话，既深化了主题，又表达了新闻人物的情感。第三，善于借用标点、符号或数字。例如，《惊心动魄 160 分钟——首次揭秘"长五"推迟发射》，在这里，数字"160"与"惊心动魄"一词形成鲜明对比，表明事件的紧急性和重要性，烘托了紧张的新闻气氛，引起了受众的好奇。第四，求新求变，在用词、格式上突破旧的窠臼，探索新的模式。例如，《严查"户多多"，莫忘"户漏漏"》这样的标题上下呼应，运用叠音字，朗朗上口，同时"户多多""户漏漏"这样非正式的语言，增强了新闻标题的趣味性。

2. 导语的写作要领

一般把放在文章前，新闻开头的第一句或第一段叫作导语。美国学者福克斯曾说过，一条奏效的导语应该实实在在地吸引读者的注意力，并将其导向记者认为的新闻的基本点或者报道角度的地方。由此可见，快速揭示新闻主旨，引起读者注意，吸引读者读下去，是导语的特点，也是新闻导语写作的基本要求。

(1)导语的类型

麦尔文·曼切尔说，更多或一般的事件用在导语上。导语的写法多种多样，一般常用的有以下几种。

概述型导语——用概括、直接陈述的方式，简明扼要地写出最主要的新闻事实。写好这类导语需要注意增强提炼与概括的能力。

描述型导语——对新闻事实或新闻事实的某一侧面、事件、地点或者某一情节做简要描述，起到引起受众兴趣的作用。写好这类导语需要多运用"白描"。

评述型导语——在新闻开头对事实发表评论，使新闻事实的意义更加明确。

提问型导语——以提问的方式，设置悬念，引起受众的阅读兴趣。

(2)导语如何吸引受众——兴趣点的选择

①重要性

新闻中最重要的新闻六要素是"5W"和"1H"，即什么人(Who)何时(When)在哪(Where)

因为什么(Why)发生什么事(What)后来怎么样(How)。以开门见山的形式简单明了地突出最新鲜的新闻事实，这是受众最关心的问题。

②反常性

通过新闻事实中新闻人物违反常理的行为，引起受众的好奇心。例如："踏青、赏花当然是春天的美景了。就在这一两天，重庆马镇乐园村漫山遍野开满了梨花。可是村民们无心观景，倒是急得够呛。"这里，村民反常的行为，为后文设下悬念。

③实用性

新闻导语有实质性的内容，对受众的生活有指导作用，受众自然而然就会乐意看下来。比如："针对不法分子利用手机短信诈骗银行卡用户的情况，今日北京市公安局发出警告，要求手机用户在接到'银行卡被盗用，要求转账'的信息后，不要在 ATM 机上进行转账操作，可直接到银行核实，并拨打 110 报警。"这样一条防诈骗的导语，实用性很强，与受众生活是息息相关的，也能吸引受众。

④趣味性

一篇好的新闻导语如果写得生动、有趣，就能吸引受众。例如，"谁说小宝宝都从妈妈肚子里生出来？最近，上海海洋水族馆里的珍贵鱼类'紫红火口'，就从嘴巴里'分娩'出了近百条鱼宝宝。"提高了趣味性。

写导语是记者的一项基本功，是对记者观察、分析、概括能力的检验。学习新闻写作，必须要写好导语。

3. 正文和结尾的写作要领

正文要对导语中提及的新闻要素做进一步的解释和说明，是对导语的深化和补充。所以，正文要对新闻事实做更详尽的报道，要提供更具体的细节，同时也要交代必要的背景。

(1)正文的结构方式

①倒金字塔结构——按照逻辑关系的结构

倒金字塔结构，即依据新闻价值的重要程度，按照受众的兴趣点组织和排列材料，形成倒金字塔状，受众兴趣优先是其基本原则。这种叙事方式是按照一定的逻辑顺序，把每个片段串联为一个整体。所以使用倒金字塔结构需注意：第一，逻辑线索一定要清晰；第二，导语与正文、段落与段落之间的过渡要联系紧密、自然。具体做法：一是选择关键词或关键句放在下一个段落的首句；二是使用转换词语，表明下一个段落的意思又是一个新的话题，如"与此相关""同时""但是""另一方面"等表示并列、转折的词语；三是借助代词，用代词指代上一个段落的某一关键信息，使文章保持连贯。

这种叙述手法在新闻写作中经常运用，其优点是能够快速阐述新闻事实的重点内容，符合受众收听、收看便捷的需求，并且方便编辑的二次加工，提高了工作效率。其缺点是结果在前，容易形成头重脚轻，难以反映事物变化的曲折性。

②金字塔结构——按照时间顺序的结构

金字塔结构与倒金字塔结构相反，把新闻的重要信息或者事件高潮放在最后，按照新闻事件发生的时间先后顺序逐步展开，又被称为"兴趣延缓式"结构。这种结构适合故事情节比较强的新闻，可通过设置悬念，勾起受众的求知欲望。但若开头不能够吸引人，受众会失去耐心，很难坚持看下去。所以运用这种结构，需要注意以下几点：首先，要找到受众真正的兴趣点，设置悬念吸引读者；其次，事件的故事性要强，故事情节要有起承转合，才能引人入胜；最后，要注意突出重点，主次分明，有节奏感，切忌流水账。

③沙漏式结构——混合式结构

沙漏式结构以逻辑结构为主，时间顺序为辅。主线是按照逻辑顺序，逻辑链条上的片段按照时间顺序报道，发挥时间顺序报道在叙事方面的力量，增强报道的吸引力。广播电视新闻要鼓励这种方式的运用，充分发挥广播电视在叙事方面的优势。

（2）正文的写作要领

第一，观点鲜明，紧扣主题。主题的表达要通过主体部分完成，每个侧面都有一个观点，表达一层意思。

第二，内容充实，回答问题。导语提出的问题，靠主体中具体的典型材料来回答。

第三，例子典型，说服力强，真实性高。正文的人物主要就是摆事实。

第四，主次分明，详略得当。正文中材料的运用要有所选择，选择最能突出反映新闻主题的材料。

第五，生动活泼，增强可视性。正文部分要用生动形象的细节给人留下深刻的印象。

（3）结尾的写作要领

新闻的要求是简短，把事情讲完为止，根据题材的不同，有的新闻有结尾，有的没有。新闻结尾的写作，内容上要从实际出发，语言上要生动有趣，切忌喊口号，更不能重复导语。好的新闻结尾，使人印象深刻，能深化主题。

4. 新闻背景

"迄今为止，'背景材料'一词，都用于表示那种为读者安全理解一篇报道所需的事实信息。"①新闻背景指与新闻人物和新闻事件相关的历史情况或现实环境，是对新闻事实进行解释、补充、烘托的材料。

在使用背景材料时，应注意三个问题。

（1）服从主题的需要，紧扣主题

新闻背景需要围绕主题，根据主题，选择合适的背景材料，简明扼要地概括背景资

---

① ［美］沃尔特·福克斯：《新闻写作——报刊记者指南》（第二版），151页，北京，新华出版社，1999。

料。在运用背景材料时要少而精、简而明，要适当、恰当，谨防主次不分。

(2)新闻背景运用要灵活

新闻背景本身不是事实，是事实的从属信息，背景材料与新闻主体的连接要自然，既可以在导语后、开头、结尾部分，也可以灵活穿插，切忌生搬硬套、东拼西凑，新闻主体与背景材料要保持整体性。

(3)背景材料要有针对性

要回答读者关心的问题，解疑释惑。对新闻中的关键信息、专业名词、术语等受众可能会有疑惑的地方，报道时要有一定的解释说明，否则会影响受众对新闻事实的理解。此外，解释性的背景材料，还能增强知识性，为报道润色。

第四节　广播新闻节目类型

一、广播新闻特写

新闻特写，是指对新闻事件中有丰富意义的片段，加以详细、细致地描绘和再现的新闻题材。广播新闻特写则是利用声音和音响再现和详细、细致地描绘新闻事件中的典型片段。

(一)广播新闻特写的特点

1. 新闻性

广播新闻特写首先要遵循新闻的基本规律，那就是要具有新闻性。对新闻事件的报道时间，需要迅速及时，这也符合广播传播及时性的特点；选题上，具有新闻价值，并不是指所有新近发生的事都具有新闻价值，这就需要记者拥有敏锐的观察力和新闻直觉，才能从新闻线索里挖掘具有新闻价值的事实。

2. 片段性

广播新闻特写在报道时间上要求简短、及时，但在内容上就要求细致，可以突破"5W"和"1H"的限制，选取新闻事件中富有时代感和画面感的重要时刻或典型细节，形象地描绘和再现新闻的典型瞬间，以片段的形式来展示整个新闻事件。

3. 形象性

从写作来说，广播新闻特写主要运用描写这一表现手法，白描、勾勒新闻事实，此外，还运用烘托、渲染等文学手法营造氛围。从制作来说，广播新闻特写并不只是播音员的口头播报，而是加入音响特效，使新闻事实更生动、更形象地展现在听众眼前。

(二)广播新闻特写的分类

特写这一词汇来源于电影中的特写镜头，它通过把人物或事件的某一细节放大，使表现主体从环境中凸显出来，呈现清晰的视觉形象并且具有视觉强调效果。广播新闻特写是对新闻事件中的细节进行放大并加以描绘，它要求真实性和立体感。具体来说，包括人物特写、事件特写、场面特写和风貌特写等。

1. 人物特写

人物特写，顾名思义是以人物为特写对象，通过描写人物的某一细节动作或行为，再现人物的独特品质和特征，揭示人物所存在的社会环境，由此来解释人物行为和性格形成的原因，折射出时代特征。

2. 事件特写

事件特写以事件为特写对象，集中形象地描绘新闻事件的关键性场面、典型情节和富有特殊意义的情景，突出新闻事件的高潮部分，并通过解说词和音乐特效加以再现，带给听众强烈的画面感和现场感。

3. 场面特写

场面特写通过描写典型场景，用解说词和音效再现场面规模、气氛等，完成对整个事件或社会风貌的报道。场面特写与事件特写都关注对场景的描写，但是不同的是，事件特写侧重新闻事实在时间上的纵向发展，场面特写侧重空间上的横向景观。

4. 风貌特写

风貌特写是指记者以体验式采访的方式到达新闻地点，用眼睛看、用耳朵听、用身心去感受，记录自己的所见、所感、所想，用声音的形式再现新闻地点独特的风貌特征。风貌特写的写作特征是生活信息、思想信息以及个人情感信息三者兼顾。

二、广播现场报道

广播现场报道是以声音为载体，综合运用直播技术手段，对正在发生的新闻事实进行报道，对新闻事件进行同时、同步和全方位的介绍。

广播现场报道有两种表现形式。一种是现场报道穿插进直播间播报，二者以串联的方式，对新闻事实进行全方位、多角度的报道。在直播过程中加入录制、剪辑好的音频资料，对新闻背景进行补充，使听众了解新闻事件的全貌。另一种是直播栏目，如新闻访谈类的节目采取现场直播的方式，主持人和嘉宾在直播间里就某一社会热点话题或群众比较关心的话题开始谈话或者评析，并且通过听众热线和网上互动平台，与听众完成互动。这种形式的现场报道，更强调与听众之间的互动。

三、广播专题节目

广播专题节目围绕新闻人物、新闻事件或新闻现象，综合运用视听形象，表现时代精神。广播专题节目中，可以加入现场直播报道的元素，也可以增加与听众互动的元素，还可以加入录制好的音频资料，在适当的时候用音效调节气氛。多种视听元素的呈现，使广播专题节目更加立体、丰富、全面，在当下的广播形式中，专题报道成为备受青睐的广播新闻节目类型。

四、连续报道和系列报道

连续报道和系列报道都是对某一重大事件或突发事件进行综合报道。连续报道在一段时间内按照时间顺序对正在发生并持续发展的新闻事件进行多次、连续的报道，适合事件报道。系列报道是围绕同一主题，对不同角度、不同地点、不同人物、不同时间段的新闻事实的报道，适合时空跨度大、涉及范围广的报道，适合非事件报道。

五、广播评论

根据《中国新闻实用大辞典》的界定，新闻评论是新闻媒体或个人就新近发生的事件、当前社会生活中存在的现象或思想倾向、公众普遍关注的问题等阐述自己观点、立场的新闻文体。一篇完整的新闻评论要包含论点、论据和论证三部分，具有较强的新闻性和思想性。中国之声在2010年改版时强调要做一个"有思想的媒体"，媒体的思想性，则来自媒体的新闻评论，当今媒体的竞争已由信息竞争进入观点竞争。按照广播评论的表现形态，广播评论可分为录音评论、实时评论、互动评论。

(一)录音评论

录音评论以提前录制评论的形式播出。录音评论除了对新闻事件或热点话题进行分析、阐述观点、表明态度外，还要配合音响等形式，支撑起评论的力度。其中音响在录音评论中有着非常重要的作用。例如，在积极肯定的评论后，可加入"掌声""欢呼声"音效表示对该观点的肯定，对于消极的评论，可加入"嘘声"音效表示对该观点的否定态度。在新闻现场录制的背景音响可以增强新闻的真实感和现场感，让新闻评论更具有权威性。

(二)实时评论

实时评论也可以理解为口头评论，是指主持人、记者、评论嘉宾在话筒前即兴发表评论。随着评论形态的不断发展以及新闻直播的日益普遍，实时评论主要体现为三种评论方式，第一种是播音员在播报一条新闻消息后，随即对新闻事件进行简短评论；第二种是主持人连线评论，由主持人陈述事件梗概，连线相关领域的记者或专家，围绕核心话题展开点评；第三种是专家评论，邀请某一领域的专家学者，对某一话题或者热点新闻事件进行点评。这三种评论形式，都强调了评论的实时性，是一种即兴的点评。

(三)互动评论

互动评论则是围绕一个话题或者新闻事件，通过开通热线电话和网络交流平台，邀请观众一起参与到节目的评论当中，营造直播间与受众即时讨论的现场氛围。这种评论方式，极大地增强了与听众的互动性，也提高了听众的参与热情。

第五节 电视新闻节目类型

一、电视消息

消息类新闻是对新近发生或者正在发生的事实，在真实、客观的基础上，做出简短快速的报道，旨在简要、迅速、准确、富有新意，用四个字概括，即"短、快、准、新"。

(一)电视消息的整体特点

1.简短

电视消息类新闻是所有新闻类型里时长最短的新闻体裁，短则几十秒，长则几分钟。所以记者在短时间内必须立足新闻事件或新闻人物的当前状态进行集中报道，传递最重要的信息。与其他体裁的新闻相比，消息类新闻的主要任务就是迅速简要地报道国内外大事，至于对新闻事件的详细说明，则是专题类电视新闻的任务。消息类新闻的简短，并不是片面地只追求节目时长的短，而是应该选择最简练的语言和最典型的画面，在有限的时间里使消息类新闻变得短而丰满。

2.迅速

消息类新闻以快取胜，在时效上要求是刚刚发生或者正在发生的事实。因此，记者必须要有抢新闻的意识，成为"与新闻事件赛跑的人"。另外，面对突发的新闻事实时，记者需要迅速反应，在最短的时间内完成新闻的采、编、播，新闻记者需要良好的心理素质与过硬的制作能力，在匆忙中见证实力。

3.准确

消息类新闻虽然说以快取胜，但是在迅速的同时也要做到准确地报道新闻事实。首先，要验证新闻事实的真实性；其次，要确保解说词、新闻导语、新闻标题等文字语言形态和电视适应语言对新闻要素"5W"的准确传递。

4.富有新意

富有新意的新闻报道，敢于突破新闻报道中的"套路"思维，实现内容和形式上的创新。在内容与形式上实现创新有以下几点可供参考：从内容的选择上来说，要善于从观众的视角选择观众关心的问题，处理好政治新闻与其他新闻的关系，切记不可忽视受众的需求；从表达形式上来说，通过图像、声音、字幕多种电视表现元素，充分发挥主观形象的优势，用纪实的手法还原新闻现场。

(二)如何写好电视消息

1. 一事一报法

在一篇报道里，集中报道一件事情，把新闻事实说明白、讲清楚，精炼地表达出来。如果在一条消息中讲述好几件事情，势必短不下来。

2. 精炼事实法

消息需要从已知的新闻事实和繁多的新闻素材中，提炼最重要的信息，并用简洁、概括的语言表达出来。

3. 提取价值法

记者要在诸多新闻事实中经过剥离，提取最有新闻价值的信息奉献给广大电视观众。例如，在《第二批航天员选拔 将有两名女性》这条新闻里，因为以往航天员的选拔里没有女性，所以女性航天员的出现，是这条新闻里最有新闻价值的内容。

4. 选取一点法

选取一点法，是指用新闻事件的典型部分去表现整个新闻状态，是以点带面的写作方法。尤其是在消息的开头，要选好切入点，对新闻事实中反映新闻主题的典型部分进行描述。

以新闻事件的部分去表现新闻事件的整体，也就是选择一个报道的由头和切入口，或者进行事件的选择。

(三)如何拍摄出好看的电视消息

第一，注意运用电视画面语言——蒙太奇来表现。电视消息的镜头组接一般情况下需要 3 秒切换下一个镜头，通过镜头与镜头的组接，挖掘人物的内心世界，塑造有血有肉的新闻人物，表现其崇高的精神境界。

第二，善于从事物的特点上寻找拍摄角度，用小景别镜头(特写、近景)捕捉最能反映人物特征的典型行为的细节，使所展现的人物在电视屏幕上"活"起来。

第三，多用固定镜头，少用运动镜头。固定镜头有利于表现静态环境，能够客观地表现新闻主体的变化。运动镜头则是跟随着新闻主体拍摄，在没有参照物对比的情况下，很难让观众感受到新闻主体的变化。此外，固定镜头能够相对集中地表现新闻主体，画面比较稳定，能在最短的时间内再现新闻事件，与消息类新闻简洁、迅速的特点相契合。

第四，在后期剪辑中，首先要从大量的新闻素材中提炼和筛选最能反映人物本质的情节镜头；其次，要多用短镜头，在有限的时间内，电视画面要尽量地丰富和多元化；最后，对事实关键情节的重塑，可用现场同期声还原新闻事实。

二、现场报道

讲求时效性，是每一个新闻媒体一直以来追求的目标。随着科技的发展，现场报道这一实时、同步、零时差的新闻报道方式出现，开创了电视新闻独特的表现形式。新闻时效性的提高，使受众能够在第一时间掌握新闻事件的最新动态，见证了新闻事件发展的全过程。我国的电视新闻报道起源于 20 世纪 80 年代，进入 90 年代后，重大事件报道最常用的报道方式就是现场报道。

（一）现场报道的基本要素

"电视新闻现场报道，是指电视记者在新闻现场，面对摄像机镜头，直接向观众口头报道新闻事件的真实情况的一种报道形式。它标志着电视新闻记者的工作方式正逐步由'采摄合一'向'采摄分离'方向发展，也表明真正意义上的电视新闻记者应具备在新闻现场对正在发生或刚刚发生的事件作现场口头播报的能力。"[1]根据以上概念，现场报道应该具备以下基本要素。

首先，新闻事件是刚刚发生或者正在发生的，新闻主体正处于运动、发展、变化之中。对正在运动、发展、变化的新闻主体，记者需要不间断地跟进新闻事件的发展状态，并做出实时报道。例如，中央电视台《新闻直播间》栏目直播《港珠澳大桥合龙的后续报道》，记者从大桥准备合龙时就已经到达新闻现场，并对港珠澳大桥合龙当天的状况进行现场报道，对港珠澳大桥合龙后的后续工作进行展望，不断跟进其发展状况，直到合龙工作全部结束，记者才随着工作人员的撤离，离开新闻现场。

其次，新闻记者以口头播报的形式同步报道新闻事件的发展进程。以现场进行时报道新闻事件，要求记者在新闻现场拍摄的画面与口头播报要保持同步，形成声音和画面表意一致、视听同步的真实的现场报道效果。

最后，现场同期声的运用，增强了新闻的可信度和感染力，保证了新闻的现场感。仅看电视画面，没有现场同期声，很难将观众带入新闻发生的现场。而在能够找到背景声源的新闻事件现场向观众做口头播报，一下就能够带给观众强烈的现场感，强化了现场效果。所以，同期声的运用是不可少的，加入同期声，才能令观众身临其境，感受到现场氛围。

（二）现场报道的优势

现场报道的优势和特点就是对电视媒介传播特点的最大限度的发挥和利用，这使现场报道成为最有电视特点的节目传播形态。具体来说，现场报道有以下优势。

1. 同步性

现场直播通过纪实的拍摄手法，实现了摄制与播出的同时进行，实现了电视新闻报道、播出、收看的同步完成，达到了时效性的极致，也满足了观众对新闻事实进一步发展的求知欲。电视直播技术突飞猛进的发展，使受众不论身处何地，只要看电视新闻直播，就能够如同身临新闻现场般目睹事件的发生、发展，这一点是其他节目形式都无法相比的。

---

[1] 朱菁：《电视新闻学》（第二版），122～123 页，杭州，浙江大学出版社，2007。

2. 纪实性

在现场报道中观众并不会太介意主持人和记者出错，正是因为出错，恰恰证明了现场报道的纪实性。一方面，现场报道以纪实拍摄的手法，连续展现新闻事件的时间和空间，把新闻现场的人物、时间、地点、环境、细节等诸多因素，共同作用于观众的视觉和听觉；另一方面，多机位的拍摄，可以构建出更立体、更生动的现场环境，机位的调度、画面的切换给观众带来"我在场"的视听感受。

3. 一次性

现场报道是直播的一种方式，与录播的不同之处就在于直播取消了录播中的录制、编辑制作、播出这些需要一定时间完成的中间环节，直接把采、摄、编、播糅合在一起，同步、一次性完成。

4. 连续性

现场报道真实呈献给观众的是完整的、连续不间断的新闻事件发展的进程，因此，观众对新闻事件的感受和认识也是持续更新的。由于无法预测新闻事件的发展趋势，所以观众强烈的好奇心，就促使观众及时关注新闻事态发展的最新情况。以直播的方式，还原新闻现场，使观众感受到强烈的现场感。连续的现场直播，逐渐加深了受众的参与意识。

(三)现场报道策划

1. 确定主题，统一报道思想

新闻现场报道策划的第一步就是要有明确的主题定位和与之统一的报道思想。对重大事件、突发事件的现场新闻报道，往往采用直播的形式进行。十足的现场感、最新鲜的消息，很容易引起受众的关注，提高电视新闻的收视率。一次成功的新闻现场报道，有助于参与直播的工作人员统一工作思想，完成直播任务。

2. 确定直播报道的内容

(1)直播点的选择

根据新闻事件发展的进程，来确定报道中哪些内容适合直播，选择在什么时间节点切出什么样的现场画面，从而使现场直播在保证紧跟事件进展的同时，节奏富于变化，将观众不断地带入或带出新闻现场。

(2)现场采访的选择

记者的现场报道，主要是指记者在新闻现场发回演播室的现场采访，考验记者的临场发挥能力。记者现场报道内容的选题，需要与现场报道的任务和目的一致。

(3)评论嘉宾的选择

虽然演播室的评论也是实时评论，但是对评论嘉宾的选择可以事先进行。根据报道的主题，预先拟订几个主要的议题，根据议题的涉及领域，选择相对应领域的嘉宾，确定嘉宾人选。

（4）背景资料片的选择

在直播过程中，背景资料非常重要，不仅能够拓展直播的深度，还能实现立体化、多方位的报道。在现场直播前，应先找好相关的资料片，根据新闻主题的表现需要，进行二次编辑，在直播的间隙，适时播出。

确定好直播内容之后，还应根据具体的内容选择合适的节目形态和表现形式。

3. 制订直播报道计划

在确定直播内容之后，接下来需要制订严密的、可操作性强的直播报道计划。当然，直播策划主要用于对可预知的、有重大社会影响的活动和程序性事件的直播报道。对无法预先策划的突发性事件，直播开始后，其策划工作还是应该及时跟进。

（四）现场报道对记者素质的要求

1. 直播思维

现场直播有参与感强、纪实性强、可视性强等传播优势，在直播过程中应充分发挥其优势，直播思维在现场直播中的具体体现就是现场意识。记者作为直播报道的参与者，在新闻现场报道时一方面要尊重现场，客观地报道新闻现场发生的一切事情，与此同时，还要深入现场，将最有价值、最有魅力的新闻细节以直播的方式表现出来；另一方面，记者的思想立足点要高于现场，挖掘具体现象背后的具有新闻性、知识性的信息和内容。

现场意识应贯穿于直播的选题研究、报道点的确定、整体架构的建立，以及各场景、各环节的串联衔接的全过程中。这样，直播节目才不会失之于浅薄，同时又不会游离出现场，才能找到直播现场与直播内涵的最佳结合点。

2. 协同合作

在现场报道的过程中，参与直播的每位新闻工作人员、每个新闻部门除了需要各司其职、各尽其责外，还需要协同合作、团结一致，这样才能保证新闻现场直播的正常运转。

新闻现场直播报道的表现形式一般是由主持人在演播室对新闻事实进行简要概述，并且在节目中串联记者的现场采访和嘉宾的现场评述。记者的现场叙述和现场采访带观众深入了解了新闻事实的最新消息以及新闻细节。嘉宾的现场评述能够揭示新闻的本质。主持人、记者和嘉宾，三方需要相互配合，才能准确、深入、多方位地报道新闻事实。此外，摄像人员能否抓住关键场景和细节等，都是现场直播能否成功的决定性因素。

3. 业务熟稔

良好的口语表达能力、专业的采访技能、较强的快速应变能力，是主持人、记者在现场报道时所需要的最基本的业务能力。在全球信息化的今天，除此之外，主持人和记者最好还要具备一种外语的能力，这样在国际新闻事件的报道中，也能够有来自中国的声音和观点。摄像人员必须有较高的摄影摄像技巧和较强的新闻意识，才能在现场抓拍到感人的情节、细节与瞬间。

与此同时，直播工程技术人员在拍摄前期需要配合相关部门的工作人员完成，架设不同视角的摄像机、铺设运动轨道、调试灯光等一系列工作，在协同合作的基础上，各个部门、工种掌握熟练的业务，才能高效地完成现场直播。

总之，现场直播是个系统工程，所有的技术制作工种必须联结成一个有机的整体，中间的每一个环节都会环环相扣，从而产生"1＋1＞2"的传播效果。每一次现场直播，对每一位新闻工作者来说，既是机遇，又是挑战。

三、电视专题报道

专题类电视新闻，是指综合运用各种电视手段和播出方式，深入、详细地报道某一重大新闻事件或者群众普遍关心的社会热点问题。在内容上不仅要求信息量大，还要有思想深度，是电视新闻深度报道的重要形式。

电视专题报道区别于其他类型的电视新闻的特点有以下几点：在题材选择上，选择能够反映国计民生的新闻题材以及社会争议较大的焦点问题；在报道内容上，挖掘和凝练新闻题材，适时引入背景资料，多角度、全方位地解读新闻要素；在表现形式上，充分利用图像、解说、字幕、剪辑等视听手段，展现新闻事件的延展性；从播出来说，时效性较弱，更强调的是适时性。电视专题报道可以分为以下三类。

(一)典型报道

典型报道，以其报道内容的典型性著称，报道的新闻人物或新闻事件体现时代精神，具有榜样作用。它反映形势，反映事物发展的趋势，能对实际工作起到推动作用，一般用于典型人物或事件的报道。

典型报道的报道方式往往是一事一报，以时间顺序贯穿始终，典型选题的特点是往往以"高、大、全"为样板，易造成主题单一。那么，如何使先进人物、先进集体的报道深入人心，使观众愿意看、爱看，能接受呢？在报道时应注意以下几点问题。

首先，要克服典型报道的模式化，重视个性化。典型报道，要到生活中去发现典型人物或者典型事迹的典型价值，但也要尊重典型人物或典型事迹的"个性"的一面，从细节出发，展现其"先进性"的光芒。

其次，要注意思想引路，而不是经验引路。典型报道要通过榜样的力量，对群众有推动作用。但是这种作用是要让观众由心而发、由内到外地感动，是自觉自愿的。因此，典型报道要用事实说话，从思想高度展示典型的实质意义和对人们的启示。

最后，要拓宽报道题材。典型报道题材的选择固然要注意报道对象本身的意义和知名度，但是也要遵循贴近观众的原则，力求与观众在一定时期内的特定需要与行为动机相吻合，这样才能引起观众的注意和兴趣，收到预期的效果。从满足观众的需求出发，专题节目在继续发掘先进典型的同时，更要注意具有典型意义的重大事件的报道，不仅要报道新闻事件的最新情况，还要报道这件事情的来龙去脉以及影响。

（二）事件报道

事件报道，主要指对突发事件、灾难性事件或有重大意义的新闻事件的报道。事件的报道方式有两种，一种是事件的现场报道，另一种是回顾性报道。现场报道手法，能把观众带入现场，亲临其境，直观获得信息。回顾性报道有三种汇总方式：第一种，同一天、同一时间发生在不同地点的事件的汇总；第二种，追踪重大新闻事件发生的过程并在事件结束后，重新汇总，精选材料编制而成；第三种，以事件为源头，即总结事件和回顾历史，并对事件进行相关内容的链接和拓展。回顾性的专题报道不强调时效性，所以在制作上可以力争运用多种视听表现手段，产生综合的效果。

（三）思辨报道

思辨报道是对社会问题、社会现象分析思辨的报道。这一类专题报道，要求记者有较强的理论思辨能力，能对新闻事件进行分析、综合、归纳和演绎的能力，对复杂事物的比较与鉴别、抽象与概括的能力。

根据题材内容走向的不同，思辨性报道多表现在对题材的分析和解释上。中央电视台的《焦点访谈》以舆论监督为主，选题上也有不少对热点问题的分析与透视。思辨报道大致可以分为以下几类。

1. 分析性报道

分析性报道的内容走向是：它不仅要说明发生了什么事，更重要的是阐明为什么会发生这种事，对"为什么"的分析是报道的重点。在具体操作上，分析性报道强调对问题、对事物（报道的题材）的分析解剖。

2. 解释性报道

《新闻学简明词典》在"解释性报道"这一条目中是这样阐述的———一种提供内景的分析性报道，目的是通过记者的揭示，来帮助读者理解复杂的社会问题。西方新闻学者认为，由于现代社会日益复杂，在五个"W"中要着重回答其中的"Why"，即这一新闻事件为什么发生？记者要尽可能完整、清楚地交代新闻背景，告诉读者新闻事件的起因、意义和影响，以及可能向哪个方向发展。[1] 从这一阐述中可看出，西方新闻学当年是把解释性报道与分析性报道作为一个新闻学现象来看的。实际上，二者密不可分，二者都有剖析新闻事件的作用，但是各有侧重。

解释性报道以消除受众疑惑为目的，在题材上偏重于新生事物的解读和新政策的解释，用群众能接受的方法，向群众解释新闻事实，解释性报道侧重把阐述清楚某一事物作为报道的出发点和目的。

---

[1]　叶子：《电视新闻学》，272 页，北京，中国广播电视出版社，2011。

3. 调查性报道

对调查性报道有很多不同的解释,但它具有三个基本特点:第一,目标明确,以揭露事实真相为己任,达到警醒观众的目的;第二,所有关于调查取证的过程,都由新闻工作者独立完成,除了正常拍摄外,还会有隐蔽拍摄的内容;第三,调查过程比较困难,有可能具有危险性,深入采访的记者可能会面临生命安全的问题。中央电视台的《新闻调查》栏目是调查性报道的典范,深入调查、耐心取证,以公众利益为先,揭露事实真相。

一篇成功的调查性报道在叙事上,首先要有明晰的叙事主线,其次要有合理的结构布局,最后要有吸引人的悬念设置。

四、电视连续报道和电视系列报道

(一)连续报道

连续报道是对正在发生、发展的新闻事件及所追踪事态,进行及时而持续的报道。连续报道以新闻事件的时间顺序纵向展开,记者通过对事件发展的紧密追踪,密切关注新闻事件的新变化,挖掘事件发展过程中有新闻价值的信息并及时传递给受众,使报道连续、完整地展现新闻事件的前因后果,从而达到集中、突出的传播效果。

连续报道有以下几个基本特点。

1. 时效性强

连续报道是对新近发生、正在发生或进展中的事态的最新报道,每一次的报道都是新闻事态的新进展。时间跨度小,时效性强,是连续报道的一大特点。

2. 延展性大

连续报道强调关注新闻事件发展过程中具有新闻价值的信息,所以在时间轴上要有延展性,不仅要求报道形式的连续性,更要求报道内容的承上启下,环环相扣。

3. 故事性强

连续报道是从新闻事实的产生、发展一直追踪报道到事态的结束,其结构完整,有开头、有结尾,为观众完整地讲述了新闻事件的来龙去脉,事件自身的完整性,赋予了连续报道强烈的故事色彩。

4. 层次突出

连续报道在报道层次上是逐层递进的,根据新闻事实的发展变化,采用层层递进的方式来报道新闻事件发展的全过程,完成整个报道。

5. 影响广泛

由于连续报道是对同一事件的多次报道,所以连续而密集的报道必然会给观众带来强烈的视听冲击,引起受众对新闻事件的广泛关心,产生广泛的影响。

（二）系列报道

系列报道是围绕同一新闻主题，从不同角度、不同侧面做多次、连续的报道。与西方起源的连续报道不同的是，系列报道是我国新闻界创造的，多为建设成就报道，集中报道宣传党的路线、方针、政策和成就，引起群众的广泛关注。

系列报道与成就报道虽然有很多相似的地方，但是系列报道也具有自身的特殊性。

1. 主题同一性

系列报道通过不同的策划和角度横向展开，让彼此独立的典型事例，以集中报道的形式贯穿起来。共同反映同一主题，体现某种共性，从而全面反映具有普遍意义的现实规律和发展趋势。

2. 传播系统性

系列报道从每集的内容上看，都是围绕同一主题的不同角度或侧面进行的报道，都是独立成章，内容完整。播出次序的前后安排看似无碍大局，是一种无序结构。实际上，每一集的排列都是有序的，每集新闻节目的内容都是有点有面的，从点到面，既有具体事件，又有人物报道，用组合报道的方式，体现自身逻辑关系的系统性。

3. 信息密集化

连续报道与系列报道都具有信息密集化的特点，但是与连续报道时间上的纵向联系不同，系列报道是空间上的横向联系。系列报道的每集之间根据新闻主题的纵向挖掘，形成了信息广博且密集的特点。一般来说，系列报道的建设成就报道的信息策划，离不开对于历史信息的梳理、对比，从而提炼出不同侧面的有新闻价值的信息。

（三）连续报道与系列报道的异同

连续报道与系列报道在报道的选题上保持高度的一致性，从内容来说，都要具有新闻性，并且所报道的内容能够引起观众的广泛关注；从播出方式来说，都是在一段时间内，由多个独立且密集的报道集合而成的整体性报道；从传播效果来说，密集而连续的整合报道，容易造成宣传声势，从而取得影响广泛的传播效果。但是二者相比还是有其自身的独特性。

1. 题材选择的差异

从选题来说，连续报道多为事件性新闻，特别是突发性的重大灾难事件的报道，如《大兴安岭发生特大森林火灾》以时间为节点，强调事件发展的状态，就适合选用连续报道来报道新闻事件。系列报道的选题大多为典型经验报道和建设性成就展示等非事件性新闻。

2. 报道时效的差异

从时效性来说，连续报道注重时新性，报道的时间都是"今天""刚刚"，其时效性强，即每条新闻都是时间上的最新报道。系列报道注重的是时宜性，即新闻是适合当前形势需要的报道,时效性弱。

3. 报道序列的差异

从节目编排来说,连续报道按照事态发展流程的时间次序编排。系列报道是围绕同一主题做新闻策划,由记者或编辑根据策划目的,决定编排顺序。

4. 传播功能的差异

连续报道满足广大观众对事态发展最新信息的需求,报道不仅要有事件的结局,还要引人深思。系列报道以正面报道为主,体现极高的宣传价值,具有引导舆论的功能。

五、电视新闻评论节目

(一)电视新闻评论节目的特性

电视新闻评论节目,是电视机构就新近发生的事件、当前社会生活中存在的现象或思想倾向以及公众普遍关注的问题等发表意见,阐析电视台对新闻事实的观点、立场的一种节目形式,在电视新闻节目中具有十分重要的地位。[①] 电视新闻评论节目的表现形式既可以是固定的评论栏目,也可以是其他节目中的电视短评,灵活性较强;既可以是主持人或评论员的正面评论,也可以借节目的参与者——受众的评论发表意见。但是无论电视新闻节目以何种形态呈现,都具有一些共性要求。

第一,选题要有新闻性。新闻评论性节目针对新近发生的事件、最新变动的事态或最为人们关注的话题发表议论,表明电视台的立场、观点,从而达到提供给受众多元化的信息,合理有效地引导社会舆论,指导实际工作与生活的目的。新闻性是新闻评论最基本的要求。

第二,论述的问题要有群众性。论述的问题要贴近群众的生活,面对现实,选择群众感兴趣的或者关心的问题,针对这些焦点、热点问题,进行剖析,从而引发对群众有实践指导意义的观点,帮助群众认识当前形势,引导群众对舆论的正确认识。

第三,评论体现政论性。电视新闻评论节目与新闻消息和新闻专题不同的地方在于,评论节目根据新闻事实,层层剖析新闻的核心问题,通过评论表明态度和发表意见,体现新闻的政论性。体现政论性,一方面要观点明确、旗帜鲜明;另一方面要从政治、思想的角度,强调其科学性和正确性,做到全方位地论证,切忌片面地下结论。

第四,充分利用电视媒体的表达优势。电视评论是视觉和听觉双通道的传播方式,将新闻事实以直观的方式生动形象地展现在受众眼前,与此同时,配合逻辑性较强的语言和文字,使事实、观点和态度以鲜明的形象展示作用于观众的头脑中,其影响力和说服力自然要强于报纸或广播,这也是电视评论的优势所在。

---

① 朱菁:《电视新闻学》,84 页,杭州,浙江大学出版社,2012。

电视新闻只有善于运用新闻评论，才能更有效地发挥党和人民的喉舌作用，更好地履行反映、引导和组织舆论的政治使命，满足社会的需要。

(二)电视新闻评论基本表现形态

目前我国新闻屏幕上，评论的基本形态有：主持人评论、电视短评、电视新闻述评等。[1]

1. 主持人评论

主持人评论是由新闻主持人就某一社会问题或社会现象发表自己的见解和看法的节目形式。主持人评论体现了主持人对当前具有普遍意义的新闻事件、社会事件、社会现象的分析和思辨能力。主持人评论有两种形式。一种是呈现新闻事实后，主持人加以评论。以《焦点访谈》为代表，在剖析新闻事件时，主持人在节目最后加以评说，起到画龙点睛的作用。另一种是主持人在播报新闻后，马上加以点评。以读报类新闻节目为例，对新闻事实进行及时评说，是一种比较有效的评论方式。

2. 电视短评

电视短评的特点就是要简短、集中地论述，要一针见血地指出新闻事实的现实意义。电视短评的播出形式比较灵活，电视短评既可以由主持人或者特邀嘉宾在演播室里围绕新闻事实进行探讨、评论，也可以是记者在新闻现场发回的报道里，对新闻事实有感而发。前者虽然比较正式，评论更加深刻，但是其画面比较单调；后者能给观众带来现场感，拉近了记者和观众的距离，增强了评论的感染力。

3. 电视新闻述评

电视新闻述评即在一期节目里，"述"与"评"贯穿始终并且相互融合，既对新闻事实进行客观陈述，又对新闻事实进行深入分析。对新闻事实的陈述，并非是平铺直叙，而是通过设置悬念、夹叙夹议等方法，增强新闻事实的故事性，随着评论与事实展现的层层深入，揭示新闻事实的内在本质规律。电视新闻述评的表现形式有两种。一种是"述""评"结合，由现场观众作为评论主体，新闻当事人陈述新闻事实，主持人陈述背景材料。这种评论方式由演播室的现场观众为主导，但并不意味着主持人无所作为，而是要求主持人能够引导观众做出合乎情理的判断。另一种是"述""评"分立，电视画面和声音负责叙述，主持人负责评论，并且相互穿插使用，由主持人直抒论点，节目中的采访报道是论据，事实的展现被包裹在一个展开的论证里。

无论哪种电视新闻评论，都要把观众由浅显的话题引入深层次的思考，为观众揭示新闻事实的本质规律。

---

[1]　朱菁：《电视新闻学》，88页，杭州，浙江大学出版社，2012。

第十三章　真人秀节目

　　"真人秀"是一个舶来词，借鉴了美国派拉蒙等公司在 1998 年联合出品的电影《楚门的世界》的直译。但实际上，国外则更经常使用"Reality TV"（真实电视节目）来指"真人秀"。当然，国外还有其他多种与真人秀相关的不同名称，如游戏秀、真实肥皂剧、真实秀等。这些术语，大多包含了两个相反的意义：真实（记录）和虚构（肥皂剧、秀）。这一方面说明，真人秀是一种将真实与虚构融合在一起的形态，另一方面也暗示了真人秀与游戏节目、肥皂剧、纪录片及其他真实类电视节目之间的复杂联系。作为一种新型的综合性节目形态，真人秀包含了纪录片、游戏节目和影视剧的部分特征，既有纪录片的纪实性要素，又有影视剧的戏剧化要素，还有游戏类节目的娱乐性和互动性要素。所谓真人秀节目，就是指自愿参与者在规定情境中按照制定的游戏规则展现完整的表演过程，展示自我个性，并被记录或者制作播出的节目。

第一节　真人秀节目的特征

　　真人秀节目是多种节目类型相互渗透、相互借鉴产生的一种综合性节目形态。该节目的基本要素十分丰富，而这些基本要素的有无与多少使真人秀节目的形式十分多样，并且随着要素内容的更新不断产生新的节目样式。然而，作为一档电视节目，真人秀节目必然有一些比较稳定的基本特征，也正是这些元素牢牢地吸引着观众的视线，使得真人秀节目在大量的电视节目中自成一家，异军突起。真人秀节目具有哪些重要特征呢？这个问题，我们可以从下述几个方面来把握。

一、真实性

　　真实性是真人秀节目最吸引观众的一个特征，也是其最基本的特征。它的真实性主要表现在参与人物的真实、拍摄手法的记录性、节目过程和结局的开放性、细节的再现上。

（一）真人秀节目的人物都是真实的

　　真人秀节目的人物都是真实的，包含两种含义：一是指真人秀的人物不是虚构的，而是现实生活中真实存在的人，是生活在我们身边的人。他们以"自己"的方式进入节目，只是在表现自己；二是指在真人秀节目中，参与者扮演的是自己，是一种本色表现。他们无须按照剧本或者电视台的授意安排，只需要按照自己的思维习惯、处事方式完成游戏即可。真人秀节目还常常采用不干涉现场的方式来客观记录参与者的行动，甚至使用偷拍或者固定机位长期拍摄等手法来拍摄参与者的言行。参与者在不知道摄像机存在的情况下，会表现得更加自然、真实。一般来说，在节目的开始阶段，参与者会出于各种考虑不愿把自己的某些面尤其是不好的一面展现出来，在镜头前会比较拘谨，行为带有明显的表演痕迹。但随着节目的进展，参与者越来越投入游戏中，真实的个性逐渐显露出来。真人秀节目震撼人心的地方就在此。它具有一种非表演性的诚实，尽管参与者在节目中多少都带有表演性，但仍以其开放性、真实性和直接性带给观众一种真实感。

(二)真人秀的真实特点还体现在拍摄手法上

真人秀节目采用的拍摄手法是纪实片式的跟踪拍摄和细节展现，呈现出参与者行动的过程和细节。有人这样描述纪实手段："纪录片给我们的是客观但能辨明摄像机存在的印象，这种节目类型的程式包括：手持摄像机的使用、晃动的镜头、'自然'的布光、含混或听不清(因而显得自然)的印象，等等。纪录片的程式用来造成这样一种印象，摄像机碰巧拍下了没有预期的事情，并客观真实地展现给我们……"可以说，真人秀借鉴了几乎所有的纪实手段，来保证节目的真实性和现场感。西方的一些真人秀节目如《阁楼故事》《老大哥》等，在各个房间里(包括浴室和厕所)都有摄像机全天 24 小时纪录(也正因如此，真人秀节目遭到西方许多学者的批评)。多数真人秀电视节目的纪录色彩都非常浓厚，如《走入香格里拉》等都尽量减少人为因素，没有演播室，没有主持人，全程跟拍，还有前期志愿者家乡生活的实录和后期访谈，这些纪录片素材直接成为节目内容的组成部分。

(三)真人秀的真实特点还体现在节目过程和结局的开放性上

真人秀节目虽然在游戏时间、环节、情境和规则上有规定，但参与者完成各种预先设计的情节或者对突然发生的事件所做出的反应、进行的判断和采取的行动都是完全真实的。节目不到结束，谁也不知道参与者究竟会采取何种行动，行动的后果会如何。

(四)真人秀节目对细节的还原尤其具有真实感

丰富生动的细节是真人秀节目的一个重要元素。在节目中，参与者的举止言行、神情动作以及个性品质都会或多或少地表现出来。许多真人秀节目在制作过程中，通常采用多机位的拍摄方式，使用 DV 等便携式设备甚至偷拍器、监视摄像机等跟踪拍摄各种生活细节。在后期制作方面，也一律采用原音重现的方式。人物在正式场合和非正式场合的言谈举止均被真实地记录了下来，这些有时正是观众希望看到的，也是真人秀节目不同于电视剧的地方，形成了这类节目的亮点。从某种角度来说，缺乏好细节的真人秀节目是不成功的。

二、虚拟性

真人秀电视节目是真实与虚拟相结合的。节目中既有真实的成分，也有虚拟的成分；它的魅力也就在这真假之间、虚实之间。不过，真人秀节目是假定情境的真实展现，它的虚拟是通过时空的人为设置和游戏规则的设定来实现的。

第一，真人秀节目具有规定的情景，即时间的规定性和空间的封闭性。比赛时间、游戏时间、参加时间是固定的，空间也是固定的，无论在室内还是在室外，都是固定的。室内往往有摄像机全程记录和跟拍。室外一般选择比较原始或有奇观的地区。真人秀都有规定的时间，这与纪录片的开放性完全不同，时间和空间的封闭性形成了一种虚拟性的情景。

第二，真人秀都有一定的人为规则。真人秀节目的虚构主要体现在游戏规则的制定上，包括淘汰规则的设定、一些游戏的设置等。例如，《幸存者》第1季的几十个游戏都是事先敲定的。这种规则主要包括两个方面，一方面是竞赛规则，规定如何比赛、什么是胜利和什么是失败；另一方面是淘汰规则，规定如何决定胜利者和失败者。例如，在《幸存者》第1季的最后一集中，有这样一个被规定的游戏，最后三名竞争者在炎炎烈日之下手扶一根木柱，最后放手的人将获得淘汰别人的权利。这里的奥妙在于，最早放手的人虽然是游戏的失败者，但未必是被淘汰的人，因为胜利者具有淘汰的选择权。这种双重规定，增加了节目的悬念。

第三，真人秀节目在制作上与电视剧相似，进行了明显的艺术加工。节目的拍摄和剪辑都会采用一些电视剧的手段，用以增强节目的感染力。在刚才提到的《幸存者》第1季中，理查德、凯丽和鲁迪去海滩举行"扶柱子"游戏一段，就大量借用了电视剧中的渲染手法。先是一个圆月破云而出的镜头，紧接着是朝霞满天的镜头，运用美丽的自然环境快速地切换了时间；还有三人路过之处的景物渲染，采用了高速摄影，分别从正面、侧面和背面等不同角度进行拍摄，辅之以战鼓似的音乐，一方面将海岛的奇特景观传达给了观众，另一方面又为激烈竞赛的到来进行铺垫，形成了较强的冲击力。

第四，真人秀在内容上采用了一些艺术虚构或者重构。如果说在纪录片中，最高准则是"摄影机不撒谎"的话，那么在真人秀当中，有限度地"撒谎"往往是一种重要的手段。比如，通过镜头来制造、强化人物之间的冲突、联系，通过一些技术手段的运用来干涉、影响、操控参与者的行为和竞争的结果等。在真人秀节目的发展历史上，常常出现人们对其真实性的怀疑，也常常出现各种对操纵行为的指控。类似的情节在许多关于真人秀的电视节目中也屡有表现。

所以，真人秀节目既有虚构的成分，也有真实的成分。这种虚构的戏剧性是通过规则实现的，规则是真人秀电视节目中的重要元素。节目的进程和主要内容或者说节目中所有的戏剧性都由规则的设置得以实现。可以说，规则设置的成功与否直接关系到节目的成败。同时，纪录片式的拍摄方式则保证了节目的真实性。在真人秀电视节目中，虚构的规则与真实的记录产生了相得益彰的效果。规则保证了节目的戏剧性情节和节目走势，同时也有利于对节目的有效控制；而真实记录则保证了过程和细节的真实感。

三、参与性

电视传播过去一直是单向传播，在互动性方面，电视与广播相比，显得相当被动，观众很难参与互动。电视观众受教育程度的大幅度提高，促进了节目内容品位的提升和节目质量的不断提高，他们有更大的热情参与到节目中。一位学者曾经谈到媒体正在发生的重大转换，包括媒体向综合媒体转换、向个人媒体转换、向双方向性（交互性）媒体转换和商品特性的转换。通信业的发展为电视提供了革新的工具。真人秀往往会通过互联网、宽带、手机短信等，实现与观众的互动。在真人秀节目中，观众不仅是节目的接收者，还是节目的参与者、节目的影响者，观众本身就是节目的组成部分。电视那种被动的观看行为，由于互动因素的增加变成了一种主动的参与行为。这种参与主要表现在以下方面。

(一)节目的参与者是通过一定的方式从"普通人"中选拔出来的

国内外的多数真人秀电视节目都采用了通过多种方式征集节目的志愿者的方法，对节目进行宣传。节目的参与者往往是从"普通人"中选拔出来的。例如，《中国好声音》第一季组委会就向全球征集了50多万名学员。诸多真人秀节目的参与者都是从观众中选拔出来的，是他们中的一分子，同时也代表着他们。观众正是通过这些"代表"来体验生活，体验那些参与者的感受，体验参与者的成功与失败，并在这一过程中，体验自己。

(二)观众通过电话、短信、微信和现场投票等方式成为节目的参与者

在真人秀电视节目中，观众不仅是节目的接收者，还是节目的参与者，他们的投票具有决定性的作用，甚至可以改变节目的整个进程。例如，在《老大哥》和《阁楼故事》中，淘汰的程序都是先从志愿者内部选出两个被淘汰的候选人，最终由观众通过声讯、电话等方式选出最没有人缘的一位并将其淘汰出局。《超级女声》的每轮比赛后，都有观众进行短信投票的设置，在这期间，得票率最低的不能晋级，与其他选手再进行比赛，比赛结果由场内的评委投票决定。第六届《生存大挑战》每一个阶段选手的晋级都得靠观众投票，投票的方式多种多样，如网络、电话等。在2006年的《我型我秀》中，有一名男孩就通过这种方式，惊险晋级。据统计，在那场比赛中，仅仅他一个人就获得了将近4万票的短信支持。

(三)观众通过多种传播渠道与参与者保持日常联系

真人秀是以电视节目为核心的跨媒介的综合媒体。与传统的电视节目仅局限于电视节目不同，真人秀电视节目已不是单纯的电视节目，它是以电视节目为核心的，包括电视、

网络、报刊、出版、短信在内的一种综合媒介形态。大多数真人秀电视节目不仅通过电视台播出，还被放到了网络上。例如，《幸存者》刚刚播出就引起了广大观众的强烈兴趣，人们纷纷为各个选手出谋划策，并猜测谁将是最后的胜出者。该节目带来的疯狂程度已远远超出了节目本身。决赛当晚，遍布全美国的酒吧纷纷举办了"生存者"派对，顾客们竞相模仿决赛选手的穿着打扮，优胜者将获得奖金。各网站设立投票站，举行"猜一猜是谁"的竞猜活动。这个节目不仅使哥伦比亚广播公司的电视收视率飙升，而且还使公司的网站访问量高速增长。据相关数据显示，自《幸存者》节目开播以来，哥伦比亚广播公司网站相关页面的访问量剧增了 403%，用户数量激增了 212%。

真人秀电视节目借助电视、报纸和网络形成了多媒体、大规模的立体传播，观众可以通过文字、声音和图像等多种渠道获得信息，并通过群体传播、国际传播等传播方式分享信息。这也是真人秀电视节目形成热潮的重要原因之一。

第二节　真人秀节目的分类

真人秀节目类型繁多。据统计，目前美国电视台播出的真人秀节目已经超过了 100 种。在我国，陆续于中央电视台和地方频道播出的真人秀节目至少也有数十个。根据不同节目在内容和形式上的差异，我们大致可以将真人秀节目分为八种类型。

一、表演选秀型

世界上最早的表演选秀型真人秀节目是英国的《流行偶像》，该节目由弗莱蒙特传媒公司在 2001 年创办，目的是为具有音乐才华的普通人提供一个舞台，通过有戏剧冲突的比赛进行选秀。《流行偶像》在英国一经推出便取得了巨大的成功，成了英国最红的电视真人秀节目。平均每集的观众达到 1300 万人，决赛期间观众达到了 1400 万人，约占英国总人口的四分之一。

我国最早出现的此种类型的真人秀节目是 2004 年湖南电视台创办的音乐选秀节目《超级女声》。节目播出后受到了广泛关注和肯定，一夜之间火爆全国。随着《超级女声》的成功，我国的表演选秀型真人秀节目如雨后春笋般涌现。东方卫视先后推出了《我型我秀》《加油！好男儿》《舞林大会》等节目；中央电视台创办了《梦想中国》《中国好歌曲》。江苏卫视的《绝对唱响》、湖南卫视的《闪亮新主播》、山东卫视的《天使任务》、重庆卫视的《第一次心动》、河南都市频道的《超级偶像》、广东南方台的《敢拼才会赢》、广东卫视的《赢遍天下》、浙江卫视的《中国好声音》等节目皆属此类。表演选秀型真人秀有着广阔的市场，美国的《美国偶像》（图 13-1）虽然已经播出了十几年了，但收视率一直稳定居高，并且不断制造出格莱美新人和畅销唱片，所以说这类节目具有一定的市场生命力。

图 13-1 《美国偶像》节目现场

(一)类型特点

表演选秀型真人秀节目是让具有一定表演能力的参与者，按照预先设置的规则来进行才艺表演，评委和观众对表演者进行评价和投票，走到最后的人获得成为明星的机遇。

(二)关键元素

1. 环节的表演性

表演是这类节目的核心元素。表演选秀型真人秀节目展现的表演内容是一个完整的表演过程，参与者的形体、歌曲、语言、表情都是表演的组成元素，共同构成了节目的娱乐内容。所以，这类节目必须要精心设置表演内容、方式、环境和效果，要充分展示参与者的魅力，要强化表演的娱乐效果和表现力。无论国外的《美国偶像》还是国内的《超级女声》，其主要目的都不是选拔出最优秀的歌手，而是制作一档好看、好玩、收视率高的节目。例如，由香港电视广播有限公司制作的歌唱选秀节目《残酷一叮》，选手如果全程仅仅进行歌唱表演，常常很快会被淘汰出局，最快被"叮"出局的参赛者的表演时间只有 18 秒。而如果在表演中加入魔术、杂技、舞蹈等表演的选手，往往被容许有较长的表演时间。《残酷一叮》最大的看点是残酷，选手面临表演随时会被叫停、观众随时可能发出嘘声以及评委言语刻薄的三重残酷。正如节目宣传语所说的，够本事，够厚脸皮就来。节目追求的是以"放低自尊，不怕出丑"来娱乐观众的效果。

2. 参与者的广泛性

表演选秀不是专业表演而是真人秀，它并不是以参与者的专业水平作为节目的核心的，而是让许多普通人来参与表演，让观众通过这些普通人产生一种真实感，消除观看专业演出的那种职业距离和神秘感，在视觉和听觉的享受中得到评价的权利。所以，真人秀节目的选手往往数量很多、代表性很强。例如，《超级女声》第一届的报名人数为 6 万人左右，第二届就增加到近 15 万人。《残酷一叮》则标榜"节目打破一切传统尺度限制，无国界、无种族、无性别、无年龄区分"。参与者的广泛性能让观众产生很强的心理接近性，能满足各个阶层观众的需要。观众在电视里看到和自己相似的人，增强了对节目的认同感，达到了"全民参与，全民同乐"的收视效应。

3. 专业评判与大众评判的结合

表演选秀型真人秀在淘汰环节中需要引入专家元素，从专业角度对选手的专业水平进行评估。但是真人秀不同于专业比赛，节目更强调观赏性和娱乐性，更注重收视率而非比赛结果。所以，选手的专业水平和个人魅力都会发挥作用。这种选拔机制正好体现了大众文化、流行文化的特点，成功的不是最好的而是最有人气的。在真人秀节目中观众投票至少具有与专家同样重要的作用，甚至有时候要故意强化观众的作用。在真人秀中，观众的评判权很可能高于专家。有的节目甚至完全由观众投票决定比赛的结果。也就是说，其娱乐性要强于专业性，评委的主观感受要强于理性分析和评价。例如，凤凰卫视的《环球小姐大赛》就是这种设置。环球小姐大赛源自美国，已有半个世纪的历史。一直以来，它与"世界小姐""国际小姐"并称为三大世界级的选美大赛。2004 年，该赛事第一次来到中国云南。决赛选手共有 100 多名，评委们面试每位选手，并分别记录和挑选出了十佳。面试内容，第一部分主要是美丽、风度和魅力，第二部分主要是才艺、姿态和个性，第三部分主要是体形和举止。评委面试没有具体的评判标准，不过要求评委在看重选手外表的同时，更要注重选手的爱心和智慧，以及参选个人的努力程度，他们所提的问题很多是考验选手的应变能力。最后由观众对这些选手进行评判。

4. 制造大众明星

表演选秀型真人秀节目成功的前提是发现和帮助观众塑造出明星，让观众感觉到是自己发现、塑造出了明星。因此在节目的环节设置、手段使用上，要逐渐发现观众所喜爱的对象，要着力包装这些形象，最后选择出观众心中最完美的大众明星。例如，《美国偶像》经过一连串的初试、复试，最后由评委和观众投票选出了自己心目中的偶像。首届冠军原本只是一个酒吧的服务生，在节目脱颖而出后，发行的首支单曲就拿下了单曲榜冠军。2003 年，她凭借着单曲《Miss independent》获得了"格莱美最佳流行女歌手奖"，从一个酒吧服务员变成了炙手可热的明星。

二、野外生存型

野外生存型一直是真人秀的主打类型之一，如美国哥伦比亚广播公司于 2000 年 5 月推出的《幸存者》、迪士尼公司于 2001 年出品的《奇异旅程》、贵州卫视于 2003 年制作的《峡谷生存营》、四川电视台与北京维汉文化传播有限公司于 2001 年共同制作的《走入香格里拉》、广东电视台推出的《生存大挑战》等。

(一)类型特点

野外生存型真人秀考察的是参与者在野外的生存能力。该类型节目的主要特点是将参与者设置在一个特殊的艰苦环境中，让其借助有限的、苛刻的条件去完成各种难以完成的使命，在不断地淘汰之后，决出胜利者。例如，哥伦比亚广播公司播出的《幸存者》是生存挑战型节目中最具有代表性的节目，完整地诠释了该类真人秀节目的特点。每期节目有十几个来自美国社会的不同背景、不同性别、不同职业的选手，他们被送到荒凉的岛屿上。在残酷的野外，他们必须依靠基本的工具维持生存，寻找食物，他们要参与各种各样的比赛，在经历多天的艰苦生活后，最终赢得胜利。

(二)关键元素

1. 险峻的生存环境

险峻的生存环境是野外生存型真人秀节目的核心元素之一，也是该类节目的显著特征。首先，对参赛选手来说，环境越艰苦越好。环境越艰难，参与者挑战的难度越大，参与者表现的空间也越大，节目的看点自然越多。例如，《幸存者》其中一季是在南太平洋的一座荒无人烟的小岛上拍摄的，选手不能带自己的食物，只能运用有限的工具生活，考验他们吃、喝、住、行等方面的能力。《走入香格里拉》的拍摄地点则设置在海拔 3000 多米的香格里拉。第六届《生存大挑战》的拍摄地点则设置在广东和贵州的荒岛、丛林、山脉，加拿大冰封万里的北极圈极地。对观众来说，环境还要奇异化。环境越奇异，观众的好奇心和新鲜感就越强。

2. 高难度任务

在这些节目中，参与者必须完成指定的任务，而且这些任务都具有很高的难度。任务难度系数越高，越能考验出参与者的性格和能力，选手间的差异性就越明显，越能尽显真正的英雄气质。与此同时，观众对节目的关注度也就越高。但是，在考虑任务难度时，不能一味追求难度系数，还要注意权衡参与者的能力等其他因素。导演在设置任务时，要考虑难度是先难后易还是先易后难，或者难易结合，此外还要考虑团体的分配等因素。例如，《幸存者》就涉及划船、游泳、走浮桥、越野赛跑、寻找地图、确定方位等任务。参与者不仅要智勇双全，还要懂得团队合作。

节目的制作者要给选手提供各种条件，如完成任务的提示，以及和选手相适应的难度等级等。条件是控制难度的手段，制作方提供的条件可以显现出不同人的不同性格与能力。例如，在《走入香格里拉》中，志愿者被分为两个小组，每组只配备 10 根火柴与一些口粮，但是要在香格里拉极限生存 30 天。

3. 残酷的淘汰制

早前的野外生存型节目完全根据选手的生存能力来决定成败，参与者的生存能力越强，最后胜出的可能性就越大。但在当下的真人秀节目中，自然生存能力不再是考验参与者能否获胜的唯一法宝，人际关系能力的考验进入节目中，这增加了节目的社会性。软性的标准——社会生存能力成为考量参与者的重要指标。此外，还有选手投票机制，也就是选手之间进行投票，来决定淘汰谁。这不仅考验了选手的生存能力，更考验了他们的社会交往能力。

这样的淘汰标准体现了优胜劣汰的自然规律，也体现了人与人之间特有的感情因素，增加了收视乐趣。比赛更加残酷，节目观看度也相应提高。

三、职场应试型

(一)类型特点

职场应试型的真人秀节目的特点，是选手要被指定完成设定的专业任务，由评委对选手的行为进行评判并做出最后的结果，或胜利，或淘汰。职场应试型节目的专业性比较强，这类节目充分为选手提供了条件，让其展示独特才能，从而满足观众的好奇心，形成了职场应试型节目的独特魅力。

(二)关键元素

1. 权威的评判者

职场应试型真人秀节目具有一定的专业性。评委的决定权高于观众。观众虽然可以发表意见，选择支持或反对，但是最后的决定权还在评委手中。评委的身份是否具有权威性，取决于评委的观点能否被观众认同。由美国的全国广播公司推出的风靡一时的职场节目《学徒》每期选出 16 位美国商界的成功白领，接受纽约知名房地产商特朗普(现任美国总统)的挑战。最终的获胜者将成为特朗普旗下某一公司的高级管理者，年薪 25 万美元。《学徒》的评判者特朗普具有绝对的权威。他经商之道和人生经验丰富，对参与者的点评非常到位，说服力强。

2. 任务的专业性与难度

职场应试型真人秀节目为每一个参与者提供了展示职业才干的舞台，参与者要在职场应试型节目中完成设定的专业任务。比如，在《学徒》第一季中，参与者来到纽约华尔街证券交易所。评判者特朗普给出的第一个任务就是给每队选手 250 美元作为资本，要求他们在华尔街卖柠檬水，哪组的利润高哪组就胜出。这个专业任务看起来简单，但又不同凡响。我们可以看出，设置的任务的难度和新鲜感，决定了观众对内容是否有陌生性和信息性。任务的专业性必须是易懂的，能够被观众看得懂。这一点是这一类节目差异性的来源，同时也是吸引观众的重要因素。反之如果任务缺乏难度，节目也就完全失去了观赏性。

3. 专业技能的实用性强

在职场应试型节目中展现出的专业技能要具有较强的实用性。观众在收看此类节目时，能够在对参与者的观察和评价中，获取知识和经验，在专业实践中模仿参与者的技能和行动，从而提高自身在职场竞争方面的能力。相反，如果节目中的专业技能与观众的日常经验没有联系，那么节目的亲和力就会下降。所以，一般来说，职场应试型节目中的专业技能对于观众，要具有一定的实用性和可实践性。所有的专业技巧都应该有一种日常实践的可能。例如，《欢乐英雄》的《魔术训练营》系列最早采用训练营的模式，节目以奇幻的魔术为平台，秉承《欢乐英雄》挑战极限、挑战智慧以及真人演绎的特点，引进了人物和故事，把奇妙的魔术表演故事化、情节化。节目采用真人挑战的方式，前六期节目展示四位选手分别拜师学艺，师从国内牌技、逃脱、复原、舞台魔术等顶级魔术师，按照各自的训练计划开始实践过程。一般观众在观看节目的过程中，也能够学会一些基本的魔术技巧。

四、益智闯关型

（一）类型特点

益智闯关型真人秀节目是较早被引进中国的节目类型。这类节目的特点就是让参与者在规定的时间内，按照规定的程序，回答主持人准备的各种问题，闯过设置的各种关口，走得越远，获得的利益就越多。在欧美许多国家播出过的《一锤子买卖》《谁想成为百万富翁》《最弱的一环》《幸运轮》，华纳公司的《街头的生存智慧》《危险》，中央电视台播出的《金苹果》《幸运52》《开心辞典》（图13-2），旅游卫视播出的《非常游戏》，广东卫视播出的《赢遍天下》等都是这类节目。

图 13-2　《开心辞典》

(二)关键元素

1. 分数积累

益智闯关型真人秀节目决定选手成败的标准是分数积累。但是，积分越高，风险越大，这样可以改变单纯答题的单调，增加节目的紧张性。比如，当获得 600 分时，如果选择继续答题闯关，回答正确后，积分将成倍增长。但是，一旦闯关失败，前面的积分可能会归零。出题形式一般会先易后难，奖金数额也是先低后高。

2. 闯关难度的适宜性

野外生存型真人秀节目的观众只是旁观者，益智闯关型节目的观众却是参与者。电视机前的观众往往会与参与者产生紧密的共通心理，参与者在节目中闯关，观众在心理上闯关。闯关需要一定的难度，但并不是越难越好。所以，该类节目设置的题目难度应该适宜，保持难易的搭配，找到与主要观众群相适应的难易程度。题目的设置既要吸引观众的参与和共鸣，又要注意提高普通观众的现有水平，还可以适当留一些运气类的题目，强化节目的偶然性。

3. 闯关的戏剧性

益智闯关类真人秀节目巨额的奖金设置，使得节目具有博彩的直接性和刺激性。例如，在美国节目《一锤子买卖》中，26 位模特一人一只手提箱，箱内装着从 1 美分到 100 万美元数额不等的支票。电脑随机选择一位在场观众，这名幸运儿站在众人的中间，挑选其中一只作为自己的手提箱。参与者在主持人的引导下，依次打开其他的 25 只。选手、主持人和银行家均不知道箱子里究竟藏着多少钱。随着手提箱一个个被开启，参与者手里那只手提箱的数目也逐渐变得明朗。为了使节目更加具有变化和戏剧性，往往会设置一些辅助环节来影响闯关过程，如求助手段的使用、高难度高风险题目的自动选择等。

4. 主持人的个性魅力

益智闯关型真人秀节目大多在演播室里进行，动作性比较弱，因此主持人往往成为节目的关键组成元素。再加上此类节目往往播出频率频繁，主持人的个性魅力非常重要。《一锤子买卖》风靡全球，在澳大利亚、美国、英国等 38 个国家播出。这个节目的主持人霍伊·曼德尔是一个喜剧演员，还担任着《今夜秀》的长期客串演员。美国全国广播公司的发言人曾经这样评价他："霍伊独特的喜剧天赋早就吸引了我们的注意，主持人非他莫属。"国内益智闯关节目《开心辞典》长期具有相对稳定的观众群，这与节目的主持人具有一种特殊的亲和力密切相关。

五、角色置换型

(一)类型特点

2000 年英国第四频道推出了一档真人秀节目《交换家庭》。该节目使两个来自不同背景和文化家庭的妻子互相交换自己的家，两位女性分别到对方的家中与对方的丈夫和孩子过上 10 天"同居日子"（只是照料孩子和做家务）。10 天期满后，两个家庭重聚一堂，讨论彼此的感受。节目播出后的两周之内，第四频道的收视人数就从原本的 390 万人上升到了 570 万人，该节目成为该频道的收视冠军。角色置换型的特点是参与者被安排到一个与自己的角色和环境完全不同的空间中，他们通常会表现出一些意想不到的反应和行为，对生活和人生产生一些意想不到的体验。

（二）构成的重要因素

1. 不同身份的强烈对比

这类真人秀节目最大的吸引力来自不同身份带来的强烈对比。身份不同的人所触发的不同的化学反应，造成了强烈的对比，这样的对比无论对戏剧性还是对娱乐性，都有了显著的提升。

2. 喜剧性

这类真人秀节目的参与者首先应该具备优秀的心理素养。真人秀节目大多建立在现实生活中，而人生就是一场戏剧，任何人都预料不到下一秒会发生什么样的事情，而在角色互换的条件下，突发情况不断，各种意外都有可能发生。而这一系列意外发生的过程，都是展现喜剧色彩的过程。所以，参与者更得具备承受喜剧力量的素质。

3. 沸点效果

身份的反差所造成的结果会具备沸点效果。所谓沸点效果，就是液体加热到沸点造成汽化，真人秀节目中的沸点效果就是不同身份的逐步适应，如经历一路的艰辛和挫折，参与者这时往往会达到对所在环境适应的心理最高点，从而产生感情上的反应，对观众的心理造成很大的冲击。

六、婚恋约会型

（一）类型特点

爱情和婚姻是人类永恒的主题，以婚恋约会为内容的真人秀节目是近年来流行的电视节目类型之一，是长期有比较大的收视群体的节目。婚恋约会型真人秀节目的流程很有趣：以男女之间通过交流甚至做游戏的方式所形成的互动作为节目的整体框架，而男女双方在其间对恋爱约会的认识、择偶的标准以及个人的处事风格等则是框架中的重点。随着发展，恋爱约会型真人秀节目的形式发生了多种变化，不仅有蒙面选择，还有一个人选多个异性中的一个等。20 世纪 50 年代美国首次把婚恋节目搬上了荧屏，早期的代表是《盲目约会》，之后有福克斯公司的《诱惑岛》和《爱情巡游》、美国全国广播公司的《爱情还是金钱》等。20 世纪 90 年代末我国出现了此种类型的节目，如上海东方电视台的《相约星期六》、湖南卫视的《玫瑰之约》、河南电视台的《谁令你心动》、浙江卫视的《为爱向前冲》、湖南卫视的《我们约会吧》、江苏卫视的《非诚勿扰》等。

(二)关键元素

1. 性别差异

这类节目的核心内容就是性别差异。要充分考虑到男女在兴趣、爱好、特长方面的差异。例如，美国华纳电视台的《郎才女貌》，开始时男女随机搭配分组，然后每组之间进行比赛，每组成员要一起前进，取长补短。比赛的内容多种多样，上到天文地理，下到唱歌赛跑，涉及范围十分广。这同时也保证了每组成员前进的动力。婚恋约会型的节目常常选择具有性别魅力和代表性的参与者，节目设计应该围绕他们来展开，突出他们独特的魅力。不过，需要注意的是，这种魅力的展现一定会受传统道德以及传统价值观、人生观制约。

2. 性别形象

在节目的设计中，要调查好大众普遍认同的性别理想，要注重参与者外貌形体、个人性格、身份地位甚至工作背景等方面的因素。要展现社会大众普遍认同的性别形象，这样才能使节目有大量的收视人群。节目生活化，观众才能接受并认同。

3. 浪漫性

婚恋约会型节目都应该具有独特的浪漫性，这样才能满足大众对爱情的向往。某知名制片人说过这样一句话，我们就是想通过这种手法，让人们看见爱情产生的全过程。因此，在节目的创作上要尽可能设置一些具有浪漫性的环节，以最大限度地调动大众观看时的参与感和想象力。法国电视一台的一个节目中，一位受祖先荫庇的 32 岁富豪为一名少女选手创造了实现灰姑娘梦想的舞台。在这类节目中，一见钟情、才子佳人、英雄救美人、丑小鸭变天鹅、有情人终成眷属等浪漫情节都是常见的环节设计。

七、生活服务型

(一)类型特点

生活服务型真人秀节目的特点是以生活服务为卖点，为参与者提供具体的帮助，并且在这种帮助下改变参与者的平常生活，再用摄像机记录下这一系列的场景、人物行动以及过程变化的全过程的真人秀节目。此种类型的节目有美国福克斯公司的《天鹅》、湖南经视的《天使爱美丽》、美国广播公司的《改头换面(家装版)》和《超级保姆》、美国学习频道的《衣着禁忌》以及中央电视台经济频道的《超市大赢家》等。

(二)关键元素

1. 内容的实用性

生活服务型真人秀节目最明显的特征是大众化，节目涉及的场景都是平常生活中经常遇到的情况，具有很强的实用性。该类型的节目每期都能传达出丰富的生活资讯，包括装修、烹饪、旅游、室内设计、购物等。例如,《改头换面(家装版)》是美国广播公司的一个关于房屋装修的真人秀节目,穿插了装修资讯、专家点评、时下流行的装修风格和新潮用料等内容,普及了家具家电、建材和装修用品的选购和使用常识。该传媒公司的另一档节目《超级保姆》则是帮助父母学会如何教好孩子的节目,最大的卖点就是实用性,不仅收视率高,出版的同名书籍《超级保姆:如何让你的孩子做到最好》也非常受欢迎,连续 17 周进入《纽约时报》的畅销书排行榜。该类型的节目,内容实用性越强,普遍性越强,就越容易引起受众的关注。

2. 竞赛的专业性

生活服务型真人秀节目竞赛的方式有所不同,有的是直接上台进行专门项目的对决,而有的则是通过一系列的项目培训,达到一定的水准之后再开始进行对决。导演组在对这些对决项目的设置上也有所挑选,这些项目一定与大众的生活息息相关。正因为如此,节目的制作过程要非常专业,因为节目的内容本身就大众化,如果没有特别之处,节目也不会获得较多关注。这些特别之处正是吸引观众的最大亮点,这种特别会使观众在项目领域获得更多的专业知识,增强观众能力,从而提高生活质量。例如,美国生活频道的《从头到脚》、学习频道的《衣着禁忌》是化妆服饰类的品牌节目。节目的亮点之一就是请来了专业的设计师和化妆师进行设计,然后竞赛。

3. 参与者的普遍性

每个人的生活都有共同点,希望自己的人生更美好,但有时不懂得如何更好地处理自己的生活,于是会犯下这样那样的错误。生活服务型真人秀节目就是不仅要纠正这样的错误,而且还要从理性、感性的角度说服观众,让观众认知这一错误,这样的错误越接地气,越生活化,就越能引起观众的共鸣,从而提高观众的参与度。

八、室内体验真人秀

(一)类型特点

2002 年,法国电视六台播出了真人秀节目《阁楼故事》。年龄为 20～29 岁的 5 男 5 女同居在一处拥有室内健身房、豪华家具、花园、游泳池和篮球场的住所里两个多月。期间,这些男女以小组为单位来完成一系列的活动。在活动过程中,数量众多的摄像头实时拍摄他们的言行举止。有比赛就有评委。在这个节目中,观众就充当着评委的角色,观众对他们的行为举止、礼节态度等方面进行评测,然后进行排名,每次评测居于末位的一对男女将被淘汰出局。经过层层筛选,剩下的最后一对男女就会赢得胜利,得到最后的超级奖励——一套价值不菲的房子。这个节目掀起了收视狂潮,平均收视人数多达 520 万人。此外,美国的《老大哥》、国内的《完美假期》都属于此种类型。

这种节目的制作目的就是满足观众心理上的窥探欲,抓住人的好奇心。在这类节目中，最重要的就是被拍摄人的隐私生活，而观众就在窥探参与者的个人隐私。这类节目制作周期长，原因是要使参与者与环境融为一体，从而显现出个人隐私、个人习性以及做事方式等，还要让观众在长时间的观看过程中认同参与者的行为举止。我们把这种类型的真人秀归属为室内体验型真人秀，该类型的特点是能够放大参与者的行为，并将这一行为（包括隐私行为）全部呈献给观众，观众真正掌握节目的发展方向，剔除大部分不被喜欢甚至被讨厌的参与者。留下的参与者不仅为观众带来了参与热度，也提高了节目的收视率，理所当然地成为节目最后的胜利者。

（二）关键元素

1. 具有差异性和代表性的参与者

室内体验型真人秀节目是把选手放入规定情境下的室内，拍摄并播出他们的行动、隐私、生活态度等。这种节目大多以日常生活为背景，场面冲突不大，全篇比较平和，没有传统的高潮之类的特定元素在里面，而剧情的推动靠的大多是观众与参与者的互动。因此，就要选择具有差异性和代表性的参与者。差异性主要体现在处事风格、个人性格、身份职业、文化素养等方面。这种差异性较大的人物构成了一种冲突性，增强了节目的观赏性，同时具有更强的观众代表性，使观众和节目建立起亲密联系。

2. 窥视的快感

在这种类型的节目中，参与者真实生活于特定的场景之中，他们的行为，每时每刻都在被摄像机记录着。在这样的拍摄环境下，参与者的活动在摄像机的窥视下一览无余。室内体验型真人秀的特点就是如此，为观众呈现了别人普通生活中的行动状态，观众不仅可以观察他人，还可以对观察到的行为进行评论，这就为观众带来了心理上窥探的快感。窥视隐私往往成为这类节目的焦点。制作方为此专门制造了一些更私密的元素。这样制作，会吸引更多的收视人群。在这种初衷下，制作方大多放弃运动镜头，改为固定镜头进行拍摄。

第三节　真人秀节目的构成要素

真人秀节目的形式多种多样，但是内在的构成元素却是恒定不变的。这些元素大致分为以下几个。

一、参与者：节目中的重要元素

因为参与者本身就是被摄体，他们是故事发展的主体，所以选择他们是有所要求的。首先他们比较能吸引人的注意力，而且他们本身或者他们所参加的项目需要贴近生活，降低与观众群的隔离感。有两种人比较容易引人注目。一种人是有"资历"的人。这种人本身所经历的故事就比较多，观众大多都是善于听故事的，这样的参与者对观众有着很大的吸引力。另一种人就是名人。观众对名人往往会有很浓的兴趣。名人参加的真人秀项目，往往并非其擅长之处。这样，活动过程就具备了更多的乐趣，而这些乐趣则能吸引大批的观众。因此，对参与者的选择，是这类节目首先考虑的问题。

(一)参与者的代表性

真人秀电视节目的选手往往是平常人，因为观众对于普通人(就是生活条件、生活环境与自己相仿的人)的关注度会有更多的投入。因此，真人秀在选择节目的参与者时，应该注意以下几个方面：第一，职业多样化；第二，男女成一定比例；第三，地域分布广；第四，各种年龄段都应该配置；第五，性格多样化。因为选手所代表的并不仅仅是他一个人，更是收视群中与他习性等方面相仿的人，所以参与者必须有可以代表相似人群的典型特点。例如，选手身上带有明显的地域特色等。有这样的配置，收视人群才会觉得自己仿佛也在参与互动。让观众有参与感，节目才会吸引更多的收视人群。

(二)参与者的设置与节目的戏剧性

虽然这种真人秀节目的选手是普通人，但是这些普通人在一起参加比赛并不是巧合，而是节目本身的需要。真人秀节目的核心就是吸引观众的注意力，将观众带入节目中。于是，真人秀节目按照这个核心开始制作：普通人如何一步步前进，最后获得奖励；名人如何像平常人一样生活。这样的制作，加强了人物在节目中的戏剧性，通过选手之间的戏剧性对比来强化叙事的感染力；通过戏剧性的节目情节来强化节目整体的感染力。这样，节目本身就会具备更大的吸引力，吸引更多的收视人群。

节目的参与者同时还要承担戏剧性功能，如领导者、随从者、裁判、评审团成员、辩护人等。这些功能常常还可以置换，正是这些功能的区分造成了真人秀的戏剧性格局和发展。

(三)挖掘参与者的表现力

真人秀电视节目的参与者大多是普通人。尽管如此，真人秀毕竟是电视节目，决定了参与者具有一定的表演性。在节目中，参与者不需要鲜明而突出的个性，更多的是需要呈现自己的本色。因此，在选择参与者的时候，就必须要考虑到参与者是否具有鲜明的性格，是否具有主动性，甚至还要考虑一些参与者是否具有某些明星潜力。所以，真人秀电视节目的参赛者往往都是被选择出来的，幕后都有一场场早已谋划好的选秀活动，节目的参与者都是从数以万计的报名者中精心挑选出来的。

真人秀电视节目，不仅需要选手参与游戏和活动，还要挖掘他们的个性、能力、品质以及志愿者相互之间的关系。真人秀电视节目只是展现参与者的真实情况，记录参与者在特定环境中的某个阶段的生活等。也正因为如此，真人秀电视节目需要选择一些个性鲜明而且"快热"的志愿者，才能在短短的时间内形成强烈的戏剧冲突，否则难以达到预期的效果。

二、悬念：推动节目、观众和故事发展的动力元素

张寅德在《叙事学研究》中说过，悬念是一种结构游戏，用来使结构承担风险并且给结构带来光彩。悬念越强，故事的吸引力也就越强，观众的观看欲望也会越强。在真人秀中，参与者和观众的目标是确定的，但是最终的胜利者却是不确定的。这正是真人秀的魅力之一。

结果的悬念和奖励的悬念相互结合，作为一种故事悬念强化参与者的欲望，推动参与者的行动，同时也唤起观众的兴趣和热情，观众会关心究竟是谁笑到最后而且笑得最好，观众会对最后的胜利者和失败者做出道德和感情上的评价，并表达自己的好恶。

真人秀节目，往往会通过各种方式来强化参与者的目的性，在节目的广告中、推广中、片花中，甚至节目的名字上都会反复突出和强化真人秀的竞赛目的，用万里挑一的夸张，用超常幸福的承诺，用遥不可及的利益来刺激观众的观看欲望。实际上，目的作为一种叙事悬念，既是节目中参与者行动的动力，同时也是观众观看的动力。谁将成为幸存者，谁会成为老大哥，谁被解雇了，谁被淘汰了，谁能够死里逃生，谁能够笑到最后，对观众来说，就是支持和吸引他们卷入电视流的推动力。

三、竞争：形成人物关系和情节变化的结构元素

竞争成就真人秀节目的过程、情节。参与者通过优胜劣汰的竞争过程，最终胜出。因此，竞争的激烈强度、竞争结果的难以预料，往往决定了真人秀节目的情节是否具有足够的观赏价值。

在多数情况下，真人秀节目的冠军是唯一的，而失败者却是大多数。因此，为了成为笑到最后的人，参与者之间必然会竞争。竞争的目的很重要，竞争的过程也很重要，甚至更加重要。竞赛的过程，是一个由两个或两组以上的人参与的竞争累积的过程，一个延宕目标实现的过程。竞赛的难度，参与者的能力、素质、人缘和主动性，竞赛的运气等都会影响最后的结果。一般来说，竞争的环节设计越新奇，竞争的场面就越有趣；竞争的规则越简单，观众的参与度就越高；达到目标的人越难以预测，竞争的悬念就越强；最后达到目标的人越少，竞争的结果就越有吸引力；达到目标越艰难，竞争的过程就越有观赏性。

在真人秀中，许多的竞争都是通过游戏环节的设置来表现的，因此真人秀的游戏环节的设计具有相当重要的作用。一方面，游戏本身是节目内容的有机组成部分，能增强节目的娱乐性和观赏性，可以调节节目的气氛；另一方面，真人秀电视节目中的游戏主要是为了展现参与者的个人情况和相互之间的关系。这就要求真人秀电视节目不仅需要游戏本身具有相当的观赏效果和吸引力，而且能充分调动起志愿者的兴趣和参与热情，并能有机地

融入节目的整体中去。此外，这些游戏本身并不是孤立的，而是与节目的发展进程息息相关的，因此每个个体游戏都围绕着核心事件而展开，不能游离于整个节目之外。

四、淘汰与选拔：标志着人物命运戏剧性转折的环节元素

淘汰是真人秀电视节目中的一个重要环节，决定了参与者胜利和失败的戏剧性命运。参与者只有不被淘汰才可能获得最终的胜利。该环节不仅激发了参与者为免于淘汰出局而充分参与到节目中，同时也引发了节目中人物关系的产生。在真人秀节目中，决定成败的方式有三种，一是让选手们投票决定淘汰者；二是让观众来决定；三是将两种方式结合起来，甚至和评审团的判决结合起来。例如，《幸存者》规定游戏负方的所在组淘汰一人出局，而出局的具体人选则由该组的所有成员共同投票决定。这就促使参与者在充分展现自我的同时需要处理好自己的人际关系。《美国偶像》《超级女声》等则都将淘汰决定权交给了观众。

淘汰机制是节目组成的重要元素之一，将节目的发展分为各个阶段。在节目中，选手要想尽办法去淘汰其他选手，最终赢得胜利。所以，淘汰环节是最具有看点的部分，制作方也非常重视运用淘汰这一环节，并以此作为节目戏剧性的转折点与分段标志。而且，观众对淘汰环节的关注也比其他环节要多。

由于淘汰本身所具有的戏剧性因素，因此许多真人秀电视节目在此方面大做文章。每当《幸存者》举行淘汰会议时，现场的气氛就会被烘托得紧张而严肃。被淘汰的志愿者扑灭火炬的场景，更是具有庄严的仪式感和悲壮感。《完美假期》则将淘汰渲染得很煽情，被淘汰者的失望和遗憾、其余参与者的送别和茫然，片尾曲更是将这种情绪推向高潮。

五、时空性：形成故事假定性的情境元素

真人秀节目的选手要在限定的时间和场景下，达成节目中的要求，从而进行竞争，追逐胜利。这种有限的时间、场景形成故事的假象，造成一种快速、紧张的故事节奏，从而刺激观众的心理。

在选择的场景下，选手尽可能地被安排在一个相对封闭的场景中来进行竞赛，这就好像是一场篮球比赛。这样的安排只有在相对有限的空间中，制定和实施的规则才会更精细，在大空间场景下，规则会受到时间、人物和环境等不确定因素的影响，节目效果就会被削弱很多，给观众带来的期待也会减弱。

（一）时间的规定性

在时间上，真人秀节目的整体活动可能是几个月，可能是一周、一天，甚至一小时。时间意识对于真人秀来说是非常重要的。倒计时、最后几秒、最后一试、最晚在几点等，都属于时间意识的强化。这些时间的标志，会对节目故事起到推动的作用，同时也刺激选手与观众的心理状态，使他们达到紧张兴奋的最高点，这样的设置使得时间元素成功塑造

一个假定性，达成了兴奋刺激的目的。

(二)空间的封闭性

真人秀电视节目的空间场景各种各样，总的分为室内和室外。制作方会在这些场景中做精心安排。

1. 室内空间

室内空间最大的特点是封闭的环境对制作方而言便于控制。目的是让参与者在与世隔绝的虚拟环境中较真实、完整地展现自己；此外，室内环境便于布置、可控性强。一般室内环境大都有摄像机全程记录和跟拍。房间的设施大多以日常的生活用品为主，如卫生间、卧室、客厅和厨房等，没有其他娱乐消遣的设施和物品。这样的设计是为了让选手挖掘自身能力，创造有趣和快乐的方式来度过室内无聊单调的生活。《老大哥》《完美假期》《阁楼故事》这些节目在环境设置方面都选择在室内进行。

2. 室外空间

室外环境是开放的外部空间。具有两大特点：第一，室外真人秀节目虽然活动范围很广阔，但是相对于大千世界来说它也属于一个相对封闭的场景；第二，节目组所选择的活动场地大多拥有美丽的风景和地域特色。环境成为室外真人秀节目中重要的组成部分。这一方面对选手有了更高的要求——因为环境具有错综复杂性，这无疑对选手形成巨大的挑战；另一方面，环境又展示了迷人的风景，吸引了收视人群，饱含抒情色彩。《幸存者》这档节目就充分说明了这一点，如非洲的荒野风情、大裂谷的鬼斧神工、热带雨林的迷人色彩等。而在《生存大挑战》中，节目设计一般都会选择一条艰难的道路，如会让选手"重走长征路"，把选手放在一个荒无人烟的地方，选手必须运用自己的一切能力来获取资源进行生存。这样，戏剧性就大大增强了。

六、现场性：形成节目基本过程的细节元素

真人秀节目依靠参与者的细节来感染观众。细节是否丰富、生动，是否具有真实感，是否能够反映人际微妙复杂的冲突和连接的关系，往往决定了真人秀的成败。从这个意义上说，真人秀是一种细节的艺术。所以，所有的真人秀节目都采用了多机位的方式真实记录选手所有的行为，从中捕捉选手最细微、最感动、最具有戏剧性的细节。为了不进行现场调度，一般应尽量减少摆拍。因此，真人秀的魅力特点也随之产生：真实、难以预料、细节魅力、自然、忽略的生活乐趣等，这些独特的魅力使真人秀节目长久不衰。

真人秀节目不提供剧本，把所有的自由都交给选手，让他在规定的时间、场景中随意发挥，参与者在其中自由思考、行动和选择。有时为了节目的需要，制作者偶尔也会有意无意地为参与者提供一些暗示或者帮助，但是绝大多数情况下，参与者必须进行自己的选择。所以即使在同样的规则、时间和场景下，也会有不同的过程和结果产生。

　　一般来说，真人秀节目应尽可能减少场面调度的痕迹，尽量减少摆拍。一方面是为了增强真人秀的真实感，尽可能不影响参与者的自然状态，只有参与者的状态真实，节目才能真实，否则就会成为拙劣的业余表演，破坏真人秀的魅力。另一方面是为了保证节目在时间和空间上的完整性，更重要的是在真人秀的拍摄过程中，一般要尽量减少由于拍摄需要导致的事件进程的中断。所以，一般都会采用多机拍摄的手段来记录参与者的活动（图13-3）。机位也会采用固定机位与移动机位相结合的方式，既要记录空间场面，又要捕捉动态的细节。一些野外的真人秀节目甚至会同时使用20台以上的摄像机来完成这种记录与捕捉的结合。真人秀的摄像机在多数情况下，应该是隐匿的，是不介入故事的。参与者可以在比较忽视镜头的状态中呈现出相对自然的状态。因此，许多真人秀可能会设置一些固定的摄像机位，甚至使用监视镜头的方式来减少人为因素对现场的干扰。当然，有的还采用偷拍的方式来捕捉生活的隐私和细节。像《老大哥》这样的节目就采用了许多固定机位记录，甚至连卧室、卫生间都没有放过。就像有人所形容的那样，它们将窥视进行到底。这在客观上也增强了这些节目的真实感。真人秀的整个事件的展开过程，也应该尽量减少对故事的控制而保持开放性，越有出人意料的事情出现，节目就会越精彩。

图 13-3　随时待命的摄像机

七、艺术加工：强化故事的感染元素

　　真实虽然是真人秀反复强调的元素，但是这并不影响真人秀的艺术再加工。作为节目，不进行艺术改造，就不可能成为真正的真人"秀"。即使能做出不经艺术改造的真人秀，这种节目也不可能贴近群众，给群众情感冲击。所以，艺术加工必不可少，而且加工的过程应该合理巧妙。艺术的加工主要体现在以下几个方面。

(一)对参与者的包装

真人秀节目在开展前都会对选手进行艺术包装,用宣传片、造型艺术、语言和访谈等方式来突出选手的特点和性格。一方面让观众对选手形成基本的认识,使先入为主的选手形象进入观众的脑海中,同时也强调了每个选手之间的差异性。艺术包装主要是为了减少选手与观众之间的隔离感,建立起选手与观众之间的关联。另一方面选手在电视上所展现的行动,有的也是电视节目制作出来的。这时,选手也作为"角色"出现在节目中,真人就转变成"角色"进行真人秀了。

(二)对竞赛过程的干预

虽然在理论上真人秀的比赛在规则的制定下应是比较公正的,其他人不能随意改变比赛结果,但是在实际上,节目组会通过一些手段来帮助选手,让节目朝好的方向发展,或者说朝着观众期待的方向发展。采用的手段多种多样,如节目组给观众较为喜欢的选手提示信息或给些暗示,让选手顺利过关;或者给予一些选手保护措施,从而保护这些选手。当然,这些对比赛的干预也只是在一定范围内,在不影响比赛的娱乐性的前提下,让节目向更好、观众更愿意看到的方向发展。

(三)蒙太奇手段的应用

虽然真人秀节目是记录性的节目,但是与一般的记录性节目不同的是,真人秀节目会大量采用蒙太奇手段,而记录性的节目则不会采用蒙太奇手段。在真人秀节目中,由于前期的拍摄大多采用多机位、固定、运动的镜头,不可能将所有镜头拍摄的东西都展示给观众,这样就要进行后期剪辑。节目组为了使节目故事看起来戏剧性强,对观众吸引力加大,就会采用蒙太奇手段对故事中的冲突、高潮等方面进行强化。比如,《诱惑岛》在剪辑效果下,出现了平行剪辑:原来的情人现在各自在其他陌生异性的包围之中。这样的剪辑强化了情人之间的对比,虽然这样的剪辑在电影中经常用到,但是,随着时间的推进,真人秀节目也慢慢采用了这样的手段。

(四)视听手段的应用

在其他的记录性节目中,很少用一些代表个人色彩的镜头,如特写、大特写、杂乱的音乐等,但是真人秀节目不排斥这样的元素。在真人秀的特点中,真实与艺术是可以同时兼顾的,既要保留真实的魅力,又要做到艺术的特点。众多真人秀节目使用大量的特写镜头、慢镜头和跟镜头,并辅之以符合场景的音乐。这些音乐可能与主体不相符合,但是这并不影响它的合理使用。它代表的是当下的一种情感,这种情感,会使真人秀更具有艺术的风格。

真人秀的艺术加工必须在不破坏真实的特定纯度的前提下进行,这样不仅保持了真实的特点,还能展示真人秀的另一种魅力,充分地展示真人秀的情节特色,更重要的是能展示选手的性格色彩，吸引观众，引起观众的注意。

有特点、有特色的代表性参与者，竞赛目标的巨大诱惑，竞赛结果的未知性，竞赛过程的淘汰机制和戏剧性，艺术加工的魅力等元素构成了真人秀节目。它既有真实和艺术结合的特点，又有戏剧化和生活化的魅力，从而创造了比生活更紧致，比戏剧故事更接地气、更生活化，比故事片更真实的观看体验。

第十四章　电视剧

　　电视剧是一门独立而年轻的艺术，它是在戏剧和电影的基础上与电子科技相结合的一种新型艺术形式。从技术手段到观赏环境，再到发展的时代背景，电视剧形成了自身独特的艺术特征。电视剧是一门具有社会学属性的艺术学科，我国早期的电视剧以传达政治思想、丰富人民群众生活为目标，是一种单向的艺术表达。如今，我国的电视剧已经成了一种具有双向互动性的大众文化艺术。作为当代社会的主流艺术形式之一，电视剧对人们的价值取向、审美情趣、生活态度产生着潜移默化的影响，是社会主义意识形态建设的重要阵地。

第一节　电视剧的分类和编排

　　1958年6月，北京电视台（中央电视台前身）播出了我国的第一部电视剧《一口菜饼子》。该剧根据同名短篇小说改编而成，讲述了一位善良慈祥的母亲将仅有的一口菜饼子留给女儿，自己却在饥寒交迫中死去的故事。全剧以一块枣丝糕和一口菜饼子为贯穿线，进行了忆苦思甜的教育。在那样一个物质非常贫乏的年代里，选择这一题材作为我国电视剧的开山之作，也是为了配合党中央关于"忆苦思甜""勤俭节约"的宣传精神。受直播形式和技术条件的限制，它的剧情结构形态基本上还是一出舞台剧，毫无拍摄技巧可言。但这部只有20多分钟的黑白电视剧播出后，观众的反应却很强烈。同年9月，第二部电视剧《党救活了他》播出。此剧也是直播剧，制作粗糙，场景单一，带有浓厚的舞台剧痕迹。直到1966年2月，北京电视台播出了长达两小时的《焦裕禄》，直播电视剧才走完了萌芽期。

　　这期间，我国播出的电视剧均采用直播手段，"演""播""看"同步。因此剧情单一，场景少，容量小，基本模式大多是"一条主线，两三个场景，四五个角色，七八场戏，一二百个镜头，且多以内景、近景为主"。直播剧沿袭话剧的舞台形式，时空都限于演播室所能表现的场景中，人物对话成为其主要表现手段。电视剧的主题范围很窄，多为纪实性作品，固定在阶级斗争教育、礼赞英雄模范、倡导时代新风三大方向上。这个时期的电视剧由于是直播，无法保留播出的信号，所以要想重播，电视台就需要重新召集演员再表演一次。但它也具有制作时间短、反映现实生活的优势，对此后电视剧的制作和发展起到良好的借鉴意义。

"文化大革命"十年，我国电视剧处于停滞期。1978年5月播出的彩色电视剧《三家亲》是我国电视剧迎来全新发展的起点，该剧也是我国第一部全部实景录制的电视剧。1980年是电视剧复苏以来的第一个丰收年，这一年中央电视台共播出电视剧131部。电视剧的数量在激增，品种日趋多样，质量也在明显提高，不仅出来了一批思想精湛、制作精良的短篇电视剧，而且也产生了一批引起社会反响的长篇电视剧，为满足人民日益增长的文化需求做出了突出贡献。

一、电视剧的分类

所持标准和划分角度不一，以及在概念上的理解不同，造成了迄今为止我们在电视剧分类上的混杂。有人认为，按照创作内容和题材划分，电视剧可以分为战争题材剧，如《我是特种兵》等；大型历史剧，如《武媚娘传奇》《琅琊榜》等；青春偶像剧，如《何以笙箫默》等；神话魔幻剧，如《古剑奇谭》《仙剑奇侠传》等；家庭伦理剧，如《老大的幸福》等；穿越剧，如《宫》系列作品、《步步惊心》等。除此之外，还有科幻剧、武侠剧、谍战剧、乡村剧等。

按戏剧美学，可分为电视正剧、电视喜剧、电视悲剧、电视悲喜剧等；按表现形式分为动漫电视剧、成人电视剧、儿童电视剧和戏剧电视剧，以及戏剧式电视剧、电影式电视剧、小说式电视剧、散文式电视剧等；甚至可以按电视剧表现的场面环境的不同而分出室内电视剧和室外电视剧等。在下面的表述中，暂且依据电视剧表现形式的长度划分为电视小品和电视短剧、电视单本剧、电视连续剧和电视系列剧。

（一）电视小品和电视短剧

按照中央电视台从1988年10月开始实行的电视剧播出规格和长度规定，电视小品的长度一般为15分钟左右，电视短剧的长度为30分钟左右。由于二者具有许多共同的特征，所以一些人将单集长度少于30分钟的电视剧统称为电视短剧。短剧虽短，但包罗万象、意味深长。二者在选材上往往侧重于小人物、小故事，用快速简洁的笔法勾画出人物性格的某一个特征、某一个侧面，于细微处揭示事物的本质，从一个生活侧面反映出社会普遍存在的现象和问题。其实仔细观察，电视小品和电视短剧仍有不同之处，不能混为一谈。

正所谓"麻雀虽小，五脏俱全"。电视短剧比较重视人物形象的塑造，情节结构完整，能较全面地运用戏剧元素来进行叙事，具有以下基本特点。一是作品短小精悍，时效性较强。片长控制在30分钟以内，快速反映社会现实生活。很可能新近发生的典型事件，就被改编成了电视短剧，演绎出来。二是电视短剧强调"身边人演身边事"，即本土的大众参与，演员是职业演员与非职业演员相结合的，让普通大众积极参与其中，也迎合了互联网时代媒体和受众互动的特点。三是短剧的故事情节既可相互关联，也可独立成篇，机动灵活，满足受众求新、求变、求快的文化消费心理。四是短剧的制作成本低，传统的电视剧一集动辄投入几十万、上百万，而短剧的投入成本相对很低，所以收回成本的速度要比传统电视剧快一些。电视短剧的代表作品有《天伦王朝》《如此舞伴》《窗口》《流动的音符》《周总理的一天》《他们住在哪条街》《心灵》《咱老百姓》，短剧集《人与人》《吉祥胡同甲5号》等。

电视小品不太注重叙事和塑造人物，但针砭时弊，内含哲理，更注重意境的传达，具有较强的讽刺意味。电视小品题材广泛，贴近生活，善于从一些平凡小事中，挖掘其深意，人世冷暖、世相百态都是小品描写的对象，通过艺术上的升华，阐明一个富于哲理寓意的思想主题。同时语言幽默风趣，滑稽可笑，让人在笑声中受到启发，得到教益。由于电视小品短小明快，新颖活泼，形式多样，因此它也成了大众较为喜欢的一种电视作品。二者相比，电视短剧更具备"剧"的特征。电视小品的代表作品有《找石花的小姑娘》《村官李仁义》《闭嘴》《落叶归根》《一件棉衣》等。

（二）电视单本剧

电视单本剧，是指能一次完整地表演完的电视剧样式，它要求有完整的故事情节，开端、发展、高潮和结局样样俱全，形成完整的发展脉络，相当于文学中的"短篇小说"、戏剧中的"独幕剧"。在我国，一般三集以下的电视剧都可以称为单本剧，每集45分钟左右，时间总长在150分钟左右，相当于一部电影的长度，因此有时人们甚至称其为"电视电影"。电视单本剧能充分地完成人物塑造，导演可运用多种艺术手法展开剧情，尽管在表现复杂的人生经历上受到限制，但结构的短小精悍又使它避免了操作长篇连续剧的商业功利，有利于艺术的精雕细琢，在一定程度上摆脱了电视媒介的通俗属性。

20世纪八九十年代是我国电视单本剧创作的黄金时期，涌现出了《希波克拉底誓言》《巴桑和她的弟妹们》《太阳从这里升起》《秋白之死》《一个姑娘三个兵》《官井》《军嫂》《军校毕业生》《法官谭彦》等一大批艺术精品。但在当时，由于自身的编播特性和生产现状，电视单本剧日益受到冷落并逐渐走向衰落。

电视单本剧具有鲜明的艺术特征，表现为以下几点。第一，结构完整，它要求在有限的时间内完整地叙述出一个故事，因此在结构上应是有因有果、有头有尾的完整叙事，但它不求结构的模式化、规范化，允许做多种多样的结构样式的探索。第二，剧中人物集中，单本剧只要成功地塑造出一两个形象突出、个性鲜明的人物，就可算是完成了它的艺术任务。第三，单本剧情节新颖、紧凑，一般以一条矛盾主线展开。由于受集数限制，不以复杂取胜。

(三)电视连续剧

电视连续剧是指三集以上、分集播出的多部集电视剧。其中,主要人物和情节是连贯的,后集的情节与前集的情节一般都有关联,人物的角色和表演一般也都是连续的,每集只播出整个故事的一部分,往往在每集结尾时会留下悬念,以待下集再继续发展。它与文学作品中的"章回小说""长篇评书"有些类似。20世纪80年代初,中央电视台拍摄了我国第一部电视连续剧《敌营十八年》(9集),拉开了我国电视连续剧的序幕。随后,电视连续剧飞速发展,逐渐走向成熟,主要代表作品有《四世同堂》《红楼梦》《三国演义》《水浒传》《宋庆龄和她的姐妹们》《和平年代》《儿女情长》《渴望》《红旗渠的故事》《牵手》《太平天国》《贫嘴张大民的幸福生活》《媳妇的美好时代》《人间正道是沧桑》《甄嬛传》等。

目前,世界历史上播放时间最长的电视剧是美国的《指路明灯》,该剧于1937年在美国全国广播公司以15分钟一集的长度连续播放,1952年改为电视版在哥伦比亚广播公司播出。通常每天播一集(时长一般为60分钟,也有时长为30分钟的),每周播出5集,一年播出260集。由于收视率下降,该剧于2009年9月播出最后一集后停播,合计共播出18262集。该剧的观众群横跨几代人,在电视史上的成就无可比拟。

电视连续剧的艺术特征表现为以下几点。第一,时间跨度长,动辄数十集、上百集,能够充分地发挥电视的特长,编导可以构筑庞大的时空架构,讲述数十年乃至数百年的历史变迁;情节曲折复杂,除了主要情节线外,常有若干辅线,旁逸斜出,多出枝蔓;人物众多,人物之间的关系盘根错节,纠葛时生。第二,叙事式的表现手法,它一般按照事件的线索来编造故事,在故事的叙述中塑造人物,因此容易叙述出一个非常复杂、波澜起伏的曲折故事,通过一个个小高潮,吊足人们的胃口。第三,开放性的艺术情节,长篇连续剧在情节结构上是开放的、灵活的、多变的。第四,悬念的巧妙设置,电视连续剧是由一集一集构成的,虽然每一集相对而言都是独立的,但连续剧具有故事性和戏剧冲突。故而在每一集的结尾,导演或编剧都会制造出"欲知后事如何,且听下回分解"的悬念,来增强该剧的张力,引发观众继续看下去的兴趣和欲望。

(四)电视系列剧

电视系列剧中的主要人物是连贯的,故事情节却自成单元,并不连贯,每一集都是一个独立的故事,集与集之间没有情节上的必然联系。电视系列剧与连续剧的区别在于,连续剧在结构上表现为整体的封闭性和单集的开放性,故事再长,终有结束之时。系列剧则表现为单集的封闭性和整体的开放性,只要有新的故事,就可以无限延长。不过,二者之间的界限并不清楚。

我国的第一部电视系列剧《编辑部的故事》(25集)是北京电视艺术中心于1991年拍摄的,它以独特的幽默喜剧风格填补了新中国长篇电视系列剧品种的空白。1993年的情景喜剧《我爱我家》把时间背景置于20世纪90年代,通过讲述北京一个六口之家以及他们的邻里、亲朋等各色人物的故事，描绘了一幅当今改革大潮中大千世界绚丽斑斓的生活画卷。《我爱我家》第一次将观众引入"被看"的地位，在场内与场外、看与被看之间进行互动，现场观众的笑声间离了传统影视剧封闭自足的时空形态，深受观众的欢迎。2006年，古装系列喜剧《武林外传》（图14-1）登陆电视荧屏，一夜之间红遍大江南北。该剧大胆选取武侠题材、"无厘头"的台词、古典章回体小说的叙事框架等创新形式，彻底颠覆了以往情景喜剧的风格。

图14-1　《武林外传》拍摄地

此外，还有一种电视系列剧，没有主要人物贯穿各集，每一集中的人物和故事都是新的，只是由于某一方面的相同而成系列。例如，我国拍摄的《聊斋》，各集间只是取材相同，其他都不相关；《上海人》系列剧，反映了上海人的形形色色、喜怒哀乐，其中的《楼上楼下》《公用电话》《王家姆妈》等，都是一个个独立的故事。

电视系列剧的艺术特征表现为以下几点。第一，连贯与独立。电视系列剧的每一集都有完整的故事，都可独立成篇。如果拆开来看，类似于一个个单本剧。第二，剧情以情节取胜。一般都带有较强的娱乐性，甚至以曲折、离奇、惊险的情节取胜，如电视情景喜剧《闲人马大姐》，该剧将主人公马大姐在生活中发生的妙趣横生的故事，编构成令人捧腹的喜剧奉献给观众，如劝架调解、学英语、义务导游、炒股等诸般新事，让观众在大笑的同时，看清社会，反思自己。第三，通俗与贴近。电视系列剧的思想内涵清晰明了，通俗易懂，荧幕上所呈现的生活故事和百姓息息相关。这种用艺术手段展现小人物的故事，更容易与观众形成心灵的互动，产生共鸣。例如，《爱情公寓》系列剧（图14-2）讲述了不同身份、不同背景的年轻男女在公寓内发生的形形色色的搞笑、离奇、浪漫、感人的故事。情节贴近年轻人的喜好，一些年轻人现代的生活方式如网络购物、网络聊天、合租等都在该剧中得到体现。同时，此剧在很大篇幅上恶搞了当前的热门话题和热门人物，在笑料和台词上更具时效性，手法上也更幽默，从头到尾贯穿着无厘头段子、冷笑话，让年轻的观众觉得亲切有趣。在电视剧诸多样式中，电视系列剧是最被大众化和通俗化要求制约的一种体裁，甚至可以说它在本质上是一种通俗剧样式。

（沪）剧审字（2009）第015号

图 14-2　电视系列剧《爱情公寓》

二、电视剧的编排

电视剧的编排是一门学问，更是一门艺术。科学化的电视剧编排既能为电视台带来较高的收视率，吸引更多的受众群体，又能扩大广告资金的投入，从而提高电视台的整体效率。电视剧种类繁多、内容丰富，如何选择合适的电视剧，进行合理配置，从而充分发挥这些电视剧资源的作用，使之最大限度地满足观众的收视需求，既体现着一个频道的运作理念，又蕴含着节目编排的合理性、独特性、技巧性，也凝聚着电视剧编排人员的智慧和心血。

通常情况下，不同类型的电视剧、不同的观众喜好决定了不同的编排策略。在编排过程中，编排人员要有政治意识、大局意识。既要突出主旋律，又要体现多样化；既要满足观众文化娱乐、情绪调节的需要，又要满足观众陶冶情操、提高境界的需求。特别是在网络视频用户稳健增长的大趋势下，网络新媒体已成为电视剧传播的重要渠道，逐渐地分流了电视受众，这必然对电视剧的编排提出更高的要求。电视台应注重用创造性的方式去吸引受众的目光，使观众在观看电视剧时更能感受电视艺术，获得身心的享受与愉悦。同时，电视台也应注重与视频网站形成联动宣传，充分了解传统电视受众群体和网络受众群体的共性消费行为与差异化的消费需求，打造出收视率和网络播放量双高的精品电视剧，从而提高受众的关注度。

（一）电视剧编排的依据

电视剧竞争愈演愈烈，但是这种竞争绝不是简单的播出内容或播出量的竞争，而是在掌握了优质电视剧资源之后，怎么能让观众对频道产生依赖、培养忠诚度的竞争，这就需要研究观众的收视习惯和收视心理、电视剧特点和各剧场地位以及电视剧不同时间段的选择等。

1. 电视剧的特点和剧场定位

首先，选择投播的电视剧，要和该频道的剧场定位、剧场结构相适应，每个剧场都有各自的内容、风格、品位上的特色。其次，要把握电视剧的类型，青春言情剧、大型史诗剧、抗战剧、神话魔幻剧等不同剧种都有自身的特点。针对剧场定位选择合适的剧种，进而形成自己的剧场风格和品牌效应。例如，央视一套黄金剧场的定位是"国家气质、精品正剧"。精品正剧，关键在"正"字上，"正"字表现在弘扬主旋律、传播正能量、反映社会主义核心价值观的基本要求上。具体来说，这个"正"就是"正气、正确、正面"，同时，"正"更是一种文化姿态。在竞争激烈的市场环境中，央视电视剧排除急功近利的干扰，始终坚守文化品位的战略定力，坚持"国家气质、精品正剧"的定位，编排播出一系列优秀电视剧，如《黄河在咆哮》《我的绝密生涯》《历史转折中的邓小平》《马向阳下乡记》等，不仅引领着我国电视剧市场的发展方向，而且凸显着央视独树一帜的价值追求和品牌特质，潜移默化地影响着广大观众。

2. 受众分析

电视剧已进入"受众细分"时代，曾经一部剧就能让广大观众喜闻乐见的时代一去不复返。电视剧的类型较为多元，不同题材类型的电视剧，收视人群的差异性较大，受众的需求深受地域、文化水平、性别、年龄层次、职业、季节等多方面的影响。例如，家庭伦理剧（如《我的美丽人生》）的受众群以中年人为主，古装玄幻剧（如《华胥引》）的观众主要为青少年群体，抗战谍战剧（如《潜伏》）备受男性观众偏爱。因此，编排人员需要根据不同的受众群体，做出合理的编排。频道除了要留住目标受众群体外，也要考虑不同地域、不同年龄、不同文化层次受众群体的收视需求，有针对性地编排电视剧，在剧目选择、时段搭配等方面全面考量，力求获得更多的收视群体。

3. 时间段的选择

电视时间段分为黄金时段、次黄金时段、非黄金时段以及边缘时段等，所以在电视剧的编排中对时段的选择不容忽视。一般来说，电视台的重点剧场主要都在黄金时段，有较好收视预期的重要新剧目大多安排在此时间段，这个时段虽然电视剧最为集中，竞争最为激烈，但容易实现较高的收视率回报，也最能实现广告收益。例如，湖南卫视在20：00—21：10这个时间段放送金鹰独播剧场，它面向广泛的收视人群，曾在金鹰独播剧场播出的《活色生香》《伪装者》（图14-3）《锦绣缘华丽冒险》等电视剧都获得过较高的收视率。而非黄金时段和边缘时段的编排则要考虑"窄众化"的收视需求，这样才能解决高收视率与低市场份额的收视效果产生的矛盾，达到电视剧社会效益和经济效益双收的目的。

图 14-3　《伪装者》剧照

此外，电视剧在激烈的竞争中，可多收集竞争对手的编排信息，了解各剧目的投播情况，及时掌握各台电视剧的播出效果，从而结合本台实际情况，以差异化的编排方法求胜，从同质化竞争中突围。面对不同的状态与竞争，电视台需要进行综合考虑，实行具体的编排方案，在控制成本的原则下，实现整体效益的最大化和最优化。

（二）电视剧编排的常用方法

电视剧编排是一个系统工程，包括购买、编排、播出时段、宣传推介及播前、播后评估等多个环节。近年来，电视剧编排的方法日趋丰富，电视剧的全方位编排方法不仅需要有专业的眼光，还要有立体的、全方位的编排思路。2015 年 1 月 1 日，"一剧两星"新政正式落地，其限频道和限集数的双重调整，在很大程度上改变了省级卫视晚间电视的既定排播规律。如何确定最佳的电视剧编排方式、达到最优的收视效果、获得最多的广告回报，是电视剧编排者的当务之急。根据实践，我们对电视剧的编排可总结以下几个方法。

1. 频道定位法

每个频道都有自己的特色定位，并在此基础上形成了相对固定的收视群体。电视剧编排要与频道定位相吻合，电视剧的目标观众要与频道的主体观众相一致，才能产生共振效应，反之效果会大打折扣。例如，山东卫视 2014 年提出"最男人，最中国"的频道定位，饱含英雄情结。"最中国"体现的是中国最浓厚的传统文化，"最男人"是中国男人的担当和责任，播出的《老农民》《走西口》《飞虎队》《石敢当之雄峙天东》及《大刀记》等电视剧无疑彰显了这种大气魄和情怀。在当前"一剧两星"的广电新政背景下，安徽卫视的定位较以往更加清晰，以都市女性为主，聚焦都市情感剧。深圳卫视经过多年摸索，已经形成了自己的定位，热门都市题材是其首选平台。2015 年深圳卫视的目标是做卫视最好的都市品质剧场，重点人群定位为 20～45 岁的都市人群，剧目类型以都市情感和现代生活为主，剧目风格主要走温暖、励志、正能量的路子，深受青年人的喜爱。浙江卫视的频道定位是"蓝天下"，其中"中国蓝剧场"成为卫视的王牌剧场。湖南卫视的频道定位为"快乐中国"，收视人群集中在青年人，他们的电视剧大多都是青春剧。江苏卫视的频道定位为"情感世界，幸福中国"，情感剧便成为最主要的题材类型。天津卫视的频道，定位为"快乐生活"，幽默的生活情景喜剧便成了他们的撒手锏。因此，可以根据各个频道的定位，选择购买适合自身频道的电视剧，打造品牌效应。

2. 主题式编排法

主题式编排法主要是围绕一个特定主题对节目内容进行集纳式编排，可以增加节目内容的连续性和整体感，形成节目组合效应，提高目标受众的忠诚度，又可以增强编排板块的识别度，对频道提高收视率有较大帮助。

主题式编排，一方面能够有效延长传播期，稳定观众收视。另一方面，也能够与客户品牌的需求直接对接，收效颇好。例如，东方卫视 2015 年的电视剧采取"主题化"的电视剧编排方式，连续推出了四大主题系列："励志青春季"（图 14-4 显示的《何以笙箫默》）；"都市情感季"（《嘿，老头！》《酷爸俏妈》）；"热血青春季"（《后海不是海》《刑警队长》《反恐特战队》）；"台庆季"（《大好时光》）。这些形成了一股竞争的合力，使频道的品牌形象更加鲜明。浙江卫视在 2015 年也推出了主题系列："春季恋歌三部曲"主题式编排打包播出，3 月 13 日为序曲《如果爱可以重来》，3 月 28 日为奏鸣曲《天使的城》，4 月 16 日为变奏曲《想明白了再结婚》，将三部剧打包宣传，制造集群化概念。江苏卫视幸福剧场在 2014 年暑期推出了"情感治愈季"，《杉杉来了》《爱情最美丽》《离婚律师》三剧连发，让观众过足了情感大片瘾。事实证明，这样的编排策略，使得收视率节节攀升。

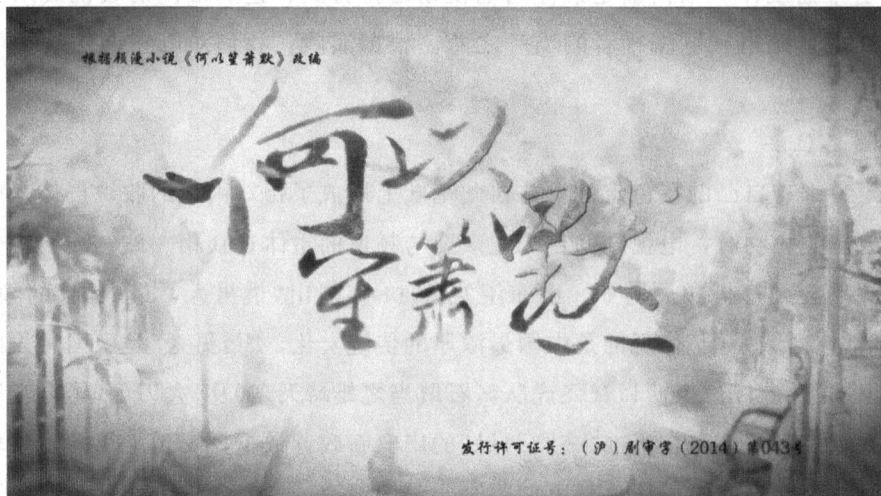

图 14-4　《何以笙箫默》片头

主题式编排虽然具有显著优势，但在实际操作过程中比较困难。最大难题在于，具有系列主题概念的电视剧需要卫视频道提前购入，有时很难"凑"编在一起，需要卫视频道具有较强的节目购买实力。节目购入之后，对编排和宣传推广也提出了挑战。

3. 多剧场策略法

目前，大多数频道的电视剧播出形成了剧场化的编排格局，各个剧场都有特色化的名称和定位，而这些特征鲜明的剧场往往会给观众留下深刻的印象。多剧场策略的实施，主要基于以下两方面的考虑。第一，电视剧的生产数量仍然呈增长趋势，但受"一剧两星"的约束，各卫视黄金时段并不能展现更多的电视剧，从这个角度来说，开辟新剧场是大势所趋。第二，从品牌形象的角度出发，各个剧场的开辟，能让各大卫视形成自己独特的风格，从而形成相对固定的受众群体，也有益于提高收视率。目前，湖南卫视、山东卫视、安徽卫视等多家卫视已另辟剧场。例如，湖南卫视分为"金鹰独播剧场""钻石独播剧场"和"青春进行时"三大剧场。"金鹰独播剧场"定位于女性第一国民剧场，多为家庭轻喜剧、职场白领题材，一周播出 12 集电视剧，其中周日到周四 20：00 起每晚播出两集，周五到周六 19：30—20：20 时段每天播出一集。周二、周三 22：00 定位为"钻石独播剧场"，主要以古装、神话、武侠剧为主。"青春进行时"则于周日、周一 22：00 档推出周播自制剧，将受众定位在年轻都市女性人群。此外，安徽卫视主打"海豚万家剧场""海豚真情剧场""海豚第一剧场"和"雄风剧场"四大剧场，在一个时间段累积和强化观众的收视习惯，扩大收视份额。可以看到，特色明显的剧场化编排，更有助于建立稳定的受众群体。

4. 受众定位法

众所周知，我国南、北方观众的欣赏趣味有着较大的差异，相对而言，北方观众看重剧目的真实感和厚重感，偏好人文关怀和文化内涵等，像《亮剑》《闯关东》等作品，历史感强，厚重大气，它们的观众群也就偏北方，以中年以上男性为主。而南方观众更加喜欢明快靓丽的剧目风格，偏好娱乐性，站在时尚前沿，如《欢乐颂》（图 14-5）、《加油吧实习生》等都市职场剧，清新养眼，节奏欢快，其首播都选择在浙江卫视、东方卫视和江苏卫视。因此编排人员可根据一个时期或者几年的收视数据分析，该频道的主要观众群体是男性观众偏多还是女性观众偏多？是年轻观众多还是中老年观众多？这些观众群是喜欢青春剧、现代剧、谍战剧、穿越剧还是情感生活剧？通过对观众群体构成的有效把握，在购买和编排电视剧时就可以做到有的放矢，针对性地选择不同类型、不同题材、适合各自频道的电视剧。编排时既要关注中老年观众，又要重视青年群体；既要有计划地编排中老年观众喜爱的正剧、家庭生活剧，又要安排青年群体喜爱的青春时尚、励志向上的电视剧；还要注重剧的品质，防止倾向化、极端化，避免产生负面效果。例如，山东卫视打造的自制剧《红高粱》项目启动时，就明确提出要兼顾南方观众口味，特别是在服装、化妆、道具等方面要求赏心悦目，不能过于土、脏，力争最大限度地扩大受众面。从播出效果来看，《红高粱》基本上做到了南北通吃，老少皆宜，雅俗共赏。

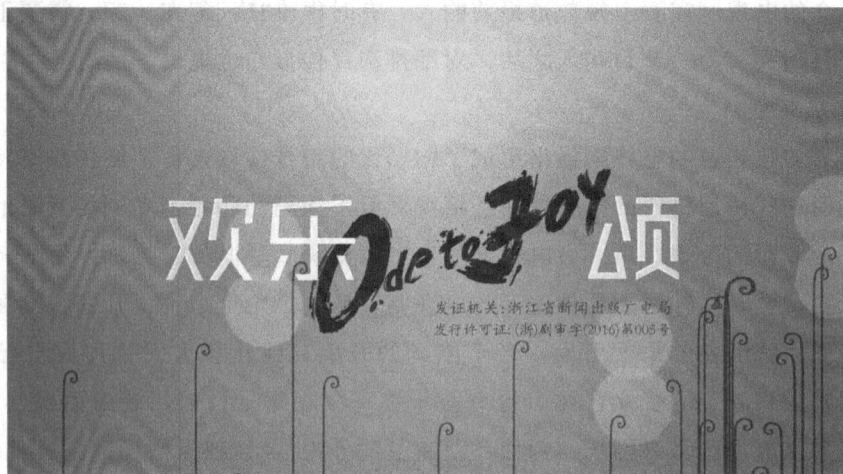

图 14-5　《欢乐颂》片头

5. **差异化编排法**

"正向策略"是指安排与其他频道相同或相似的电视剧，以形成竞争之势，争取受众分流，收获一定量的目标受众。差异化编排则扬长避短，优化资源，以己之长攻他人之短，此编排策略是在同一时段安排与其他强势频道不同的节目，以争取剩余观众群，形成差异化竞争策略。它使得在同一竞争环境中尽量避免同质化竞争，不仅可以避免"鹬蚌相争，渔翁得利"的局面，还能逐渐走出一条对手无法效仿且完全属于自己的道路。

许多卫视将电视剧放在 22：00 后的非黄金时段播出，避开锋芒，创造了次黄金时段的收视热点。比如，安徽卫视往往在上午、下午和深夜时段播放一些在内地首播的"舶来剧"，如《我的野蛮婆婆》《天使之争》等；湖南卫视、江苏卫视等也不甘示弱，不约而同将大量优秀的首播剧安排在非黄金时间的上午、下午播出，并采取多集连播的方式，以期将观众留在本频道。

6. **假期剧海战术**

假期是各频道一年当中电视剧编排的重头戏，也是电视剧每天轮换播出最多的时候。在一些特殊时期的影响下，观众会有与平时不同的收视需求和特点，电视剧编排如能充分考虑这种需求，往往能取得事半功倍的效果。国内卫视频道逐渐将劳动节、国庆节、中秋节和春节等作为一个小的剧播季来播放电视剧。在假日中，人们以休闲娱乐为主，看电视更是当前国人的首选。节假日已经成为我国电视新的收视增长空间。各个频道在节假日中的表现在一定程度上反映了该频道的竞争实力和市场应变能力。重视节假日电视剧的编排不仅有助于取得较高的收视率，抢占市场份额，而且能够提高频道和剧场的知名度，提升频道的竞争实力和经营管理水平。所以很多频道通常采用剧海战术，多集连播。有的频道更是全天候、高密度地播出。这种多集连播的形式能让观众一次看过瘾，感兴趣的观众会锁定频道，持续关注，使得收视率得以保障。比如《仙剑奇侠传》(图 14-6)，这部经典电视剧仍被观众乐此不疲地追看，也给电视台带来源源不断的新效益。

图 14-6　《仙剑奇侠传》剧照

寒假、暑假也是播放电视剧的较佳时期，因为年轻受众在假期有大量的空闲时间和精力，所以一些频道会选择在假期播放契合自身定位的类型剧或热播剧，所播剧目常常以经典老剧、前期热播剧、首播剧和独播剧(包括海外剧)等为主，这样的编排策略也收到了良好的效果。例如，《西游记》《新白娘子传奇》《武林外传》以及《家有儿女》几乎每年假期都和观众不见不散。2011 年中央电视台电视剧频道为丰富暑期电视荧屏，进一步满足观众的多样化收视需求，依据自己深厚的实力推出了一系列新的不同类型的电视剧。从 7 月 11 日至 8 月 31 日，白天大部分时段重点播出吸引青少年观众群的剧目，上午 6 集、中午 3 集、下午 6 集、傍晚 2 集。比如，上午推出《少林寺传奇》系列、《西游记》《魔幻手机》等电视剧；中午则用 3 集连播的方式播出室内情景喜剧，如《家有儿女》等；下午时段则推出 6 集连播的《羊羊运动会》《小牛向前冲》《美猴王》和《神厨小福贵》等多部精彩动画片，极大地迎合了青少年的心理。而关于万众瞩目的黄金档，一方面，播出时间被提前至 19 点，并采用 5 集连播的方式；另一方面，播出剧目的品种多样化，包括抗战题材剧、都市时尚剧、武侠系列剧以及从国外引进的电视剧等，契合了不同受众的收视需要。这样一来，每日 7 点到 24 点的 17 小时内，观众在央视八套就可以收看到 22 集电视剧，实现了播出剧目品种的多样化，促进了电视剧行业的发展，也满足了观众的精神需求。

7. 独播剧编排法

独播剧和首播剧是电视台争夺最为激烈的核心资源。在国内，2005 年，中央电视台率先提出了"独播剧"概念，并于 10 月初播出了我国电视史上第一部独播剧《宝莲灯》，随后的《京华烟云》《乔家大院》(图 14-7)、《人鱼小姐》《看了又看》都是央视的独播剧。同时，一些地方电视台也开始实施独播剧战略，湖南卫视一部韩剧《大长今》，掀起了一股收视热潮，用事实证明了独播剧的市场价值。独播剧享有独有资源，拥有特定播出平台，能在短时期内提高该卫视的收视份额，收揽受众，塑造鲜明的品牌形象。

图 14-7　《乔家大院》剧照

需要注意的是，独播剧的编排并非易事。独播剧的内容和形式是有明文规定的：资源只能由买方拥有，播出平台也由买方特指。因此，独播剧的价格也极为昂贵，如要购买独播剧，需要有强大的财力作为支撑。纵观国内，除去央视之外，有此资本实力的电视台屈指可数，如湖南卫视、江苏卫视、浙江卫视、东方卫视等一线卫视。播出的独播剧如若不能取得良好效果，花费的高额价钱往往付之东流。而且独播剧本身是否符合大众口味、播出平台的强弱、营销推广力度的大小甚至播出时机等因素都决定其收视的好坏。

8. **周播剧编排法**

周播剧一般是指一边拍摄一边播出，以一周为周期播出的电视剧。2012 年湖南卫视《轩辕剑之天之痕》的播出，正式引领了内地周播剧的风潮。随后播出的《古剑奇谭》(2014 年)、《花千骨》(2015 年)等周播剧都取得了不俗的成绩。2015 年 10 月 15 日东方卫视"心跳 90 分"周播剧场播出首部电视剧《他来了请闭眼》(图 14-8)，周播剧场不再是湖南卫视的"专利"，东方卫视也正式开启卫视周播剧时代。这一趋势在 2016 年进一步扩大，江苏卫视、浙江卫视等多家电视台都已开始了周播剧编排策略。

周播剧编排战略的重磅推出并不为奇，究其原因，首先是周播剧在次黄金档播出，审查较为宽松，可以规避总局对黄金时段古装剧播出比例的规定，以及悬疑推理等题材的限

图 14-8 《他来了，请闭眼》片头

制，在题材上有比较丰富的选择。其次，类型多样的周播剧更适合年轻观众的需求。欧、美、日、韩电视剧周播模式的长期影响，已培养出很大一群周播剧收视群体，年轻受众群体也逐渐接受了这种新型播出模式。例如，《花千骨》《旋风少女》等剧都取得了较好的收视成绩。最后，从营销推广来看，日播剧播出周期短，一部 40 集的剧 20 天就播完了，但是如果周播的话要播 10 周，这么长的周期对广告招商、持续发酵、品牌植入都更为有益，周播的经济效益也将逐渐凸显。例如，湖南卫视 2016 年首次实行单剧广告售卖，《诛仙》和《幻城》的冠名价高达每部 5500 万元，足见市场对这一新形式的看好。

9. 混搭编排法

以东方卫视为例，它的剧场定位强调新鲜多元，特别关注那些以混搭为特色的新剧型。其中包括："刑侦英模＋都市情感"，如《后海不是海》；"家庭伦理＋偶像言情"，如《恋恋不忘》；"年代传奇＋纯爱唯美"，如《抓住彩虹的男人》。还可根据社会荧屏热点进行前瞻性的混搭，即"混搭热点"：一是"留学海归＋行业职场"的混搭，二是"综艺热点＋社会话题"的混搭。例如，《爸爸去哪儿》等综艺节目带热了"奶爸＋幼教"题材电视剧，包括《三个奶爸》《虎妈猫爸》等；《狗狗向前冲》《奇妙的朋友》等综艺节目，带热了"青春＋宠物"题材，如《神犬奇兵》。浙江卫视播出的电视剧《天使的城》，男女主演均带有"跑男"元素，并且都参与了《奔跑吧兄弟》第二季的录制，这样一来，二者能相互借势，形成"共振"。浙江卫视有意发挥综艺资源，2016 年又将推出三档周播剧，《奔跑吧，Honey！》《最好的选择 TAXI》《梦想高飞》分别与热播综艺节目《奔跑吧兄弟》《中国好声音》《中国梦想秀》相结合，演员也以综艺节目参与嘉宾为主。电视剧、综艺节目联动播出，实现了电视剧混搭编排的创新模式，其带来的价值不容小觑。

　　总之，电视剧的各种编排方法要灵活运用，在编排过程中要擅长出组合拳，各种编排方法只有互相补充、互相配合，才能保证电视媒体在激烈的电视剧大战中百战不殆。当然，电视剧编排只是资源的重新配置，并不是灵丹妙药，要想获得长久发展，优质的节目内容才是市场发展的王道。因此，优秀的精品剧加上合适的编排技巧，才是推动电视剧收视率快速增长的双翼。

第二节　自制剧的发展

　　电视剧是我国观众喜闻乐见的一种节目形态，在各类电视节目中的收视份额占有很大比重，因而成为各大卫视竞争的焦点。电视剧播出的数量和质量是关乎收视份额的重要组成因素，但是随着时间的推移，省级卫视播出的电视剧的题材严重撞车，剧本原创力不足，热播剧时常被哄抢，为了保险起见，很多卫视轮番地播出一些旧剧、老剧。质量上供不应求，真正的精品很少，使得待播库存越积越多，这与省级卫视追求的发展目标明显背道而驰。为了走出优秀电视剧一剧难求的生存困境，电视台自制剧应运而生，这是通往市场的一条新的道路，它一方面解决了电视剧资源的独有性需求，另一方面还成为电视台打造品牌的核心竞争力。

　　自制剧兴起之前，独播剧一直是各家电视台追逐的目标。从2006年开始，独播剧就开始成为市场追逐的目标，因为优质的独播剧往往能够凭借其垄断性获得极高的收视率，如2005年湖南卫视的独播剧《大长今》与《金枝欲孽》。但独播电视剧资源消耗大，若是按照平均每天两集的播出速度，每年一家电视台就需要购买三四十部电视剧，才能满足日常的播出需求，"成本高、效益低、风险大"让外购独播剧的优势逐渐瓦解，这种恶性竞争严重浪费了电视剧资源。同时，打着"独播剧"的旗号，电视台的确可以在一定时期内取得不俗的收视率，但独播期限一过，就会有多家电视台紧随播放，独播也仅仅成为一个概念。在这种背景下，各家电视台认识到，要解决电视剧资源的独有性问题，传统的独播模式已经无法满足要求，对电视剧资源的激烈争夺已经从播出平台延伸到制作领域。与其冒险花巨资购买独播剧，不如自己生产电视剧，这样既可以控制成本，还能保证资源的独享性，避免电视剧市场的同质化竞争，于是，自制剧成为近几年电视剧领域发展的新热点。

　　其实，自制剧在我国并不算是新生事物，也不是最近几年刚出现在荧屏上的，1958年我国内地第一座电视台——北京电视台的成立，开创了电视剧事业。我国最早的自制剧有迹可循：《敌营十八年》由中央电视台制作，虽然只有短短的9集，却开启了我国电视连续剧的先河。当时的电视台都有自己专门的影视制作部门，电视剧大都是由电视台制作的，万人空巷的《渴望》《编辑部的故事》由北京电视台制作。但由于当时电视台的数量非常少，电视的普及率也很低，其与市场化背景下国内卫视的自制剧生产是不能相提并论的。2008年，湖南卫视《丑女无敌》（图14-9）播出之后，自制剧的概念逐渐清晰化，以其版权独享、成本可控并且能与其他省级卫视形成差异化竞争的多重优势，成为各省级卫视电视剧追捧的新战略。

（湘）剧审字（2008）第012号

图 14-9　《丑女无敌》片头

一、自制剧的界定

从制作主体和播出主体是否具有同一性来看，自制剧的生产模式可以分为两种形态。第一种是由电视台和民营电视制作方形成稳固的制播联盟，对电视剧"高级定制"，从策划、拍摄到发行共同完成、共享利益、共担风险。例如，天津卫视出品发行的轻喜剧系列片《杨光的快乐生活》，是天津卫视委托天津杨议影视文化传播有限公司制作的"定制剧"，随后又连续推出了多部系列片，深受好评。第二种则是完全由电视台制作且在该平台播出的制播主体合一的自制剧，由电视台出资拍摄、选择剧本和演员，制作完成后在自己的频道播出，并不面向市场发行，经过电视台内部资源整合，形成密集的营销网络，打出自己品牌的特色，是完全意义上的、狭义的自制剧。例如，东方卫视的《网球王子》和《杜拉拉升职记》，湖南卫视的时尚剧《丑女无敌》和《恰同学少年》，安徽卫视的《幸福一定强》和《幸福最晴天》，浙江卫视的《无懈可击之蓝色梦想》和《爱情有点蓝》，山东卫视的《红高粱》和《飞虎队》等，这些自制剧都成为频道品牌竞争的利器。

结合自制剧的以上两种形态，我们可以把自制剧的定义也分为两个方面：从广义来说，自制剧是指由电视台和制作方形成制播联盟，共同创作，共同发行，共享利益，共担风险，电视台在选题或者剧本创作时都会介入，并与制作公司一起投资制作的电视剧；从狭义来说，自制剧是制播主体合一的自制独播剧，是由电视台出资、选择题材、组织剧本，拥有自主自由版权，打造出自己的品牌特色，在自己的平台进行首播或者独播的电视剧。这样的制作方式使得电视台拥有更多的主动权，同时也更加具有针对性，更加贴近频道自身定位和观众需求。在下面的分析中，论述对象更倾向于狭义的自制剧。

二、自制剧产生的原因

(一)不受版权许可问题的制约

首先，省级卫视频道的发展并不容易，上有金字塔顶端的中央电视台，下有金字塔底端的地面台和城市电视台。其次，同属金字塔中间部分的省级卫视之间，竞争更加惨烈，或求生存，或求发展，大家都想在激烈的竞争格局中分得一杯羹。电视媒体间竞争的关键就是争夺资源，电视剧资源对电视台的重要性不言而喻。电视剧是一种开放性的资源，电视台采购的电视剧版权都有一定的期限，很难拿到永久版权。在版权越来越被重视的今日，自制剧可使电视台享受独有资源，有效地避免版权纠纷，更有利于品牌形象的进一步打造；最重要的一点是，有电视剧播版权在手，电视台还可以在自身首播后，向其他电视台或视频网站出售版权，甚至还可出口海外，从而再产生新一轮的收益，创造更大的价值。例如，湖南卫视的几部大剧，几乎每年的寒暑假都会与观众准时见面。湖南卫视充分利用自己的频道定位，抓住受众的心理和最有效的收视时间段，吸引年轻的学生群体，充分显示出版权拥有的优势。

图 14-10　《芈月传》片头

（二）外购剧成本过高

虽然我国算得上是个电视剧大国，每年出品的电视剧集数上万，但因为缺乏真正的好剧所以并不能算作电视剧强国，这就在某种程度上推动了精品剧的价格不断飙升。像《我的团长我的团》（2008年）单集版权售价150万元，《新〈三国〉》（2010年）单集版权售价247万元，《楚汉传奇》（2012年）单集售价300万元，《芈月传》（2014年）（图14-10）单集版权销售价格为450万～500万元，热播电视剧单集的售价节节攀升，让很多卫视望而却步。由于"一剧两星"的播出方式，各大卫视面对精品电视剧的竞争日益激烈，天价的购买费用、高投入带来的风险以及对市场预期的不确定性，对大多数省级卫视来说，运作难度巨大。简单算一笔账，以现今的制作环境来说，一部戏除去演员片酬，单集的平均制作成本约为80万到90万，再配备两个小有名气的演员，成本会升到160万到180万，如果想再请更大腕儿的明星，演员成本会占到整个投资的 60％以上，也就是说，单集成本会达到 200 万左右，"一剧两星"后，相当于一家电视台要花 100 万一集来购剧，能出得起这个价钱的卫视可以说是寥寥无几。而反观自制剧，它能够在前期就参与到电视剧的制作中，可以主动介入电视剧的策划、制作、播出流程中，根据频道需求量体裁衣，打造适合自己电视台的自制剧，在一定程度上保证了电视剧的质量；可有效利用内部资源，控制成本，降低电视剧的投资费用；同时在选购剧集（部）的时候具有优先权，如湖南卫视《丑女无敌》已拍了四季，山东卫视的《老农民》（图 14-11）共 60 集。从表面看，集（部）数越多，投资越大，但考虑到隐藏在电视剧播出期间的收视和广告需求，如果同是高质量的电视剧，长的电视剧收视率越高，越能获得广告商的青睐。

图 14-11　《老农民》剧照

（三）提升广告增值空间

电视剧的广告收入占电视台总收入的比重是非常大的，它关系着电视台的生存大计。广电总局的广告"限播令"规范电视广告播出，引起业界不小反响，因为电视黄金时段的广告时间是有限的，时间缩短将意味着电视台的广告收入将被缩减，因此，必须另辟蹊径，寻找新的增值空间。对电视台而言，如何充分开掘新的广告时间、获取新的增值空间呢？毫无疑问，自制剧里的植入式广告便是一种很好的方式。

传统的广告播放方式是在电视剧前、剧中、剧尾插播广告。可是这样，观众会很容易地利用手中的遥控器切换频道来避开广告，而植入式广告则是根据剧情和剧中人物的表现植入相应的广告，在观众警觉性比较低的状态下自然地达到说服和宣传的目的。观众一般具有模仿心理，容易受到电视剧中人物的行为和习惯的影响，包括电视剧中人物的衣食住行等各方面的生活细节，也有可能倾向于购买电视剧中出现的各种产品，如剧中角色的衣着、食物、生活用品等。这种传播效果往往是传统广告播出方式所难以达到的。另外，自制剧拥有既定的播出时间和平台的优势。很显然，具有较强的社会影响力和广阔的受众辐射面的电视台，备受广告商的青睐，许多大品牌愿意花大价钱到知名卫视打广告，所以动辄上千万的广告植入也就不足为奇。如此一来，自制剧的播出不仅在很大程度上增加了电视台的收入渠道，而且大大减轻了电视台作为投资方的压力。

(四)推广选秀艺人

电视剧逼近"天价"的关键因素并不是拍摄或者后期制作上佳，而是支付给明星们的片酬太多。因此，许多省级卫视在制作电视剧的过程中选择以本台推出的选秀艺人为主要参演人员。这种方式不仅有效地节省了演员片酬，还能够通过电视剧的播出和推广增加选秀艺人的曝光率，提升选秀艺人的知名度，担负起"明星孵化器"的功能。

在推广选秀艺人方面进行较早探索的两个频道分别是湖南卫视和东方卫视，它们具有较完整的产业链：签约艺人、电视剧制作和播出。它们推出过大量的选秀节目，如《超级女声》《快乐男生》《加油！好男儿》等，艺人比赛完毕之后，自然需要新的渠道展开进一步的包装和人气维持，而除了参加综艺节目、舞台演出之外，参演电视台的自制剧无疑是不错的方式。东方卫视制作播出的自制剧《网球王子》，就选用了从本台《加油！好男儿》节目中走出来的艺人作为剧中演员；湖南卫视的自制剧则选用了《快乐男生》节目中选拔出来的选手；同样，《爱上女主播》的女主角，由浙江卫视的明星女主持人担任。使用本台艺人来作为自制剧的演员，不仅大幅度降低了制作成本，还可通过电视剧反过来对艺人展开进一步的宣传与推广。另外，还能充分利用电视台的节目资源，如在访谈节目或综艺节目中对自制剧进行宣传推广，达到艺人、综艺节目和自制剧三赢的效果。

(五)提升频道竞争力

在各大卫视争相朝着差异化方向发展的今天，"品牌"是一个卫视频道的"终极武器"，根据受众市场细分，建立品牌定位、加强核心竞争力显得尤为重要。电视台自制电视剧，从编剧、导演、制片人、宣传、推广、播出等方面都可以整体打包考虑。天津卫视组织了专门的团队为本台自制剧的选题进行把关，其主打的"快乐生活剧场"播出了一系列自制剧，如《超人马大姐》《杨光的快乐生活》都恰如其分地表达了天津卫视"快乐生活"的定位，播出后不仅取得了良好的收视效果，还提升了天津卫视在全国省级卫视中的排名。江苏卫视情感大戏《养父》画面精美、角色刻画细腻，以小人物身上传递出的大爱无疆的真情感动了大批观众。电视剧"温暖""感动"和"真诚"的主题与江苏卫视频道情感的定位相契合，一时为荧幕注入了一股强大的暖流，也掀起了一轮收视热潮。上海东方卫视把收视人群基本定位为高学历、高收入、高品质等相对高端的"三高"人群，自制剧在题材选择上以都市白领生活为主要对象，如播出的《加油！优雅》《加油！网球王子》《浮沉》等，这一批自制剧着力彰显了东方卫视"标榜气质与时尚"的品牌定位。高举"剧行天下，爱传万家"品牌标语的安徽卫视，从确定以剧立台的频道定位开始，就在电视剧方面一直引领我国电视剧制作及播出的潮流，从"中国最好的电视剧大卖场"到"看电视看安徽卫视"再到"剧行天下",安徽卫视步步为营,不断优化和更新战略,制作播出的自制剧有《幸福一定强》《幸福最晴天》《娘家的故事》《就想爱着你》《夏家三千金》《新安家族》等,锁定的收视群体主要是年轻人和家庭主妇。这些剧目都取得了不同凡响的收视效果,也为省级卫视提升品牌、构建核心竞争力立下了汗马功劳。随着电视台品牌化进程的加快,自制与电视台风格相符的电视剧,便是有实力的电视台的必然选择。

三、我国自制剧的发展历程

(一)起步阶段(1958 年至 20 世纪 70 年代末)

这一阶段电视节目资源缺乏,经验不足,自制剧处于摸索实践阶段。由于技术的进步,电视由黑白直播模式转入彩色录像模式,大大丰富了电视荧屏。大部分电视台都逐渐成立了自己的影视制作部门,制作电视剧供自己平台播出,但那时完全由电视台自己出资、制作、播出的自制剧与今日的自制剧不能同日而语。在这段时间内,电视台自己的制作部门负责电视剧的制作,这是一种自制自播的方式。后来各电视台出于资源、技术交流的目的,彼此之间交换电视剧等资源的情况时有发生,有时候播出方也会给提供方支付适当的费用,但并没有形成交易规模。

(二)萌芽阶段(20 世纪 70 年代末至 20 世纪 80 年代初)

1980 年,中央电视台拍摄的《敌营十八年》,堪称我国电视剧自制化的鼻祖,上映后在全国产生了轰动效应,掀起了抗战剧的热潮,为我国电视连续剧的创作形式做出了有益探索。1982 年,山东电视台成功制作了由四大名著之一《水浒传》节选改编而成的古装剧《武松》,这部电视剧在取得观众广泛好评的同时也将第一届"金鹰奖"和第三届"飞天奖"收入囊中。此外,这一年还涌现了《蹉跎岁月》《鲁迅》《周总理的一天》《家风》等。至此,国内电视台自制剧萌芽逐渐显现。1982 年 9 月,我国第一家电视剧制片厂——北京电视剧制片厂成立。1983 年,中国电视剧制作中心成立。时任广播电视部部长的吴冷西在电视剧座谈会上提出了"增加电视剧数量,提高电视剧质量"的方针,一系列方针和政策极大地推动了我国自制剧的发展。

(三)蓬勃发展阶段(20 世纪 80 年代中期至 20 世纪 90 年代中期)

在这段时间里不只是自制剧蓬勃发展,整个国内电视剧产业也在全面发展。前期的发展铺垫和成功经验的积累,使得国内多家电视台都开始发力奋进。1985 年,全国共创作出了 627 部 1997 集电视剧,中央电视台播出了 251 集。并且,涌现出了《四世同堂》《寻找回来的世界》《诸葛亮》《巴桑和她的弟妹们》等代表性作品。其中,28 集电视连续剧《四世同堂》获得第六届"飞天奖"的特别奖。该剧的文学性和思想性无论在文学界还是在影视界都获得了极大的好评,全面体现了作品独有的风采。电视剧《四世同堂》成功之后,一批古今名著迅速登上了荧屏。同年,中央电视台策划了"四大古典名著改编工程",该工程的首部电视剧《西游记》一经播出，便获得了极高评价，也创造了89.4％的收视率神话，至今仍是寒暑假被重播最多的电视剧，重播次数超过2000次，是一部公认的经典。36集的《红楼梦》(图14-12)于1987年播出，这部电视剧在当时曾激起了海内外的一股"红楼热"。时隔三十多年，直至今日，剧中人物的形象还深深地印在观众的心中，被誉为"中国电视史上的绝妙篇章"和"不可逾越的经典"。《三国演义》于1990年拍摄制作，剧中场面宏大，人物刻画细致入微。要将书中400多个人物在84集内栩栩如生地一一表现出来，绝非易事，它可以说是我国当时电视剧制作史上最为浩大的工程。《水浒传》是央视这个巨大改编工程中最后一个被搬上荧屏的，但它也是这场改编中的佼佼者，它汲取了前三部改编中的经验与教训，精彩地再现了剧中的人物与情节。《水浒传》的播出在国内影响深远，各地平均收视率为36％，最高达46％，让观众品尝到了一次视觉上的饕餮盛宴，同时把文学名著改编的水准推上了一个新的台阶。

图14-12 《红楼梦》剧照

(四)发展受限阶段(20世纪90年代中期至2007年)

在这段时间电视台采取"四级办电视、四级混合覆盖"方针，一改以往"两级办电视"的发展格局，使我国的电视业出现了突飞猛进的发展。自此，各省、市和自治区除了分别拥有一个电台、一个无线电视台和一个有线电视台外，还有一个教育台或经济台，下属各地区(市)和县(市)级政府也自办电视台，电视台的数量急剧增加。据相关资料统计，到1994年年底，经有关部门正式批准建立的县级以上的无线电视台达982个。有线台更多至1212个。而到了1997年年底，仅有线电视台数目就超过了2000个。

这一时期我国电视剧整体处于发展繁荣期，不仅表现在电视剧制作单位的增加，电视剧数量的快速增长，电视剧创作队伍的扩大；还表现在电视剧在产业化、市场化方面发展成效显著，电视剧在内容、风格、样式等方面呈现多元化，涌现出了众多红极一时的电视剧作品。电视台数量如此迅速的增加必然会造成电视剧需求市场的扩张，而此时电视台的电视剧制作力量远跟不上需求的变化，只有一小部分有实力的电视台拥有自己的电视剧制作部门，绝大多数新成立的电视台还不具备自己生产电视剧的能力，因此，受到电视台自身和外部因素的压力，自制剧的发展受限。

1997 年湖南卫视投资制作的某剧曾在全国掀起了收视热潮，至今仍久播不衰，成为湖南卫视博取收视率的一个法宝，也为湖南卫视自制电视剧积累了经验。

2000 年后，国内各大电视台的竞争开始向差异化、品牌化发展，一部电视剧十几个电视台播放，显然不利于电视台提高自己的频道辨识度，也不利于电视台特色的凸显。

为了加强频道的识别度和影响力，电视台的购剧竞争进入了抢优秀电视剧的首播权和独播权阶段，由此"首播剧"和"独播剧"开始大量出现，并且竞争达到白热化程度。2004年安徽卫视提出了电视剧独家资源及供应链掌控的发展策略，旨在"第一时间播出新剧、创造第一收视表现和广告价值"，每晚连播 3 集首轮剧的"第一剧场"，在业内和广大观众中形成了广泛的传播力和影响力。

2005 年中央电视台第八套将其每晚黄金档的"海外剧场"设置为 3 集连播，并凭借其雄厚的实力，花重金独家买断多部国内外优秀电视剧版权，加快了海外剧的引进和播出速度。其中，中央电视台投入超过 2 亿元购买了《京华烟云》《乔家大院》等多部国内首播剧。中央电视台的这次改版进一步掀起了国内电视剧市场的"海啸"。各家省级卫视纷纷跟进，调整晚间节目编排，增加电视剧的连播集数。安徽、广西、云南、河南、内蒙古、湖北等省级卫视每晚黄金时段都实行 3 集连播，电视剧播出量的加大直接导致各台对电视剧资源的争夺日趋白热化。

同年，湖南卫视首次独家买断热门韩剧《大长今》中国内地的版权，在全国掀起收视热潮，并为湖南卫视带来 4000 万元左右的广告收入。在尝到首次买断版权的甜头之后，湖南卫视筹划一方面以剧场的形式来播出这种拥有独家版权的剧集，另一方面加大对独播剧的储备。经过这一场"洗牌"，我国电视剧市场被推向了另一个新的台阶。除了安徽卫视、湖南卫视外，各家有资金实力的省级卫视都意识到当下电视剧资源的战略意义，购买电视剧的资金投入不断攀升。

（五）黄金阶段（2008 年至今）

多家省级卫视开始从策划、摄制到发行阶段与民营电视制作机构合作生产适合自己平台播放的"定制剧"。其中，湖南卫视的自制剧《丑女无敌》获得了巨大成功。电视剧自行制作和播出再次合一，至此电视剧自制经历了一个从自发到自觉的过程。各家卫视都加大了对自制剧的投入力度，自制剧生产的数量直线上升，其中不乏精品。湖南卫视的《丑女无敌》《宫》(三部曲)、《步步惊心》(二部曲)，安徽卫视的《幸福一定强》《新安家族》《夏家三千金》《娘家的故事》，东方卫视的《杜拉拉升职记》《网球王子》《浮沉》《风和日丽》等都获得了不俗的市场成绩。其中，电视剧《丑女无敌》更是在一路被吐槽的质疑声中屡创收视高峰，同时其众多的广告投资为湖南卫视带来了丰厚的经济回报。作为自制剧制作"后起之秀"的山东卫视不断发力，精品不断。从某种角度而言，2014年是山东卫视的"自制鲁剧年"，其自制剧《红高粱》《老农民》《大刀记》《石敢当之雄峙天东》等都获得了可观的收视率。在这一阶段，自制剧已担当起各电视台抢夺市场份额的重任，成为各电视台手中资源的王牌。各电视台也不断创新自制剧的外在形式和内涵，使其更加符合自身的频道定位。

四、自制剧的发展前景

(一)卫视差距明显，差异化竞争不易

自2015年1月1日开始，长达十年的"一剧四星"的局面落下帷幕，卫视迎来"一剧两星"的时代。播出格局的变化，使电视台、制作公司、演员、导演等多方的利益都或多或少受到影响。像央视、湖南卫视、东方卫视、浙江卫视等实力超群的一线卫视有较强的自制实力，新政策出台对它们的影响并不大。因为在政策出台前，它们早已开始试水"一剧两星"，甚至"一剧一星"的模式。湖南卫视多年来坚持独播，自制剧和定制剧一直以来都是它非常看重的发展方向，基本上采取了全定制加自制的模式。除自制剧外，即便是大部分购买的电视剧，也已摆脱了完全购买成品的模式，湖南卫视与国内各知名制作公司紧密合作，在电视剧项目成立初期就会提前介入，共同探讨拍摄的题材、阵容、制作等各种细节，力求定制符合湖南卫视频道气质的电视剧。

相对而言，二三线卫视的处境并不妙。在"一剧四星"政策下，通常的卖剧配比情况是两个一线卫视加一个二线卫视再加一个三线卫视，根据电视台的需要，亦有一个一线卫视加一个二线卫视再加两个三线卫视。四家电视台平分一部电视剧的制作成本，相对而言购买费用会少很多。即便是高投资电视剧的成本也可以被四家卫视平摊，如讲述80后婚姻生活的电视剧《辣妈正传》(图14-13)，单集售价就超过400万，总价近2亿，如此高的价格，最后被浙江卫视、东方卫视、安徽卫视、深圳卫视四家卫视平分。而在"一剧两星"之后，四家上星卫视瞬间变成两家，电视剧制作费用不变，卫视购片压力却徒增一倍。二三线卫视发展空间比较小，它们无法拿出较多的钱来买好剧，对他们来说，要想在竞争中脱颖而出，更加困难。

图 14-13　《辣妈正传》片头

(二)追求精品剧本,定位频道文化

成也剧本,败也剧本。剧本是一剧之本,乃重中之重,编剧更是一部剧生产过程中极为重要的角色。剧本在一部电视剧的制作流程中处于最上游,它是电视剧成功与否的核心因素,也是保障收视率的一大法宝。已经有太多的例子证明,电视剧成功的关键是剧本。例如,山东卫视选择诺贝尔文学奖获得者莫言的小说进行改编、自制的鲁剧《红高粱》,未播先红,开播后更是赢得了收视和口碑的双丰收,在多家卫视连续 4 天收视破亿,网络播放量屡创新高,造成了一种"举国皆谈红高粱"的罕有现象,引起各界热议和好评,成为2014 年现象级电视剧。山东卫视后又推出《大刀记》《老农民》《搭错车》等多部精品剧,鲁剧逐渐成为山东新的文化标签。综合来看,题材的原创是鲁剧成功的一个重要原因:在宏大的主题下,传递平民英雄家国情怀的理念,处处彰显着质朴浑厚的山东味儿,形成鲁剧的重要特色。

就整个行业而言,大量同质化的自制剧充斥荧屏,让受众对之持有"山寨剧"的刻板印象,限制品牌影响力的塑造。究其原因,自制剧原创力不足是大问题,一流的编剧不够,编剧往往没有话语权,编剧自身的文学修养欠缺,整个电视剧行业还未形成以剧本和编剧为核心的先进机制。所以,在自制剧的创作上,应该追求精品,鼓励不同题材、不同创作手法、不同风格的作品同时存在,自由发展。追求精品剧本,塑造原创品牌,才能保持自制剧的品牌活力和吸引力。

解决这个问题的出路,目前来看,首先要探索形成先进的自制剧制作模式,把编剧地位核心化。编剧不仅参与前期剧本的编写,还要贯穿整个剧集制作的始末。《继承者们》《来自星星的你》(图 14-14)等韩剧在国内大热,其主要原因是编剧在电视剧创作流程中占有主导地位:前期,编剧要跟制作人探讨主题,完成剧本大纲;中期,导演根据大纲制订拍摄计划,编剧继续写剧本;后期,编剧也参与演员选择、参与剧本练习,一些久负盛名的资深编剧甚至有权选择合作导演。韩国电视剧边拍边播，根据播出的情况和受众的心理随时更改剧情，来满足受众需求。此外，编剧还可与文学作品紧密结合，从各大文学期刊和出版物中寻找创意和故事。每年出版的近千部长篇小说，不乏精品，沙中淘金是捷径。

图 14-14　《来自星星的你》剧照

由于电视台的定位、节目资源、目标受众各不相同，因此，自制剧的题材和风格也不尽相同，应根据本频道的风格制作适合不同口味人群、不同层次受众的作品，利用自制剧提升本频道的品牌竞争力，而不应该只依靠千篇一律、情节老套、生搬硬套的青春剧、偶像剧。只有切合实际的多元化发展，才能带来文化事业的更加繁荣，才能使自制剧在一个良性的竞争格局中健康发展。例如，湖南卫视的频道定位是青春、娱乐，自制剧以青春偶像剧为主，但它依旧不断尝试将独有的湖湘文化融入自制剧中，以全新的拍摄手法和方式推出了多部反映湖南历史文化的经典自制剧，如红色主旋律自制剧《血色湘西》《恰同学少年》《八千湘女上天山》等，获得了较高的赞誉度。山东卫视自制剧立足山东鲁剧的这一大特色，既具有人文情怀又展现时代特色，既秉承传统文化之精髓，又结合了当下社会的时代意义。电视剧《石敢当之雄峙天东》中的石敢当精神，彰显了山东文化和山东人"铁肩担道义"的精神和气质，与其文化内核紧密相关，接地气的影视语言嫁接厚实的文化底蕴，这才是频道持续发展之奥秘。

（三）控制广告植入，规范广告营销

自制剧凭借其资源独占性和自主性，扩大了收获广告的平台，除了在电视剧常规的播放时段中插播硬性广告之外，自制剧的企业冠名、片头片尾广告和内容植入式广告产生了巨大的广告收入，有效降低了成本风险和前期投入。但是广告植入数量过多、范围过广、频率过高、痕迹过于明显等问题直接影响自制剧的质量，甚至造成观众的反感情绪，使观众产生逆反心理，产生相反的传播效果，根本达不到宣传产品的目的。在形式上，植入广

告不能生搬硬套、过于露骨，应尽量做到隐蔽，让观众觉得是在剧中自然形成的，而不是刻意的插入。在内容上，应选取契合剧中人物身份、生活和工作需要的广告，让广告与剧情尽最大可能地融合，使其成为剧情必不可少的一部分，以求植入品牌深入人心，在促进情节发展的同时，达到隐形宣传的效果。所以自制剧在植入广告的过程中，应提高植入技巧，把关广告质量，防止过度商业化和直接化。无论自制剧制作方，还是广告商，都一定要把握好质与量的关系。

（四）衍生产业链，形成品牌战略

一个完整的电视产业价值链包括电视产品的前期策划、中期制作、后期发行、营销、服务等多个环节，电视剧的特点是前面的制作成本会很高，但制作完成后，其后续的环节成本几乎为零。所以，自制剧在打造完整产业链的时候，除了应重视编剧、精良制作、打造品牌外，还应加强电视剧品牌化营销的创新和衍生产品的开发。自制剧应依托频道资源，加大其宣传力度，如重视拍摄前期的预热，可举办"主角海选""观众参与编剧""主题曲（插曲）海选"等活动，扩大影响力。在拍摄和播放的过程中保持剧集的话题讨论率和配套宣传，可借助频道当红的综艺节目发力，举行"主角明星访谈""剧情预测""有奖问答"等活动，播出后向其他平台出售版权，开发相关衍生产品，力图使每个环节都做到宣传最优化。此外，还可根据自制的剧目进行深层次的开发，像利用剧中人物身份代言，举办大型演出，制作同名话剧及电影，出版相应的图书，收录剧中的主题曲和插曲制作唱片，创建服装品牌、食品、玩具等，不但能强化电视剧的品牌，有利于品牌的延伸，还能使各个环节形成一个有机的整体。

2009年，湖南卫视对其自制剧《丑女无敌》的整合营销更让营销无处不在。在针对广告客户的营销中，除了植入式广告外，湖南卫视和多芬、清扬、立顿等广告客户共同参与到营销整体规划中，在电视剧播出的前后时段投放广告以及展开一系列线下活动。在针对普通观众的整合营销中，湖南卫视主要通过多渠道的方式来开发电视剧的相关产业链，获得经济利润。在《丑女无敌》播出之前，湖南卫视就以"寻找女主角"为名开办了相关综艺节目；在电视剧拍摄期间，《丑女无敌》的主角多次亮相湖南卫视的各个节目，为电视剧造势；在《丑女无敌》播出之后，有关单位也不失时机地推出《丑女无敌》的音像制品、男女主角的写真集、丑女娃娃等工艺品。一部电视剧的价值被不同环节共同利用，既实现了多方面盈利，又达到了价值的最大化。

（五）加强行业自律，打造精英团队

电视剧行业自律性的加强，不仅是对行业的保护，还降低了监管部门的工作难度，保护了消费者的安全。电视剧制作行业曾经制定了一部《中国电视剧制作行业自律公约》，自制剧是我国电视剧系统的一个子系统，这部公约同样适用于我国的自制剧行业。因此，电视台应遵循公约规定，避免在自制剧中宣扬暴力、迷信等低俗、庸俗的内容，

以免对观看电视剧的青少年带来不良的示范，影响他们的个人成长与社会文明环境；工作人员应加强自身道德修养，以道德约束行业，坚持自制剧的"绿色"制作；另外，电视台与网络视频网站也应树立文明竞争意识，在自制剧市场竞争中遵循市场规律、竞争规律，避免恶性竞争，破坏电视剧生态系统，应互助互持，促进电视剧行业的良性竞争与循环发展。

为了让自制剧能够获得更广阔的市场，走得更顺利更长远，必须打造一支精英制作团队，不断地提高其自力更生地创作自制剧的能力。各大卫视在整合台内人力、物力资源进行低成本操作的同时，还需要优化资源，培养专业的制作技术队伍，通过提高制作水准、艺术水准等，切实提高自制剧的品牌档次。这样既可以为其赢得电视剧的版权，也可以提高自制剧的质量，从而使自制剧的制作进入良性的循环之中。从目前的情况来看，很多卫视还没有专门的自制剧制作管理运作机构，部门的管理大致放在总编室下，经营管理方式比较粗放。没有规矩不成方圆，正在不断发展壮大的自制剧，也应该有属于自己的规则，明确不同部门和个人的职责，只有分工到个人，才能落到实处，在遇到问题的时候才能以最快的速度将其解决掉。只有建立了专业化的精英团队，为制作出优秀的作品打下了坚实的基础，才能更好地促进自制剧的健康稳定发展。

作为当代社会主流艺术形式之一，电视剧对人们的价值取向、审美情趣、生活态度产生着潜移默化的影响，是社会主义意识形态建设的重要阵地。目前我国电视剧在这方面总体是好的，是积极健康向上的，但也还存在一些不容忽视的消极倾向和问题。有的唯收视率是从，片面追求经济效益，甚至搞庸俗、低俗、媚俗之风；有的缺乏文化品位，内容空洞，精神空虚，追求视觉冲击；有的缺乏对社会问题的深入思考，缺乏社会生活的深厚底蕴；有的只讲"有意思"，不讲"有意义"等。这些违背了艺术发展的客观规律，违背了文以载道、文以化人的基本使命，也违背了电视剧作为当代社会主流艺术形式的应有职责。因此，电视剧工作者必须时刻牢记社会责任，以习近平新时代中国特色社会主义思想为统领，在坚持正确导向的前提下提升文化品质，巩固和扩大电视剧受众群体特别是年轻受众群体，更好地传承中华文化，凝聚民族精神，这是电视剧不容回避、必须完成的历史使命。

第十五章　媒介融合背景下广播电视的人才队伍建设

广播电视是有着现代化和科技化特征的大众传播媒介，具体功能表现在宣传功能、教育功能和监督功能等。但所有的功能都离不开人才队伍的建设，宣传党的路线离不开人，生产和传播信息离不开人，舆论监督离不开人，就连技术装备亦离不开人的使用。所以，广播电视人才队伍的建设是广播电视事业建设的核心内容。

在新媒体迅速发展的今天，传统媒体面临着前所未有的机遇和挑战。在如此激烈的传媒竞争中，传统媒体迫切需要转型，而媒介融合成为它们的必然选择。转型能否顺利，人才队伍的建设尤其关键。因此，在媒介融合发展的新形势下，培养一支政治觉悟高、业务素质强、作风严谨的全能型人才队伍，是适应媒介新环境、实现广播电视现代化的根本保证。在原有素质的基础之上，广播电视人才队伍更需要增加知识，更新观念，提升洞察力，随时能够应对新媒体带来的新变化，力求在媒介融合时期继续保持传统媒体的公信力，推动广播电视媒体在全媒体大背景下的快速发展。

第一节　媒介融合

一、媒介融合的背景

媒介融合一词最早出现在美国，美国马萨诸塞州理工大学教授浦尔和美国新闻学会媒介研究中心主任安德鲁·纳齐森分别给出了不同的定义。浦尔认为媒介融合就是各种媒介呈现出一体化多功能的发展趋势。"从本质上说，融合是不同技术的结合，是两种或更多种技术融合后形成的某种新传播技术，由融合产生的新传播技术和新媒介的功能大于原先各部分的总和。"[①]安德鲁·纳齐森认为："媒介融合是印刷的、音频的、视频的、互动性数字媒体组织之间的战略的、操作的、文化的联盟。"[②]浦尔强调了不同媒介形态的融合以

---

① 王娟：《媒介的融合与分众化的努力》，载《中华新闻报》，2007(6)。
② 蔡雯：《新闻传播的变化融合了什么——从美国新闻传播的变化谈起》，载《中国记者》，2005(9)。

及由此带来的媒介的功能和服务的融合，而安德鲁·纳齐森则侧重于不同媒介之间的合作模式。我国学者丁柏铨教授认为，媒介融合是由网络新媒体及其相关因素所促成的不同媒介之间在诸多方面相互交融的状态。媒介融合有三个层面的内容：一是工具层面，媒介作为信息传播工具，其功能相互交融，这是媒介融合的基础；二是业务层面，即业务层面的融合，包括传播业务和经营业务，新闻从业者需要掌握不同媒介传播的操作技能，媒介经营要在机构设置、资本运营等方面有所整合；三是意识层面，面对媒介融合的现实，需要媒体从业者做出努力和调整来适应新的形势，要从客观规律上对媒介融合进行探讨、认识和把握。由此可见，媒介之间的融合是多层次的，宏观层面包括媒介规制融合、行业融合，中观层面包括媒介渠道融合、技术融合、终端融合，微观层面包括内容生产融合、人才队伍结构融合等，媒介融合已经成为一股不可阻挡的潮流，渗透到媒体的多个领域。

在这种新格局下，党和政府也专门出台文件，为媒介融合指明方向。中央全面深化改革领导小组第四次会议通过了《关于推动传统媒体和新兴媒体融合发展的指导意见》。会上，习近平强调，推动传统媒体和新兴媒体融合发展，要遵循新闻传播规律和新兴媒体发展规律，强化互联网思维，坚持传统媒体和新兴媒体优势互补、一体发展，坚持以先进技术为支撑、内容建设为根本，推动传统媒体和新兴媒体在内容、渠道、平台、经营、管理等方面的深度融合。

媒介融合是媒体竞争发展到一定阶段的结果，传统媒体曾经历过辉煌的时期，但是面对新媒体的冲击，传统媒体的一些优势开始丧失，显得有些力不从心。在传统媒体逐渐没落和新兴媒体日益兴起之时，内容就显得格外重要，而内容是由人生产出来的，人又在生产关系中发挥着决定性作用。因此，媒介之间的竞争，实质上是管理体制和运行机制的竞争，是创新型专业人才队伍的竞争。

二、广播电视人才队伍的结构建设

广播电视是一个完整的系统，从节目的筹划、采访，再到节目的制作、播出，环环相扣，缺一不可。对广播电视行业来说，优秀的主持人是人才，一线优秀的编辑、记者是人才，集创作和管理职责于一身的栏目制片人和编导是人才，善于从事广告经营的从业者同样是广播电视媒体发展所需要的人才。广播电视的制作流程主要包括节目制作、节目播出、节目管理、节目发射和节目运营等。因此，按照工作流程，我们可以将广播电视人才队伍分为编辑记者类人才、主持类人才、管理类人才、技术类人才和经济运营类人才等。

编辑记者类人才，即在广播电视节目传播系统中主要负责节目制作的人员，如新闻采编、艺术创作和辅助创作等领域的专业人员。此类从业人员素质的高低对广播电视传播工作的质量和效果起着举足轻重的作用。

主持类人才是一个节目的灵魂，是节目联系受众的桥梁，是电视台的"活台标"，也往往是舆论领袖。作为广播电视节目的重要元素，主持人需要具备较高的素养，需要具备基本的专业技能和较强的口语能力。此外，古语云"腹有诗书语自华"，对主持人来说，深厚的知识底蕴也必不可少，要做到广、博、精、深，集编辑、记者、播音员于一身。

管理类人才是广播电视事业不可缺少的组成部分，在实际工作中，他们既是引导舆论的执行者、广播电视节目的策划者，也是信息传播的把关者、新闻事件的报道者。广播电视的管理包括编播业务管理、行政管理、经营管理、技术管理、政治工作管理、后勤服务管理等多个方面的工作，并通常渗透到广播电视传播工作的各个环节之中。因此，管理类工作人员不仅要掌握广播电视传播的相关业务知识，还要具备管理学、行政学等多个学科的知识，具备较高的素质。

技术类人才，即主要承担着节目的后期制作、播出、传送和发射系统技术工作的人员，其所在的岗位具有鲜明的技术性、知识性等特点。所以，广播电视系统中技术人员水平的高低直接决定着节目的质量和播放的效果，也反映出高新技术在广播电视事业中运用的水平。

经济运营类人才，即从事广播电视产业经营的人员，他们负责广告运营、信息运营、节目运营及技术运营等，除了要具备广播电视专业知识外，还需要具备市场运作方法和技巧等知识。

新形势下，媒介间竞争日趋激烈，优胜劣汰成为无法阻挡的趋势。传统媒体要想赢得竞争，就要不断转型升级，推陈出新，以人为本，加强传播群体的优化，提升各部门人员的素质，努力建设一支政治素质高、思想作风正、业务能力强的新型人才队伍。

三、媒介融合趋势下加强广播电视人才队伍建设的必要性

在媒介融合的过程中，媒体从业人员发挥着积极的作用。作为信息传播活动的主体，媒体从业人员的素质、技术水平、管理能力等方面对传播活动的影响是深刻的，而媒介融合对媒体工作人员也提出了更高的要求，要求媒体从业人员不仅要具备专业素质，还需要具备各方面的综合素质，来适应新环境下媒体的发展需求。

进入媒介融合时代，广播电视的信息传播平台、传受关系、经营方式都发生了重大变化，信息传播不仅要转变观念，顺应时代变化的要求，同时也要更新理念，加强队伍素质建设，培养出全能型人才队伍，为广播电视传播发展注入核心动力。第一，广播电视媒体与新媒体的接轨是大势所趋，这种接轨是全面的，从硬件到软件都在转型，人才作为广播电视的生存之基，必须与时俱进；第二，传统意义上的节目已经难以吸引新的观众，全媒体人才的培养有助于开发新的节目形态，从而扩大受众群，多样的节目形式可满足不同群体的需求，适应分众传播的时代要求；第三，有利于资源整合，提高运作效率。新型媒介生态语境下，广播电视从业人员不仅要熟悉传统媒体的内容生产和运行方式，更要掌握与

新媒体相关的技术能力，这样人力资源才不会太过浪费，运作效率也将得到提升。

广播电视人才只有不断提升自身素养，充分利用互联网等新媒体平台，才能在信息传播的过程中发挥积极的作用，从而创造出一个健康、和谐的绿色媒介环境。

第二节　全媒体广播电视人才应具备的素质

列宁说过，宣传工作的水平取决于宣传工作者的水平。广播电视事业是一个具有强烈政治属性、意识形态属性以及文化属性的专业技术领域，在党和国家的政治、经济和文化中处于重要地位。从某种意义上说，广播电视的成败取决于广播电视从业人员即广播电视工作者的素质和修养。因此，在传统媒体受到冲击、数字媒体蓬勃发展的大环境下，社会公众对每一位广电人提出了更高的素质要求。

一、思想政治素质

广播电视是党和国家意识形态领域的重要构成，是国家舆论的宣传机构，创造良好、安定的舆论环境正是其职责所在。对于我国的广播电视人才来讲，必须要坚持党性原则，要有坚定的政治立场，牢牢把握正确的舆论导向。任何节目的选题、策划及其录制、编辑、播出都要将党和人民的利益置于首位，从而把握舆论导向的主动性。

刘少奇在《对华北记者团的谈话》中特别强调记者"要有马列主义理论修养"。所以在思想上，广播电视人才必须坚持辩证唯物主义和历史唯物主义的思想方法，坚持以马克思列宁主义、毛泽东思想、邓小平理论、"三个代表"重要思想、科学发展观、习近平新时代中国特色社会主义思想为指导，坚持实事求是的思想路线。广播电视新闻工作者在进行采、编、录、摄、制、播等活动中，必须掌握科学的理论，运用科学的方法分析和传播客观事实，一方面要以马克思主义作为新闻工作的根本指针，以马克思主义的立场、观点和方法来观察、分析、报道和评论新闻事实；另一方面也要宣传马克思主义的理论体系。新闻实践活动，需要高度的思想理论素养，而它的核心就是马列主义哲学，故而新闻工作者要想从繁杂的表象中寻找出事物的本质，正确引导人们的价值取向，就必须有正确的理论做指导。没有理论指导的广播电视有着盲目性和主观性，很容易迷失方向。

在政治上，必须坚持党性原则，坚持贯彻执行党的路线、方针、政策，服从服务于全党的中心工作，坚持正确的舆论导向，营造健康向上的精神文化氛围。要牢固树立政治意识、大局意识、责任意识、阵地意识，把坚持正确导向放在新闻宣传工作的首位，坚持以团结稳定、正面宣传为主，唱响主旋律，打好主动仗，更加自觉主动地为人民服务、为社会主义服务、为党和国家工作大局服务。要增强政治敏锐性和政治鉴别力，严格宣传纪律，做到守土有责，在重大问题、敏感问题、热点问题上把好关、把好度。只有在政治上有较高的觉悟和严肃的态度，自觉同党中央保持一致，以党和人民的利益为重，广播电视事业才能真正做到为人民服务、为社会主义服务、为全党全国工作大局服务。具体来说，一方面，广播电视应大力宣传党的方针、政策，多弘扬主旋律，讴歌时代精神；另一方面，对某些负面现象，广播电视应发挥正确的舆论引导作用，梳理受众的舆论导向，以免引起社会的恐慌和不安定。

二、业务素质

广播电视是一个实践性和专业性很强的行业，需要从业人员有过硬的业务素质。在这里，业务素质是指广播电视工作者运用知识、技能，制作各类节目，发挥专业优势和创造性思维，确保广播电视各个环节的正常运营所具备的专业能力。广播电视是一个完整的系统，从节目的前期策划、采访，再到节目的后期制作和播出，环环相扣，所以它的职能岗位有上百种之多，不同的岗位对业务素质的要求也各有不同。但总的来说，与其他行业相比，广播电视工作者的业务素质应该集中表现在人文素养、知识素养和专业素养三个方面，而在本行业内，编辑记者更应努力提升自己的业务能力。

1. 人文素养

人文是人类文化中的先进部分和核心部分，即先进的价值观及其规范。对广播电视人才来说，人文素养必不可少，尤其是在日渐庞杂的数字媒体环境中，从业人员更需要具备以下素质。

第一，正确的价值观。广播电视作为传统媒体的重要部分，必须要宣传党的方针、政策，必须要传播正确的人生观、价值观和世界观，坚持正确的舆论方向，摒弃那些低俗、歪曲的社会理念。如今，网络媒体、数字媒体迅速发展，给受众带来诸多信息和诸多方便的同时，也带来了很多不良影响，如网络谣言、低俗报道、敌意传播等。

第二，传承民族文化。人文，是一个动态的概念。《辞海》对人文的定义是"人类社会的各种文化现象"，可见文化传承之重要。在三网融合的进程中，牢牢占领思想舆论主阵地，促进中华文化繁荣兴盛，保障国家文化安全的表述始终占据重要地位。在全媒体时代下，广播电视从业人员更应明确自身的使命，将传承民族文化作为一项重要任务。

第三，坚持以人为本。"人文"概念的集中表现是：重视人，尊重人，关心人，爱护人。同样，新闻宣传要切实遵守"三贴近原则"，贴近实际、贴近生活、贴近群众，这是以人为本的重要体现。如今，越来越多的学者认为，传播过程应在人文环境中完成，具体说来，从广播的热线参与，到电视的现场互动，再到现在新媒体的微信公众号、"摇一摇"红包等，对受众的贴近成为赢得传播效果的法宝。

第四，记者的人格魅力。人文素养包括个人的综合素质，甚至关系到新闻工作者的人格魅力。因为记者的工作很特殊，他们需要通过与人交流沟通、明察暗访等各种方式来获取事件的真相，完成新闻报道，所以在此过程中，记者的人格魅力起到非常重要的作用。它包括：思想有深度，举止得体大方，有一定的话语组织能力和表达能力等，而这些会使采访对象对记者产生充分的信任感和亲近感，从而拉近了双方的距离，展开了一场平等亲切的对话。事实证明，不同记者对同一事件，有可能会产生极具差异的采访经历和采访结果，记者的人格魅力不得小视。

2. 知识素养

广播电视的工作性质决定了从业人员要有全面的知识体系，尤其以新闻工作者为重。在当今的传播环境中，采、编、写、拍等各种技能融合的趋势越来越明显，这就进一步要求广电人才需要提高文化修养，完善知识结构。

就前期采访来说，记者要接触各行各业的从业者，与他们有效沟通，才能获得自己想要的采访信息。从这个角度来讲，记者要有全面的知识架构，才能对他要采访的对象或领域有尽可能多的了解。

就后期写稿来说，在新媒体的冲击下，传统媒体亟须创新，这其中也包括新闻工作者对稿件撰写的变革。这就要求记者要具备创新性思维，首先应多看、多写、多想、多听，要有较强的自我知识扩充和更新能力。全国首档曲艺新闻栏目《拉呱》已经在齐鲁大地播出了十年，受到了观众的喜爱。该节目的记者在写稿的过程中，善于创新，用相声、小品、山东快板、书场等曲艺形式撰写新闻稿件。这就需要相关记者具有一定的文化修养和多元的知识体系。

3. 专业素养

专业素养，也就是指业务素养，即从业人员的岗位业务能力，这是对广播电视工作者的又一个业务素养要求。岗位不同，专业素养的要求也不同，包括采编能力、节目主持能力、技术播控能力、行政管理能力等。新闻宣传是广播电视的首要任务，新闻工作者的专业素养包括新闻专业主义的恪守、新闻价值的判断、新闻敏感的培养、文字表达和综合能力等。

新闻的职业敏感性，是新闻记者必备的能力，是从事新闻行业长期积累产生的专业素养。准确判断一条新闻重要与否的能力，与记者的新闻敏感性密切相关。在庞大复杂的新闻线索中，记者要善于发掘有价值、有新闻点、能对社会起到促进作用的事实案件，并且具备坚定的信念和雷厉风行的工作作风，在第一时间赶赴第一现场，以最快的速度让新闻报道公之于众。

记者的专业素养是综合性的，除了要具备以上各种能力之外，还要有扎实的语言文字功底、对广播电视传播设备的使用能力（包括对非线性编辑、各种摄像机乃至暗访机的熟悉）。新闻事件的现场采访充满了不可知性，记者要善于在多变的环境下，提前策划好新闻选题，写好新闻采访提纲，然后深入地调查取证，才能保证新闻的真实性和客观性。

三、道德素养

广播电视工作者的道德素养，包括两个方面，一方面是作为普通公民所应具备的社会公德素养，另一方面是作为新闻职业活动者所应具备的新闻职业道德素养。新闻道德是指从事新闻传播活动的新闻工作者，在长期的新闻实践活动中形成的调整人与人、人与社会之间相互关系的行为规范，是新闻工作者在自己的职业活动中应当遵循的道德准则和规范。新闻从业人员都应高度重视新闻道德规范。当代著名记者柏生曾经提出："做新闻记者的第一个原则，是要修养人格。这是因为，新闻记者负有批评社会、指导社会的重大责任。"

我国社会主义新闻事业第一个成文的新闻职业道德规范条例是 1981 年由中宣部新闻局和中央新闻单位共同商拟制定的《记者守则》。针对广播电视从业人员，广电总局于 2004 年 12 月公布了《中国广播电视编辑记者职业道德准则》和《中国广播电视播音员主持人职业道德准则》。《中国广播电视编辑记者职业道德准则》分为责任、真实、公正、导向、品格、廉洁和附则七大部分。它要求广播电视编辑记者：第一，切实担负起弘扬民族精神、维护国家利益、传播先进文化、推动人类文明的崇高使命和社会责任；第二，坚持客观公正的职业理念，忠于事实，追求真理，树立政治意识、大局意识、责任意识，坚持正确的舆论导向；第三，恪守敬业奉献、诚实公正、团结协作的职业道德，严格做到遵纪守法，清正廉洁，反对任何形式的有偿新闻。《中国广播电视播音员主持人职业道德准则》要求：第一，主持人作为有广泛社会影响的公众人物，应时刻保持谦虚谨慎，自觉追求德艺双馨；第二，工作和生活中要保持良好的仪表和文明举止，自尊自爱，树立良好的形象，维护媒体公信力；第三，规范使用语言文字，维护祖国语言文字的纯洁；第四，播音员主持人不得将自己的名字、声音、形象用于任何带有商业目的的文章、图片及音像制品中。

进入全媒体时代，国家对新闻工作者的道德素养要求更为严格。2015 年 6 月 18 日，广电总局发出开展广播电视职业资格管理专项检查工作的通知，6 月 23 日广电总局针对主持人无证上岗、未按规定注册等违规现象，以及个别主持人和嘉宾言行失当造成不良社会影响的现象，发出《关于进一步加强广播电视主持人和嘉宾使用管理的通知》。通知要求，严格执行主持人上岗管理规定；加强主持人职务行为信息管理；认真落实播前审查和重播重审制度；加强主持人和嘉宾教育培训；明确责任主体，确保落实到位；做好主持人资质清查和主持人、嘉宾管理制度建设工作。通知自 2015 年 7 月 1 日起正式执行。9 月 15 日，广电总局召集新闻出版广播影视 50 家行业社团联合签署了《新闻出版广播影视从业人员职业道德自律公约》，要求新闻出版广播影视行业从业者，维护党的领导和国家利益，不发表或传播损害党和国家形象的言论；秉持真实客观公正原则，不搞有偿新闻和虚假新闻；传递正能量，不在网络及其他媒介上制作或传播有害信息；追求健康向上的文化品位，不使用低俗、粗俗、媚俗的语言、文字和图像；确保制作服务质量，不提供粗制滥造的出版物、视听作品和技术服务；对社会公众负责，不制作、代言和传播虚假广告；崇尚契约精神，不做出影响行业诚信和秩序的违约行为；积极自主创新，不抄袭剽窃他人创意及成果；开展健康的媒介与文艺批评，不贬损他人名誉及作品；树立良好职业形象，不涉"黄赌毒"，不违反公序良俗。

要尊重客观事实，坚持真理。新闻道德的核心就是尊重事实，传播真实客观的新闻，是新闻报道的灵魂所在。范长江在《怎样学做新闻记者》一文中指出，新闻记者要能坚持真理，本着富贵不能淫、贫贱不能移、威武不能屈的精神，实在非常重要。在全媒体发展迅速、数字媒体迅速普及的大环境下，人人都是"记者"，新闻专业主义遭到一定程度上的冲击，在新闻信息得到快速传播的便利之下，我们不难看到，也有很多低俗、虚假甚至未经取证的文字信息、图片或者视频流传于网络、社交网站和微媒体等，给公民和社会造成一定的恐慌。所以，作为专业的媒体工作者，广电人应坚持新闻真实性原则，报道做到真实、准确、全面、客观，达到每一个镜头、每一段同期声、每一段解说、每一段评论都是真实客观的，从而完成新闻专业的重构。具体说来，有以下几个方面：第一，新闻报道不夸大、不缩小、不歪曲事实，不受采访对象或与新闻报道有利益关系的个人和团体的摆布，禁止虚构制造新闻；第二，采访要全面，并且一定要深入现场认真核实新闻信息来源，确保新闻要素及情节准确；第三，转载其他媒体报道应把好关；第四，发布失实报道要及时补救，勇于承担责任，及时更正道歉，消除不良影响。

要有大局意识。第一，新闻道德应以集体主义为核心，强调全心全意为人民服务；第二，强调爱国主义，弘扬主旋律，以正面宣传为主，坚决抵制格调低俗、有害人们身心健康的内容；第三，强调追求社会效益和经济效益的统一，并将社会效益放在首位；第四，加强和改进舆论监督，力求达到准确、科学、依法；第五，新闻工作者要从全局出发，谨慎在自己的公众号和社交微媒体上发布不当信息。

要有责任意识。新华社原社长郭超人曾说过："记者笔下有财产万千，记者笔下有人命关天，记者笔下有是非曲直，记者笔下有毁誉忠奸。"作为一名记者，善良、公平、正义是基本的素质，山东电视台融媒体资讯中心副主任范维坚用大量的新闻实例告诉我们，新闻并不是泡会议、抄通稿得来的，而是深入基层，用一个个艰辛的脚印走出来的。例如，《重建北川》是几位电视人在北川与工人共患难长达半年拍摄而成的。"别人的事要当成自己的事"，传媒人传播文化、维护国家和人民利益，应首先把自己的位置摆正，明确自身所担负的责任。尤其是民生新闻记者，工作难度很大，更应注意"一手是监督，一手是爱心"。在某种程度上，这正是电视人责任意识的最好彰显，用手中的镜头监督不公平事件，用服务的媒介传递更多的幸福。

要有高尚的道德品行。第一，坚决杜绝从事有偿新闻和有偿不闻行为，不利用职务之便谋取不正当利益，不利用新闻报道发泄私愤，不以任何名义索取接受采访对象的财物，对此，全国优秀新闻工作者孙伯华说得颇为幽默："吸油的笔是流不出墨水来的。"第二，不以新闻报道形式宣传任何带有广告性质的个人或企业；第三，尊重采访对象，广播电视记者要本着为受众服务的原则，始终站在平等的位置上与采访对象进行交流，保持良好的关系，产生情感的共鸣，这样的新闻报道才有感染力和生命力，这样的记者才是"铁肩担道义，辣手著文章"的好记者。

要有过硬的心理素质。这里所说的心理素质，有两个方面：一方面，记者会接触社会的各行各业，采访的事件也会风格迥异，所以记者的采访不应受采访对象地位高低等因素的影响，要始终以平和的心态对待一切。另一方面，每个广播电视记者在采访每一个事件的时候，都要做好十足的心理准备，以应付现场可能发生的任何情况，这里尤其针对常做批评性报道的记者们。近来，新闻工作者采访遭遇阻挠，被抢夺设备，甚至被殴打的事件屡有发生，而我国目前并没有专门制定保护新闻工作者权益的法律法规，在各项法律法规逐渐健全的同时，也要求从业者在采访曝光性新闻时要有更多的心理预期，来应对各种突发情况。

四、法律素养

广播电视新闻工作者应当具有强烈的法律意识和牢固的法制观念，广电从业者的一言一行，包括新闻采访、写作、编排、制作、播出及其他相关活动都需遵守相关法律法规。

要遵守宪法和法律法规，遵守党的新闻工作纪律，维护国家利益和安全，保守国家秘密。新闻工作者首先应从国家利益出发，宣传国家政策，维护国家主权和社会安定，如在自媒体的语境下，国家对散播谣言有了明确的法律规定，记者不光要不散播谣言，还应做到"让谣言止于智者"。

维护采访报道对象的合法权益，尊重采访报道对象的正当要求。不管是正面宣传还是舆论监督，新闻工作者都要进行采访报道，必须要以维护采访对象的合法权益为前提，做到不侵犯他人隐私，不诽谤他人。

维护未成年人、妇女、老年人和残疾人等特殊人群的合法权益。全媒体时代也就是全民报道时代，新闻专业主义遭到很大程度上的冲击，有时特殊人群的合法权益得不到保障。广播电视编辑记者应杜绝此类事件发生，在采访、编辑、写稿的过程中时刻维护此类人群的权益。比如，未满18周年的未成年人和犯罪嫌疑人，如果不是新闻采访的特殊要求，在电视上呈现时必须要做特殊处理，如打马赛克、剪影拍摄、背面拍摄等，以此来保护未成年人的合法权益。

五、其他相关能力素质

广播电视行业对人才的素质要求非常全面,除了上述四大素质要求外,还应有吃苦耐劳的精神、改革创新的精神、爱岗敬业的精神等。

吃苦耐劳的精神。吃苦是记者最大的幸福,受累是记者最高的享受,这在某种程度上概括了广播电视工作者的工作现状。他们扛着沉重的摄像机,行走在阡陌街巷、城市乡村,为了新闻事件而四处奔波。在采编一体的趋势下,我们不难看见,众多电视工作者一手拿着摄像机、一手拿着话筒进行采访。广播电视从业人员的生活往往不规律,为了赶稿做片,废寝忘食几乎是"家常便饭"。相关从业人员,应有不怕苦不怕累、敢于打硬仗的心理准备。

改革创新的精神。这一点在以上表述中也有提及,从业人员要坚持用时代要求审视新闻宣传工作,按照新闻传播规律办事,创新观念、创新内容、创新形式、创新方法、创新手段,努力使新闻宣传工作体现时代性、把握规律性、富于创造性,不断提高舆论引导的权威性、公信力、影响力。此外,随着传播设备的多样化、技术的先进化,广电人应善于利用新载体、新技术,提高新闻的时效性。

爱岗敬业的精神。广电从业人员要对广播电视充满热爱,新闻工作者应有自己的新闻理想,不娇贵、不势利,要发扬"不抛弃、不放弃"的精神,做好自己的本职工作。无论酷暑寒冬,只要有新闻发生,记者总在现场。

好记者讲好故事。不会讲故事的记者不是一个好记者,新闻行业的发展趋势要求记者会讲故事、讲好故事,而讲故事是"本职",讲好故事是"本事"。故事最主要的是人和细节,没有细节就没有说服力,新闻的生命力在于有说服力的细节。2015 年 11 月 8 日,第 16 个记者节,中央电视台综合频道播出了"2015 年中国记者节特别节目——好记者讲好故事",10 位记者代表讲述了各自的采访经历,这也说明了,全媒体时代对"记者会讲故事"提出了更高的要求。美国记者富兰克林就善于讲故事,采访对话、描写、场景等生动地展现事件中的细节,引人入胜,引发共鸣。所以,在力保真实性和客观性的前提下,记者应善于挖掘新闻故事中的感人情节,以事实来"编织"一篇带有戏剧性和生动性的"故事"。

从广播电视从业人员的角度出发,互联网和新兴媒体已成为思想文化信息的集散地和社会舆论的放大器,要充分认识以互联网为代表的新兴媒体的社会影响力,努力提高自身的综合素质,形成舆论引导的新格局。

第三节　全媒体广播电视人才的培养

作为科技与艺术相结合的媒介形态,广播电视对人才队伍的专业化建设有较高的要求。它既需要技能高的现代电子传媒工程专业人才，文化修养高的记者、编辑、播音、主持人才，应用性强的服装、化妆、道具、灯光、录音、录像等技术型人才，又需要善于进行市场策划、运作的经营管理人才。在全球迈向信息时代和网络时代的今天，随着多媒体技术和数字化技术的迅猛发展，一个崭新的全媒体环境已出现在我们面前。全媒体时代要求广播电视人才应在思想、业务、方法乃至工作作风上都焕然一新，那么如何培养呢？主要应从以下几个方面着手进行。

一、培养具有高度政治素养的人才

就提升从业人员的政治素养而论，广播电视从业人员必须始终把思想理论建设放在首位，深入学习马克思主义基本原理，牢固树立马克思主义新闻观，夯实思想理论根基，提升思想理论修养，自觉运用马克思主义的立场观点方法认识问题、判断事物、指导工作。要准确理解和把握新闻的党性原则，始终把新闻事业作为党的事业的有机组成部分，坚持党对新闻工作的领导，坚持新闻媒体是党和人民的喉舌，在思想上、政治上、行动上同党中央保持高度一致，牢牢把握正确的政治方向。

提升广播电视从业人员的思想政治素质，归根结底是要树立马克思主义新闻观和全心全意为人民服务的思想。从业人员要坚持不懈地研读政治哲学理论论著，如马列主义、毛泽东思想、邓小平理论、"三个代表"重要思想、科学发展观、习近平新时代中国特色社会主义思想等；从业人员也要多拿出一些时间潜心攻读，做好研读笔记和读后感，学会将理论知识运用到具体的实践工作中。只有具备强烈的新闻敏感和社会使命感，从业人员才能够把有价值的信息转化为完美的电视节目内容传播出去；只有具备了高度的政治素养，才能在政治上、思想上和行动上与党中央保持高度一致，才能从思想根基上实现自身个人素质的优化。

中央电视台为推动马克思主义新闻观教育活动落实，成立专项活动领导小组，制订实施方案，指定专人负责。以领导授课、专家讲座、业务交流等多种形式开展马克思主义新闻观教育，帮助采、编、播人员深刻认识世情、党情、国情，充分了解"三情"的新变化。同时，央视制定专门的考核办法，从政治素养、综合素质、业务能力、职业精神、职业道德、职业纪律等方面设计考核标准，形成分级分层的考核评估体系，并纳入员工年度考核范围。为将教育培训与"走转改"活动紧密结合起来，央视先后组织部分播音员、主持人赴云南与广电同行交流座谈，赴青海征求干部群众对办好节目的意见建议，赴新疆调研广播电视"村村通"情况等，进一步增强了国情认识，推动了新闻采编播人员在深入基层、深入群众的过程中坚定正确的新闻理念、价值观念。机关党委还组织"走进基层 寻找感动"主题报告会，请参与"寻找最美乡村教师""寻找最美村官"等优秀报道的记者，讲述他们的亲历故事，在全台形成坚定马克思主义新闻观，走基层接地气、不忘群众、敬畏群众的良好风气，有效地提升了全台采编播人员的政治意识、大局意识和责任意识。

二、塑造一专多能的复合型人才

数字技术的发展不仅大大推动了广播电视事业的发展，也大大刺激了广播电视事业对一专多能的复合型人才的需求。面对新媒体的冲击，传统的广播电视人才队伍缺乏对新的传播方式的理解与运用，在许多方面还存在不足，亟须进行转型发展。

(一)增加知识储备

首先，广播电视从业人员，无论技术人员、创作人员，还是管理人员，不能只做掌握广播电视传播基础知识的"专家"，还要成为知识广博的"杂家"。一切与广播电视事业相关的知识，从业人员都要认真学习，熟练掌握。它要求广电人拥有丰厚的理论知识，能分辨是非，能够对形势和复杂的问题做出正确判断；掌握各种科学知识，具有科学精神、科学态度，以客观的态度报道新闻事件，采用科学方法进行调查研究；具备新闻专业知识，除了新闻传播理论、新闻传播业务、新闻传播史等知识外，还要掌握网络等新兴媒体的传播知识、融合新闻学知识。同时，广电人还要掌握哲学、文学、经济学、历史学、法律学、社会学、心理学、美学、逻辑学等基础知识；了解工业、农业、财贸、金融、国防、教育、医疗，以及衣食住行等社会知识和一般知识。因为记者所面对和反映的是整个社会和整个世界，记者的知识越丰富，报道的敏感性就越强，对信息的判断就越准确，就越能够适应对各行各业各种信息的传播。

其次，要学会用现代科技知识武装头脑。编辑记者类人才和技术类人才只有懂得复杂多样的节目制作技术、电脑工作程序、特技和包装等，才能驾驭现代化设备，制作出精良的节目。频道总监、部门主任等管理人员更要站在新的管理平台的制高点上，力争做一名集艺术、技术和市场经营等知识及专长于一身的复合型人才。因此，广播电视行业需要对从业人员进行新型传播技术、新媒体业务、融合传播等方面的知识培训，提供条件让现有队伍接触并了解新媒体的运营管理模式，提升人才队伍的新媒体业务技能，培养融合传播的思维和能力。

(二)提升专业能力

肩上扛着摄像机、胸前挂着照相机、口袋里装着手机、背包里是无线上网本……他们既是记者、编辑，也是播音员、主持人。这可能将是媒体融合后广播电视从业人员的真实写照。优美简洁的新闻写作能力，娴熟的新闻静态图片表现能力，练达的有声语言新闻组织能力，准确生动的视听语言运用能力，出色的沟通采访能力，这些能力也是新形势下对从业人员在业务水平上的必然要求。

着力培养从业人员使用各种新技术的能力。全能型人才应该能娴熟地使用互联网上的搜索引擎工具查阅和搜集背景资料；能使用图像编辑软件简单处理素材；能熟练掌握互联网上的一些专用工具，如地图信息网站、交通信息网站、图书资料网站等；能借助互联网建立自己的新闻报道数据库；能使用网络数据信息分析工具，如 google 趋势和百度指数，了解社会运行状态以及社会热点问题。

着力培养从业人员的思考能力、发现能力和创新能力。全能型人才应该善于思考，善于创新。广播电视人才首先应该是个"思想人"，其次才是个"技术人"。生活的复杂性和丰富性，多媒体传播的广阔性和快捷性，要求从业人员随时随地都要眼观六路，耳听八方。他们不仅是时代生活的观察者、记录者、传播者，还是时代生活的实践者、探索者、创造者。

着力培养从业人员全球化意识和世界性眼光。从业人员要能运用外语直接上网，采编、评论新闻信息。当今世界，经济全球化、信息全球化发展迅速，网络传播无国界无边界、无前方无后方，任何国内信息都会产生国际影响。全能型记者至少要掌握和运用一门外语，能熟练地运用该语种上网、采访、交谈、发短信、写文章，积极参与国际新闻同行的交流与合作，积极参与国际经贸、科技、文化体育等方面的宣传报道工作。

着力培养全媒体记者的深度剖析能力。记者不仅要记录时代，还要对时代进行分析，对社会进行解读。虽然记者不需要成为哲学家、政治家、科学家、企业家、未来学家和公关专家，但的确需要从中汲取养料来武装自己。一是要多学一些哲学、逻辑学、数学以及经济学，因为这些才是新闻工作者竞争力的关键所在，而不仅仅是遣词造句。二是要培育政治意识，如果不懂"政治家办报"，很快就会被淘汰出局，要牢记媒体的第一守则便是肩负社会责任。三是要提升企业家意识，那种只知埋头编稿、写稿的编辑记者，那种不懂市场、不问广告和发行的编辑记者，已经落伍了。四是应该能看到别人看不到的、尚未发生的东西。那种只知道"新闻是新近发生的事实的报道"，却不能预知未来将发生什么的编辑记者是不合格的。

三、增强职业素养

全媒体时代下信源混杂，各种未经核实的信息在社会上蔓延传播；有些报道对新闻事实断章取义、煽风点火，故意制造话题，吸引眼球；有些突发事件报道只凸显其猎奇性与刺激性，不考虑社会影响和后果，这些行为不仅给受众造成极大的信息困扰，还严重降低了新闻传媒的公信力。广播电视从业人员应秉承老一辈新闻工作者的优良传统，既要承担传播文明、建设高尚精神文化的重任，还应坚持强化队伍的职业素养、职业道德和新闻法规教育，严格遵守《中国新闻工作者职业道德准则》，坚持真理，尊重事实，在任何情况下都要以党和人民群众的利益为重，不屈服于任何社会邪恶势力，杜绝"有偿新闻"，切实保证媒体的公信力不受损害。同时，要树立正确的人生观、价值观、世界观，深入实际，体察民情，随时了解和关心广大人民群众的疾苦。

在新媒体环境下，媒体更加注重与受众的互动，人人都可成为信息的发布者。面对这些参与广播电视新闻传播实践的受众，一方面，媒体应建设管理机制和相关制度，进行职业道德与法规的宣传和引导，使记者成为社会文明和良好风尚建设队伍中的一员；另一方面，有关部门还可建立惩处和制约机制，对职业道德低下者可视情节实施批评、训诫、警告，直至吊销记者证、取消从业资格等处罚，从而扭转不良风气，净化传媒环境，促进广播电视事业的健康、有序发展。

四、创造独特风格

在激烈的竞争中，从业人员是否具备自己独特的视角和创新的意识，是一个节目能否形成自己独特的吸引力的关键。从业人员应该在实践中努力培养自己独特的风格，这就要求其在创作实践中首先遵照传媒规律性的一般特点，然后在创作艺术中养成自己独特的风格。同时，在节目的创作过程中，从业人员要巧妙地融入自己的感情和倾向，从而给观众传达出不同于其他报道的意义和效果。但这一过程复杂而漫长，它必须通过较长时间的实践经验的积累，一般来说，编辑记者在工作之初，就力求这样的效果是很难且不现实的。所以，从业者在初期更应该注重对规律特性的了解和掌握，只有对节目的制作和创作有了一定积累之后，才能更加敏锐地观察到那些不同于一般的角度和方向，找到创新点，从而表达出不同于一般的声音，形成自成一家的独特风格。

五、强化身心素质

广播电视事业既是复杂的智力劳动，也是强度较高的体力劳动。由于工作的超负荷、高强度，从业人员的工作和生活规律更是经常被打破，因此要强化广电人的身体素质和心理素质。

身体方面，能应对各种各样环境和条件下的报道工作，能适应全天候、全时态节目采访、录制的需要。每一项工作要得以顺利完成，就必须有良好的身体素质做保证。身体是革命的本钱，躺在病床上，再好的理想也难以实现，再出众的才华也难以施展。所以，从业人员的其他修养和条件是重要的，但是，如果缺少良好身体素质这个最基础的修养和条件，则一切都无从谈起。

心理方面，要有坚强的意志、充分的自信心、勇于创新的精神、丰富的情感以及强烈的竞争意识，这样才能顶住各种压力，在各种困难和考验面前不屈服。

国以才立，政以才治，业以才兴。人才是事业发展最宝贵的财富，任何一项事业的兴旺，都由其从业人员素质的高低起决定性的作用。高学历、高素质的人才将是传统媒体在竞争中立于不败之地、实现可持续发展的重要保证。首先，从业人员必须通过不断学习来提高自己的专业技术水平，同时还要不断加强对其他学科的学习，主动适应不断变革的时代，迅速提升自己的综合素质。其次，广播电视机构应把优化专业队伍结构和提升综合素质放在首位，创建一支理念先进、视野开阔、思维活跃、善于创新、具有多元知识结构和能力的人才专业队伍，使其在现代信息化环境中更好地为媒体服务、为宣传报道服务，最终为全社会服务，为贯彻科学发展观、构建和谐社会尽职尽责。因此，实施人才发展战略，是适应知识经济时代发展的客观要求，是广播电视行业发展和应对新媒体竞争态势的需要，也是实现传统媒体又好又快发展的必由之路。

后 记

我国广播电视近年来的飞速发展有目共睹，但问题仍有不少。面对层出不穷的新媒体和新媒体节目形态，面对媒介融合的大趋势，我们有必要重新审视广播电视的发展变化。本书结合近几年媒体的新现象、新问题阐述了广播电视的沿革与新变化，希望能使读者对当今广播电视的基本情况有较为清晰的了解。

还记得接到这本书稿的编撰任务时大家热烈讨论的情景，而今书稿终于完成了。这期间经历了许多事情，参编老师都是女性，编撰期间有怀孕的，有生子的，有住院的……大家在工作之余、家事之中辛苦写作，终使这本书成型。

本书由曹毅梅担任主编，乔新玉为副主编，负责拟定写作大纲、统筹并修改全书文稿。具体写作分工如下：

> 许昌学院孟丽娜，第一章、第十三章；
> "吴晓波频道"孟洁，第二章；
> 河南大学乔新玉，第三章、第五章、第六章；
> 南阳理工学院马腾飞，第四章；
> 黄淮学院胡娟，第七章、第八章；
> 焦作大学张屾，第九章；
> 商丘师范学院袁静，第十章；
> 中原工学院刘思瑶，第十一章、第十二章；
> 南阳师范学院陈果，第十四章、第十五章。

限于水平，文稿中难免有疏漏肤浅的地方，恳请诸位专家指正。

曹毅梅

2019 年 6 月 1 日

说　明

　　本书配有教学课件 ppt。请有需要的老师与以下邮箱联系，获取《广播电视概论教程》及北京师范大学出版社更多影视艺术与传媒类教材教学课件资源，以供教学使用。

联　系　人：北京师范大学出版社　李编辑
联系邮箱：897032415@qq.com